Thulé

Jean Mabire

Thulé

Le soleil retrouvé des hyperboréens

IRMINSUL EDITIONS
LYON

Pour Katherine Hentic qui sait que la ville d'Ys et la capitale des Atlantes, englouties sous les flots, appartiennent au même monde hyperboréen, celui de l'ultime Thulé à l'extrême-Nord de notre monde celte et germain, uni à jamais par la grande route des cygnes.

SOMMAIRE

1. LE SOLEIL D'AMBRE

VERS LA MYSTÉRIEUSE TERRE DU NORD   19
La « Terre du Nord », bout du monde et but de la vie. Sur les quais de Massalia en 330 avant notre ère. - « Autour de l'océan », un journal de bord mutilé. - L'extraordinaire voyage de Pythéas-le-Massaliote. - Vers l'île mystérieuse où triomphe le soleil.

L'ILE DU SOLEIL ET DE LA VIE   37
Le « poumon de la mer » au delà du cercle Arctique. A la recherche du pays de l'ambre roux. - Thulé décrite par les écrivains de l'Antiquité. - Le mystère de l'île du bout du monde.

DU MYTHE DE THULÉ AU MYSTERE DE L'ATLANTIDE   53
Antinéa, reine de l'Atlantide et le capitaine Nemo. D'abord, relire attentivement le texte de Platon. - Le récit du « Critias » encore plus précis que le « Timée ». - Le serment des rois atlantes dans le temple du dieu de la mer. - La

malédiction du mélange des sangs. - Un Français, « inventeur » de l'Atlantide hyperboréenne.

LA QUETE D'UNE TRADITION PRIMORDIALE   71
La fable tenace de l'île entre deux continents. - Quand le récit mensonger représente la vérité... - Intervention magique de Julius Evola, le maudit. - Révélation de l'origine polaire des Hyperboréens. - La grande aventure de la race primitive nordique. - De l'Atlantide mythique au bel âge du Bronze.

HÉLIGOLAND, HAUT LIEU ATLANTE   87
Découverte de la réalité atlante à Médinet Habou. - Les deux grands courants des « peuples de la mer » en Méditerranée. - A la recherche de la patrie primitive des Atlantes. - L'île de l'ambre jaune, capitale du continent englouti. - Vert, blanc et rouge, les couleurs de Héligoland. - Sous les eaux, le palais et le temple de la capitale disparue.

LES VISITEURS DE L'AUBE   103
La révolution néolithique, triomphe de la volonté. - La Longue Marche des Hyperboréens vers le Soleil. - Le monde « barbare » et le monde « classique » ne font qu'un. - Par les côtes du plat pays des païens.

LE MONDE DU COURAGE ET DE L'HONNEUR   115
Des traits inscrits à jamais dans la pierre des temples. - Un monde inconnu de paysans et de guerriers. - La hantise passionnée de l'individualisme et de la liberté. - Être, c'est se taire, penser et agir. - La morale de la lumière et la foi au soleil.

LE PRODIGIEUX TEMPLE DU SOLEIL NORDIQUE 127
Le cercle sacré délimite une enceinte d'un demi-hectare. - Au cœur même du gigantesque temple solaire. - Quand se lève l'astre de feu, au solstice d'été.

II. LE SOLEIL DE FER

A MUNICH VA RENAITRE THULÉ 137
Sur les traces de la mystérieuse « Société Thulé ». - L'étrange figure d'un hors-la-loi saxon. - Munich entre le monde nordique et le monde méridional. - Dans les années les plus noires de la Grande Guerre. - Renaissance du « Germanenorden » au début de 1918.

DANS L'HÔTEL DES QUATRE SAISONS 153
Organisation de la province bavaroise du « Germanenorden ». - Rendez-vous dans les salons de l'hôtel des Quatre Saisons. - Walter Nauhaus propose le nom de « Thulé ». - La révolution de novembre et le serment sans retour.

LA FIN DE L'ANNÉE 1918 165
Kurt Eisner instaure la république de l'utopie égalitaire. - Les premières armes cachées dans les locaux de l'Ordre. - Le « Kampfbund » se constitue en milice privée clandestine. - Singulier dialogue du préfet de police et du Maître de Thulé. - Trois communistes russes créent le groupe « Spartakus » bavarois.

L'EXTRAORDINAIRE PASSÉ DU BARON 181

La fantastique confession du « Baron Rudolf von Sebottendorf ». - Embarqué comme soutier vers les terres lointaines d'outre-mer. - Découverte du mirage oriental et de la maçonnerie turque. - Pratique de l'astrologie et des sciences occultes. - La doctrine secrète du Maître de la Société Thulé. - Créer un véritable Ordre de chevalerie.

LES HOMMES D'UNE SOCIÉTÉ TENTACULAIRE 197
Les ratés deviennent les prophètes d'une contre-culture. - Conspiration pour restaurer le monde perdu des Hyperboréens. - La rencontre du journaliste sportif et du forgeron. - Vers la constitution d'un nouveau parti politique. Arrivée d'un incontestable spécialiste de l'économie. - Une recrue de premier plan : Dietrich Eckart. - Un jeune architecte balte veut devenir journaliste. - L'irrésistible approche d'un combat sanglant.

PRÉLUDE A LA GUERRE CIVILE 219
A Berlin, un ministre socialiste brise la révolte communiste. - Kurt Eisner assassiné en pleine rue le 21 février. - Les vengeurs du prophète de la révolution tiennent le pavé. La Société Thulé entre dans la clandestinité. - L'anarchie, prélude de la dictature et de la terreur. - L'incroyable et payante audace du Baron. - Formation du premier bataillon du « Freikorps » de Thulé. - Le second bataillon constitue la cinquième colonne.

NAISSANCE DU CORPS FRANC « *OBERLAND* » 239
Sebottendorf devient agent du gouvernement bavarois en exil. - Tentative avortée de putsch contre-révolutionnaire. - Les trois hommes forts de Munich-la-Rouge. - Le Baron part

tout seul en campagne. - Encore un beau coup de chance et d'audace. - Le gouvernement bavarois demande l'aide des corps francs. - Formation d'une nouvelle troupe de Thulé : « *Oberland* ». L'encerclement de Munich terminé pour le 1er mai.

L'ASSASSINAT DES SEPT OTAGES   257
Le dernier appel aux armes de l'Armée rouge. - Arrestation de la comtesse Hella von Westarp. - La liste des fidèles de Thulé aux mains de leurs ennemis. - Les otages emmenés dans le lycée Luitpold. - Six hommes et une femme vont mourir pour Thulé. - « Je donne mon consentement. Choisissez les plus distingués » - Terrible face à face dans la nuit de la cave-prison. - Fusillade de deux hussards et d'un vieux professeur juif. - Le peloton d'exécution devant un mur de brique. - La dernière à mourir sur les corps de ses compagnons. - Les feux s'éteignent sur toutes les côtes d'Islande.

III. LE SOLEIL DE FEU

LE PRINTEMPS DE LA VENGEANCE   285
Les corps francs font régner la loi du fer et du feu. Un lansquenet balafré se proclame « soldat politique ». Un Allemand né en Égypte s'inscrit à l'université de Munich. - Le corps franc « *Oberland* » échappe à la Société Thulé. - Ce qui commence à Munich en ce brûlant été de 1919. - Le capitaine Röhm fonde l'association du « Poing de fer ». - Un caporal inconnu adhère au DAP de Drexler et Harrer.

TROIS ÉTRANGES PERSONNAGES   303

Dietrich Eckart, dramaturge bon vivant saisi par la défaite. - Parenthèse sur un aventurier « tibétain » de haut-vol. - Erich Ludendorff, officier de tradition et mystique païen. - Un singulier mouvement germanique de « connaissance de Dieu ». - Karl Haushofer, général-professeur hanté par l'espace vital. - Adolf Hitler juge sans pitié les intellectuels néo-païens. - Survivance de la Société Thulé après la fin de 1919.

ADOLF HITLER ROMPT AVEC THULÉ 321
Rencontre à Munich du témoin essentiel. - Le Führer refuse de devenir un réformateur religieux. - Rudolf von Sebottendorf abandonne la politique pour l'astrologie. - Le « Mythe du XXe siècle » n'exprime pas les idées du parti nazi. - Le Maître de Thulé resurgit puis disparaît à jamais. - Quelques fidèles de Thulé au cœur du IIIe Reich. - La véritable raison de la mission-suicide de Rudolf Hess. - Le refus hitlérien de mener une politique « nordique ».

INDISPENSABLE RETOUR EN L'AN ZÉRO 343
A la recherche d'une histoire secrète de deux mille ans. Des couloirs de la Bibliothèque nationale à la forêt de Teutoburg. - L'inoubliable victoire d'Armin, le chef chérusque. - L'éternelle guerre civile entre les fils de Thulé. - La véritable lutte s'engage à Rome. - Quand le christianisme devient obligatoire sous peine de mort.

TRIOMPHE DE LA CROIX DU CHRIST SUR LE MARTEAU DE THOR 359
La Longue Marche des peuples de l'Europe du Nord. - Les raisons véritables de la conversion des « Barbares ». -

Clovis-le-Franc trahit la vieille foi de ses pères. - Le massacre, ultime ressource des évangélisateurs à Verden. - Witukind-le-Saxon vengé par les Danois et les Norvégiens.

LA SURVIE SECRÈTE DE THULÉ 373
Les compagnons-bâtisseurs, héritiers des « Godi » germaniques. - Le vrai secret de Thulé reste la conservation du sang. - Les Teutoniques mènent la croisade contre les derniers païens d'Europe.- Le protestantisme, triomphe ou défaite de l'esprit du Nord ? - La cavalcade des rois guerriers et philosophes. - La Révolution, réveil du paganisme ou règne de l'utopie ? - Le Romantisme annonce l'éternel retour du soleil.

DES NORMANDS REVIENNENT AUX SOURCES 395
La Normandie me conduit à l'éternelle Hyperborée. - Découverte d'un singulier écrivain, Normand et Prussien. - Un défenseur du sang germanique contre l'absolutisme royal. - L'héritage indo-européen chez les Persans et les Indous. - Valognes, cœur de l'érudition normande et nordique. - Gobineau conjugue superbement le pessimisme et la prophétie. - Insolite retour au vieux paganisme scandinave. - Le véritable visage de l'héritier d'Ottar Jarl.

AVEC RICHARD WAGNER, RENAIT THULÉ 419
Centralisation parisienne et provincialisme allemand. - Des Indo-Européens à l'Aryanisme historique. - La rencontre de l'écrivain normand et du dramaturge saxon. - Le plus lointain passé inspire l'art de l'avenir. - Un Britannique découvre l'unité des Celtes, des Germains et des Slaves. - Le grand combat du cosmopolitisme et de l'individualisme.

RENAISSANCE DE LA RELIGION
HYPERBORÉENNE   435
Découverte du cercle viennois des Ariosophes. - Guido von List « invente » la religion éternelle des Ario-Germains. - Fondation de l'Ordre du Nouveau Temple et de la revue Ostara. - Jorg Lanz von Liebenfels publie une Bible secrète des Initiés. - Retour à la foi païenne ancestrale.

FONDATION DE L'ORDRE DES GERMAINS   451
Le « Germanenorden » réunit son premier congrès à Thalé. - Le véritable but : la construction du « Halgadom ». - La règle d'un ordre initiatique fidèle au Nord. - Une conception du monde enracinée dans les terroirs germaniques.

EN ATTENDANT LE RETOUR DU SOLEIL   463
Pour « réaliser » le mythe ancestral. - Dieu, la Nature, la Terre et le Sang. - Une seule certitude : le retour du soleil.

BIBLIOGRAPHIE DE JEAN MABIRE   473

I

LE SOLEIL D'AMBRE

VERS LA MYSTÉRIEUSE
TERRE DU NORD

J'ai travaillé assez longtemps à ce livre pour découvrir quel pouvoir magique contiennent ces deux syllabes insolites *Thulé*. De les prononcer devant le feu qui brûle dans une cheminée, et aussitôt les yeux s'emplissent de quelque rêve surgi du fond des âges. Cinq mille ans d'errance héroïque se réduisent en un seul instant fugitif. Soudain, tout redevient possible. Les Hyperboréens revivent parmi nous. Mon projet suscitait tant de surprise et d'espoir que j'en remettais sans cesse l'écriture à plus tard. Jamais de ma vie je n'avais senti autant de vertige devant la page blanche. Quels mots pourraient restituer une telle aventure ? Plutôt que de noircir du papier, j'ai longtemps préféré vagabonder sur les routes et les vagues, en suivant le vol des mouettes et des aigles. J'ai cherché la réponse jusque sur l'île sacrée des hommes du Nord, à Héligoland, et dans les rues brumeuses de Munich. Puis je suis revenu au point de départ du découvreur antique de Thulé. C'est dans la patrie de Pythéas, sous le soleil d'été qui brûle les rochers blancs, que je veux enfin terminer cette histoire.

En m'embarquant à la suite du Massaliote vers la mystérieuse Thulé, je me croyais parti pour une croisière de quelques mois. Navigation de plaisance, où il suffisait de suivre les instructions nautiques et de me fier à des amers bien reconnus. Je n'avais même pas à croiser en Baltique. Il suffisait de garder le cap sur l'Islande, où je croyais découvrir le secret des runes dans le duel cosmique de la glace et du feu.

J'ignorais que mon errance allait durer des années et des années. Souvent, je touchais terre, le temps d'écrire un autre livre. Puis il fallait à nouveau boucler mon sac, m'embarquer, repartir, m'encalminer dans des bancs de brume, ne pas pouvoir franchir ce mur gris, opaque, impénétrable, où le ciel et la mer se confondaient en un même élément impalpable et glacial, qui me barrait la route et défendait à jamais les mystères de Thulé.

Ma croisière se transformait en exploration et ma découverte en cauchemar. Plus le symbole se précisait et plus la réalité s'anéantissait entre mes doigts, comme l'écume qui vole, cingle et meurt, telle la neige sur la mer. Comment transformer en ambre, dur et roux, ces certitudes, ces souvenirs, ces images ?

Je ne savais même plus quel ton donner à cette chasse inlassable, où je poursuivais Thulé comme les anciens Bretons quêtaient jadis le Graal. Moi aussi, j'étais parti pour écrire la saga du Sang. Mais, peu à peu, la vérité se transformait en légende, sans cesser de s'affirmer certitude. Je pouvais tout aussi bien écrire un récit historique rigoureux qu'un chant lyrique, où le mythe ancestral des Hyperboréens se serait révélé invaincu.

Je repoussais, tour à tour, le souci de convaincre et le désir d'émerveiller. Il ne me restait plus qu'une route étroite dans le sillage de Pythéas : le journal de bord.

Aussi, ce livre va-t-il raconter ma propre navigation et ma propre découverte. Le lecteur verra que le hasard y joue son rôle. Les courants, les marées et les tempêtes commandent. Je n'avais, pour me guider, que le seul mot de Thulé — qui n'a cessé de briller pendant un si long périple, telle une fraternelle étoile polaire. Mais le vent soufflait d'où le destin le voulait, me vouant à la patience, et à la ténacité.

La « Terre du Nord », bout du monde et but de la vie

Je n'avais, finalement, pour point de départ, qu'un seul mot : Thulé. Les dictionnaires ne me renseignaient guère et je ne trouvais même pas, au début de cette enquête, une étymologie qui pût me satisfaire. Bien des articles ont été écrits sur ce seul sujet ; des érudits allemands ont pensé à une origine germanique, mais sans pouvoir donner aucune explication satisfaisante. Fallait-il se tourner vers les Hellènes ? On a pensé à des mots grecs tels que *Tholos*, brouillard, ou *Tele*, loin. Mais, là encore, je n'arrivais pas à me laisser convaincre. Il me manquait cet élan instinctif, qui reste peut-être la preuve la plus définitive de la vérité scientifique. Le cœur ne suffit pas à tout expliquer, surtout dans le domaine de l'étymologie. Mais il n'est pas d'Histoire sans passion.
On imagine avec quelle joie j'ai enfin découvert ce que je pressentais, en lisant *L'or de l'Islande*, de Samivel. Ce voyageur émerveillé nous propose une origine celtique : *Thual*, ce qui veut dire la Terre du Nord. Je l'adoptais sans hésiter, tant elle venait confirmer toutes mes intuitions et toutes mes espérances. Thulé est donc bien le Nord, ce Nord

d'où nous vient toute lumière. Que le mot fût celtique me réjouissait finalement bien davantage, puisque cela prouvait l'étroite parenté de tous les Hyperboréens depuis la grande dispersion[1].

Cette unité de notre monde européen, qui n'avait jamais cessé de guider mes engagements et mes recherches, allait soudain se trouver certifiée et magnifiée par une longue enquête, dont je voudrais faire partager la sincérité, la minutie et l'enthousiasme. Très rapidement, je me trouvais obligé d'abandonner toute chronologie. En restituant le temps, je parvenais à finalement l'abolir. Il importait juste de garder le déroulement de la logique et du hasard, qui font souvent bien meilleur ménage que je ne le supposais en prenant la route.

Thulé, ce n'est pas seulement l'île mystérieuse découverte par Pythéas, le Massaliote. C'est aussi un symbole qui recouvre toute la réalité disparue de l'antique Hyperborée et en appréhende la force tellurique. Je traînai longtemps sur les quais, ne sachant à quel moment de l'Histoire j'allais m'embarquer et entraîner le lecteur dans cette exploration. Historien de passion bien plus qu'ésotériste, je pensais finalement que le mieux restait de m'en tenir aux certitudes.

Ce serait donc l'expédition du navigateur elle-même qui me permettrait d'aborder aux rives brumeuses du Nord. Il me suffisait de suivre son sillage.

---

[1] Le mot de *Tulâ,* en sanscrit, signifie « balance ». Selon René Guénon, dans *Le roi du monde*, cette balance, au delà du signe zodiacal, évoque une constellation polaire : la Grande Ourse et la Petite Ourse ont été assimilées aux deux plateaux d'une balance. Et c'est sur le Pôle que repose effectivement l'équilibre de ce monde. On retrouve donc le symbole nordique primordial.

Grâce au voyageur massaliote, il devenait possible de saisir la réalité charnelle de Thulé. Le saut en arrière ne me donnait pas encore le vertige. Mon histoire commençait vers 330 avant notre ère. Déjà, la mer avait cette couleur chaude dont le bleu devient presque violet sous la morsure du soleil. Près des rivages rocheux, quand le mistral ne soulève pas son petit clapot sec, on distingue les fonds, les coquillages et les algues. Rien n'avait changé. Je relevais les yeux et je voyais soudain surgir, comme dans un décor de film, les maisons blanches de Massalia. Dans son cirque de collines et de pinèdes, la ville grouille d'une animation fébrile. La mer semble aspirer tous ces Grecs. Devant les échoppes des marchands, les marins tiennent le haut du pavé. Ce peuple n'a pas encore jeté l'ancre.

En ce IVe siècle avant notre ère, la puissance de Massalia s'étend de Monaco à Peniscola en Catalogne, joignant ainsi, par une bande côtière de moins de deux kilomètres de large, la Ligurie à l'Hispanie et coupant les Celtes, établis au nord du domaine massaliote, de tout accès direct à la mer Méditerranée.

C'est sur les quais du grand port hellène que je voulais entendre pour la première fois le nom même de Thulé, plus familier que je ne le pensais à ces Grecs. Tout le monde antique ne doute pas de l'existence de cette île, d'autant plus présente dans les rêves qu'elle semble inaccessible. Parmi toutes les terres hyperboréennes, la plus lointaine, Thulé, l'ultima Thulé, possède un véritable « charme » qui n'appartient qu'à l'inconnu. C'est le bout du monde, mais c'est aussi le but de la vie.

Le premier grand historien grec connu, Hérodote, parlait déjà de Thulé — et en termes combien étranges : « C'est une

île de glace, située dans le grand Nord, où vécurent des hommes transparents. »
Ce que les bibliothèques ont réussi à sauver du raz de marée chrétien nous renseigne assez bien sur le voyage de Pythéas, mais laisse encore subsister de larges bancs de brume. Ces incertitudes ont eu, au moins, le mérite d'aviver une polémique, dont les effets apparaissent finalement fort vivifiants. Le mystère n'étouffe pas, mais exalte.

Sur les quais de Massalia en 330 avant notre ère

En commençant ce livre, je n'en savais guère plus sur la réalité de Thulé que ce qu'on peut en lire dans les histoires des explorations maritimes — qui ne sont monotones que pour les Terriens et restent pour les hommes hantés par l'océan les plus fascinants des récits —. Qui ne connaît la joie de voir, peu à peu, une terre inconnue s'affirmer au-dessus des vagues, rompant la rectitude absolue de la ligne d'horizon où le ciel dévore la mer, celui-là risque finalement de ne rien comprendre à ce livre.
L'aventure de notre monde hyperboréen appartient au vent, aux brumes et aux tempêtes, comme elle appartient au soleil. Le Nord est la lumière, mais il est aussi le froid et la glace. La mer reste notre vraie patrie, celle qui ne connaît plus les frontières et se soumet à notre force et à notre peur. Car le voyage de Pythéas reste une victoire de la volonté sur le froid, la terreur et l'obscurité.
Je connaissais la raison « officielle » du périple entrepris par le célèbre Massaliote, vers -330 : trouver une route maritime directe pour rapporter dans sa patrie l'étain de Cornouailles

et l'ambre de la Baltique. Ceux qui dirigeaient alors le destin de la cité trouvaient que les interminables et hasardeux transports par terre, à travers tout le continent celtique, obéraient vraiment par trop leur négoce. L'ambition lucrative rongeait Massalia et la grande cité gardait l'ambition de régler un jour ses comptes avec Carthage, sa rivale.
Mais l'esprit de négoce ne m'expliquait pas tout. Les archontes qui gouvernent aristocratiquement la ville se demandent s'il n'existe pas, vers la mer libre et le Nord, quelque continent mystérieux, dont le contrôle leur donnera la puissance matérielle et aussi spirituelle. L'ambition des Hellènes de Massalia apparaît forcenée. Il existe dans cette ville une soif d'entreprise et de puissance, qui distingue ces Grecs colonisateurs des Ibères et des Ligures peuplant les rivages européens de la Méditerranée. Confuse nostalgie de la grandeur dorienne. Rêve transmis par la seule tradition d'une terre mystérieuse et sacrée, où serait né le peuple-source. Les Hyperboréens sont bien davantage imaginés comme des ancêtres que comme des contemporains. Retrouver leur pays, c'est, pour les Massaliotes, retrouver leurs racines mythiques.
Archontes, commerçants et armateurs rêvent tous de cette exploration vers la mer libre.
Que le voyage rapporte ambre et étain importe finalement moins que de renouer le lien, tranché depuis la nuit des temps, mais dont parlent encore les Hellènes quand ils évoquent les lointaines terres nordiques d'où sont partis les conquérants ancestraux. A voir revivre les Massaliotes de ce siècle de splendeur, je commençais à comprendre que l'Orient n'était pas perçu par eux comme le berceau de leur

race mais, au contraire, comme l'ennemi. La séculaire rivalité avec les Carthaginois actualisait le choc de deux mondes antagonistes. Déjà, grâce à Pythéas et à ses compatriotes, je pouvais comprendre que dans l'Antiquité, voici deux millénaires et demi, entre le déclin d'Athènes et le règne de Rome ce que nous appelons aujourd'hui le Nord et le Sud délimitaient les extrêmes d'une même aventure humaine. Cavaliers doriens et marins massaliotes devenaient alors, pour moi, les descendants méridionaux des Hyperboréens. La Côte d'Azur était encore une Côte du Bronze. Rien ne venait plus séparer, dans mon enquête passionnée, la Crète d'une autre île sacrée : Héligoland. Les fouilles archéologiques montrent une parenté que ne comprennent certes pas ceux qui s'obstinent à nier la réalité ancestrale de Thulé.

Alexandre est venu, qui a renoué le lien solaire unissant autrefois les montagnes de Macédoine aux plaines de l'Indus. Le grand conquérant a tenté de rassembler des frères dispersés. Elle va demeurer longtemps, dans tout le monde hellénique, la nostalgie de cette épopée ! Massalia veut, à son tour, apporter le poids de son génie maritime à cette redécouverte des liens du sang et de la foi. C'est vers l'Ouest qu'il faut partir désormais. Au delà des « colonnes » du dieu Hercule, qui séparent la Méditerranée de la mer libre, la route qui s'ouvre, c'est la route vers soi-même.

La navigation de Pythéas s'inscrit ainsi, à qui connaît l'origine commune des peuples d'Europe, dans le grand cycle de l'Eternel Retour. Malgré les périls de l'océan et de l'inconnu, ce voyage sera bien davantage une redécouverte qu'une exploration.

Le personnage de Pythéas prend alors toute sa vraie dimension. Astronome, mathématicien, géographe, c'est tout autant un lettré et un savant qu'un marin. Les timouques, ces négociants qui le pressent de partir à la recherche de l'ambre et de l'étain, lui donnent enfin l'occasion de vérifier ses calculs. Il sait qu'ils lui offrent surtout la possibilité de retrouver ses racines.

« Autour de l'océan », un journal de bord mutilé

L'important, pour moi, désormais, en évoquant Pythéas et sa découverte de Thulé, n'était pas tant de restituer les détails de sa navigation que d'éclairer l'esprit qui domine toute son entreprise. Malheureusement, l'incendie criminel de la bibliothèque d'Alexandrie par les chrétiens sous la direction de l'évêque Théophile, voulant réduire par le feu les païens réfugiés à l'intérieur du « serapeum », nous prive des deux documents les plus précieux : le récit intégral du voyage de Pythéas et la carte qui l'illustrait.

Les obscurantistes qui brûlent les livres appartiennent à toutes les époques. Dans ces flammes, on a essayé de nous empêcher de retrouver la route vers nous-mêmes. Ma recherche n'en sera que plus fiévreuse et plus ardente ma passion.

Du journal de bord de Pythéas, je ne connaissais que le titre : *Autour de l'océan*. Quelques fragments ont été conservés par Strabon. Mais les commentaires de cet érudit, qui vivait au début de notre ère en Cappadoce et n'a jamais franchi les limites de sa cité, m'apparaissaient aussi suspects que les volumineux ouvrages de tous ces polygraphes qui écrivent toujours les mêmes fables venimeuses sur cette « mystérieuse et inquiétante » Société Thulé de 1919 — que je n'allais pas tarder à trouver sur ma route. Déjà, dans l'Antiquité, le goût du sensationnel et de l'équivoque faussait l'information.

D'autres témoignages — même indirects — pouvaient pourtant me guider. Dans son *Journal de bord de Pythéas de Marseille*, un écrivain aussi sérieux et aussi lyrique que Ferdinand Lallemand remet heureusement les péripéties à leur place. Il fait appel aux textes de Cosmas Indicopleustês, de Denys le Périégète et de Pline l'Ancien ; il a lu le livre publié par le Suédois Arvedson en 1824 et conservé à la bibliothèque d'Upsal ; il a connu le Marseillais Gaston Broche, professeur à l'université de Gênes et auteur d'une thèse capitale sur Pytheas. Bref, il s'est livré à une véritable enquête littéraire et archéologique ; il a pu alors nous restituer ce qu'il nomme, avec un bel élan « un merveilleux Pont du Vent posé sur la Route des Baleines ».

A mon tour, je voulais renouer le lien. J'unissais les fragments épars pour reconstituer la grande aventure. Quelques grains d'ambre retrouvés sur les côtes méditerranéennes. Quelques pièces grecques découvertes sur les rivages baltiques. Brusquement, ces vestiges ne m'apparaissaient plus insolites, mais nécessaires et fraternels. Au lieu d'opposer, en de si séculaires et si funestes querelles, les Celtes, les Hellènes et les Germains, je les retrouvais unis, dans le sillage invisible laissé sur les flots gris de l'océan par le vaisseau massaliote. Ils étaient tous les héritiers des mêmes Hyperboréens. Je retrouvais soudain la vision d'une lutte millénaire et d'une épopée prodigieuse.

En un mot, je voyais Pythéas avec les yeux du temps retrouvé. Il devenait mon pilote et je me fiais à lui comme je fais confiance à l'homme de barre, quand soudain le ciel prend une teinte plombée, que le vent s'élève et que la mer se creuse. J'essayais d'imaginer le bateau à bord duquel Pythéas va découvrir matériellement — et redécouvrir spirituellement — Thulé, en cherchant le soleil du solstice, l'astre qui ne se couche plus, là-bas vers le grand Nord, au cours du jour sacré.

Le Massaliote veut un navire solide et rapide. Quille de chêne, bordés recouverts de plomb, éperon de bronze. Sa pentécontore[2] — comme le feront dans un millénaire les « drakkars » des Vikings, que l'on doit d'ailleurs appeler « snekkars » ou « knorrs » — peut naviguer à la rame ou à la voile. Les avirons passent à travers des trous percés dans le dernier bordé, ce qui annonce la future construction scandinave, tout comme la grand-voile, carrée. Vers l'avant se gonfle une seconde voile, beaucoup plus petite. Une figure de proue restitue la silhouette d'une déesse de la cosmogonie hellène. Cinquante rameurs peuvent s'asseoir sur les bancs de nage. La merveilleuse pentécontore est conçue pour naviguer dans les mers du Nord, pour affronter les brumes, les glaces, et les brusques rafales de vent furieux, qui creusent soudain des précipices dans la mer et arrachent à la crête des lames d'énormes paquets d'écume

---

[2] La pentécontore est le navire habituel des expéditions guerrières et des traversées hauturières des marins grecs et comporte cinquantes rames.

qui viennent cingler l'équipage, mal protégé par un faible pont de toile.

Le Massaliote place son expédition sous le patronage d'Apollon, le dieu du Soleil, qui apparait bien, maintenant que je devinais enfin la véritable histoire de notre peuple dispersé, comme un frère méridional de Balder.

L'extraordinaire voyage de Pythéas-le-Massaliote

Et commence alors le long voyage vers Thulé. Le navire de Pythéas a franchi les colonnes d'Hercule et affronte la mer libre. Le Massaliote calcule la force des courants et l'amplitude des marées. Il corrige sa route et pousse sa pentécontore vers le but qu'il s'est donné. Il croise au large des côtes d'Ibérie, fait voile d'une seule envolée de Galice en Armorique. Il arrive à l'île d'Ouessant, après avoir navigué dans les plus dangereux parages d'une côte tourmentée, solidement défendue par des brisants écumeux.

De l'île des tempêtes et des naufrages, Pythéas met le cap plein nord sur la Cornouailles britannique. De Land's End, il cingle ensuite vers les îles Cassitérides, qui sont sans aucun doute les Scilly. Le Massaliote est arrivé au cœur du pays de l'étain. « Les habitants détachent des quartiers rocheux contenant des veines terreuses, écrira-t-il ; par un travail habile de triage et de fusion, ils tirent de ces veines le métal pur. Ayant modelé leur étain en forme d'osselets, ils le transportent dans une île toute proche du rivage britannique et qui s'appelle Ictis... » Il s'agit, sans doute, du mont Saint-Michel britannique, près de Penzance, d'où l'on peut, comme le constatent les Grecs, gagner la terre à marée basse.

Pythéas décide alors de longer les rivages méridionaux de la (grande) Bretagne. Il pénètre en Manche, laisse l'île de Wight disparaître à bâbord dans la brume, et franchit le Pas de Calais. Puis sa pentécontore remonte le long de la côte orientale de la Grande Ile.

Au bout de deux mois de navigation, le Massaliote et ses compagnons se trouvent au cap Orcas, aujourd'hui Duncansby Head, à l'extrême-nord de l'Ecosse. Ainsi arrivés au pays des Pictes, certains Grecs croient qu'ils ont enfin atteint le but de leur voyage, après plus de soixante jours de mer. Mais leur chef se montre inflexible : il sait qu'il n'est pas encore arrivé à Thulé.

—Est-ce ici la fin du monde ? a-t-il demandé aux indigènes de la Bretagne barbare et magnifique, dont il vient de longer les côtes orientales.

Les guerriers aux bracelets de bronze et aux torses peints de couleurs vives ont longuement hésité avant de répondre à l'étranger. Pressés de questions par le Grec téméraire, ils finissent par avouer :

—Tu vois cet océan qui se prolonge à perte de vue vers le Nord. Il ne marque pas pour nous la limite du monde. Au delà des vagues et des nuées, s'étend une île étrange où seuls peuvent aborder ceux qui ont le cœur pur.

Pythéas navigue pour connaître et non point pour négocier. Les Pictes ont reconnu en lui un homme de leur sang, capable de tout sacrifier à un rêve plus grand que tout, prêt à risquer sa vie pour son plaisir. Et son plaisir reste de découvrir le secret de l'univers, dont lui parlent les Pictes : sur cette île du bout du monde, les eaux brûlantes jaillissent au milieu des neiges éternelles. La glace et le feu s'affrontent en un combat perpétuel. Et dans la mer située au delà de l'île, le soleil, en cette époque de l'année, ne disparaît point dans les flots.

Pythéas peut à peine croire ce prodige. Le char du dieu Hélios sans cesse présent dans le ciel ! Il donnerait sa vie pour voir une seule fois cette course triomphale. Les Anciens avaient raison. Plus que jamais, Thulé lui apparaît comme le pays sacré de l'éternel soleil.

Les Grecs sont éblouis par le récit des Pictes et les Pictes sont séduits par la pentécontore des Grecs. Sur un tel navire qui aurait peur de cingler vers l'île mystérieuse ? Pythéas n'aura aucun mal à recruter quelques pilotes. Même sans eux il se sent capable de faire voile vers le Nord et de découvrir le triomphe du dieu de la lumière sur le monde des ténèbres.

Tous brûlent d'impatience. Le temps reste beau, la mer droite, le soleil haut dans le ciel. Juin leur sourit. Le temps d'égorger quelques moutons pour refaire provision de viande fraîche et de remplir les outres de peau aux ruisseaux qui serpentent dans des prairies d'herbe rase, ils regagnent le bord. Personne ne voudrait manquer un tel voyage !

Pythéas commande la manœuvre. Les avirons battent l'eau en cadence, un peu de brise gonfle les voiles, à l'avant un guetteur chante. Le lent balancement de la houle les saisit sitôt doublé le cap Orcas.

Maintenant, la vraie navigation commence. Il semble au Massaliote que tout ce qu'il a accompli jusqu'ici a pour seul but de le conduire vers cet endroit précis de la carte du monde, vers Thulé l'ultime.

Vers l'Île mystérieuse
où triomphe le soleil

Pendant le premier jour de navigation, le Massaliote longe les îles Orcades, qu'il laisse à tribord. Il poursuit sa route plein Nord. Le lendemain, apparaît un nouvel archipel, sombre et bas sur l'eau. Les pilotes pictes lui disent de laisser cette fois à tribord ces terres désolées, où les rochers prennent la forme étrange des géants assoupis. Le deuxième jour de navigation, ce sont donc les Shetlands qui sont atteintes et dépassées.

Pythéas continue à dresser la carte des terres qu'il découvre. Ces deux archipels inhabités, qu'il vient de laisser derrière lui, ne l'intéressent pas. Il les situe « au large des terres germaniques », alors que l'île d'Unst, la plus septentrionale des Shetland, se trouve à peu près à mi-chemin de l'Ecosse et de la Norvège...

Cette fois, le Massaliote a franchement changé de cap et se dirige désormais vers le nord-ouest. Les hommes d'équipage semblent un peu inquiets de cette course éperdue vers le soleil couchant. Les Grecs se trouvent désormais en haute mer. Sans aucun repère. Partout, les flots à perte de vue. Le cercle parfait de l'horizon les enferme au cœur même du mystère marin.

Deux autres jours encore de navigation. Sans apercevoir autre chose que la houle puissante de l'Atlantique et les rayons du soleil qui donnent des teintes irisées à la crête des lourdes vagues verdâtres.

Le navigateur massaliote calcule sa route. Le temps est favorable. Il marche bon train. Il a accompli environ trois cents kilomètres vers le nord-est à partir du cap Orcas. Puis

trois cents autres vers le nord-ouest. Il se trouve donc à environ six cents kilomètres au plein nord de la Grande Île de Bretagne.
—Terre !
Est-ce enfin la fameuse île mystérieuse qu'il cherche depuis qu'il a entendu les récits des Pictes ? Pythéas distingue tout un archipel, de hautes falaises, des milliers d'oiseaux qui tourbillonnent. Les pilotes secouent la tête :
—Pas encore, disent-ils.
La pentécontore des Grecs se trouve, au bout du quatrième jour, à la hauteur des Féroé. Elle les dépasse et les laisse lentement disparaître loin derrière elle, au sud-est. Seule compte la mer libre, droit devant. Pythéas navigue vers la tanière où chaque soir se couche le soleil, comme si l'astre de feu défiait les hommes assez hardis pour le traquer.
—Bientôt, disent seulement les pilotes.
Le cinquième jour de navigation commence. Le but se rapproche, mais une sorte d'angoisse étreint tous les Grecs. Et si les Barbares avaient menti ? S'il ne se trouvait rien au delà de l'horizon, que le feu, la glace et la mort ?
—Plus vite ! lance Pythéas.
L'eau bouillonne sous le choc des avirons. Le sillage blanchit. On entend contre la coque le bruissement de l'océan fendu net par l'éperon de bronze du navire. Les manches des rames brûlent les paumes et les rayons du soleil frappent les nuques. La sueur ruisselle. La fatigue enfonce un trait de feu entre les épaules.
—Plus vite ! répète Pythéas.
Le jour semble encore plus long. Il ne se décide pas à mourir. Les Grecs poursuivent leur route, cap au nord-ouest, dans une sorte de clarté laiteuse qui ne peut même plus se

nommer la nuit. Ils distinguent leurs visages. Et même les yeux de Pythéas, immobile sur son banc de veille.

La pentécontore semble voler sur l'eau. Elle file comme une flèche vers le soleil, la lumière et la vie. Apollon lui-même les attend dans cette île ! Demain, si les pilotes de Bretagne ont dit vrai, les Grecs verront apparaître, droit devant eux, la grande île des légendes hyperboréennes.

Immobile, à la proue, près de la statue de la déesse aux cheveux d'or et à l'arc d'argent, Pythéas ne cesse de scruter l'horizon. Qui, le premier de tout l'équipage, va pousser le cri que tous attendent, avec une impatience qui vire à l'angoisse ?

—Terre !

Depuis six jours, tous attendaient ce moment. Six jours... Mais peut-on encore parler de jour quand il n'existe presque plus de nuit ? En cette période du solstice d'été, par cet éclatant mois de juin, les jours ont plus de dix-neuf heures et les nuits à peine cinq heures. Elles ne sont d'ailleurs que l'enchaînement d'un lumineux crépuscule et d'une lumineuse aurore...

Six jours donc depuis que Pythéas et ses compagnons ont quitté le cap Orcas, à l'extrémité septentrionale de l'Ecosse. Au moment où ils aperçoivent à nouveau la terre, leur chef revit, en quelques secondes, toutes les péripéties de cette traversée qui ressemble à une provocation. Il a osé mener sa pentécontore vers le bout du monde, là où la mer et la terre se rejoignent, pour ne plus former qu'un horizon de glace et de néant.

Aucun marin n'est jamais revenu pour dire ce qui se trouvait à une telle latitude. Pythéas a relevé le défi des siècles et des vagues. Il aime le risque, tout autant parce qu'il est curieux que parce qu'il est hardi. Il veut savoir. Si le monde renferme un secret, lui, le Massaliote, il saura le découvrir. Comme les flots et les nuages se confondent dans la brume, peut-être existe-t-il un lieu idéal où puissent aussi se confondre la vie et la mort, le passé et l'avenir, la mer et le ciel ?

Si les hommes veulent un jour retrouver le monde des Hyperboréens et devenir semblables aux dieux, c'est vers le Nord qu'ils doivent border les voiles et souquer sur les avirons. A la rencontre du Septentrion et de l'Occident, ne meurt plus le soleil.

L'ILE DU SOLEIL ET DE LA VIE

Je m'étais laissé aller à l'enthousiasme pour célébrer la navigation de Pythéas, mais je ne regrettais pas cet élan. On imagine mal aujourd'hui la somme de connaissances et de courage qu'il fallut au Massaliote pour arriver jusqu'à l'île mystérieuse des Hyperboréens. C'est une aventure singulièrement héroïque et il convient de restituer dans toute sa splendeur cette hautaine figure de navigateur. Le mythe de Thulé, c'est aussi — c'est peut-être même d'abord — cette grande saga maritime, cet affrontement de l'homme avec l'océan et avec la peur. Pythéas donne à la légende sa véritable dimension. Il fait du destin solitaire d'un individu la mesure de toute chose. Il noue le lien. Il s'accomplit. Au fond, ce qu'il découvre d'abord à Thulé, c'est aussi la mesure de son propre orgueil et de sa propre force. Périple mystique tout autant que maritime.

Pythéas-le-Massaliote reste donc le seul navigateur connu de l'Antiquité qui soit allé jusqu'à Thulé. Il a vu, de ses yeux, l'île du bout du monde. Cette île mystérieuse, beaucoup ont voulu la situer avec précision sur la carte, sans d'ailleurs très bien comprendre que l'Ultima Thulé reste, même au temps de Pythéas, un symbole spirituel bien plus qu'un point géographique.

Identifier Thulé a donc longtemps préoccupé géographes et historiens. Dès le début de mon enquête, j'avais choisi et avouais n'avoir pas bien compris les hésitations ou les erreurs de tous ceux qui ont essayé de situer Thulé ailleurs qu'en Islande. Bien que fragmentaire, nous ne possédons pas moins un témoignage capital sur cette découverte, celui de Pytheas lui-même.

Selon lui, Thulé se trouve à six jours de navigation du pays des Pictes. On a calculé assez facilement ce que représentait pour lui un jour de navigation : une moyenne de cent cinquante kilomètres. Il a mis ainsi sept jours pour couvrir les mille kilomètres qui séparent les caps pyrénéens du Roussillon et le détroit de Gibraltar. Le trajet de l'Ecosse à l'Islande, par les îles Féroé, représente environ la même distance de mille kilomètres. Avec un peu de chance — et il n'en a jamais manqué — Pythéas peut très bien avoir couvert ce trajet en six jours.

Le Massaliote situe par ailleurs Thulé au nord de la Grande île de Bretagne. Ses deux jours de navigation nord-est vers les Shetland, puis ses quatre jours de navigation nord-ouest, en passant à mi-parcours par les Féroé l'amènent obligatoirement sur l'Islande. Tout cela m'apparaissait tellement évident que je ne comprenais pas très bien la querelle de ceux qui imaginaient des identifications fantaisistes, allant des Féroé elles-mêmes à l'île d'Iona, située à l'ouest des Hébrides, à Unst, la plus septentrionale des Shetland, à Ouessant, au large de la petite Bretagne, à Bornholm, au cœur de la mer Baltique, à Wight, à l'extrême-sud de l'Angleterre, si ce n'est à Héligoland, la sentinelle des

côtes de la Frise. Et je relevais d'autres identifications encore plus fantaisistes, où ne manquaient même pas les Açores ensoleillées ni les brumeuses Lofoten[3].
Géographiquement, toutes les hypothèses autres que l'Islande me paraissaient totalement fausses. Mais je découvrais déjà que Thulé l'ultime n'est pas Thulé l'unique : spirituellement Thulé reste une île sacrée ; comme Iona pour les Celtes et Héligoland pour les Germains.

Le « poumon de la mer » au delà du cercle Arctique

Je comprenais ces confusions. J'y trouvais même des indices qui n'allaient cesser de me hanter. La fausse localisation n'était plus alors erreur, mais prescience. J'allais découvrir peu à peu qu'il existe plusieurs îles qui méritent le nom sacré de Thulé.
Pourtant, je tenais à mon identification. Et pas seulement pour la place admirable que tiendra l'Islande dans la civilisation nordique du Haut Moyen Age. Mais les lois de la navigation, des courants, des marées et des vents ne peuvent se transgresser. J'espérais même découvrir sur quelle partie exacte de l'île, Pythéas parvint à atterrir.

---

[3] Selon Fridtjof Nansen, dans son livre *Nord i Takeheimen*, paru à Christiana (Oslo), en 1911, Thulé se situerait sur la côte occidentale de la Norvège. Mais il semble bien qu'en cette occasion, le célèbre navigateur polaire norvégien se laisse davantage guider par le chauvinisme national que par une analyse rigoureuse de la navigation probable de Pythéas-le-Massaliote. La démonstration de Gaston Broche, identifiant Thulé à l'Islande, a pour elle une implacable logique maritime.

Persuadé d'avoir navigué plein Nord, le Massaliote ne s'est peut-être pas rendu compte qu'il se trouvait soumis à la dérive du Gulf Stream. Il serait donc arrivé à la pointe nord-est de l'île. La montagne qu'il a aperçue, si haute au-dessus de l'eau, ce serait alors l'Oster Jökull, remarquable point de repère, fort bien défini par les instructions nautiques, dans une description qui s'apparente à celle des souvenirs de Pythéas : « Il existe, à quelque distance de son sommet, un mamelon noir, le Gvödnarstein, où, par un effet physique inexpliqué, les neiges et les glaces ne séjournent jamais. Par temps clair, on peut le voir à plus de trente lieues au large. » L'identification Thulé-Islande me paraissait une certitude absolue, mais je me demandais quelle navigation avait bien pu accomplir ensuite le Massaliote. Il parle d'un très long voyage. Aurait-il fait le tour de l'île pour voir les « poumons de la mer » et les brumes du bout du monde ? Cela me paraissait incertain. Mais je m'obstinais à l'imaginer partant de la pointe sud-est où il avait abordé. S'il est parti au contraire de la pointe sud-ouest, le périple vers la mer Glaciale reste parfaitement admissible ; Gaston Broche, dans sa thèse universitaire sur Pythéas, se montre partisan de cette hypothèse dont la hardiesse a certes de quoi séduire les admirateurs fanatiques du Massaliote. Il est parfaitement possible que ses pilotes pictes, connaissant bien les courants autour de l'île l'aient d'abord mené droit vers le sud-ouest, là où se trouve aujourd'hui Reykjavik, en utilisant la fin du courant polaire du nord-est au sud-ouest ; Pythéas a utilisé ensuite le courant chaud qui remonte la côte ouest et longe toute la côte nord, puis le courant polaire nord-est sud-ouest. Pythéas aurait ainsi accompli le tour complet de l'Islande, dans des conditions de sûreté et de rapidité exceptionnelles.

C'est au cours de ce périple septentrional qu'il navigue dans un élément étrange, dont il nous parle dans un des rares fragments que Strabon a intégralement cité : « Ce n'est pas de la glace dure, ce n'est pas de l'air, ce n'est pas de l'eau. » Je reconnaissais la définition exacte que les géologues donnent du « pack » ce mélange d'eau et de « floes » ou glace flottante, que l'on peut rencontrer au delà de ce cercle Arctique qui, précisément, coupe l'Islande, et que Pythéas, selon moi, a sans conteste franchi pour s'approcher des mystères du monde.

Le périple autour de l'Islande ne semble faire aucun doute pour l'universitaire marseillais qui a consacré sa vie à restituer le voyage de Pythéas. Je rejoignais Gaston Broche et ce nouvel exploit de Pythéas me paraissait de plus en plus possible et même probable. Le Massaliote n'était pas homme à se défier de l'inconnu. Mais une question ne cessait alors de me tarauder : qu'a-t-il découvert ensuite ? Nous retombons dans les obscurités, soigneusement entretenues par Strabon.

Thulé découverte, sans doute contournée, Pythéas semble avoir atteint le bout du monde. Il a franchi le cercle Arctique. Au delà, vers le Pôle, ce n'est plus que brouillard, glace, néant. Thulé restera pour longtemps la dernière terre septentrionale reconnue. D'où ce nom même d'*Ultima Thulé*.

Si Pythéas était arrivé au but — mais non au bout — de son voyage, il inaugurait, au delà d'une extraordinaire voie maritime qui ne sera pas reprise de sitôt, une longue suite de mystères et de querelles, dans laquelle je me lançais à mon tour, avec cette impétuosité que peut seule excuser une passion tenace. En décidant de suivre son sillage, je n'étais certain que d'une chose : ce mot même de Thulé gardait, après plus de deux millénaires, un caractère magique. Il portait en lui-même une réponse à toutes les questions que je me posais depuis mon adolescence. Né à Paris d'une famille normande, qui était venue au siècle dernier de Vire en passant par Bayeux et Caen, ayant vécu longtemps à Cherbourg, possédant une maison familiale sur la côte occidentale du Cotentin, j'avais toujours été attiré vers le Nord comme par un mystérieux et irrésistible tropisme surgi du fond des âges. Je savais bien, de tout le poids de l'instinct, que cette histoire de Thulé était mon histoire et l'histoire de « mes gens », comme l'on dit chez nous, pour parler des parents et des ancêtres. J'avais été marqué du signe du vrai soleil et il me fallait retourner en Islande où m'attendait désormais le Massaliote, après sa découverte.

A la recherche du pays de l'ambre roux

Le temps se maintient au beau. La découverte de l'île au terme d'une impeccable navigation a renforcé encore la confiance de l'équipage. Ses hommes suivront désormais Pythéas au bout du monde.
— Nous allons vers le pays où se récolte l'ambre, annonce-t-il, et il ordonne que sa pentécontore prenne la route de l'Est.
La précieuse et odorante résine fossile exerce sur les Hellènes une sorte de fascination, qui ne peut se comparer qu'à celle de l'or. L'ambre conserve son caractère de magie. Il reste vivant et divin.
Le bateau massaliote poursuit sa route et met le cap sur la Norvège. Pythéas veut atteindre le pays des Bergues, là où

les montagnes plongent à pic dans la mer. Etrange et sauvage contrée, où les sapins et les vagues forment le décor des fjords. Mer et terre à jamais confondues. Océan qui pénètre jusqu'au cœur du pays. Sommets qui se dressent au milieu des flots.

De loin, sous le soleil levant, les marins grecs aperçoivent les hautes falaises couvertes de résineux, qui semblent, à contre-jour, encore plus sombres. Ils abordent dans un village de pêcheurs. Là sera un jour Bergen.

Pythéas, pour poursuivre sa route vers le pays de l'ambre, cherche à nouveau un pilote. Un homme du pays, aux yeux clairs et à la barbe blonde, offre ses services au Massaliote :

—Je puis te guider vers l'île de l'ambre que nous appelons Aba-Alo.

—Quel est ton prix ?

—Je ne te demande pas de l'or mais du vin, répond le Bergue, en désignant une des amphores que les soutiers de Pythéas transportent depuis le départ de Massalia.

L'île de l'ambre sera atteinte après une longue navigation dans un décor de falaises, d'îlots, de détroits. Brusquement, les certitudes, qui n'avaient cessé de me guider jusqu'en Islande, se dissipaient. Je connaissais la longue polémique qui a surgi entre tous ceux qui ont tenté d'identifier Aba-Alo et ni mon cœur ni ma raison ne parvenaient immédiatement à trancher. Je me trouvais devant deux solutions : Bornholm en Baltique ou Héligoland en mer du Nord.

Certes, il me restait une solution que la malice des nations qualifierait aujourd'hui de « normande » et qui consistait à choisir une des îles de l'archipel danois, à commencer par celle de Vendsyssel qui coiffe la péninsule du Jutland, dont elle est séparée par un étroit bras de mer. Cette région

n'avait jamais cessé de me fasciner par son rôle capital dans l'histoire de notre monde ; des milliers de sépultures, entourées de pierres levées en témoignent encore. Ce prodigieux cimetière est en réalité le véritable berceau de l'Europe et le Jutland entre deux mers a vu partir, à la conquête des océans et des royaumes, les plus hardis de tous les fils de l'Hyperborée. Mais j'imaginais quand même Aba-Alo plus petite. Et plus insulaire. Je la voyais, cette île sacrée de l'ambre, isolée comme un défi au milieu des flots gris.
Alors il fallait trancher. Première hypothèse : Pythéas a franchi les détroits du Sund, qui séparent le Danemark de la Scanie, et a pénétré fort avant en Baltique. Il aurait pu ainsi découvrir l'île de Bornholm, puis celle de Gotland, au cœur de la « Méditerranée du Nord ». Certains pensent même que Pythéas aurait pénétré au fond du golfe de Riga, puis du golfe de Finlande, pour vérifier si l'océan, conformément à l'opinion courante de son époque, faisait le tour de la Scythie par l'est. A en croire ces enthousiastes, le Massaliote aurait cherché le grand passage oriental, par les fleuves russes de la Dvina et du Dniepr, pour rejoindre la mer Noire à travers les steppes ukrainiennes.
La seconde hypothèse me séduisait peut-être davantage : Pythéas n'avait pas franchi les détroits et était resté à croiser sur l'actuel Dogger Bank des pêcheurs de la mer du Nord. Alors, Aba-Alo, c'était Héligoland.
Le Massaliote reconnut tout de suite l'importance de cette île, terre sacrée où doivent être honorés les dieux des vagues et des vents. Aba-Alo apparaît déjà, sur le plan mythique, comme une seconde Thulé. C'est la véritable « capitale » de ce pays de l'ambre, qui se situe sur la côte ouest du Jutland et du Slesvig. Les Allemands appellent encore Bernstein-

strand ce littoral de la mer du Nord et il existe sur la côte du Danemark une localité du nom de Glesborg, ce qui signifie la ville de l'ambre.

L'historien maritime Jacques Mordal, qui a consacré un livre à Héligoland, rappelle que l'île porta successivement les noms de Abalcia (ce qui ressemble fort à Aba-Alo), Balcia, Basileia, Austeravia (de l'allemand Auster, huître), puis Glessaria, où se retrouve la racine Gles, ambre, comme dans Glesborg.

Strabon m'en apprenait fort peu de ce que le manuscrit de Pythéas contient au sujet de cette île. Il parle pourtant d'un temple dédié à Poséidon, le dieu de la mer. Plus je butais sur ce passage et plus j'imaginais que pouvait, alors, vivre sur Héligoland un collège d'initiés. Cela m'apparaissait comme une évidence. Je pressentais que là se trouvait le grand secret, tout autant que sur Thulé — où Pythéas ne semble pas avoir abordé et qui était sans doute inhabitée. La découverte de Thulé a trop longtemps occulté le séjour sur Aba-Alo[4]. Je tenais une piste, mais j'avais plus d'indices que de certitudes.

---

[4] Ce nom mystérieux d'Aba-Alo ne peut-il pas se rapprocher de celui d'Avallon, ou Aballon, ou Ab-ollen qui désigne, dans le légendaire irlandais, « l'île blanche », où on ne voit jamais la mort et où peut s'obtenir « la couronne de joie de la jeunesse éternelle » ? Certains voudraient voir dans ce mot d'Avallon le mot kymrique « Afal » qui signifie pomme. L'île sacrée serait donc l'île des Pommes, ce qui peut faire songer aux légendaires Hespérides et aux pommes d'or conquises par Héraklès, en gage d'immortalité. Pour d'autres, l'île d'Avallon ou d'Aballon n'est autre que l'île d'Apollon. On retrouve alors le symbole « solaire » de ce dieu dorien dont les sœurs viennent pleurer des larmes d'ambre dans l'île sacrée. Ce qui nous ramène en mer du Nord ou en Baltique. Sans vouloir trancher, je suis le premier à signaler cette

En tout cas, l'île est bien un des hauts lieux du pays de l'ambre. On trouve autant de pierres d'ambre sur Aba-Alo que de cailloux dans le lit du Rhône. Les rivages de l'île semblent irisés de cette chaude couleur qui évoque celle du miel. Pythéas peut en prendre autant que sa pentécontore peut en porter.

Le Massaliote donne alors un ordre incroyable :

— Rejetez à la mer les pierres qui lestent le fond de notre vaisseau et remplacez-les par de l'ambre !

Maintenant, il faut prendre le chemin du retour.

Après cent soixante-quatre jours de voyage, Pythéas regagne sa patrie. Jamais, le long de ses quais, Massalia n'aura vu revenir navire aussi superbement lesté. L'étain et l'ambre, que rapporte le voyageur, assurent sa fortune. Mais ce qui assure à jamais sa gloire — c'est la découverte de Thulé.

Thulé décrite
par les écrivains de l'Antiquité

J'en avais fini avec le Massaliote et ses compagnons. Je les quittais à regret. Tout paraît si simple à fréquenter les rudes hommes de la mer. Mieux que personne, ils savent qu'ils ont découvert, plus qu'une terre nouvelle, le secret même du monde et le lien qui les unit à leur lointain passé. Pythéas, le très savant et le très hardi, voit tous ses calculs enfin confirmés.

---

possibilité : Aba-Alo peut être Avallon ou Abalcia, c'est-à-dire Héligoland.

Aussitôt va naître, autour de ce voyage, une prodigieuse curiosité. Pour soulever un tel élan de lyrisme et de foi, il fallait donc que le Massaliote eût découvert, avec Thulé, quelque vérité essentielle ! Quand un événement suscite une telle littérature, il devient obligatoirement plus considérable qu'une simple navigation, si aventureuse soit-elle. De cela, j'étais persuadé dès les premiers jours de mon enquête et je sentais que j'approchais d'une révélation capitale.

Désormais, au retour de Pythéas, l'île du bout du monde est entrée dans la réalité et dans la légende. Son existence tangible, au lieu de détruire sa puissance mythique, la renforce singulièrement. Certes, Strabon dans sa Géographie traite, à plusieurs reprises, le Massaliote de menteur. Mais il ne peut s'empêcher de citer l'essentiel de son récit : « Pythéas dit que les parages de Thulé, qui est la plus septentrionale des îles britanniques, constituent la dernière (des régions habitables) et que là le cercle décrit par le soleil au solstice d'été est identique au cercle arctique. »

Dans son *Histoire naturelle*, Pline l'Ancien va également citer Pythéas et évoquer son voyage à Thulé : « Aux jours du solstice le soleil s'approchant davantage du pôle du monde, et décrivant un cercle plus resserré éclaire d'un jour continu, pendant six mois, les terres qui sont sous lui, et il y a inversement nuit continue lorsque le soleil, au solstice d'hiver, passe de l'autre côté de la terre, et c'est ce qui se passe dans l'île de Thulé, ainsi que l'écrit Pythéas-le-Massaliote... Thulé, où, au solstice d'été, nous avons indiqué qu'il n'y a plus de nuits, alors que le soleil traverse le signe du Cancer, et où, inversement, il n'y a plus de jours au solstice d'hiver. Et cela, paraît-il, pendant six mois continus. »

Ainsi, dès la plus haute Antiquité, Thulé devient l'île solsticiale par excellence. Elle ne va plus cesser, pendant plusieurs siècles, de hanter les historiens, les astronomes et les géographes. Les poètes aussi. Un mythe est en train de naître, qui rejoint la légende des Hyperboréens et constitue la genèse même de la profonde unité européenne, exaltant son origine dans le Nord ancestral.

Denys le Périégète n'hésite pas à célébrer en vers grecs les mystères de l'île sacrée dans sa *Description du monde* :

> Par une longue route, plus loin,
> Fendant de son étrave l'Océan,
> L'île de Thulé, sur un bon navire,
> Tu réussirais à l'atteindre,
> Thulé, où du soleil rapproché du pôle des Ourses
> Jour et nuit, toujours visibles,
> Se répandent à torrents les flammes.

Peu à peu, les notions scientifiques des Anciens se précisent. Ptolémée écrit : « Thulé a son plus long jour de vingt heures équinoxiales. » Agathémère ajoute : « Sur ce segment, c'est-à-dire sur le parallèle de Thulé, le plus long jour est de vingt heures. » Ce que confirme Solin : « Il y a bien d'autres îles autour de la (Grande) Bretagne, parmi lesquelles Thulé est la plus reculée, et où, au solstice d'été, le soleil traversant le signe du Cancer il n'y a pas de nuit ; de même, au solstice d'hiver, pas de jour. » Etienne de Byzance conclut, au Ve siècle : « Thulé : grande île de l'Océan, dans les régions hyperboréennes ; où le soleil, au solstice d'été, fait un jour de vingt heures équinoxiales et une nuit de quatre heures ; en hiver le contraire. »

Dans sa *Description de la terre*, Rufus Festus Avienus retrouve, lui aussi, les accents du poète pour décrire l'île solsticiale découverte par Pythéas-le-Massaliote :

... Thulé
Là, comme des chariots du pôle,
S'approche à nous toucher le feu appolinien.
Dans la nuit lumineuse,
La roue du soleil brûle d'une flamme continuelle.
Le jour clair se voit introduit
Par la nuit non moins claire.
Car le soleil tourne sur l'oblique pivot du monde,
Et tout droit sous lui envoie ses rayons,
Comme il est plus près de l'axe occidental.
Jusqu'à ce que, de nouveau,
Ses coursiers haletants,
Dans les parties inférieures et invisibles du ciel,
Les reçoive le Notus.[5]

Diodore de Sicile, citant un texte d'Hécatée d'Abdère, un contemporain de Pythéas, avait naguère évoqué, peu avant notre ère, une île sacrée qui me faisait irrésistiblement songer à celle découverte par le hardi Massaliote : « Il y a là une île aussi grande que la Sicile. Ses habitants croient que Latone[6] y est née. De là vient que ces insulaires révèrent particulièrement Apollon, son fils. Ils sont tous, pour ainsi dire, prêtres de ce dieu, car ils chantent continuellement des

---

[5] Le Notus est le vent du Sud dans la mythologie grecque.
[6] Latone : mère d'Apollon et d'Artémis, dans la mythologie latine ; assimilée à la déesse grecque Lêtô.

hymnes en son honneur. Ils lui ont consacré un grand terrain, au milieu duquel est un temple superbe, de forme ronde, toujours rempli de riches offrandes. Leur ville même est consacrée à ce dieu, et elle est remplie de musiciens et de joueurs d'instruments qui célèbrent tous les jours ses vertus et ses bienfaits. Ils sont persuadés qu'Apollon descend dans leur île tous les dix-neuf ans, qui sont la mesure du cycle lunaire. Le dieu lui-même joue de la lyre et danse toutes les nuits, l'année de son apparition, depuis l'équinoxe de printemps jusqu'au lever des Pléiades, comme s'il se réjouissait des honneurs qu'on lui rend. Enfin, les Hyperboréens témoignent leur vénération pour Apollon en envoyant régulièrement tous les ans à Délos les offrandes qu'ils font des prémices de leurs fruits. Au commencement, c'étaient deux ou trois vierges choisies, accompagnées par cent jeunes gens d'un courage et d'une vertu éprouvés, qui portaient ces offrandes. Mais, les lois de l'hospitalité ayant été violées une fois dans la personne de ces pèlerines, on prit le parti de faire passer ces offrandes de main en main, par l'entremise des peuples qui se trouvaient sur leur chemin, depuis leur pays jusqu'à Délos... »

Le mystère de l'île du bout du monde

Ce dernier texte ne cessait de m'intriguer tout au long de mon enquête. Sur le plan strictement géographique, il ne recoupe pas exactement le texte de Pythéas et la localisation avec l'Islande apparaît douteuse. Pourtant, sur le plan mythique, on peut dire qu'il surpasse encore tout ce qu'a pressenti le Massaliote au cours de son exploration. Désormais, j'en étais certain : il existe une

parenté, chargée de tous les effluves de nos traditions hyperboréennes, entre les îles sacrées. L'Islande s'impose. Mais Iona ou Héligoland tiennent leur place dans ces légendes qui recoupent les souvenirs et les nostalgies de nos lointains ancêtres. Apollon prend place à côté des dieux solaires des Celtes et des Germains. L'unité profonde de notre monde m'apparaissait avec une certitude absolue.
Le thème de l'île sacrée revient dans notre commune mythologie hyperboréenne et nul ne l'a décrit avec plus de poésie que les vieux Irlandais dans la Tradition oghamique :

> Il est une île lointaine,
> Tout autour resplendissent les chevaux de la mer,
> Course blanche autour de la vague écumante,
> Que soutiennent quatre pieds ;
> Brillant est le soleil, suite de victoires,
> Plaine ou jouent les armées,
> Les bateaux luttent avec les chars,
> Dans la plaine du sud du Bel Argent ;
> Des pieds de bronze sous elle,
> Elle brille à travers les mondes délicieux,
> Terre aimable à travers les mondes de vie,
> Où pleuvent un grand nombre de fleurs...

François Le Roux, qui cite ce texte dans un remarquable essai sur *Les îles au Nord du Monde*, rappelle que cette terre porte des noms variés, tels Tir nan-Og, la Terre des Jeunes, Tir nam Beo, la Terre des Vivants, ou Tir Tairngiri, la Terre des Promesses.
Ces îles des Bretons ont été, tout naturellement le refuge des druides face aux invasions romaines, comme plus tard le

seront en mer Baltique Œsel ou Rühnuö dans le golfe de Courlande, face aux attaques chrétiennes. La place des îles dans notre commune antiquité païenne, se trouve donc ainsi parfaitement définie : « C'est celle de *centre spirituel* ou encore de *centre traditionnel*. Les morts allant au Tir nan-Og retournent à l'état de primordialité ; le sage, par contre, est ou devient détenteur de secrets ou de mystères qui rendent inutile son isolement du monde suprahumain. Si l'on veut, l'initié constitue lui aussi une sorte d'île de science et de sagesse au milieu du flot des ignorants. Il peut donc revenir, mais l'île, dans son symbolisme, en même temps que par l'isolement qu'elle procure, lui convient parfaitement. Îles des morts et îles des initiés dépendent par conséquent du même principe : retour aux sources du savoir et de la nécessité cosmique. »
Enfin, je comprenais la prédiction faite par Sénèque dans *Médée*, et dont le sens profond m'avait longtemps échappé :

>   Dans les siècles futurs, une heure viendra
>   Où l'on découvrira le grand secret enfoui dans l'océan
>   On retrouvera la puissante île.
>   Téthis[7], de nouveau, dévoilera cette contrée.
>   Et Thulé, désormais, ne sera plus
>   Le pays de l'extrémité de la terre.

---

[7] Thétys : divinité marine de la mythologie grecque. Fille de Nérée et mère d'Achille. Elle plongea son fils dans le Styx, en le tenant par le talon pour le rendre invulnérable. Ce qui rejoint le mythe scandinave du dieu Balder, lui aussi rendu invulnérable par sa mère Frigg, sauf à une blessure causée par une branche de gui... Une fois encore, l'unité de la tradition hyperboréenne apparait évidente.

DU MYTHE DE THULÉ
AU MYSTÈRE DE L'ATLANTIDE

L'île découverte par Pythéas ne représentait donc plus, pour moi, l'extrémité de la terre. Il me fallait chercher « au delà ». Au delà dans l'esprit. Au delà dans le temps. Ce qui m'intéressait désormais s'était passé des centaines d'années avant Pythéas. Le Massaliote n'en gardait, comme tous ses contemporains, qu'un tenace souvenir légendaire. Au delà aussi dans l'espace. Continuer vers le Nord pendant des centaines de milles marins. Savoir qu'autrefois les glaces ne me barraient pas le passage. Il me faudrait peut-être aller jusqu'au Pôle pour découvrir la vérité du Nord ?

Je trouvais enfin le symbole même de ma Quête dans un texte du XIIe siècle, où Honorius Augustodunensis évoque l'île Perdue « qui se cache à la vue des hommes, est parfois découverte par hasard, mais devient introuvable dès qu'on la cherche ». Thulé l'ultime devenait Thulé l'inaccessible et je songeais, par-delà l'Islande, à la chercher dans cette région, où, me disait Plutarque, dans *De facie in orbe lunae*, « Chronos, le dieu de l'âge d'or, sommeille sur un rocher brillant comme l'or même, où des oiseaux lui apportent l'ambroisie ». Il précisait que ce rocher se trouvait au-delà des îles Fortunées, « plus loin vers le Nord ». Je restais dans la bonne direction.

M'embarquant pour Thulé, dans le sillage de Pythéas, j'avais découvert l'Islande, qui reste depuis le temps de l'Edda et des sagas, la terre sacrée des Normands. J'avais identifié la grande île comme une patrie de nos lointains ancêtres hyperboréens. J'en arrivais à l'origine même de la mystérieuse race aux yeux clairs et aux cheveux d'or. Mais à force de remonter le temps, je butais soudain sur un continent englouti. Je ne pouvais échapper à ce chant des sirènes qui me guidait, même malgré moi, vers l'Atlantide. J'étais tombé dans le piège et je me sentais lentement descendre, comme les noyés emportés par ce fameux « maelström », qui n'avait cessé, tour à tour, de terroriser et de ravir ma jeunesse.

Je croyais ces hantises bien enfouies au secret de moi-même, n'aimant pas voir resurgir les spectres que je ne voulais plus convier. Les servitudes du journalisme quotidien, puis les nécessités du récit historique, m'avaient, semble-t-il, à jamais cuirassé contre le retour des phantasmes de l'enfance. La guerre et ses tourbillons, que je croyais plus redoutables, étaient passés là-dessus. Mon enquête me rendait brusquement à des émotions mortes. Alors, je me laissais emporter par ce retour de mon propre passé. Jamais, peut-être, je n'avais tant approché le secret. Et cela n'était pas seulement ma propre histoire, que je revivais ainsi, mais celle de toute une génération, marquée à jamais par ce premier saut dans l'inconnu de la magie littéraire.

Antinéa, reine de l'Atlantide, et le capitaine Nemo

Je devais avoir dix ans, puisque tout cela me semble étrangement contemporain de l'Exposition de 1937, où j'avais vu un grand palais blanc de style gréco-hitlérien remplacer le Trocadéro, sombre comme une caverne et peuplé de bêtes apocalyptiques. Comme mon grand-père avait mauvaise vue, son épouse lui lisait, chaque soir, les livres à la mode de l'époque. Quand je couchais chez eux, dans une chambre contiguë dont on laissait la porte ouverte, je faisais semblant de dormir pour écouter, en luttant contre le sommeil, ces histoires de grandes personnes. Je n'en saisissais que quelques pages, à plusieurs jours d'intervalle. Mais ces romans, ainsi fractionnés, ne m'en apparaissaient que plus étranges, donc plus séduisants. Celui à qui je devais l'impression la plus fabuleuse était *L'Atlantide* de Pierre Benoit. La progression du mystère, au fur et à mesure que le héros s'avance dans le Sahara, comme un navigateur dans l'océan, me laissait fasciné. Je devais être amoureux d'Antinéa, sans même m'apercevoir que cette passion enfantine était de l'amour. Mais j'avais un rival, avec une belle barbe soyeuse, une veste à boutons d'or et une casquette timbrée d'une ancre d'or. Il se nommait le capitaine Nemo et ne tarda pas, dans mon imagination puérile, à épouser la mystérieuse reine des sables. Car, exactement aux mêmes jours, chacun d'entre nous lisait à tour de rôle, à haute voix pendant le repas de midi, dans le vieux réfectoire du collège Stanislas, *L'île mystérieuse* de Jules Verne.

Les deux récits se confondaient pour moi jusqu'à n'en faire plus qu'un et j'imaginais l'étrange rencontre de ces romans, dont je n'entendais, d'une oreille ensorcelée, que des bribes.
Donc, *L'Atlantide*, pour moi, était une île. Je crois que j'aurais pleuré des nuits entières si mon professeur d'histoire et géographie m'avait soutenu le contraire. Je tenais Pierre Benoit et Jules Verne pour les plus grands conteurs de toute la littérature. Plus tard, je devais en sourire. Et bien à tort : je ne comprenais pas la force que peut représenter une tradition orale. Car jamais mes yeux n'ont pu, par la suite, relire ce que mon âme avait écouté et relié.
Cette longue digression personnelle ne m'éloignait pas de Thulé. Elle me montrait au contraire, avec la lumineuse clarté du cœur, la vérité instinctive de l'identification de Thulé avec l'Atlantide. Il ne me restait plus, à ce point de mon enquête, qu'à relire le *Timée* et le *Critias* de Platon. Comme j'avais tâté de la philosophie pendant l'année scolaire 1944-1945, où bien d'autres événements me sollicitaient, je n'avais plus, sur ce sujet, aucun souvenir. Je ne devais pas être le seul et je me croyais obligé à quelques précisions.
Dans le *Timée*, qui se présente comme une somme des connaissances de son temps, Platon fait raconter par Critias le Jeune cette « légende historique », qui devait provoquer tant de divagations et de querelles. Critias la tient de son grand-père Critias l'Ancien, qui la tient lui-même de Solon, le philosophe itinérant, ami ou peut-être même parent de son père Dropidès. Quant à Solon, il doit cette révélation à des prêtres égyptiens. Cela fait une demi-douzaine d'intermédiaires et on imagine le travestissement que subit la vérité historique. Aussi, l'Atlantide entrera-t-elle dans l'Histoire

comme un mythe et non pas comme un fait, comme un mystère et non comme une réalité. Le continent mystérieux n'en aura que plus de pouvoir magique.

D'abord, relire attentivement le texte de Platon

Solon, « le plus sage des sept sages », entend parler en Egypte des grandes catastrophes naturelles et de la destruction de cités entières par le feu et par l'eau. Selon ses interlocuteurs, les survivants de ces cataclysmes ne sont souvent que des illettrés et des ignorants ; leurs héritiers ne savent plus ce qui s'est passé dans l'ancien temps. Les Egyptiens, qui rapportent ces choses, affirment alors au voyageur hellène que les Athéniens — qui formaient « la race la meilleure et la plus belle parmi les hommes » — ont jadis anéanti une puissance qui voulait conquérir l'Europe, l'Asie et l'Afrique. Elle venait d'une île située dans la mer Atlantique...

L'erreur indéniable de Platon est de faire remonter ce gigantesque combat à huit ou neuf mille ans. Mais la description qu'il donne de l'Atlantide reste d'un singulier pouvoir d'évocation :

« Une île se trouvait devant le passage des colonnes d'Hercule. Cette île était plus grande que l'Asie (mineure) et la Libye réunies. Et les voyageurs de ce temps-là pouvaient passer de cette île sur les autres îles, et de ces îles, ils pouvaient gagner tout le continent, sur le rivage opposé de cette mer qui méritait vraiment son nom. Car, d'un côté, en dedans de ce détroit dont nous parlons, il semble qu'il n'y ait qu'un havre au goulet resserré et, de l'autre, au-dehors, il y a cette mer véritable et la terre qui l'entoure et que l'on peut appeler véritablement, au sens propre du terme, un continent. Or, dans cette île Atlantide, des rois avaient formé un empire grand et merveilleux. Cet empire était maître de l'île tout entière et aussi de beaucoup d'autres îles et de portions du continent. En outre, de notre côté, il tenait la Libye jusqu'à l'Egypte et l'Europe jusqu'à la Tyrrhénie. Or, cette puissance ayant une fois concentré toutes ses forces, entreprit, d'un seul élan, d'asservir votre territoire et le nôtre et tous ceux qui se trouvent de ce côté-ci du détroit. C'est alors, ô Solon, que la puissance de votre cité fit éclater aux yeux de tous son héroïsme et son énergie. Car elle l'a emporté sur toutes les autres par la force d'âme et par l'art militaire. D'abord à la tête des Hellènes, puis seule par nécessité, abandonnée par les autres, parvenue aux périls suprêmes, elle vainquit les envahisseurs, dressa le trophée, préserva de l'esclavage ceux qui n'avaient jamais été esclaves, et, sans rancune, libéra tous les autres peuples et nous-mêmes, qui habitons à l'intérieur des colonnes d'Hercule. Mais, dans le temps qui suivit, il y eut des tremblements de terre effroyables et des cataclysmes. Dans l'espace d'un seul jour et d'une seule nuit terribles, toute notre armée fut engloutie d'un seul coup sous la terre, et de même l'île Atlantide s'abîma dans la mer et disparut. Voilà pourquoi, aujourd'hui encore, cet océan de là-bas est difficile et inexplorable, par l'obstacle des fonds vaseux et très bas que l'île, en s'engloutissant, a déposés. »

Le récit du « Critias » encore plus précis que le « Timée »

Un nouveau dialogue de Platon, celui du Critias, va à nouveau évoquer la mystérieuse Atlantide, avec une précision, cette fois assez troublante. Lorsque les dieux se sont partagé la terre, c'est Poséidon, le dieu de la mer, qui reçut l'île Atlantide. La race des rois atlantes proviendra de son union avec une fille de l'île, Clito. De ce couple naîtront dix garçons (cinq fois des jumeaux). L'aîné, Atlas, deviendra le premier roi de l'Atlantide.
Je retrouvais la légende des Hespérides. Mais je voulais surtout m'attacher à la description même de l'île des Atlantes.
« Près de la mer, mais à hauteur du centre de l'île tout entière, il y avait une plaine, la plus belle, dit-on, de toutes les plaines, et la plus fertile. Et, proche la plaine, et distante de son milieu d'environ cinquante stades, il y avait une montagne partout d'altitude médiocre... (Poséidon) la fortifia et l'isola en cercles. A cet effet, il fit des enceintes de mer et de terre, les unes à l'entour des autres. Il en fit deux de terre, trois de mer et il les arrondit pour ainsi dire, en commençant à partir du milieu de l'île, dont elles étaient partout à égale distance... »
Parmi les ressources dont dispose le roi Atlas, la plus extraordinaire est un mystérieux métal, l'orichalque, « le plus précieux après l'or des métaux qui existaient en ce temps-là ». De nombreux animaux domestiques et sauvages vivent sur l'Atlantide, qui fournit en abondance les fruits, les légumes et les fleurs. Au centre de l'île, se trouve le palais

des rois, qui communique avec la mer libre par un vaste canal.

Je voyais les Atlantes au travail : « L'île centrale dans laquelle se trouvaient le palais des rois, les enceintes et le pont, ils les entourèrent entièrement d'un mur de pierre circulaire... Ils en revêtirent tout le tour de cuivre, qui lui fit comme un enduit. Ils recouvrirent d'étain fondu l'enceinte intérieure et quant à celle qui entourait l'Acropole elle-même, ils la garnirent d'orichalque, qui avait des reflets de feu. » Au milieu de l'Acropole, s'élevait le temple dédié à Poséidon et à son épouse Clito. « Là, chaque année, on venait des dix provinces du pays, offrir à chacun de ces dieux, les sacrifices de saison. » Le sanctuaire du dieu de la mer est long d'un stade (177,60 m), large de trois plèthres (88,60 m) et d'une hauteur en proportion. Les Atlantes ont revêtu d'argent tout l'extérieur du sanctuaire. A l'intérieur, les murs, les colonnes et le pavement sont garnis d'orichalque.

Une statue d'or de Poséidon représente le dieu debout sur son char attelé de six chevaux ailés. Autour de lui, figurent cent Néréides sur des dauphins. « Par ses dimensions et par son travail, l'autel répondait à cette splendeur, et le palais royal était proportionné à la grandeur de l'empire et à la richesse des ornements du sanctuaire. »

Platon décrit ensuite minutieusement les installations hydrauliques de l'île, alimentées par une source d'eau froide et une source d'eau chaude. Puis, toujours dans ce dialogue de Critias, il évoque le bois sacré de Poséidon : « Ce bois, grâce à la vertu du terroir, comprenait des arbres de toutes essences, d'une beauté et d'une hauteur divines. De là, les Atlantes faisaient couler l'eau vers les enceintes extérieures, par des canalisations ménagées le long des ponts. De ce côté, on avait aménagé des temples nombreux pour beaucoup de dieux, force jardins, force gymnases pour les hommes ou manèges pour les chevaux. » Les casernes sont pleines de soldats et les arsenaux garnis de trirèmes. « Le canal et le port principal regorgeaient de vaisseaux et de marchands venus de partout. Leur foule y causait jour et nuit un vacarme continuel de voix, un tumulte incessant et divers. » Après avoir décrit le reste de l'île, avec ses montagnes, son immense plaine méridionale et ses canaux, Platon révèle l'organisation de ce continent mystérieux. La plaine, qui compte près de deux cent mille kilomètres carrés, se trouve divisée en soixante mille districts, qui fournissent aux rois des Atlantes dix mille chars de combat, deux cent quarante mille chevaux, douze cent mille combattants et deux cent quarante mille marins. La flotte comprend douze cents vaisseaux.

Le serment des rois atlantes dans le temple du dieu de la mer

L e plus extraordinaire, dans cette description de l'Atlantide, reste sans doute celle du cérémonial du serment et du jugement des rois. Les dix souverains, fils de Poséidon, qui se partagent l'île, se réunissent tous les cinq ou six ans dans le temple de leur père. Et commence alors l'étrange cérémonie :
« On lâchait des taureaux dans l'enclos sacré. Les dix rois, restés seuls, après avoir prié Poséidon de leur faire capturer la victime qui lui serait agréable, se mettaient en chasse, sans armes de fer, avec seulement des épieux de bois et des filets.

Celui des taureaux qu'ils prenaient, ils le menaient à une colonne d'orichalque et l'égorgeaient à son sommet, comme il était prescrit. Sur la colonne, outre les lois, il y avait, gravé, le texte d'un serment qui proférait les anathèmes les plus terribles contre qui le violerait. Après donc qu'ils avaient effectué le sacrifice conformément à leurs lois et consacré toutes les parties du taureau, ils remplissaient de sang un cratère et aspergeaient d'un caillot de ce sang chacun d'eux. Le reste, ils le mettaient au feu, après avoir fait des purifications tout autour de la colonne. Ensuite, puisant du sang avec des coupes d'or dans le cratère, et le versant dans le feu, ils faisaient le serment de juger en conformité avec les lois inscrites sur la colonne, de châtier quiconque les aurait violées antérieurement, de n'enfreindre de plein gré à l'avenir nulle des formules de l'inscription, de ne commander et de n'obéir que conformément aux lois de leur père (Poséidon). Chacun prenait cet engagement pour lui-même et pour toute sa descendance. Puis ils buvaient le sang et remettaient la coupe en ex-voto dans le sanctuaire du dieu. Après quoi, ils soupaient et vaquaient aux autres occupations nécessaires. »

La cérémonie ne se trouve pourtant pas encore terminée. Platon décrit minutieusement ces rites étranges : « Quand l'obscurité était venue et que le feu des sacrifices était refroidi, tous revêtaient de très belles robes d'azur sombre et ils s'asseyaient à terre dans les cendres de leur sacrifice sacramentel. Alors, dans la nuit, après avoir éteint toutes les lumières autour du sanctuaire, ils jugeaient et subissaient le jugement, si l'un d'eux en accusait un autre d'avoir commis quelque infraction. La justice rendue, ils gravaient les

sentences, le jour venu, sur une table d'or, qu'ils consacraient en souvenir, ainsi que leurs robes. »
Le Critias énumère les lois de ces rois atlantes. Elles leur interdisent de prendre les armes les uns contre les autres, et leur commandent de toujours délibérer en commun, comme leurs ancêtres, et de laisser, en toutes circonstances, l'hégémonie à la race d'Atlas. « Un roi n'était pas maître de donner la mort à aucun de ceux de sa race, écrit Platon, si tel n'était pas l'avis de plus de la moitié des dix rois. »
Pendant de nombreuses années, les rois des Atlantes suivirent ces lois. « Ils ne se laissaient pas griser par l'excès de leur fortune, ne perdaient pas la maîtrise d'eux-mêmes et marchaient droit. »

La malédiction du mélange des sangs

Mais ces dix fils du dieu Poséidon et de Clito l'Atlante vont épouser des femmes qui ne sont pas de leur sang. Platon décrit alors la dégénérescence de cette race royale de souche divine, avec des accents qui semblaient, soudain, m'annoncer les célèbres prophéties du comte Arthur de Gobineau, cet aristocrate normand hanté par la décadence : « Mais, quand l'élément divin vint à diminuer en eux, par l'effet du croisement répété avec de nombreux éléments mortels, quand domina le caractère humain, alors, incapables de supporter leur prospérité présente, ils tombèrent dans l'indécence. »
Par une étrange inversion des valeurs, ces rois atlantes, dégénérés, vont apparaître beaux à ceux qui ne croient qu'aux valeurs marchandes, mais laids aux hommes

clairvoyants, qui connaissent les vraies lois de la vie. Zeus, le dieu des dieux, voulut alors châtier les Atlantes et il réunit ses pairs dans leur demeure « située au centre de l'Univers où on voit de haut tout ce qui participe du Devenir. » Le manuscrit du Critias se termine par une phrase à jamais inachevée : « Et, ayant rassemblé les dieux, Zeus leur dit... » Personne ne devait jamais connaître la fin de cette tragique histoire des Atlantes. Par le *Timée* nous savons seulement que l'île a été engloutie au cours d'une fantastique catastrophe naturelle.

Désormais, en ce IVe siècle avant notre ère, naît un mythe prodigieux. Derrière la lutte des Athéniens et des Atlantes, au cours d'une des premières grandes guerres civiles des héritiers de Thulé, c'est tout le mystère de nos origines qui surgit. La recherche de l'Atlantide, ce sera la recherche des sources mêmes de notre existence. Pythéas m'avait conduit à Platon. Je découvrais la mystérieuse unité du mythe primordial.

Mais ce mythe allait vite m'apparaître comme la plus fantastique et la plus nécessaire des certitudes. Aristote m'avait bien prévenu : « Le mythe, disait-il, est un récit mensonger qui représente la vérité. »

Je ne pouvais échapper à ce piège : Thulé m'avait conduit vers l'Atlantide. En franchissant, à la suite de Pythéas-le-Massaliote, les colonnes d'Hercule, j'étais parti, sans même le savoir, à la recherche du continent englouti. Soudain, la tâche me semblait insurmontable. Je savais que les livres consacrés au problème de l'Atlantide occupent des bibliothèques entières. L'intérêt pour ce pays, dit « légendaire », ne s'est jamais démenti depuis deux siècles et les localisations les plus fantastiques ont toujours séduit, d'âge en âge, les amateurs de mystère.

Certains ont situé l'Atlantide entre l'Afrique et l'Amérique, en plein océan. D'autres choisiront les sites les plus variés et les plus insolites, de la Mongolie au Sahara, en passant par la Palestine et l'Iran. Les innombrables Atlantomanes devaient sans cesse susciter la naissance de nouveaux Atlantologues...
Je me méfiais d'instinct de ces crédules et de ces érudits. J'avais, en commencant cette enquête, assez d'expérience historique pour rejeter tous les réductionnismes, qui prétendent expliquer les événements à l'aide d'une seule discipline et n'hésitent jamais à torturer les faits pour les faire entrer dans le carcan des dogmes. Travaillant souvent trop isolés, linguistes et anthropologues, zootechniciens et historiens des religions, géologues et ésotéristes ne font souvent que solliciter la tradition pour satisfaire ce qui devient vite chez eux une manie exclusive et aveugle. Encore heureux quand la politique partisane ou la religion révélée ne vient pas brouiller les cartes et faire s'écrouler le château toujours facile de leur hypothèse favorite.

Dès 1638, le chancelier et philosophe anglais Bacon von Verulam affirme, dans son livre *Nova Atlantis*, que l'Atlantide et l'Amérique ne font qu'un même continent. En 1665, le jésuite Athanasius Kircher, professeur de théologie et de philosophie à Wurzburg, puis en Avignon, et à Rome, écrit un livre *Mundus Subterraneus*, dans lequel il situe l'Atlantide au milieu de la mer occidentale. L'archipel des Açores serait le dernier vestige du continent englouti. On ne suivit peut-être pas sa thèse mais on adopta son idée de nommer l'océan : océan « Atlantique ». En 1675, Olaf Rudbeck publie, à Upsala, un livre intitulé *Atlant eller*

Manheim dedan japhetz afkomme, dans lequel il prétend que l'Atlantide n'est autre que... la Suède. En 1685, l'Allemand Johann Christian Bock affirme qu'il vient, à son tour, de découvrir l'Atlantide et la situe en Afrique du Sud.

Un Français, « inventeur » de l'Atlantide hyperboréenne

Après de telles fantaisies, les thèses soutenues par Jean-Sylvain Bailly, dans ses *Lettres à Voltaire sur l'Atlantide de Platon*, ont le double mérite de la logique et de la clarté. Elles me paraissaient même approcher singulièrement une vérité qui sera souvent occultée, plus ou moins volontairement, par la suite. Curieux homme que ce Bailly. Né à Paris en 1736, il se passionnera pour les belles lettres et l'astronomie. Il entre alors en correspondance avec Voltaire. Député aux Etats Généraux, il préside la Constituante lors de la célèbre assemblée du Jeu de Paume et devient le premier maire de Paris. Mais il reste un modéré et sera finalement guillotiné en 1793. Sa carrière d'homme politique, en ces temps troublés de la Révolution, a, sans conteste, fait oublier le plus original de son œuvre : cette recherche fiévreuse de l'Atlantide et de la race primitive de l'Hyperborée. Il écrira ainsi à Voltaire : « Je désire toujours que vous croyiez à mon ancien peuple perdu... Les débris de cet ancien Etat détruit annoncent une philosophie sublime, parce que, selon cette philosophie, Dieu est unique, présent partout, il a tout créé, il anime tout, il est seul éternel et immuable ; parce qu'elle a distingué les trois actes les plus remarquables de la puissance divine : créer le monde, le conserver et le détruire ; sage parce qu'elle enseigne en

même temps que Dieu est ineffable, parce qu'elle nous avertit de ne point sonder les profondeurs de son essence. »
Le langage assez fleuri et « déiste » de cette époque ne doit pas faire oublier l'indéniable prescience de Bailly, qui écrit, le 24 août 1776 : « Le culte du ciel venu des Atlantes a été universel. Il était personnifié chez eux par Uranus[8] »
Pour Bailly, il ne saurait y avoir de doute. Il rapproche le pays des Atlantes et le jardin des Hespérides, citant Apollodore : « Les pommes d'or enlevées par Hercule ne sont pas, comme quelques-uns le pensent, dans la Libye, elles sont dans l'Atlantide des Hyperboréens. » Il affirme, avec force, dans une de ses lettres à Voltaire : « Ce n'est pas de l'Orient qu'est venue la source des lumières, c'est l'Occident qui a produit les druides et les précepteurs du monde... Toutes les fables nous ramènent vers le Nord. Celle de Phaéton y est liée par la production de l'ambre jaune, par le fleuve de l'Eridan qui va perdre ses eaux dans l'océan septentrional. Tous les travaux d'Hercule, vrais ou allégoriques, y ont été exécutés ou inventés. Le jardin des Hespérides est près du Pôle. J'avoue que cette conclusion est surprenante... » Ainsi, va naître, en plein siècle des Lumières, cette Idée nordique, dont un astrologue français se trouve le premier « inventeur ». Je découvrais, avec cette

---

[8] L'Atlantologue français Paul Le Cour fait remarquer l'importance de l'astrologie dans la découverte de la tradition primitive, qu'il situe résolument au Nord : « C'est par la science du ciel, par la science d'Uranus (devenu Uranie) et d'Atlas, que l'on peut espérer, mieux que par toute autre science, convaincre le reste du monde savant de l'existence de ce peuple policé antérieur aux civilisations connues et originaire des pays du Nord. »

lettre du 20 avril 1778, le véritable point de départ de mon enquête.
Jean-Sylvain Bailly croit à l'unité du mythe primitif européen et rattache ainsi l'île Ogyvie d'Ulysse à l'Atlantide. N'est-elle pas habitée par Calypso, la fille du sage Atlas ? L'astronome, ami de Voltaire, rappelle aussi que c'est un authentique Hyperboréen, Abaris, qui apporte à Lacèdémone le culte de Proserpine et bâtit son temple. L'origine indiscutablement nordique des Spartiates ne faisait donc aucun doute à un bon esprit, voici tout juste deux siècles ! Bailly connaît bien sa mythologie classique et il évoque pour Voltaire l'histoire de Borée, roi des vents du Nord, qui enleva Orythie, dont il eut trois fils : Atis, Vili et Wei. Je le suivais moins quand il fait dériver le nom du roi Minos, fils d'Europe et de Zeus, du norrois Mann, en passant par Minnur et Minner... Mais avec quelle passion je retrouvais sous sa plume cette histoire des tables d'airain apportées à Délos depuis les montagnes hyperboréennes. Délos, pour lui, est l'image de Basilée, la « roïale ». Je retrouvais à la fois la capitale des Atlantes, dont parle Platon, et l'île sacrée, découverte au large des terres germaniques par Pythéas. Et à laquelle Pline donne le nom d'Osericta — ce qui n'est pas tellement loin du nom allemand primitif d'Héligoland : Austeravia.
Pour Bailly, les Atlantes sont donc les habitants du Nord de la terre : « Nous sommes près des sources du genre humain, écrit-il encore à Voltaire ; cette grande vérité ne doit pas rester stérile. Je vous supplie de ne pas m'abandonner ; et si le peuple atlantique n'est pas une chimère, nous allons retrouver sa demeure. »

En cette année 1778, se situe la première découverte à la fois géographique, mythique et historique de la véritable terre des Atlantes. Une lettre du 5 mai vient confirmer celle du 28 avril. Il faut toujours, selon Bailly, revenir à la conscience — même obscure — que les Grecs conservaient de leurs origines car « ce sont les instructions reçues dans son enfance et près de son berceau que ce peuple a conservées dans la vigueur de l'âge ».
Pour Bailly, l'Hyperborée est le pays des géants ou Titans, nés d'Uranus et de la Terre. Le pays des Atlantes renferme donc une force religieuse tellurique qui se trouve à l'origine même du monde hellène. Déjà Phérécyde affirmait que les Hyperboréens appartenaient à la race des Titans. Après de telles certitudes, la localisation matérielle de l'Atlantide semble importer assez peu à Jean-Sylvain Bailly, qui situe la terre sacrée du Nord en Islande, au Groenland, au Spitzberg ou en Nouvelle-Zemble, indifféremment.
Deux siècles avant le début de mon enquête, le correspondant de Voltaire m'avait montré la voie : l'Atlantide, comme Thulé, se situait bien au Nord de notre monde.

LA QUÊTE
D'UNE TRADITION PRIMORDIALE

La thèse de Jean-Sylvain Bailly, qui faisait, avec une lumineuse prescience, de l'Atlantide hyperboréenne le centre primitif de la civilisation, ne parvint pas totalement à vaincre le fameux scepticisme de Voltaire. Et d'autres Francais n'allaient pas tarder à prendre le contre-pied de Bailly. Parmi eux, Anton Cadet, affirme, à la veille de la Révolution, en 1785, que l'Atlantide est bien « atlantique » et que les Canaries et les Açores restent les dernières épaves visibles du grand royaume englouti. Brory de Saint-Vincent défendra la même thèse en 1803. Le premier sans doute, il va remarquer une certaine ressemblance entre le vieux Monde et le nouveau. Il s'ingénie à trouver d'étranges similitudes entre les civilisations de l'Egypte et du Mexique.

La fable tenace
de l'île entre deux continents

Cette théorie, si aventureuse fût-elle, devait connaitre un beau succès. En 1874, le Francais Roisel écrit *Les Atlantes* et tente, un des premiers, de donner une interprétation métaphysique du mystère de l'Atlantide, par l'étude des symboles religieux sur les deux rives de l'océan Atlantique. L'imagination, dans un tel domaine, tient malheureusement une part plus importante que la rigueur.

Désormais l'idée était lancée et elle fera fortune. Qu'on compte deux ou trois millénaires de différence chronologique entre la civilisation égyptienne et la civilisation amérindienne ne semble pas préoccuper tous les tenants de cette thèse, qui recevra en 1882 le tonitruant renfort de l'homme politique américain Ignatius Donelly dans *The antediluvian World*. Cet historien amateur accrédite pour longtemps la thèse d'un mystérieux continent situé en plein centre de l'Atlantique et hautement civilisé : « Les Atlantes sont les fondateurs du plus grand nombre de nos arts et de nos sciences, ils sont à l'origine de nos philosophies, ils sont les premiers marins, les premiers commerçants, les premiers colonisateurs de la terre. »

L'ennui pour les partisans de cette thèse sera la contre-attaque des océanographes, dont le plus catégorique et le plus récent, est le Suédois Hans Petterson, de Goteborg, qui a publié, en 1948, un livre définitif : *Atlantide et Atlantique*. Pour ce savant, il ne saurait y avoir aucun doute : « Un continent atlantide dans l'océan Atlantique est un cadavre géophysique qu'aucun géologue, aussi grand soit-il, ne peut rappeler à la vie. » Un bateau océanographe américain ne devait par la suite trouver dans les fosses de l'océan que des bas-fonds dont les sédiments n'ont pas vu la lumière du soleil depuis au moins cent cinquante millions d'années. Les fameuses « crêtes de l'Atlantique central » surgissent des profondeurs et ne sont pas les restes d'un continent englouti. La fameuse théorie de la « dérive des continents », d'Alfred

Wegener se trouve confirmée par cette découverte, mais l'Atlantide ne surgit pas pour autant des immenses fosses océaniques.

La fiévreuse recherche du continent englouti avait pourtant longtemps mobilisé des savants et même suscité des imposteurs, comme un prétendu petit-fils d'Henri Schliemann, le génial « inventeur » de Troie, qui affirmait, dans un article du *New York American*, vers 1912, avoir enfin trouvé la clef de l'énigme au Tibet, à l'aide d'un inaccessible manuscrit ! En 1922, un savant germano-bohémien, du nom de K. G. Zschaetzch, prétendra même dans son livre *Atlantis, die Urheimat der Arier*, que le continent disparu ne pouvait être que la patrie primitive de ces fameux Aryens dont parlait tant le comte de Gobineau. L'Atlantide s'identifiait à l'Asgard, la demeure des dieux nordiques, et se situait en Asie, alors considérée comme le berceau des Indo-Européens. Ce Zschaetzch avait bien mis le doigt sur la liaison évidente entre l'Atlantide et l'Hyperborée, mais il se laissait emporter par une passion raciale, qui, à force de vouloir trop prouver, ne prouvait plus grand-chose.

Pourtant, l'Antiquité avait été trop dominée par ce problème pour pouvoir l'esquiver. Si l'Atlantide restait mystérieuse — pour un spécialiste moderne comme René Thévenin elle n'a jamais existé, ainsi qu'il l'affirme tranquillement dans *Les pays légendaires devant la science* — l'Hyperborée n'en demeurait pas moins une certitude. Hérodote, Diodore, Virgile, Pline, ou Ptolémée ne la prenaient pas, eux, pour un pays légendaire mais pour une réalité, assez bien localisée au Nord du monde qu'ils pouvaient appréhender. Ils y voyaient le pays de l'âge d'or, dont la nostalgie ne cessait de tourmenter les humains, toujours inclinés à regretter un prétendu « bon vieux temps ». Les Anciens parlaient de l'Atlantide avec des larmes dans la voix, comme les folkloristes évoquent aujourd'hui les coiffes du temps de Louis-Philippe.

Quand le récit mensonger représente la vérité,..

Cette immense nostalgie ne s'expliquait pas sans une réalité historique. Le voyage de Pythéas avait bien confirmé ce que savait déjà le savant géographe de Massalia. Ces mythes de Thulé, de l'Hyperborée, de l'Atlantide possédaient, de toute éternité, un étrange pouvoir de « mobilisation » qui ne cessait pas de me fasciner. Ils incarnaient une force proprement religieuse.

Il me paraissait donc normal qu'ils aient resurgi en Europe à une époque où la foi installée commençait à singulièrement vaciller sous le coup des idées révolutionnaires et des découvertes scientifiques. Mais les hommes ne peuvent se passer de liens avec le mystère. Au déclin du christianisme va correspondre une étrange montée des sectes, de la magie, de l'occultisme. Le phénomène semble encore s'accélérer de nos jours, où le chaos s'accroît dans l'Eglise et dans toutes les structures dites à tort « traditionnelles » de notre morne société industrielle. Les piliers s'écroulent. Phénomène d'autant plus irrésistible que les contestés sont devenus contestables et qu'ils sont les premiers à perdre confiance en eux-mêmes. Il devient d'usage en Occident — revanche quasi posthume du christianisme — de se battre la poitrine. Cela n'en renforce que davantage l'autorité de ceux qui affirment, même les choses les plus folles. Les bonimenteurs et les magiciens triomphent. L'Atlantide tiendra sa place dans les hantises de tous les anciens croyants désorientés par cette mort inéluctable de Dieu que leur annonçait Nietzsche.

Dans ce chaos et cette décadence, les anciens dieux reviennent en force et les vieux mythes reprennent une vigueur exceptionnelle. Je m'en réjouissais, puisque le passé n'est jamais que la jeunesse. Je poursuivais ma Quête de Thulé dans une impression d'enthousiasme grandissant. J'avais les dieux avec moi, et même les déesses puisque Uranie me conduisait à Ouranos, le *Urahn,* ou grand ancêtre, que je cherchais avec certitude dans les pays hyperboréens. Quant au géant Atlas, ne portait-il pas sur ses larges épaules la sphère du Zodiaque ? La mythologie restait certitude et je n'allais plus m'étonner de croiser tant d'astrologues sur la route de Thulé.

Parmi des centaines de publications sur ce thème inépuisable, j'avais suivi les travaux de Paul Le Cour, qui devait se jeter dans la bataille pour l'Atlantide avec une fougue jamais démentie. Son premier article sur le sujet, dans le vénérable *Mercure de France*, remontait à 1925 et pendant près de trente ans, jusqu'à sa mort en 1954, il restera un pionnier inlassable du mythe primordial. La collection de sa revue *Atlantis* demeure une mine de renseignements et d'opinions, parfois contradictoires, mais toujours curieuses.

Certes, je ne suivais pas Paul Le Cour dans toutes ses conclusions et je ne croyais guère, comme devait plus tard me l'affirmer aussi un occultiste allemand, adepte pourtant d'une secte néo-païenne farouchement germanisante, que tout se trouvait dans la Kabbale — qui ne signifie pas autre chose que « Tradition » en langage hébraïque. Je voyais assez mal dans ces écrits assez obscurs du Moyen Age une corrélation avec l'Egypte et le Yucatan. La parenté entre le judaïsme, le christianisme et l'islamisme ne me semblait pas s'expliquer par l'intervention de l'Atlantide. Mais la nostalgie de tous les hommes pour quelque paradis perdu restait assez forte pour incliner certains chercheurs à découvrir une Kabbale occidentale, qui aurait inspiré la doctrine secrète des Argonautes et des Templiers.

Je n'avais pourtant pas besoin de la Société théosophique de Mme Blavatsky et de Rudolf Steiner pour retrouver par l'occultisme les traces du royaume originel disparu. Elles étaient visibles derrière tous les grands événements historiques de la très haute Antiquité européenne. Les cavaliers doriens n'avaient pas surgi du néant pour apparaître soudain sur les rivages ensoleillés de la mer Egée. Ils venaient du Nord et des côtes de l'ambre. Ils appartenaient au monde de l'Hyperborée. Je découvrais, à suivre le sillage de Pythéas, que l'Atlantide avait été pour les Anciens ce que devait devenir le Graal pour tout le Moyen Age.

La tradition atlanto-boréenne m'apprenait quel était le nom de ma véritable patrie. Elle brillait de tous les feux du soleil. Et pourtant elle se situait dans le Nord. Ma religion aussi possédait ses mystères. Mais je savais que Thulé depuis la plus haute Antiquité, était une terre du soleil invaincu :
Thule ultima a sole nomen habens.

Ce soleil qui éclairait désormais ma route ne se dit-il pas *Sol* dans les langues germaniques et latines ou *Hel* dans les langues celtiques ? L'antique Hellade redevenait la terre sacrée. Je redécouvrais, sans cesse, l'unité profonde de notre monde.

Je célébrais, tel en son temple du lointain pays hyperboréen, Apollon, le dieu solaire de Delphes.

J'avais assez lu mon compatriote cherbourgeois Georges Sorel pour croire encore aux « illusions du Progrès » et je savais, désormais, qu'il pouvait exister une Tradition primordiale, dont le mythe de l'Atlantide révèle l'existence.

Intervention « magique » de Julius Evola, le maudit

En publiant en 1962 mon premier livre consacré à Drieu La Rochelle, j'avais montré toute l'œuvre de ce Normand lucide et amer dominée par l'idée de décadence. Drieu n'avait guère eu de peine à me convaincre, tant le pessimisme actif appartient, depuis l'époque des sagas, à notre tempérament profond. Croyant au crépuscule des dieux, l'idée d'une décadence des hommes m'apparaissait familière, confortée, si l'on peut dire, par l'observation quotidienne du monde contemporain. En commençant cette enquête, je savais donc que je devrais lire tôt ou tard l'œuvre de Julius Evola, dont l'action politique, avant et pendant la dernière guerre, importe peu, au regard de sa contribution à l'analyse de notre temps et à la connaissance de notre passé. Que ce grand souffrant solitaire, paralysé sur son lit depuis sa blessure de 1945 jusqu'à sa mort en 1974, fût un maudit et, comme le dit *l'Encyclopédie de l'Inexpliqué*, « un apôtre de la contre-culture » m'importait assez peu. On pouvait présenter son œuvre comme une « Kabbale fasciste ». Il suscitait trop de haine pour n'être pas lucifèrien, c'est-à-dire porteur de lumière.

De cette lecture je ne devais pas sortir évolien. Mais on peut utiliser le code civil sans être bonapartiste. Je ne voyais pas pourquoi un livre tel que sa *Révolte contre le monde moderne* devrait être livré aux flammes. N'en déplaise aux inquisiteurs, il me semblait assez bien éclairer ma route. Ce fanal accrochait des reflets d'argent au sillage laissé naguère par Pythéas-le-Massaliote sur les flots de la mer du Nord.

Que disait donc Julius Evola ? « La localisation du centre ou siège originel de la civilisation « olympienne » du centre d'or dans une région boréale ou nordico-boréale devenue inhabitable correspond à un enseignement traditionnel fondamental que nous avons exposé ailleurs, avec des données justificatives à l'appui. Une tradition hyperboréenne, dans sa forme originelle olympienne ou dans ses résurgences de type « héroïque », se trouve à la base d'actions civilisatrices accomplies par des races qui, durant la période s'étendant entre la fin de l'ère glaciaire et le néolithique, se propagèrent dans le continent euro-asiatique. »

Pour le grand chercheur italien de la Tradition, il ne paraissait pas impossible que ce « paradis perdu » dont rêvaient les Anciens, en le nommant Atlantide ou Thulé, se trouvât au Pôle nord. Je ne souriais pas. Evola n'était pas le premier à l'affirmer et rejoignait l'intuition de Jean-Sylvain Bailly.

Un de mes étranges compatriotes normands, Guillaume Postel, originaire de Barenton, qui vécut au XVIe siècle et mourut dans les prisons de l'Inquisition, a écrit dans son *Compendieum Cosmographicum* : « Le paradis se trouve sous le pôle Arctique. » Et qu'était le paradis pour le clerc d'origine nordique, si ce n'est la transposition mystico-théologique du souvenir de la patrie primordiale ?

L'explication « polaire » en valait une autre. Le Nord devenait ainsi le centre suprême du monde et l'archétype de toute « domination » au sens supérieur du terme. Il se confondait aisément avec l'emplacement idéal du premier âge, dont nous gardons toujours la nostalgie, après des millénaires. Le symbole et la réalité ne pouvaient que s'identifier — et en cela, je suivais Evola sur la route que m'avait déjà tracée Sénèque, en m'emmenant « au delà de Thulé ».

« Le centre hyperboréen reçut, explique avec une conviction entraînante l'auteur de *Révolte contre le monde moderne*, entre autres dénominations qui s'appliquèrent ensuite, par voie de conséquence, au centre atlantique, celle de Thulé, l'île Blanche ou de la Splendeur, de « Terre du Soleil[9] » : dans toutes les traditions indo-européennes, des souvenirs concordants parlent de cette terre, devenue mythique par la suite, en rapport avec une congélation ou un déluge. »

Révélation de l'origine polaire des Hyperboréens

L'Histoire et la supra-Histoire se situent non comme des éléments séparés mais transparaissent l'un à travers l'autre. Thulé était donc non seulement une terre réelle, mais aussi un lieu « polaire ». Pourquoi n'aurais-je pas admis que « cette région était habitée par des êtres qui

---

[9] Pour Julius Evola, Thulé s'identifie avec l'île grecque *Leuké* et la *çvetadvipa* de la tradition hindoue. Preuve supplémentaire pour lui de la réalité indo-européenne et d'une commune origine hyperboréenne et polaire.

possédaient cette spiritualité non humaine à laquelle correspondent les notions de " gloire ", d'or, de lumière et de vie » ? Ils possédaient la Tradition à l'état pur. Le thème arctique et le thème atlantique pouvaient fort bien se rejoindre. Le grand mystère du Nord ne serait alors autre que le mystère de l'Occident.

Le professeur germano-flamand Hermann Wirth n'avait pas dit autre chose pendant toute sa vie et notamment dans son capital ouvrage *Der Aufgang der Menschheit*, paru en 1928, ainsi que dans l'article *Das Geheimnis von Arktis-Atlantis* de 1931. Ses théories lui valurent l'admiration, vite transformée en méfiance, des responsables officiels du IIIe Reich, quand il mélangea l'Atlantide nordique, dont ils acceptaient d'enthousiasme l'idée, avec la défense d'un matriarcat primitif, qui heurtait fort l'éducation toute virile du régime hitlérien. Hans Horbiger, qui avait fait paraître, avec Philipp Fauth, dès 1912, sa fantastique *Glazialeosmogonie* où il affirmait que le cataclysme « atlante » avait été produit par la chute d'une lune sur la terre et qu'un tel événement devait fatalement se reproduire, avait connu la même alternance de faveur et de doute posthumes — il était mort en 1931, deux ans avant l'arrivée d'Adolf Hitler au pouvoir — sous le IIIe Reich. Il faudra alors attendre Edmond Kiss pour trouver un Atlantologue capable de concilier les thèses contraires et de les mettre par surcroît au service de l'impérialisme allemand et de l'économie de guerre. Je préférais revenir rapidement à des savants moins marqués. Je découvrais alors chez le curieux auteur des *Maximes sur la guerre*, René Quinton, de fort séduisantes théories sur l'origine « polaire » de la vie en général. Son essai *Les deux pôles, foyers d'origine*, publié dans une revue en 1933, me paraissait discutable, c'est-à-dire qu'il aurait mérité qu'on en discutât. Mais ce scientifique français, auteur d'un curieux essai sur *L'eau de mer milieu organique*, paru en 1904, héros de la Grande Guerre et apologiste de la violence, appartenait, lui aussi, à une frange intellectuelle réduite au silence par tous les préjugés de la mode. Il se situait en marge, cela suffisait pour l'exclure. Il n'avait même pas, comme Evola, un passé qui sentait assez le soufre pour attirer sur lui l'attention des rescapés du nazisme rengagés dans l'ésotérisme. Quinton était le contraire d'un rêveur et son solide bon sens champenois n'en fit pas un prophète. D'ailleurs, il arrivait un peu tôt.

Je retournais à cette chambre de malade où, dans la pénombre et l'odeur de renfermé, Julius Evola devait lutter, pendant trente ans, contre la mort accrochée à sa moelle épinière. Trop de naïfs en avaient fait un peu vite leur maître pour ne pas me méfier. Mais il connaissait beaucoup de choses sur le monde englouti de l'Atlantide. Depuis ce serpent funeste des Aryens de l'Iran, qui apporte « dix mois d'hiver et deux mois d'été », restituant ainsi le climat arctique, jusqu'à l'obscurcissement du soleil, le *Gylfaginning*, qui précède le crépuscule des dieux scandinaves quand « la mer se lève en tempête et engloutit la terre ». Alors « l'air devient glacial et le vent accumule des masses de neige ». Je savais bien que la fin de l'Atlantide, c'était aussi la mort du soleil.

Certes, je ne pouvais accepter les conclusions de Julius Evola sans réserve et sans une méfiance que l'on m'assure bien normande. Pourtant, son explication par les voies du traditionalisme me semblait bien plus cohérente que tout ce que j'avais lu jusqu'ici, et qui situait invariablement l'origine de notre civilisation dans quelque fabuleux Proche-Orient. Je n'étais pas loin de croire bien réel ce grand mirage nordique ; les glaces du Pôle me satisfaisaient bien davantage que tous les sables du désert. Aussi, je recopiais intégralement ce passage, qui rejoignait tout ce que je savais de la religion nordique primitive, telle qu'elle nous est en partie dévoilée par les textes de l'Edda et d'innombrables témoignages archéologiques, moins mystérieux qu'on ne l'imagine. « Nous ne reviendrons pas sur cette manifestation de la loi de solidarité entre causes physiques et causes spirituelles, dans un domaine où l'on peut pressentir le lien intime unissant ce qui, au sens le plus large, peut s'appeler « chute » — à savoir la *déviation* d'une race absolument primordiale — et la *déclinaison* physique de l'axe de la terre, facteur de changements climatiques et de catastrophes périodiques pour les continents. Nous observerons seulement que c'est depuis que la région polaire est devenue déserte, qu'on peut constater cette altération et cette disparition progressives de la tradition originelle qui devaient aboutir à l'âge du fer ou âge obscur, *Kali-yuga*, ou « âge du loup » (Edda), et, à la limite, aux temps modernes proprement dits. »

La grande aventure de la race primitive nordique

Cette explication, toute singulière qu'elle fût, m'apparaissait convaincante pour qui croit, en effet, à l'étroite union des phénomènes humains et des influences cosmiques. Le christianisme comme le marxisme me proposaient des explications du monde qui n'avaient certes pas une telle logique interne, mais qui devaient pourtant séduire des centaines de millions de fils déracinés de l'antique Hyperborée. Je croyais que la science historique et la fidélité inébranlable à ce devenir inscrit dans notre plus lointain passé devaient, tôt ou tard, m'apporter les réponses. Thulé, plus que jamais, devenait pour moi une Quête.

Je me plongeais dans d'autres livres sur l'Atlantide et j'arrivais tant bien que mal à reconstituer une chronologie acceptable à partir de cette hypothèse boréale, que m'avait proposée Julius Evola, à la suite de Hörbiger et de Wirth, trop hardis pour avoir totalement raison, mais trop détestés par les ignares pour n'avoir pas approché une vérité essentielle, donc gênante.

Mon enquête tournait au roman d'aventures, mais les lecteurs en ont lu bien d'autres, et de moins plausibles. Cette race boréale primitive s'était donc mise en mouvement. « Porteurs du même esprit, du même sang, du même système de symboles, de signes et de vocables, des groupes d'Hyperboréens (venus du Pôle) atteignirent d'abord l'Amérique du Nord et les régions septentrionales du continent européen. » Là, se situait un « entracte » qui pouvait atteindre plusieurs dizaines de milliers d'années. Puis une seconde vague d'Hyperboréens se serait avancée vers l'Amérique centrale et surtout vers ce continent mystérieux qui devait être un jour englouti. Ce sont ces Hyperboréens « atlantes », constituant un centre de civilisation à l'image du berceau polaire originel, qui auraient peuplé l'Atlantide de Platon... Cette « race » nordico-atlantique aurait ensuite essaimé en Amérique méridionale et en Europe occidentale. Cela se passait à la fin de l'époque glaciaire.

Quant à la race purement nordique, directement issue du Pôle hyperboréen, et établie en Europe septentrionale, elle aurait alors accompli une immense migration de la Scandinavie à l'Asie où l'on situe à tort le « berceau » des Indo-Européens. Leur mouvement se serait effectué selon un axe du nord-ouest au sud-est. Dans leur long voyage, les Hyperboréens devaient même atteindre la Chine et l'Afrique ainsi que l'attestent des mégalithes isolés.

L'Atlantide m'avait ainsi conduit à la civilisation mégalithique des menhirs, des cromlechs et des dolmens. Je découvrais les peuples « à la hache de combat ». Je voyais les Hyperboréens passer de l'âge d'or à l'âge d'argent. J'arrivais à la troisième ère de notre aventure inconnue, à l'âge du bronze. Evola le nomme l'âge titanique, sans cesser de le relier à l'Atlantide. Atlas portait le monde et il était le frère de Prométhée qui dérobe le feu, dans un geste d'éternel défi. J'avais reconstitué la grande migration et je comprenais enfin pourquoi les Hellènes croyaient que les dieux étaient nés de la mer. Ils avaient surgi du monde nord-atlantique. Le Pôle, le Soleil et la Mer : je possédais une trinité qui valait pour moi tous les monothéismes.

Je tenais une chronologie, ou plutôt un enchaînement historique : le Pôle — ce qui me paraissait possible ; l'Atlantide — ce qui me paraissait probable, Thulé — ce qui me paraissait certain.

J'avais appelé pour plus de commodité, dès le début de mon récit, « hyperboréen », ce peuple que les Anciens croyaient supérieur et d'origine divine. Son aventure courait sur des dizaines de millénaires. Mais il devait désormais s'incarner en une époque préhistorique précise, celle de l'age du bronze.

De l'Atlantide mythique au bel âge du Bronze

Je revenais alors à Paul Le Cour et à sa Quête passionnée. J'avais constaté, à travers les numéros de sa revue *Atlantis,* que ce chercheur français s'attachait à une tradition qu'il nommait, à très juste titre selon moi, « atlanto-boréenne » Je m'apercevais alors qu'il établissait une totale identification entre ses Atlantes et mes Hyperboréens. N'écrit-il pas : « Il est probable que la civilisation la plus anciennement connue date de la découverte du bronze, que l'on attribue précisément aux Atlantes. » Ma recherche de Thulé me conduisait droit sur le peuple de l'âge du bronze, après une escale dans l'Atlantide. Une Atlantide qui m'apparaissait ainsi de moins en moins mythique.

L'alliance du cuivre et de l'étain a permis la fabrication d'un métal vite devenu légendaire. Pour l'histoire de notre monde, le bronze a plus de valeur que l'or. Et il porte encore aujourd'hui le nom mystique d'airain. Les hommes du Nord ne devenaient-ils pas dieux en devenant forgerons ? Ainsi les Nibelungen apparaissent singulièrement évocateurs d'une réalité originelle.

Je retrouvais Pythéas. Il était parti à la recherche d'une voie maritime pour rapporter l'étain. Le plus grand gisement se trouve aux îles Cassitérides, qui sont sans doute les Sorlingues ou Scilly, à l'extrémité occidentale de la Cornouailles britannique. Quant au cuivre, il n'est pas rare en Europe et l'île sacrée de Héligoland reste une véritable « mine de cuivre » à ciel ouvert. Non, Pytheas ne cessait de m'accompagner dans cette enquête. Le fil de bronze restait bien le plus solide des fils d'Ariane.

L'île de Thulé n'était pas l'Atlantide, mais une « colonie », une étape, une « marche » des Hyperboréens. Une autre, plus proche de nous dans l'espace et dans le temps se trouvait à Héligoland. Dans ce sens, je comprenais enfin les découvertes du pasteur Jürgen Spanuth et sa théorie de l'Atlantide retrouvée. Le monde avait connu plusieurs vagues de conquérants hyperboréens. Le récit de Platon « télescopait » l'aventure de la grande race des hommes blonds aux yeux clairs. Ceux que les Egyptiens appelaient « les peuples de la mer » ne venaient pas de l'Atlantide « atlantique », mais de l'Atlantide « scandinave », ou plus exactement jutlandaise. Je savais bien qu'il n'y avait pas de solution de continuité entre le bel âge du bronze et le temps des Vikings.

Les preuves existaient. Tout autant que Pythéas, c'était désormais Spanuth qui me montrait le chemin de Thulé.

HÉLIGOLAND, HAUT LIEU ATLANTE

Quand le pasteur archéologue Jürgen Spanuth prétendit, peu après la dernière guerre, avoir enfin localisé d'une manière certaine l'Atlantide, il fut accueilli avec un scepticisme qui frisait le mépris et même la haine. Ne prétendait-il pas situer l'île des Atlantes en mer du Nord et justifier ainsi toutes les théories septentrionales, plus ou moins discréditées pour avoir été utilisées à tort et à travers par les nazis ? Un premier livre, paru chez Plon en 1955, fut rapidement épuisé et jamais réédité. Pour briser la campagne du silence, il ne se trouva qu'une association de diététique : « La vie claire ». Deux plaquettes furent éditées et le pasteur Spanuth se rendit a Paris pour parler devant un étrange public de végétariens et d'occultistes, assez peu préparé à entendre une thèse d'une telle rigueur. La soirée avait lieu boulevard Saint-Germain, dans les salons de la Société de Géographie et je m'y trouvais, bien ancré dans ma curiosité et mon scepticisme. Le pasteur Spanuth, qui est aujourd'hui septuagénaire, apparaissait à la fois sévère et confiant. Ses lunettes à monture d'écaille, ses cheveux rejetés en arrière, son visage glabre accentuaient son air austère. D'origine montagnarde autrichienne, il avait étudié à Vienne, Berlin, Kiel et Tübingen, avant de professer la théologie, l'histoire ancienne et l'archéologie à Wiener Neustadt. Pasteur de la petite ville de Bordelum, en Frise du Nord, non loin de la frontière danoise, il devait utiliser les loisirs que lui laissait son ministère pour rechercher les traces de l'Atlantide. Il a longuement voyagé en Grèce, en Crète, en Asie mineure, en Egypte, en Afrique du Nord, en Sicile, en Corse, en Sardaigne, au Danemark, en Suède et en Norvège.

La conférence, illustrée de quelques diapositives, se déroulait dans une atmosphère de patronage provincial et ne suscita que quelques applaudissements polis. Jürgen Spanuth rangea ses papiers dans sa serviette avec un air triste et reprit son train à la gare de l'Est. Je devais apprendre qu'il n'avait jamais réussi, faute de moyens financiers, à poursuivre, au large de l'île d'Héligoland, les fouilles sous-marines qui auraient, selon lui, totalement confirmé ses thèses. Sa démonstration, pourtant, devait apparaître sans faille, même si elle m'avait plus intéressé que convaincu. Il manquait sans doute à cette thèse quelque chaleur. Spanuth appartient à cette race des érudits obstinés mais modestes. Il n'est jamais parvenu à organiser l'indispensable battage publicitaire autour de ses découvertes. Pourtant, sa démonstration restait d'une glaciale objectivité.

Découverte de la réalité atlante à Médinet Habou

Jürgen Spanuth, à l'inverse de tant d'Atlantologues, s'est livré à une critique minutieuse du texte de Platon et il a surtout eu l'idée de remonter à la source et de se rendre en Egypte, là même où Solon avait entendu, de la bouche des prêtres-historiens, le récit de l'invasion des

Atlantes. Le pasteur de Bordelum va alors découvrir, dans les gravures et sur les tablettes du temple de Médinet Habou la clé de l'énigme atlantéenne.

Ramsès III, qui régna dans les années 1200 à 1168 avant notre ère, construisit sur la rive occidentale du Nil un temple et un palais, appelés autrefois « le temple du grand No-Amun de Thèbes », et connus aujourd'hui sous le nom de Médinet Habou.

Grâce aux documents qu'il a découverts, le pasteur Spanuth commence par dater la terrible catastrophe qui, selon le texte du *Timée*, a ravagé le monde antique. Le tremblement de terre, accompagné d'un raz de marée et suivi d'un gigantesque incendie, n'est pas, pour le savant germanique, une légende mais une réalité. Seulement, ce cataclysme ne se passe certes pas huit ou neuf mille ans avant Platon. Spanuth rejette encore plus l'affirmation fantaisiste qui situe la catastrophe ayant provoqué la disparition de l'Atlantide à un million d'années avant notre ère, comme le prétend le célèbre anthroposophe occultiste allemand Rudolf Steiner ! Le pasteur de Bordelum parvient parfaitement à dater avec précision le formidable événement : vers — 1220. L'éruption du volcan de l'île Thêra dite aussi Santorin, située à une centaine de kilomètres au nord de la Crète, dans la mer Egée, provoquera des dégâts fantastiques dans tout le monde méditerranéen. « Les fouilles faites en Grèce, en Crète et à Chypre, en Asie mineure, en Mésopotamie, en Syrie et en Egypte ont montré que toutes les villes, colonies, palais, châteaux forts, temples avaient bien effectivement été détruits vers 1220 av. J.-C. par des tremblements de terre violents suivis d'incendies terribles. » Cette éruption volcanique a été la plus puissante depuis l'ère glaciaire. Les vagues du raz de marée ont même pu atteindre une centaine de mètres de hauteur !

Les recherches archéologiques ont confirmé le récit, que l'on croyait légendaire, de Platon. La civilisation mycénienne a presque totalement disparu et on ne retrouve plus de traces postérieures de l'écriture dite du « linéaire B ». Le pasteur Spanuth, s'il attache une importance capitale à l'éruption volcanique de Théra se refuse, certes, à confondre cette île avec l'Atlantide, comme devait s'obstiner longtemps à le prétendre le sismologue grec Galanopoulos.

La théorie de ce savant hellène pouvait, certes, apparaître séduisante — et elle a même séduit de nombreux milieux scientifiques, toujours prêts à exalter les origines orientales de la civilisation. Mais une telle théorie, qui fit à la fois illusion et autorité après la dernière guerre, n'en est pas moins impossible. Galanopoulos s'est trompé.

Toutes les précisions du récit de Platon excluent la possibilité de situer l'Atlantide en Méditerranée ou même en mer Egée. L'île engloutie se trouve, sans conteste, à l'extérieur des colonnes d'Hercule. Après sa disparition, nous dit d'ailleurs Platon, la mer comporte de nombreux hauts-fonds qui rendent la navigation impossible, ce qui n'est pas le cas au large de la Grèce où le relief montagneux provoque des reliefs marins accentués. Quant au cône volcanique de l'île Théra, il ne peut certes pas être assimilé à la plaine fertile dont parle le *Critias*.

Pas plus que l'île Théra, la Crète ne peut être l'Atlantide. L'Irlandais J. V. Luce, qui a cru annoncer en 1949 à Londres La fin de l'Atlantide dans un livre à succès, s'est aussi trompé : la Crète n'a jamais été engloutie dans la mer...

Les deux grands courants des « peuples de la mer » en Méditerranée

Peu après cet immense cataclysme, les « peuples de la mer », dont parlent les Egyptiens et que Spanuth identifie aux Atlantes, venus du Nord, se sont heurtés aux Athéniens. « De nouvelles populations envahirent la Grèce entre 1220 et 1200, après les catastrophes naturelles, au cours de la Grande Migration, appelée autrefois migration « dorienne » ou « égéenne ». Elles occupèrent tous les Etats grecs, les îles égéennes, la Crète et Chypre ; seules Athènes et l'Attique ne purent être prises car les Athéniens se défendirent victorieusement derrière « l'enceinte de Pelasgia » nouvellement construite et sauvèrent leur liberté. »

Les Atlantes vont alors attaquer l'Egypte. Cela se passe, sans conteste, vers l'an 1200. Les textes sur papyrus et les représentations murales permettent de restituer les grands événements de cette époque : il existe à Médinet Habou environ dix mille mètres carrés de textes et de dessins muraux encore lisibles. L'égyptologue américain Breasted écrit : « On y voit les hordes des peuples du Nord et de la mer combattant contre les mercenaires de Ramsès ; la première bataille navale que connaisse l'Histoire est représentée ici. Ces reliefs nous permettent d'étudier l'équipement, les vêtements, les armes et les bateaux de guerre des peuples du Nord, dont l'invasion représente la première agression européenne dans l'Histoire mondiale. »

Le grand mérite de Spanuth sera de comparer les gravures du temple de Médinet Habou avec les découvertes archéologiques de l'âge du bronze en Europe septentrionale. La parenté apparaît évidente. Epées « à langue de carpe », casques à cornes, bateaux à proue et poupe « à tête de cygne », boucliers ronds, chars de combat à roue pleine, coiffure du style « couronne à rayons ». Les peuples de la mer qui attaquent l'Egypte et vont subir une effroyable défaite navale sont incontestablement les Atlantes dont parle Platon.

Comment les Atlantes sont-ils venus jusqu'en Egypte, sur les rives méridionales de la mer Méditerranée, dont veulent tant les exclure certains « chercheurs » aveuglés par une exclusive passion antinordique ?

Pour Jürgen Spanuth, il ne s'agit pas d'une simple expédition militaire, mais d'une véritable migration de population. Les Atlantes ont émigré du Nord originel par mer, avec leurs bateaux à têtes de cygne, et par terre, avec leurs chariots à roues pleines. En descendant vers les pays du Sud, ils se divisent en deux grands courants.

L'un, par la Grèce, subit un grave échec devant l'Acropole d'Athènes, mais réussit à occuper la Crète et à s'en servir comme « base militaire », d'où les Atlantes vont rayonner dans toute la Méditerranée orientale, attaquant l'Asie mineure, la Syrie et la Palestine. Ils occupent Rhodes, puis Chypre, mais ne cherchent pas à s'emparer des îles du nord et du centre de la mer Egée.

Un autre courant des peuples venus du Nord descend toute l'Italie, après être passé par le col du Brenner. On retrouve indiscutablement les traces de ces Atlantes dans la vallée de Val Camonica, où plus de sept mille dessins rupestres s'apparentent étroitement, par la technique de gravure et les motifs, à ceux retrouvés dans la province de Bohuslan en Suède. Les Atlantes continuent leur Longue Marche vers le sud. Ils arrivent en Sicile. Désormais, l'Egypte se trouve menacée d'un véritable encerclement par les Nordiques qui l'attaquent à la fois par la Libye et par la Syrie.

La démonstration du pasteur de ce village de la Frise du Nord m'avait convaincu : les Atlantes, dont parlent les prêtres égyptiens à Solon, et les peuples de la mer, que décrit Ramsès III, se confondent. Ils sont « les peuples septentrionaux qui ont leur patrie dans la mer du Monde, au Nord, et règnent sur beaucoup d'îles ou parties du continent ». Rassemblés en une puissance concentrée et unifiée, ils avaient décidé de s'emparer de la Grèce et de l'Egypte. Ils ont échoué, mais ont marqué à jamais la Méditerranée de leur empreinte septentrionale.

A la recherche de la patrie primitive des Atlantes

Désormais, je tenais, grâce à Jürgen Spanuth, des certitudes. Les Anciens ont donné différents noms aux peuples que nous appelons aujourd'hui « Aryens » ou mieux « Indo-Européens ». Ils les ont nommés ainsi, tour à tour : « Peuples du Nord », « Atlantes », « Peuples de la Mer », « Hyperboréens » ou même « Héraclides », parce que certains auteurs, comme Timagenès, les croyaient « conduits par le vieil Héraclès ».

Il semblait même possible d'identifier, avec plus de précision ces « Nordiques ». Les textes égyptiens parlent des « Phrs » que les Hébreux appellent « Phelestim » ou Philistins, et que certains spécialistes identifient aux Frisons, des « Sakar » qui sont sans doute les Saxons et des « Denen » que l'on peut identifier aux Danois. Les guerriers venus du Nord pour attaquer les Egyptiens sont donc des

« pré-Vikings », qui annoncent la grande épopée maritime que connaîtra le monde atlantique deux millénaires plus tard.

Ce qui me paraissait très frappant chez les Atlantes, dont les papyrus égyptiens nous restituent les plans et les batailles, c'est leur confiance en eux. Leurs adversaires croient qu'ils révèrent un dieu de la jeunesse, de la force et du soleil, qui n'est autre que le futur « Apollon hyperboréen » des Hellènes.
Les tablettes retrouvées à Médinet Habou nous disent : « Rien ne résistait devant eux... Ils avançaient vers l'Egypte tandis qu'un feu était préparé devant eux. Ils s'emparèrent de tous les pays jusqu'au bord de la terre. Leurs cœurs étaient pleins de confiance et ils disaient : nos plans réussiront. »
Mais ils allaient subir un grave échec. Leur lointaine patrie ne survivrait pas non plus à une catastrophe naturelle. Ramsès III rapporte « leurs villes furent englouties dans la mer » et le récit de l'Atlantide dit : « l'île Basileia sombra dans la mer et disparut. »
L'irréfutable identification des Atlantes et des peuples de la mer, en ce XIIIe siècle avant notre ère, ne constituait que la préface de la démonstration du pasteur Spanuth. Son véritable but restait de localiser l'Atlantide et sa capitale Basileia.
Selon lui ce que les Anciens désignent par « en dehors des colonnes d'Héraclès » veut dire tout aussi bien au nord qu'à l'ouest de ce détroit de Gibraltar. « Les peuples de l'Antiquité avaient une image géographique du monde très différente de celle que nous connaissons aujourd'hui, nous dit Spanuth, ils pensaient que la Terre était un disque autour duquel coulait le Grand Cercle de l'eau (en égyptien : « sin-

wur »). Ce cercle terrestre, divisé en deux demi-cercles, nord et sud, se trouve partagé en neuf arcs, dont le neuvième se trouve tout à fait au Nord. Là se situe l'île sainte des Atlantes, ce que les Grecs nomment la colonne du Nord « stele boreiros », ou colonne d'Atlas, le porteur du monde. Jürgen Spanuth donne une bien curieuse illustration de cette colonne du ciel, et reproduit une « vue du monde » qu'il attribue aux anciens Egyptiens[10]. L'océan Atlantique tire son nom du dieu Atlas qui se confond avec le roi Atlas, le fils de Poséidon et de Clito. On doit donc chercher la mer Atlantique non pas à l'emplacement de l'actuel océan mais là ou les Anciens plaçaient Atlas, le porteur du ciel. Toute la tradition antique, aussi bien hellénique qu'égyptienne, s'accorde a situer la colonne du ciel sous l'étoile polaire. Homère situe sans hésiter Atlas au pays des Hyperboréens et le décrit au nord du monde, tenant les puissantes colonnes supportant de chaque côté la Terre et le Ciel. Selon le poète de l'Odyssée, le jour et la nuit se rencontrent à l'extrême-nord. Plus tard, Ovide, à son tour, exprimera cette idée d'une manière très poétique : « Atlas, fils de Iapetus, était à la fois de la mer et de l'Hespérie, il cachait dans les flots les chevaux haletants de Phébus et les axes fatigués (du char du soleil) pendant la nuit. »
Je retrouvais alors Pythéas qui racontera, à son retour de Thulé, ce qu'il avait vu : « Les Barbares m'ont montré où le

---

[10] On a retrouvé, selon Spanuth, une représentation de cette colonne nordique du ciel sur une cassette en ivoire du tombeau de Toutankhamon. Elle ressemble étrangement à l'Arbre de Vie des anciens Saxons, la colonne *Irminsul*, qui figure, gravée dans la pierre, sur le temple païen de plein air des Externsteine près de Detmold.

soleil se couche pour dormir. » Cette phrase est une des rares que Strabon a réussi à sauver du récit original du grand voyageur massaliote.

L'île de l'ambre jaune, capitale du continent englouti

Le pays où, selon la légende de Prométhée enchaîné séjournent Atlas et les vierges hyperboréennes, apparaît, avant tout, comme le pays de l'ambre. Pour Jürgen Spanuth, l'ambre hyperboréen n'est autre que l'orichalque atlante C'est la matière qui, après l'or, « représente la plus haute valeur pour les hommes de l'époque ». L'ambre jaune, que les Grecs nomment « elecktron », se trouve sur les côtes de la Baltique et de la mer du Nord, surtout sur la côte occidentale du Jutland au foyer d'origine des peuples hyperboréens.

Pythéas avait naguère découvert l'île de l'ambre. Aba-Alo Electris, Héligoland et Basileia pouvaient-elles se confondre ? C'est une île dans la mer, avec des bancs de sable... Selon Spanuth il s'agirait bien de la capitale des Atlantes, qui fut engloutie vers le XIIIe siècle avant notre ère, pour resurgir vers le VIIIe ; « phénomène souvent observé pour des îles englouties sur la côte occidentale du Slesvig-Holstein. »

Le géographe grec Marcellus écrit d'ailleurs : « Les habitants des îles dans l'océan du Nord avaient conservé le souvenir de l'Atlantide transmis par leurs ancêtres ; une grande île qui avait existé autrefois dans cette région et avait dominé pendant de nombreux siècles toutes les autres îles de la mer extérieure ; cette île avait été consacrée à Poséidon ; elle avait été un jour envahie par la mer et détruite. Il existe maintenant sept petites îles et trois plus grandes à l'emplacement qu'occupait celle dédiée à Poséidon. »

Cette île sacrée de l'ambre jaune et du cuivre ne peut se situer que dans la baie sud-est de la mer du Nord, à un jour de navigation de l'embouchure du fleuve Eridan, qui n'est autre que l'Eider. Comme dans le récit de l'Atlantide de Platon, la navigation y est rendue très difficile par la présence des hauts-fonds.

Ce qui me paraissait aussi fantastique dans cette localisation était l'existence d'une liaison mer du Nord et mer Baltique, par l'Eider, la Treene en amont et la Schlei en aval. Ainsi, coupé à sa base, par un véritable bras de mer, le Jutland tout entier était naguère une île.

Après la disparition de Basileia, capitale des Atlantes, surgit le « mur de brisants » de Lunden, qui devait contraindre l'Eider à se jeter à près de cent kilomètres plus au nord et modifier profondément la carte hydrographique du pays de l'ambre. Après la catastrophe de 1200 tout le paysage va être changé.

Vert, blanc et rouge, les couleurs de Héligoland

Dans les derniers jours d'un magnifique printemps, alors que se terminait cette enquête sur le mythe de Thulé, j'avais voulu me rendre à Héligoland, île sacrée entre toutes. Le texte de Ramsès l'Egyptien parle d'un pays saint : « neteraa », et Platon utilise un terme similaire : « chora hiera ». Le terme égyptien et le terme hellénique ont la même signification, celle de terre sacrée. Adam de Breme, qui vécut au XIe siècle de notre ère, appelle, lui aussi, l'île de Héligoland « terra sancta ». Je ne croyais certes pas à l'identification de l'île actuelle et de la capitale des Atlantes, si minutieusement décrite dans le Critias, avec ses enceintes concentriques. Mais Héligoland pouvait fort bien se confondre avec ce rocher dont parle Platon et « qui se dresse très haut et a l'air d'être découpé au couteau ». Constitué de « roche rouge, blanche et noire », nous dit le texte du philosophe grec, il domine la plaine où s'étend la capitale des Atlantes, avec le palais des dix rois et le temple dédié à leur père Poséidon.

Ces couleurs me frappaient. Dans le vieux symbolisme héraldique, le noir s'apparente souvent au vert et au bleu. Je retrouvais alors, dans la description de Platon, ces couleurs mêmes dont parle un vieux proverbe de la Frise du Nord. Mon amie Doris Christians, originaire de la presqu'île d'Eiderstad, avec ses immenses basses terres sablonneuses au bord de la mer du Nord, m'avait naguère envoyé ces quatre vers, au dos d'une carte postale représentant l'île sacrée des vieux Germains :

Grün ist das Land
Weiss ist der Strand
Rot ist die Kant
Das sind die Farben von Helgoland.

« Verte est cette terre, blanche est cette plage, rouge est cette falaise. Ce sont les couleurs d'Héligoland. » La sagesse populaire des Frisons retrouvait, pour évoquer le rocher sacré, les termes mêmes dont s'était naguère servi Platon ! Je tenais, cette fois, une certitude qui m'apparaissait absolue.

Héligoland se trouvait, au temps de Pythéas, à une petite journée de voile de la côte de l'ambre et de l'embouchure des fleuves. Il ne faut plus aujourd'hui que trois heures aux paquebots blancs chargés de touristes pour naviguer de Cuxhaven à l'île sacrée des peuples de la mer du Nord. Il faisait très beau, par cette matinée de juin. Les pavillons immobiles ne battaient même plus aux drisses. Les fumées montaient droites vers un ciel sans nuages. La mer s'étendait à perte de vue, sans une vague.

Nous voguions vers le nord-ouest, déchirant la mer immobile de toute la force des machines dont l'odeur entêtante montait par les manches d'aération. Je voyais des îles basses sur l'eau. A bâbord, Neuwerk et Scharhörn. Plus loin, à tribord, Brunsbüttel Koog, à l'embouchure de l'Elbe. Des épaves de deux cargos échoués et démantelés surgissaient de l'eau. Partout des balises indiquaient les hauts-fonds. Nous naviguions dans une mer peu profonde, où d'invisibles chenaux serpentaient entre les bancs de sable. Je retrouvais le paysage même décrit par Platon dans Timée : « Cette mer est encore de nos jours inexplorable et infranchissable, en raison de couches de limon très gênantes que laissa l'île disparue » et dans Critias : « Il s'est formé des hauts-fonds impraticables, au point d'empêcher les navigateurs qui veulent se rendre de la mer de l'autre côté, de poursuivre leur route. »

Sous les eaux,
le palais et le temple de la capitale disparue

Les phares et les balises rendent aujourd'hui possible une navigation qui fut longtemps hasardeuse. Notre paquebot voguait au-dessus d'un cimetière d'épaves. Peut-être, à quelques mètres en dessous de nous, s'étendait la plaine, désormais submergée, et dont parlait Platon : « Il n'y en eut nulle part ailleurs de plus belle et de plus fertile. » Là, sur une colline « en pente douce de tous côtés » se trouvaient peut-être les ruines du palais et du temple de l'île royale des Atlantes. Le cartographe Johannes Mejer a dessiné en 1649 une carte de l'estuaire de l'Elbe où il a relevé sur les sables, entre Héligoland et la côte du Slesvig, des vestiges de châteaux et de temples. Les plongeurs envoyés par le pasteur Jürgen Spanuth, dans les années 50, ont photographié de hauts pans de murs et ramené à la surface des dalles taillées. Ce pavage, que le pasteur archéologue affirme venir de l'ancienne capitale des Atlantes, provient d'une mine préhistorique, située au nord du Limfjord, dans le Jutland du Nord, à quatre cents kilomètres de là.

Sous la surface de cette mer glauque, opaque, sablonneuse, dormait peut-être la capitale engloutie, la Basileia des Atlantes.

Soudain, se dégageant lentement d'une brume de chaleur, apparut le haut rocher de Héligoland. Il surgissait de la mer tel que l'avaient vu les Anciens, rouge, blanc et noir. Il grandissait rapidement, s'élevant irrésistiblement sur l'horizon, étrangement semblable à ces colonnes mythiques qui unissaient la terre et le ciel. Les hautes falaises se dressaient à pic, entourées de nuées d'oiseaux de mer poussant des cris rauques. Tout à l'heure, nous allions débarquer dans des chaloupes, flâner dans la ville basse près du port, puis grimper jusqu'à ce haut plateau couvert d'herbe rase, où le temps effaçait lentement la trace des cratères de bombes. Après la guerre, Héligoland, l'île sacrée des Germains, où Hoffmann von Fallersleben avait naguère composé l'hymne du Deutschland über alles, avait servi après la guerre de terrain d'entraînement pour les bombardiers alliés. Mais, depuis le 1er mars 1952, l'île avait été rendue à ses habitants, les marins frisons. Un sentier, dont un grillage protège parfois les escarpements vertigineux, fait le tour de l'île. Partout la mer à perte de vue. Quelque part, sous les flots, la cité engloutie conservait encore son secret.

Je repensais à la grande sécheresse qui provoqua la migration des Atlantes vers 1250 avant notre ère. Tout le pays devait être brûlé par le soleil comme en ces mois d'une belle saison, trop chaude et trop sèche. Je me rappelais soudain la légende qui recoupait la réalité de cette catastrophe climatique : le dieu Hélios avait eu l'imprudence de confier le char solaire à Phaéton. Mais celui-ci s'approcha trop de la terre. Il s'ensuivit une terrible sécheresse. Devant la ruine des cultures et la misère des hommes, les sœurs de Phaéton pleurèrent « des larmes d'ambre ». Je retrouvais la résine sacrée, presque aussi précieuse que l'or.

Et puis soudain, tout le paysage changeait et s'animait sous la fureur des flots. Le raz de marée fantastique qui survenait, vers 1220, détruisait le pays des Atlantes. Mais les plus hardis des Hyperboréens avaient déjà pris la route du Sud. La Grande Migration des peuples de la mer du Nord fondait la civilisation occidentale et déterminait le destin du monde pour plus de trois millénaires[11].

Après avoir découvert Thulé, le navigateur massaliote m'avait conduit au cœur même de la terre sacrée des ancêtres nordiques. Dans ce paysage d'îles basses sur l'eau, de courants et de hauts-fonds sablonneux, se trouvait le secret même de l'univers.

---

[11] Au moment où j'achevais la correction des épreuves de ce livre, paraissait aux éditions Copernic dans la collection « Réalisme fantastique », le dernier livre du pasteur Jürgen Spanuth : *Le secret de l'Atlantide*, l'empire englouti de la mer du Nord. Le célèbre archéologue allemand y reprend et y développe toutes ses théories, avec une précision et une logique qui peuvent entraîner la conviction des plus sceptiques. L'identité entre l'Atlantide et Héligoland apparaît donc désormais comme une certitude absolue.

LES VISITEURS DE L'AUBE

Je revenais de ce voyage à Héligoland par une mer « droite » que ne ridait pas un souffle de vent. Une légère brume de chaleur ne tarda pas à voiler l'île sacrée, pourtant si haute sur l'eau. Seule la vitesse du navire faisait battre dans la mâture le pavillon aux couleurs de la vieille forteresse maritime : rouge comme les hautes falaises de grès cuprifère, blanc comme le sable d'une pureté absolue, vert comme l'herbe rase que broutaient les moutons acrobates de ces « prés salés » vertigineux. Des oiseaux marins nous accompagnaient avec des cris plaintifs. Je reconnaissais dans ces *möwen* les cousines germaines de mes « maoves » normandes. Sous les nuages de la mer du Nord, ces compagnes familières ne connaissent pas de frontières et leur vol unit sans cesse les côtes de l'ambre baltique et le pays de l'étain cornique. Etendu sur le pont, les yeux fermés, je ne sentais plus que la brûlure du soleil et, dans le lent balancement régulier du navire, j'étais revenu au bel âge du Bronze.

Dans trois heures, je devais retrouver notre continent, naguère barbare et fier, à Cuxhaven. J'avais le temps de revivre la grande épopée des Atlantes hyperboréens, dont je voulais un jour écrire l'histoire. Je savais que c'était là notre véritable Légende des Siècles.

Tout ce que je devais raconter, je ne l'avais pas appris sur les bancs de l'école ni de l'université. On nous avait volé notre passé. La route vers nous-mêmes, il me fallait la découvrir en fraude. Dans la grisaille des études, Babylone m'avait été naguère plus familière que Thulé. Mes enfants allaient grandir dans un monde qui avait volontairement coupé tous ses liens avec son propre passé. Ils apprendraient les lois de la physique nucléaire et se passionneraient pour les exploits de la conquête spatiale. Mais notre aventure en ce siècle resterait indéchiffrable à qui ne savait ni où ni quand tout avait commencé.

La révolution néolithique, triomphe de la volonté

Il n'existe même pas un petit manuel expliquant clairement l'émergence des Hyperboréens et la grande migration qui devait les emporter, au bel âge du Bronze à la conquête de ce continent européen, que nous prétendons aujourd'hui unir, alors que nous avons oublié ce qui a fait, voici des millénaires, son unité profonde. Tous les économistes jonglant avec le charbon et l'acier ignorent que le bronze avait jadis été le plus indestructible des alliages et le symbole même de notre antique alliance. Toute notre aventure avait la même origine, tous nos peuples avaient le même sang, toutes nos nations divisées n'étaient que les débris d'un immense empire qui n'avait pas besoin d'autre loi que de savoir chaque homme maître de lui-même.

La nostalgie de l'Atlantide, qui nous tenaillait tous, n'était que le souvenir d'une cité harmonieuse et organique. Cette

cité n'était pas une quelconque capitale, fût-elle située sur une île mystérieuse, mais une forteresse invisible, que chaque peuple hyperboréen portait en lui-même, comme une image radieuse. Thulé se trouvait partout où des hommes restaient fidèles à la loi indicible que personne ne pouvait transgresser.
Voyageur ébloui du passé, je me retrouvais au carrefour de la préhistoire et de la proto-histoire. Pour raconter la chevauchée des Hyperboréens, il me fallait d'abord établir une chronologie. Même sommaire. Qu'ils viennent de ce Pôle originel, dont m'avait naguère parlé Julius Evola, ou qu'ils surgissent du néant de l'inconnu, quelque six mille ans avant notre ère, ne m'empêchait pas de situer sans hésiter leur origine dans la grande plaine nord-européenne, entre la presqu'île du Jutland, à l'ouest, et le golfe de Finlande, à l'est.
Je savais ce qu'une telle localisation pouvait avoir d'arbitraire. Mais sa logique interne m'apparaissait absolue. Faire venir les Hyperboréens du Proche-Orient allait à l'encontre de toutes les découvertes archéologiques qui devaient me permettre de ne jamais perdre le Nord, tout au long de cette aventure, volontairement occulté par tous ceux qu'anime la hantise morbide du reniement. L'Homo Nordicus me semblait se tenir droit sur ses jambes sans avoir besoin de tuteur méridional.
Voici huit mille ans commençait pour nous l'aventure néolithique. Je l'appelais révolution, parce que j'y discernais l'apparition d'un état d'esprit nouveau. La volonté y tenait la première place et elle n'allait pas cesser de dominer notre monde, jusqu'à l'avènement des idées suicidaires aujourd'hui à la mode. Passer de la cueillette et de la chasse à

l'agriculture et à l'élevage représente un bond en avant prodigieux. En un sens, dans cette plaine nordique si cruelle aux paysans aux prises avec un climat impitoyable, c'était un défi qui rejoignait la légende hellène de Prométhée dérobant le feu aux dieux. Je m'étonnais que personne ne célèbre cette révolution, infiniment plus importante que tous nos petits soubresauts politiques qui viennent agiter la surface d'un lac, dont nous ignorons les profondeurs où dorment des citées englouties.

Je tenais à ma chronologie. Le manuel d'archéologie le plus connu et le plus ancien restait le meilleur. Joseph Déchelette, qui devait trouver la mort sur le front à cinquante-deux ans, dès les premières semaines de la Grande Guerre nous laissait une datation qui n'a jamais été réfutée. Ce Forézien aux cheveux en brosse, avec sa grosse moustache sombre et son pince-nez cerclé d'or, m'emmenait au domaine enchanté des certitudes. Cet érudit date de deux millénaires et demi avant notre ère les débuts de l'âge du Bronze européen. Des centaines de milliers d'objets témoignent d'une activité prodigieuse et méconnue. Je savais que les caves de nos musées sont pleines de trouvailles, qui n'ont même pas encore été toutes inventoriées. Nous dormons sur un trésor.

Ces objets n'avaient pas été fabriqués par n'importe quels hommes. Les archéologues accouraient en renfort et — bon gré mal gré — constataient l'identité entre une culture et une ethnie, que j'avais déjà, par fidélité aux Anciens, nommées tout au cours de cette enquête hyperboréennes. Je croyais, de toute la force de mon instinct et de ma raison, que la technique dépendait de l'humain. Et non pas le contraire. Un débris de poterie ou un fragment de hache ressuscitait ainsi l'artisan ou le guerrier qui avait naguère émergé dans l'Histoire, pour modeler le monde selon son goût et selon sa force. Ces crânes trouvés dans la terre d'Occident n'étaient pas, pour moi, le signe de la mort, mais au contraire celui de la seule vie éternelle. Ces Hyperboréens n'étaient pas anéantis, puisqu'ils nous avaient faits ce que nous sommes. Ces cimetières épars restaient de prodigieux témoins de la grande création. Ces hommes, que les Anciens prenaient pour des dieux, appartenaient à la terre. Il n'y avait pas, pour moi, d'autre au delà que le temps retrouvé et l'éternel retour à travers la chaîne des générations. Thulé avait naguère marqué cette nostalgie. L'île sacrée du Nord gardait le souvenir des « hommes transparents » dont nous parlait autrefois Hérodote. Ils laissaient en effet transparaître leur cœur, à qui savait en écouter les battements. Cette pulsation avait triomphé des millénaires, comme celle que nous entendons, dans l'obscurité des ciné-clubs, à la dernière image des *Visiteurs du soir*, quand le cœur des amants bat, toujours et à jamais, sous l'armure de pierre.

La Longue Marche des Hyperboréens vers le Soleil

Les hommes de Thulé restaient pour moi les Visiteurs de l'aube. Je préférais leur garder ce nom d'Hyperboréens plutôt que de les appeler Aryens ou Indo-Européens. Le premier terme garde des relents de propagande belliqueuse et le second évoque la classification ardue des philologues. Je connaissais, certes, la parenté qui unit le sanscrit au norrois, pour ne prendre que des cas extrêmes. Mais la linguistique restait impuissante à faire surgir du néant la réalité charnelle de ces peuples qui m'étaient soudain devenus proches, à la lumière du soleil solsticial de

Thulé. Je n'avais pas besoin d'être un philosophe de l'Histoire pour être ébloui par le prodigieux bond en avant de ces Nordiques. Apparus plus tard sur cette terre rude entre toutes, ils avaient aussi pour destin d'aller plus vite et plus loin.

Ce qui me fascinait, lors de cette longue songerie sur le bateau, depuis Héligoland jusqu'à l'embouchure de l'Elbe, par une mer calme aux reflets sablonneux, c'était ce prodigieux événement qui se situe vers — 2500. Alors, la souche originelle hyperboréenne se fractionne et soudain tous ces peuples se mettent, les uns après les autres, en mouvement. Nous avions, nous aussi, à l'origine de la révolution blanche, accompli une Longue Marche. La steppe et l'océan nous attendaient. Nous avions au poing des armes de bronze que nous devions lancer dans les balances de l'Histoire. Nous savions dompter des chevaux et construire des navires. L'épée, l'étalon et le bateau : le monde appartenait désormais à notre imagination et à notre volonté.

Quand ils se mettent en marche vers des contrées moins rudes, les Hyperboréens sont peu nombreux. Dix à douze millions d'hommes, tout au plus. La population des Pays-Bas actuels. Le Midi, le Grand Midi, soudain les attire comme un aimant. Soif de terres et de batailles. Besoin irrésistible de découvrir et de dominer. Désir instinctif que rend bien l'expression restée populaire : « se tailler une place au soleil ». Ils ne connaissent, soudain, plus d'autres frontières que celle de leur force. Ils quittent les marécages et les forêts pour les plaines fertiles et les douces vallées. Qui écrira l'histoire du peuple qui n'avait pas besoin de l'alliance d'un dieu de colère pour conquérir une Terre, non plus promise mais gagnée ?

Partis d'un foyer originel que je situais, sans hésiter, avec les meilleurs spécialistes modernes, du côté de la Lituanie, les Hyperboréens vont déferler en vagues successives. Ces vagues conquérantes venues du Nord, « matrice des nations » comme disaient les Anciens, devaient s'échelonner sur plusieurs siècles. Certaines vont disparaître en route ou rejoindre d'autres rameaux, certaines vont marcher sans trêve jusqu'au bout et atteindre la Chine et l'Afrique, certaines vont séjourner longtemps dans des sites intermédiaires avant de reprendre la Longue Marche.
Au lent balancement du navire, je revoyais ces Hyperboréens imposant irrésistiblement la loi de leurs armes de bronze à ces populations subjuguées que les érudits appellent parfois en Europe les Asianiques, sans pouvoir dissiper la brume qui les entoure. Je savais seulement que les anthropologues s'accordent pour classer les Hyperboréens comme « Nordiques » et les Asianiques comme « Alpins », « Dinariques » ou « Méditerranéens ». N'importe quel manuel sur la population de notre continent situe ces peuples conquis sur une carte et leurs noms sont restés familiers : Basques, Ligures, Ibères, Sicules, Etrusques, Pélasges ou Crétois. Ils n'appartiennent pas au Septentrion, mais ce sont aussi des Blancs.

Le monde « barbare »
et le monde « classique » ne font qu'un

Ce qui me frappait dans cette Longue Marche des Hyperboréens, c'était finalement leur petit nombre. Quand ils vont arriver en Inde et imposer leur loi, ils ne sont plus qu'une poignée, voués à disparaître, après avoir

marqué leur conquête d'une empreinte spirituelle et sociale indélébile. Mais tandis qu'ils s'évanouissent au cœur de l'Asie profonde, dans le décor grandiose des plaines que parcourent les fleuves immenses, quelques-uns parviennent à gagner les hautes vallées et vont terminer leur aventure sur le Toît du Monde. Ils ont voulu mourir plus près du soleil, retournant à la glace originelle, où leurs âmes peuvent retrouver leur plénitude. Cette agonie exaltante m'intéressait pourtant moins que les réussites de ceux qui ont préféré la route du Sud à la route de l'Est.
Prodigieuse cavalcade qui va faire retentir toute l'Europe du piaffement des sabots et du hennissement des chevaux. La chevalerie médiévale m'apparaissait ainsi comme la dernière charge de la cavalerie hyperboréenne. A trois millénaires de distance, je retrouvais les centaures qui devaient un jour mourir à Balaklava et à Reichshoffen, dans nos guerres fratricides du dernier siècle. Nos ancêtres avaient été les plus grands « reîtres » de l'Histoire et nous restions les héritiers de ce gigantesque Cadre Noir qui avait naguère conquis la moitié du monde.
Comme toute l'aventure des lointains Hyperboréens avait été méconnue et occultée ! Sur les bancs des écoles, les héritiers de cette chevauchée ancestrale n'ont jamais appris ce qui unissait les peuples dont les enfants d'Europe n'apprennent les noms qu'en bâillant : les Thokariens, les Thraces et les Phrygiens, les Scythes, les Cimmériens, les Hittites, les Hyksos dont Jürgen Spanuth nous a rendu le vrai visage, les Philistins... J'avais appris l'histoire de Goliath sans soupçonner qu'il appartenait au même peuple que Siegfried ! Et je me demandais, avec Voltaire, « comment peut-on être

Persan ? », sans savoir que je m'interrogeais ainsi sur un parent lointain.

Je connaissais mieux l'histoire de la Grèce et de Rome. Mais j'avais été victime de l'opposition cardinale Nord contre Sud. On ne m'avait jamais appris que les premiers conquérants des rives de la mer Egée appartenaient au monde de Thulé. Soudain, sur ce bateau qui traçait sa route vers Cuxhaven, dans un paysage de côtes basses, d'îles lointaines et d'épaves échouées sur les bas-fonds de la mer du Nord, je revoyais toute l'aventure des Hellènes avec des yeux neufs. Les hautes falaises de Héligoland appartenaient au même monde que les pentes escarpées du mont Olympe. Il n'existait plus d'opposition profonde entre le monde « classique » et le monde « barbare ». Tous deux avaient été fécondés par le même génie audacieux des Hyperboréens. La vérité nous réconciliait. Je pensais à cette phrase de Drieu La Rochelle : « Un peu d'Histoire divise les Européens, mais beaucoup d'Histoire les unit. » Le monde antique restait divers, mais il m'apparaissait enfin uni. Je retrouvais au pays des Saxons, des Jutes et des Frisons, les noms de ces peuples frères qui avaient naguère fondé la grandeur hellénique : les Ioniens, les Achéens et les Doriens, qui venaient, selon Hérodote, « des terres au delà des neiges ». Je retrouvais Thulé, ses brumes, ses glaciers et ses volcans. Héraklès devenait à la fois un dieu et un homme. Les héros faisaient leur entrée dans l'Histoire. Déjà, j'entendais le rude dialogue du courage spartiate et de la sagesse athénienne. Deux vertus essentielles des Hyperboréens qui traverseront les siècles, étroitement complémentaires, et que je devais découvrir un jour inscrites en laine rutilante sur la toile bise de la Broderie de Bayeux, célébrant la victoire « homérique » des Normands à Hastings en 1066 : *viriliter et sapienter*.

Par les côtes du plat pays des païens

Une même flamme brûlait dans le sanctuaire du dieu de la mer qu'avait vu Pythéas-le-Massaliote à Aba-Alo et sur l'autel de l'Apollon de Delphes. Elle rendait le même hommage au soleil invaincu. Et les sculpteurs de la Grèce allaient donner à leurs dieux les traits de ces hommes que je venais de voir dans les villages de pêcheurs du Danemark, avant de m'embarquer pour Héligoland.

Déjà apparaissait l'appontement de Cuxhaven où notre navire devait s'amarrer, dans cette odeur de saumure et de goudron, qui reste dans tous les ports de notre monde comme la dernière nostalgie de la marine à voile. J'aurais voulu suivre la course des Italiotes jusqu'à la fondation mythique de Rome, accompagner les Celtes dans leur aventure continentale et maritime, des Balkans aux Hébrides, m'attarder avec les Germains restés les derniers sur ces rivages sablonneux, au bord de cette mer glauque que brassaient les hélices pour la manœuvre d'accostage. Mais je n'étais pas parti pour raconter toute l'histoire de notre monde. Je voulais seulement montrer la parenté profonde de tous les peuples issus d'un même sang et animés d'une même foi. Les Hyperboréens de l'âge du Bronze sont moins connus aujourd'hui que les peuplades de Polynésie. J'étais le témoin de la plus grande injustice de l'Histoire et je ne pouvais plus me taire. Thulé m'avait conduit, sans quitter mon cap, à une découverte capitale. En cherchant l'île originelle, j'avais découvert tout un peuple. Ma navigation devenait enracinement. En cinglant au delà de Thulé, je n'avais fait que revenir sur moi-même.

Je voulais revenir dans le Cotentin en suivant la côte. Ce pays de paysans me semblait rester fidèle au mystère de Thulé et demeurait le pays des païens. Les paysages n'avaient guère changé depuis des siècles et même des millénaires. Je retrouvais, sous leurs couvertures de chaume, ces longues fermes rectangulaires au charpentage de bois, qui avaient partout remplacé, au bel âge du Bronze, les huttes de branchages de forme circulaire des Asianiques. De la Basse-Saxe à la Haute-Normandie, en passant par la Groningue, la Frise, la Hollande, la Flandre, l'Artois et la Picardie, je ne changeais pas d'univers. Toutes ces terres basses au péril de la mer avaient été conquises par les Hyperboréens. Ils avaient asséché les marais et édifié les digues, tracé les routes et creusé les canaux. L'immense levée de terre et de béton qui ferme le Zuiderzee me rappelait que nous avions disputé nos prairies à l'assaut des vagues. Depuis cette haute Antiquité que je venais de restituer, les hommes du Nord vivaient au rythme des marées. Au fronton des fermes, les têtes de chevaux croisées ressuscitaient les compagnons fidèles des cavaliers doriens qui étaient partis d'ici pour galoper jusqu'aux rivages du soleil.

J'avais reconstitué à grands traits cette aventure et retrouvé les traces irréfutables de l'éternelle Thulé. Mais je voulais aller encore plus loin et faire revivre ces ancêtres hyperboréens, dont j'avais découvert la parenté antique, des Lofoten aux Cyclades. A Dieppe, je décidais de m'arrêter et de prendre le bateau pour Newhaven.

Je savais qu'il existait une énigme, et donc une réponse dans le comté anglais du Hampshire. Les pierres dressées de Stonehenge, le plus prodigieux temple solaire de notre monde parlent toujours à ceux qui savent entendre les voix du granit et du vent.

LE MONDE DU COURAGE
ET DE L'HONNEUR

Il pleuvait sur l'Angleterre, une petite pluie fine, pas trop froide, qui noyait tout le paysage et rendait encore plus acide le vert de l'herbe trempée et heureuse. Le trajet jusqu'à Salisbury me laissait le temps de rêver, dans le ronronnement monotone des essuie-glaces. La campagne semblait déserte. Aussi, je n'avais guère de mal à la peupler de tous mes revenants. Je savais finalement peu de chose de ces Atlantes hyperboréens que les Anciens classaient bien davantage parmi les dieux que parmi les hommes. Je me méfiais des reconstitutions préhistoriques. Pourtant, si je ne parvenais pas à les faire revivre, ce voyage n'avait plus de sens. La forme des nuages chevauchant sur les landes, les brusques averses, une certaine transparence du ciel gris, tout m'indiquait la proximité de la mer. Je l'imaginais, à quelques dizaines de kilomètres au plus, vers le sud, battant les falaises de craie. Je tenais peut-être bien la première image : le monde de Thulé ne s'explique que par la familiarité de l'océan.

Ces peuples, dont je voulais retrouver le visage, s'affirmaient d'abord comme des peuples de la mer. Même en se mettant en route vers les steppes et les forêts d'un immense continent, ils allaient toujours garder quelque secrète nostalgie de leur naissance sur des rivages septentrionaux. Notre monde était né des vagues. C'est-à-dire, finalement, de la glace. Le voyage, l'expédition maritime, la découverte allaient longtemps rester des hantises inséparables de l'esprit même de Thulé.

Des traits inscrits à jamais dans la pierre des temples

Ces hommes de l'antique Hyperborée, il n'était pas si difficile de les imaginer. Tous les témoignages des écrivains de l'Antiquité concordent étrangement. Mieux encore : quand les sculpteurs de la haute époque hellénique ont voulu représenter les dieux, ils leur ont donné les traits des conquérants doriens. La statuaire grecque exalte la beauté nordique. Je ne perdais pas de temps à mesurer des crânes dont anthropologues et archéologues s'accordent pourtant à reconnaître l'indéniable « dolichocéphalie ». Cela me semblait un trait d'évidence, comme tous ceux qui se retrouvent dans les descriptions des voyageurs ou des historiens : haute taille — relative — cheveux blonds ou roux, yeux très clairs, nez long et mince, menton affirmé. Tous les bustes « classiques » semblent reprendre les mêmes traits et donnent aux galeries des musées une atmosphère de réunion de famille. Tous ces hommes sont différents. Et pourtant ils apparaissent tous parents. Les rois aux portiques des cathédrales gothiques ressemblent, trait pour trait, aux guerriers et aux athlètes de l'éternelle Hellade. Qui a voyagé dans les pays nordiques a soudain retrouvé, en regardant jouer les enfants, le sourire de l'ange de Reims. Parfois même, au détour d'un sentier, sur un chemin brûlé de soleil,

dans un décor d'oliviers tourmentés et de caillasses blanchâtres, resurgit du fond des âges un lumineux visage d'Atlante ou de Vandale. Est-ce un hasard si, pendant mille ans, l'imagerie religieuse occidentale a donné au Fils de Dieu les traits les plus indiscutables du physique hyperboréen ? Mimétisme révélateur de la nostalgie d'une certaine image de l'homme que ce Christ souverain, avec ses yeux bleus et ses « traditionnels » cheveux blonds. Image du roi blanc si longtemps inchangée dans la ferveur populaire.
S'il me paraissait facile de restituer l'aspect physique des Hyperboréens, puisque le type nordique, malgré son caractère récessif, s'est encore bien maintenu dans toute la Scandinavie et dans l'ensemble du Nord-Ouest européen, je me sentais moins assuré pour retrouver leur style de vie. Les manuels d'Histoire, pourtant de plus en plus illustrés, n'aident guère l'imagination : on passe directement des hommes des cavernes, dont les peaux de bêtes accentuent l'aspect simiesque, à « nos ancêtres les Gaulois », qui ressemblent fort à ces jeunes gens chevelus et barbus que l'on voit à la belle saison pratiquer l'auto-stop d'Amsterdam à Saint-Tropez. Par contre, il manque, dans nos livres d'images, l'évocation de la vie au bel âge du Bronze. Ces ancêtres semblent sans doute moins pittoresques que les chasseurs de renne ou les coupeurs de gui. Et puis les mythes à la mode n'y trouvent pas leur compte : les hommes préhistoriques sont des bons sauvages qui peuvent servir d'ancêtres à une humanité volontairement ignorante des différences d'ethnies et de cultures. Quant aux Gaulois, ils flattent toutes les mesquines passions nationales et les albums de bandes dessinées d'Astérix et de son compatriote Obélix sont révélateurs d'un chauvinisme poussé jusqu'à la

caricature. Les Hyperboréens, par contre, ne peuvent que choquer ; ils nient les fausses frontières entre les Européens, mais témoignent de l'ancestrale réalité de la lutte entre le Nord et le Sud, entre le monde de Thulé et ses ennemis. Ils unissent, mais ils marquent aussi la vraie différence.

Un monde inconnu de paysans et de guerriers

Le fait qu'il n'y ait aucune rupture entre la société hyperboréenne primitive, deux ou trois mille ans avant notre ère, et le monde germanique, que devait découvrir Tacite, permet de retrouver le cadre dans lequel s'est naguère épanouie l'aventure de Thulé. Ces hommes de l'âge du Bronze sont à la fois des paysans et des guerriers. Deux écoles historiques n'ont cessé de s'opposer à ce sujet. Certains ont voulu privilégier la vision du guerrier conquérant, tandis que d'autres magnifiaient le paysan sédentaire. La vérité me semblait plus simple et je ne voyais pas pourquoi ces lointains ancêtres n'auraient pas été l'un et l'autre, tour à tour, selon les rigueurs des saisons et les pressions des famines. Le cliché du soldat-laboureur est resté célèbre et Cincinnatus offre une assez belle image, à la rude époque romaine, de l'éternel Hyperboréen qui cultive son bien et défend son fait.

Paysans, les Hyperboréens l'étaient sans aucun doute. Ils ont apporté, au cours de leurs migrations, des graines d'origine nordique totalement inconnues avant eux dans les contrées méridionales. Eleveurs encore plus que cultivateurs, ils rassemblent d'immenses troupeaux de moutons et surtout de bovins. Ils portent aux chevaux un intérêt qui se transforme vite en culte. L'animal de trait et de selle prend un véritable caractère religieux et se trouve consacré au soleil.

Ces paysans, le moment venu, savent se battre. Ils jalonnent l'Europe de sépultures, dans lesquelles ils reposent avec leurs bijoux d'or et leurs épées de bronze. Ils méprisent les arcs, « armes des lâches » et préfèrent défier l'ennemi au corps à corps, l'épée ou le poignard à la main. La métallurgie reste inséparable de l'aventure de notre monde. Une classe d'artisans se développe rapidement. Charpentiers, tisserands, potiers travaillent dans de véritables ateliers spécialisés. Là encore, on peut suivre les conquérants à la trace. Comme les épées « à langue de carpe », les céramiques « à décor cordé » témoignent de leur passage et de leur établissement.

La famille reste la cellule de base de la société hyperboréenne. Elle apparaît résolument patriarcale et étendue aux parents les plus éloignés. Il se forme ainsi de véritables clans, qui iront en s'élargissant jusqu'à constituer des tribus et des peuples. Dans cette famille, s'établit une sorte d'équilibre entre les époux. Si le père reste le protecteur des siens, celui qui doit les nourrir et les défendre, la mère apparaît comme une gardienne. Elle obéit à son mari mais elle commande la famille et surtout elle éduque les enfants. Dans cette perspective de fidélité à une lignée biologique, la monogamie apparaît comme une règle nécessaire.

Finalement, dans ce monde du paganisme nordique, vieux aujourd'hui de quatre à cinq millénaires, la femme se trouve l'égale de l'homme. Sa moindre importance sociale est proportionnelle à sa surimportance familiale. L'âge du Bronze ignore ce temps du mépris qui ne viendra qu'avec le christianisme et l'influence orientale.

La hantise passionnée
de l'individualisme et de la liberté

Familles, clans, tribus, peuples, je voyais peu à peu naître ce monde si méconnu. Mais je parvenais mal à imaginer des royaumes et encore moins des empires. Les Hyperboréens sont trop attachés à leur liberté pour susciter le moindre pouvoir absolu. Le souverain doit s'entourer de conseils et même d'assemblées. Surtout, il reste responsable. Combien de rois vont payer de leur tête quelque erreur de gouvernement. Ils tiennent leur pouvoir de leur élection et leur durée de leur réussite. Système insolite pour qui s'est habitué à l'alternative stérile de la dictature ou de l'anarchie. Le régime des Hyperboréens n'est ni une monarchie ni une démocratie. Le seul nom qui puisse lui convenir reste celui d'aristocratie populaire, car tout repose sur la sagesse et le courage, dans la grande assemblée des hommes libres.

Ce « roi » très particulier existe dans toute l'aire de dispersion des peuples issus de l'antique monde de Thulé[12]. Dans une communauté homogène, comme l'était celle du Nord primitif, le libéralisme correspond à une mentalité profonde ; elle sera, peu à peu, noyée par les brassages de population résultant des migrations lointaines, où les

---

[12] On peut en trouver la preuve dans la racine désignant le mot roi chez les Indo-Européens. Cette racine identique prouve une généralisation du système dans toute leur aire de dispersion. La racine commune se retrouve dans le sanscrit *rajan*, dans le gaulois *rix* et le latin *rex*, dans l'aryen *rada* (devenu l'indien moderne *rajah*). La même origine se retrouve dans la désignation de la royauté et de l'empire : *reich* germanique, *rig* indo-aryen ou *rike* et *rig* scandinave.

conquérants, en faible importance numérique, se verront lentement conquis par leurs conquêtes. Les dictatures restent toujours des phénomènes de décadence.

A l'intérieur de la communauté hyperboréenne les droits de l'individu restent par contre toujours librement reconnus. L'autorité ne ressemble en rien au despotisme théocratique du Proche-Orient. Chaque homme trouve sa place naturelle, selon ses dons plus que selon son rang.

Pourtant, cette société libertaire et relativement égalitaire se trouve répartie en trois classes qui forment ce que le grand spécialiste Georges Dumézil a nommé « la tripartition ». On distingue ainsi les prêtres, les guerriers et les paysans. Malgré la prééminence de la fonction sacerdotale et souveraine, on peut voir dans ce système immuable une différenciation plus qu'une hiérarchie. La couronne, la charrue et l'épée ne s'opposent pas mais assurent, ensemble, la survie de la communauté. Thulé, à qui sait voir, apparaît comme un ordre naturel. Comme une harmonie. Cela n'échappait pas aux Anciens qui parlaient toujours du monde des Hyperboréens comme d'une survivance d'un mythique âge d'or.

Ce panorama rapide d'un monde symbolisé naguère par l'île réelle et mythique de Thulé me paraissait un peu froid. Dans ce paysage des South Downs, où les averses voilaient d'une traînée bleuâtre les collines moutonnant à l'horizon, j'enrageais de ne pouvoir évoquer ce monde hyperboréen à la manière d'un journaliste en reportage. J'aurais voulu photographier ces artisans dans la pénombre, retrouver les gestes du tisserand, du forgeron et du potier, faire entendre le bruit lancinant des marteaux et jusqu'au son du bronze dans l'air pur de l'aurore.

J'aurais voulu franchir les millénaires et abolir le temps. Je savais que rien n'avait encore vraiment changé et que l'herbe gardait toujours la même odeur après la pluie. Et le crottin des chevaux. Et le lait frais dans les jarres de terre cuite. Soudain, j'avais envie de la chaleur de ces longues maisons de bois où flambait un feu central. Les enfants blonds jouaient sur le sol en terre battue, dans une odeur d'étable et de fumée.

Etre, c'est se taire, penser et agir

Je m'arrêtais dans une auberge aux poutres apparentes. De fausses bûches rougeoyaient dans une cheminée, dont un ventilateur bruyant diffusait les calories électriques. L'heure du thé, qui est pour un insulaire celle de la somnolence, sonne souvent pour un continental comme celle de la mélancolie. Tout ce confort tiède ne me guérissait pas de cette impression d'avoir survolé trop rapidement la plus grande épopée de tous les temps. D'ailleurs, ces hommes et ces femmes, dont j'avais à la hâte décrit les familles et les tribus, me semblaient soudain sans âme, parce que je n'avais pas réussi à forcer leur cœur. Leur amour farouche de la liberté m'avait sans doute arrêté. Ils tenaient tant à ne pas se livrer. Je retrouvais cette impression des campagnes désertes et des portes closes, quand les chiens aboient furieusement contre l'étranger de passage. Nos ancêtres se dérobaient à ma curiosité. Ils ne voulaient pas être parqués dans des réserves, voués à l'inquisition des touristes et des ethnologues. Ils restaient silencieux. Désespérément. A moi de me débrouiller avec leur âme, avec tout ce que je savais et surtout avec tout ce que je sentais. Sans cesse, au cours de cette enquête, l'instinct reprenait ses droits sur la science. J'avais lu beaucoup de choses, mais j'en devinais encore davantage. Il me fallait d'abord apprivoiser le silence.

Soudain, je n'entendais même plus le bruit de l'acier des fléchettes s'enfonçant en sifflant dans le liège jaune et noir de la cible. J'imaginais la haine de ces hommes de l'âge du Bronze pour toute la clameur des termes creux dont nous nous environs. Pour eux, un mot devait être concret, vrai, fidèle. La parole devient rare quand on en connaît le prix. J'imaginais ces hommes taciturnes, puisque le bruit incessant de tous les moulins à distraire tue en nous ce qui nous vient d'eux. Le bon sens rural de ces paysans et de ces guerriers, c'est d'abord le juste sens des mots. Pas bavards, nos ancêtres. Mais pas passifs pour autant. Ils aiment l'action pour l'action. Il faut qu'ils fassent « des choses ». La guerre, l'amour, l'aventure. Ils aiment créer. C'est-à-dire imaginer, vouloir, réussir. En un mot se battre. Puisque toute vie est bataille. Contre la mort, contre le froid, contre la faim, contre le destin, c'est-à-dire, finalement, contre soi autant que contre les autres. Volontaire, indépendant, objectif, le véritable Hyperboréen sait dialoguer avec lui-même. Il parle peu, écoute davantage et surtout débat longuement en son for intérieur. La réflexion domine tout. Il trouve, toujours, le juste milieu entre l'impulsion stupide et la rêverie stérile. Il pense pour agir. Car être, c'est agir.

Je découvrais ce curieux introverti, dur, lucide, avisé. Aujourd'hui, où tout se vend et s'achète, on dirait qu'il n'est pas sympathique. Il n'a certes pas le « sourire commercial » des bonimenteurs. Son monde mental, avant tout religieux dans le sens profond du terme, relie le rythme des saisons et les lois du clan, mais ignore le monde mercantile. L'or, qu'il connaît, a une valeur décorative — car c'est un métal techniquement merveilleux — mais aucun prix spéculatif. Ce qui a vraiment de l'importance ne s'achète pas : le sang, c'est-à-dire la « vertu » au sens romain, que l'on reçoit et que l'on transmet.

Que cet homme de l'antique Hyperborée soit tout naturellement travailleur et courageux, il n'en est pour preuve que la valeur attribuée, par notre instinct, jusqu'à une époque encore très récente, à ces deux valeurs-clés. Il faudra la décadence actuelle pour voir exaltées désormais la lâcheté et la paresse, dans un gigantesque mouvement d'inversion des valeurs. Auparavant, les descendants des Hyperboréens devaient perdre une autre vertu essentielle de leur monde : la faculté de voir les choses en face, telles qu'elles sont, sans se réfugier dans l'irréel. Se rassurer, en faisant appel à l'arrière-monde des religions consolatrices ou des idéologies terrorisantes, lui est longtemps resté étranger. Qu'un homme ne puisse faire face à son destin, dans un constant souci de rédemption ou de récompense, devait paraître longtemps incompréhensible aux fils de Thulé. Ils pesaient le bien et le mal avec des balances de bronze dont nous ne connaissons plus l'impitoyable alliage. Leur vie se trouvait dominée par le sens du tragique. Aussi l'héroïsme n'est pas l'exception, mais le climat naturel. Les Anciens placent ainsi les héros entre les dieux et les hommes. Quand arrivent les temps de la décadence grecque ou romaine, l'héroïsme n'est plus quotidien et universel. Mais il reste exemplaire : le héros garde sa valeur surhumaine. Conception toute volontaire de la vie, où l'homme n'est que ce qu'il veut.

La morale de la lumière et la foi au soleil

Les deux mots qui reviennent sans doute le plus souvent dans les vieilles chroniques européennes ce sont ceux de volonté et d'honneur. L'espoir, par contre, n'a pas de sens. Ce qui compte, c'est d'accomplir ce qui doit être accompli et non pas ce qui doit aboutir à un succès.

Je retrouvais dans toute cette « morale » de l'antique Hyperborée un certain goût pour les causes désespérées, une attitude de perpétuel défi, où le goût du risque s'exaltait jusqu'à dépasser toutes les limites du possible. Les guerriers spartiates de Léonidas aux Thermopyles restent, en ce sens, de purs Hyperboréens. Le bien s'identifie avec l'action d'éclat, qui prend une valeur en soi-même. Ce qui compte, ce n'est pas le plaisir, mais le devoir. Non pas la soumission à un autre que soi-même mais la liberté de s'imposer une conduite conforme à l'imprescriptible honneur de sa lignée et de son clan.

Je retrouvais le même esprit chez le noble arya, l'homoios dorien ou le yarl norvégien. Depuis le bel âge du Bronze jusqu'à la conversion de l'Islande au christianisme, pendant quatre mille ans rien ne me semblait avoir changé dans la morale et la foi de nos ancêtres. Devant les dieux, ils restaient libres et fiers, ignorant l'humilité comme la terreur. Tous ces Hyperboréens se préoccupent plus de la terre que de l'au-delà. Ils n'agissent pas en fonction d'une récompense ou d'un châtiment. Cette comptabilité anxieuse leur reste totalement étrangère. Ils ignorent les dogmes étroits et même les rites figés. Affronter le destin devient une règle de vie absolue, qui se prolonge même au delà de la mort. Il arrivera ce qui doit arriver. Le seul « salut » reste de combattre, sans trêve et sans peur. Le Walhalla n'accueille que des guerriers. Je devais découvrir l'opposition entre la religion des Hyperboréens et celle des Asianiques qui reste de type matriarcal. Contre les déesses de la nuit et de la lune, les dieux du Nord s'affirment à la lumière du jour et du soleil. Le sacré s'exprime dans le culte du feu et s'exalte aux grandes fêtes païennes du solstice d'hiver et du solstice d'été. Les temples ne sont pas des cavernes sombres où règnent les ténèbres, mais des enceintes sacrées, bâties sur des hauts lieux, en plein vent, giflées par la pluie et brûlées par le soleil.

LE PRODIGIEUX TEMPLE
DU SOLEIL NORDIQUE

Quand j'arrivai à Stonehenge, par ce soir du solstice d'été, où le jour semble ne jamais vouloir céder la place à la nuit, les hautes pierres du plus prodigieux temple solaire de notre monde se découpaient sur un ciel à peine assombri. Dans cette plaine de Salisbury, sur cette vieille terre du Wessex, je me trouvais enfin au cœur du mystère. Des pèlerins tournaient en silence autour de l'enceinte de pierres levées, comme s'ils hésitaient encore à franchir le cercle magique. Cette cathédrale païenne nous écrasait de toute sa puissance muette. Il fallait traduire le langage du silence. Je savais qu'il existait déjà, au début de ce siècle, neuf cent quarante-sept théories pour expliquer le mystère de Stonehenge !
Vers 1100, Geoffroy de Monmouth, prélat gallois, dans son *Histoire des rois de Bretagne*, qui devait donner naissance à tout le légendaire arthurien, relate que les mégalithes de Stonehenge, les fameuses « pierres bleues », furent apportées d'Irlande et transportées par Merlin l'Enchanteur. La légende n'était certes pas plus fausse que l'explication « historique » de l'architecte Inigo Jones, en 1620, qui affirma que ce temple avait été, sans nul doute, édifié par les Romains. Le

Dr Walter Charleton ne tarda pas à soutenir qu'il s'agissait d'une construction des Vikings danois, un millénaire plus tard, et que ce temple servait à leur élection. John Aubrey, au XVIIe siècle, fit enfin intervenir les inévitables druides. Les archéologues, depuis lors, n'ont cessé de remonter dans le temps pour dater Stonehenge.

Le cercle sacré
délimite une enceinte d'un demi-hectare

Aujourd'hui, enfin, on commence à se rendre à l'évidence : Stonehenge n'a pas été bâti en un jour — ni même en un siècle. Commencé à l'époque néolithique, ce temple solaire a été modifié à plusieurs reprises jusqu'à l'âge du Bronze. Je tenais une certitude : s'il n'est pas certain que les premiers bâtisseurs de Stonehenge aient été des Hyperboréens, il reste indéniable qu'ils ont modifié et utilisé ce prodigieux haut lieu de notre monde.

A travers tant de livres et tant d'articles, je pouvais reconstituer les grandes lignes de la construction de Stonehenge. Tout commence sans doute vers 2800 avant notre ère. L'aire circulaire sacrée se trouve isolée par un gigantesque fossé doublé d'un talus. Le diamètre de cette enceinte est d'environ quatre-vingt-dix mètres et ne changera plus désormais.

Pour me rendre au centre du sanctuaire de Stonehenge, j'avais suivi, lentement, la longue avenue d'herbe rase, bordée de fossés et de levées de terre, qui devait me conduire au cœur même du mystère. Etrange voie triomphale qui a survécu à l'épreuve du temps et paraît encore plus grandiose dans son dépouillement. J'étais bien arrivé dans un haut lieu de plein vent, plus aucun obstacle ne se dressait entre les hommes et le ciel où s'étiraient les dernières lueurs d'un interminable crépuscule.

Soudain, à quatre mètres du milieu de l'avenue, se dressait devant moi le bloc solitaire de pierre brute, à l'extérieur de l'enceinte sacrée. En élevant ce mégalithe de plus de trente cinq tonnes, les hommes des anciens âges nordiques n'ont voulu ni le polir ni même le tailler. Il apparaît dans toute sa rigueur élémentaire, tel qu'il fut extrait de la lointaine carrière d'au delà de la mer. Car les énormes pierres bleues viennent des Prescelly Mountains, à plus de deux cents kilomètres de ce haut lieu, du comté gallois du Pembrokeshire !

La première pierre du temple solaire, la plus élémentaire et la plus rituelle porte le nom de *Heel Stone* et reste dans son isolement tragique — celle qui possède, depuis des millénaires, le « pouvoir » qui émane de cet extraordinaire ensemble.

Au delà de cette gigantesque borne originale, se dressent dans son alignement, deux autres pierres, à plusieurs mètres l'une devant l'autre. J'arrivais déjà à la « porte » du temple : deux énormes blocs, de près de cinq mètres de haut, qui ne sont séparés que par une cinquantaine de centimètres . Ce porche symbolique franchi, j'avançais dans la grande enceinte sacrée, strictement inscrite dans une circonférence parfaite, délimitée par un fossé et une levée de terre. Enorme rempart de sept mètres de large et de deux mètres de haut, qui entoure un champ véritablement « magique » d'environ un demi-hectare.

Cette levée de terre se trouve jalonnée par cinquante-six trous circulaires, distants entre eux de cinq mètres. Ils sont aujourd'hui peu visibles et Aubrey, l'archéologue britannique qui les a, le premier, découverts, pense qu'ils servaient à quelque culte de la Terre. Emplis de calcaire blanc, après la première période de l'histoire de Stonehenge, ils ont été à nouveau creusés pour servir de sépultures. Là reposaient des ossements humains, avec des débris d'outils et de poteries. Quatre pierres levées, les Station Stones, entourées chacune d'un fossé circulaire, se trouvent disposées symétriquement, non loin de la levée de terre extérieure. Elles délimitent, à l'intérieur de l'enceinte circulaire, les quatre angles d'une seconde enceinte rectangulaire.

Mais ces vestiges, qui remontent à la plus haute époque de Stonehenge, ne sont que des points de repère. Ils me conduisaient tous au cœur même du temple solaire ; vers ces pierres centrales qui, malgré les injures du temps et des hommes, constituent l'ultime enceinte sacrée de Stonehenge.

Au cœur même du gigantesque temple solaire

Ce monument central a été réalisé plus tardivement, sans doute, cette fois par les hommes du bel âge du Bronze. Plus de quatre-vingts grands blocs de pierre sont ainsi érigés en trois monuments concentriques.

Le cercle extérieur se trouve formé de trente pierres levées laissant entre elles un étroit passage, de moins d'un mètre. Chacun de ces gigantesques piliers pèse environ vingt-cinq tonnes. A six mètres au-dessus du sol, ils supportent l'enceinte circulaire, formée de pierres échancrées et rivées bout à bout. Plusieurs de ces mégalithes, pesant plus de six tonnes, sont tombés et gisent maintenant dans l'herbe rase, au pied des piliers. Mais l'ensemble de cette enceinte garde encore une impressionnante majesté.

J'avançais maintenant vers le centre même du temple solaire, un gigantesque fer à cheval de cinq portiques, encore plus haut que l'enceinte circulaire qui les protège. Les deux piliers centraux, lourds de cinquante tonnes, projettent vers le ciel un linteau de pierre à plus de sept mètres de haut. Il me restait encore à franchir l'ultime enceinte circulaire, d'une vingtaine de pierres bleues. J'étais désormais au centre même du temple solaire le plus prodigieux de notre monde.

Tout entier placé sous le signe du soleil triomphant, Stonehenge reste à la fois un observatoire et un temple. Il témoigne à jamais des connaissances astronomiques de ses constructeurs, mais il demeure aussi un prodigieux lieu de culte. Là se sont déroulées, dans ce passé lointain qui était notre jeunesse, les cérémonies de fidélité au rythme des saisons.

Des milliers d'hommes et de femmes accouraient alors dans la plaine de Salisbury pour rendre hommage au soleil. Cela se passait, comme aujourd'hui, en cette nuit la plus courte de l'année, au solstice d'été. Robert Wernick écrit : « La vie quotidienne connaît une période d'accalmie : dans les champs, le blé dresse ses épis, le bétail broute paisiblement, les porcs fouillent tranquillement de leur groin le sol des forêts vierges. Dans les mines de silex, les travailleurs ont déposé leurs pics. Les artisans du bronze ont délaissé leur forge et éteint leur feu ; quant aux potiers, ils ont recouvert leur argile d'une étoffe humide après avoir nettoyé leur four. Chasseurs et pêcheurs, marins et marchands, maçons, chefs de tribus et prêtres, tous voyagent avec leur famille jusqu'aux sites traditionnels pour prendre part aux cérémonies nocturnes. »

C'était la belle nuit du solstice. Depuis six mois, le point d'où le soleil émerge de l'horizon, chaque matin, s'est déplacé lentement vers le Nord. Demain, il commencera à se diriger en sens inverse, de moins en moins haut, vers le Sud. Jusqu'à la nuit la plus longue, celle du solstice d'hiver. Et tout recommencera à nouveau, dans la grande éternité des astres et des saisons.

L'éternel retour, c'est aussi le mouvement perpétuel. Jamais le ciel ne se fige immobile. Il vit comme la forêt et comme la mer. Les feuilles et les vagues naissent sans cesse pour sans cesse mourir et sans cesse renaître. Les nuages se poursuivent dans le ciel. Les éclaircies succèdent aux averses. Chaque année, l'eau se fige en glace, mais chaque année aussi les fleurs percent la neige. Tout meurt et tout renaît. Les enfants se poursuivent avec des hurlements de joie sur les tertres où reposent leurs ancêtres. Les filles portent les colliers des mères et les fils les armes des pères. Les feux des foyers répondent aux flammes du soleil. Les gestes immuables se perpétuent et les générations s'enchaînent.

J'étais bien arrivé au centre spirituel de notre monde et le cercle magique de Stonehenge se dressait dans la plaine de Salisbury comme l'île de Thulé au milieu des flots gris de l'océan du Nord. Les moissons et les vagues ondulaient lentement sous le même soleil invaincu.

Quand se lève l'astre de feu, au solstice d'été

Tout était soudain en ordre dans le monde. L'invisible répondait au visible. Le passé au présent. La mort à la vie. L'origine commandait notre avenir. La nuit la plus courte de l'année me semblait encore plus courte dans ce haut lieu unique.

Lentement, les ténèbres disparurent devant le jour naissant. Là-bas, vers le nord-est, le ciel se colorait de vert émeraude, tel un océan paisible. Puis tout virait au rose, comme si mille fleurs aux tendres pétales éclataient au milieu des nuages gris.

Enfin, du sol même de la vieille Angleterre[13] surgit le disque du soleil, rouge vif. Avec lui, le feu et le sang embrasaient le ciel. Aujourd'hui, le soleil devait accomplir sa course la plus longue. Jamais, comme en ce jour sacré du solstice d'été, il ne s'attardera ainsi parmi les hommes, avec une telle force, une telle puissance.

Le soleil tenait enfin la promesse des longs mois d'hiver. Il revenait parmi nous. Il nous réchauffait et il nous éclairait. Il protégeait l'océan des blés et annonçait l'or des moissons. Ici, à Stonehenge, je songeais à tous ces Hyperboréens qui étaient venus, en ce lieu précis, depuis trente ou quarante siècles, assister au lever du soleil créateur, du soleil invaincu, du soleil souverain.

---

[13] *Albion*, « l'île blanche », reste une terre originelle et sacrée des Hyperboréens. Son nom se rapproche de l'*Argos* grecque et de l'*Albe* romaine, marquant là encore la profonde unité de notre monde

Enigme de l'Histoire, sans cesse interrogée par les archéologues et les astronomes, ce haut lieu n'a cessé d'intriguer et de passionner ceux qui se veulent fidèles à leurs ancêtres et à leur destin. Dans ce temple à ciel ouvert, qui n'avait pas connu d'autre dieu que le soleil, nous étions encore quelques-uns, venus des vertes collines du pays de Galles et des rochers roux de la presqu'île de Cornouailles, à célébrer le grand mariage de la terre et du feu, le grand culte tellurique de la seule force qui ne mente pas et de la seule vie qui soit éternelle.

La vie semble mourir au solstice d'hiver, mais elle renaît au solstice d'été. Stonehenge n'est pas le témoignage impressionnant d'un culte disparu, mais le point précis où pouvaient désormais s'ancrer notre certitude et notre espérance.

II

LE SOLEIL DE FER

À MUNICH
VA RENAÎTRE THULÉ

J'avais quitté Stonehenge au jour du solstice d'été, quand le soleil rendait à ses enceintes de pierres bleues toute leur magie grandiose, naguère voulue par les mystérieux constructeurs de ce haut lieu païen. Ce que mes yeux avaient vu, les hommes de l'âge du Bronze l'avaient vu, exactement de la même manière, plusieurs milliers d'années auparavant. Le soleil qui illuminait Sun Stone, la pierre sacrée du solstice, ce n'était pas pour moi le signe maudit de la fin du monde, mais la présence vivante de l'éternel retour. Tout, soudain, devenait clair. J'avais retrouvé une foi surgie du fond des âges.

Les querelles de ce siècle me semblaient désormais mesquines et mort le monde qui avait oublié la certitude des saisons. D'autres que moi, j'en étais certain, avaient entendu ce même appel, où l'instinct redevenait vie et où la raison s'accordait à la course des astres.

Le nom de Thulé guidait toujours ma Quête. Je le prononçais si souvent que beaucoup finirent par croire que j'écrivais un livre sur cette mystérieuse Société Thulé, fondée à Munich en 1918, et qui avait, assurait-on, manipulé un caporal inconnu du nom d'Adolf Hitler. Il n'est pas une étude sur le national-socialisme qui ne fasse la part belle à la Thulé Gesellschaft et à son grand-maître Rudolf von Sebottendorf. Les amateurs de magie y trouvent leur compte, puisque l'homme était astrologue et fort versé, paraît-il, en sciences occultes. On retrouvait dans cette histoire la vieille légende de l'apprenti sorcier ; le Führer n'aurait été qu'une sorte de médium entre les mains de puissances si obscures qu'elles apparaissaient même, à certains, extra-terrestres. Toutes les histoires de vampirisme de l'Europe centrale y trouvaient une nouvelle jeunesse et l'aventure qui devait bouleverser le monde devenait une histoire de table tournante qui aurait justement mal tourné.

On me pressait d'y aller voir par moi-même, puisque le mythe de Thulé m'occupait tant. Le secret espoir de beaucoup restait d'ailleurs que j'ajoute encore au mystère et que j'explique l'extraordinaire par l'incompréhensible. Je renaclais d'autant plus que je ne croyais guère aux ressorts ésotériques de l'Histoire et que j'avais lu trop de sornettes sur la question pour attacher quelque crédit à ces contes de fantômes.

Que des hommes et des femmes aient décidé de rester fidèles à l'esprit de Thulé, en plein XXe siècle, me paraissait pourtant si extraordinaire que je décidais enfin de m'intéresser à leur combat si méconnu et si calomnié. Ces quelques inconnus qui se voulaient si étrangement fidèles à l'héritage lointain des Hyperboréens, avaient-ils découvert le secret qui m'obsédait ? Peut-être avaient-ils cherché ce que je cherchais ? Peut-être avaient-ils vécu ce que je voulais vivre ? Peut-être...

Ce qui m'intéressait, dans leur aventure, ne pouvait pas être compris par les sacrilèges qui la réduisaient à une équipée politique. J'avais assez travaillé sur la réalité et la force impérieuse du mythe de Thulé pour comprendre mieux qu'un autre leur entreprise.

Sur les traces de la mystérieuse « Société Thulé »

D'Angleterre, je gagnais, six mois plus tard, la Bavière. Je voulais retrouver les lieux mêmes de l'action, pour reprendre l'enquête à son début. Seulement, moi, je connaissais le point de départ et je savais que Thulé avait existé et que les Hyperboréens n'avaient jamais été un peuple légendaire, mais nos propres ancêtres, ceux dont nous avions hérité, à travers tant de siècles. Nous avions, au fond de nous-mêmes, les mêmes réflexes, comme nous avions les mêmes visages.

Alors seulement, les hommes et les femmes de la Société Thulé pourraient reprendre leur vraie dimension. Je voulais renouer avec eux, comme ils avaient renoué avec leurs aïeux. Je savais que la véritable religion du Nord, c'est d'abord ce lien imprescriptible, dans l'espace et dans le temps.

En prenant l'avion pour Munich, j'avais l'impression de cingler, à mon tour, vers une île mystérieuse et lointaine. Au centre du « Ring » que forment les boulevards extérieurs, la Société Thulé me semblait soudain devenue une sorte de forteresse maritime, assiégée par le raz de marée de la révolution bavaroise. Ce petit groupe devenait à la fois une île et un berceau, rejoignant ainsi les plus vieilles traditions de notre monde. Ses fidèles m'apparaissaient étrangement semblables à ces êtres mystérieux, venus naguère des fameuses « îles au Nord du Monde » et que tous les Anciens croyaient d'origine divine, parce qu'ils connaissaient le secret de la plénitude. Bien plus tard, quand auront triomphé les influences chrétiennes, les Hyperboréens seront souvent représentés comme des païens diaboliques. J'étais familiarisé avec ces calomnies qui se perpétuent, inchangées, à travers les siècles. L'essentiel restait pour moi que ceux de la Société Thulé aient voulu s'affirmer comme différents. Ainsi avaient-ils formé une véritable noblesse. Dans un monde qui renie ses origines et se soumet aux modes étrangères, les fils fidèles à leurs pères lointains devaient obligatoirement faire figure de lunatiques et de réprouvés. Ils devenaient, à proprement parler, dans tous les sens du terme, des lucifériens. Ils portaient la torche de la lumière et du défi. Ils refusaient, aux heures les plus sombres de l'histoire de leur patrie, les idoles à la mode. Ils se dressaient contre la révolution égalitariste, contre la démocratie indifférenciée, contre le métissage universel, au nom des vieux dieux du Nord.

Ce qui devait ensuite surgir de leur combat ne m'intéressait pas quand je décidais d'aller les rejoindre, par ce dur hiver où commençait mon enquête. Je savais que le nom d'Adolf Hitler ne devait apparaître qu'à la fin de leur histoire. Respecter la stricte chronologie devenait une loi absolue pour restituer son vrai sens à cette équipée. Trop d'écrivains ont voulu fausser les bonnes règles du roman policier, en donnant dès le début le nom d'un coupable qui ne doit apparaître qu'à la fin. Il n'était pas encore temps de parler de celui qui restait alors un caporal du front, comme des milliers d'autres soldats européens.

L'homme qui devait devenir, en 1933, le maître du IIIe Reich n'appréciait guère de n'avoir pas été le premier à lever dans

Munich l'étendard de sang du défi allemand. Je savais que les sbires de sa police avaient saisi, à sa seconde édition, les *Mémoires* publiées par Rudolf von Sebottendorf dès l'arrivée au pouvoir de son étrange « élève ». Il faut avouer que le fondateur de la Société Thulé avait donné à son livre un titre qui sonnait comme une provocation : *Bevor Hitler kam*, c'est-à-dire *Avant que Hitler ne vienne*... Tous ceux qui ont écrit sur cette période parlent de cet ouvrage comme d'un texte introuvable et n'en font que des citations tronquées, à l'aide de documents de seconde main. J'avais peine à croire qu'il fût impossible, malgré toutes les épurations, d'en trouver un seul exemplaire. Un ami munichois me conseilla d'aller au plus simple et de m'adresser à la *Bayerische Staatsbibliothek*. Le conseil était bon et le livre « introuvable » se trouvait dans ses réserves ! Il me suffisait d'en obtenir une photocopie pour travailler enfin sur des documents irréfutables. Je savais, certes, que Sebottendorf avait quelque tendance à embellir son personnage et à fort amplifier son rôle. Mais je n'en tenais pas moins le document essentiel, celui où le principal acteur de cette équipée se met en scène et évoque ses compagnons. Mon enquête devait donc dès le départ, bénéficier d'un témoignage direct et intégral. En un mot, j'avais de la chance.

L'étrange figure d'un hors-la-loi saxon

Parti sur les traces de Pythéas-le-Massaliote, je devais fatalement croiser désormais la route de Sebottendorf-le-Saxon. J'étais, sans le savoir, préparé depuis de longues années à cette étrange rencontre qui devait enfin orienter — ou plutôt « nordifier » — tout le cours de cette enquête sur le mythe de Thulé. J'aimais par-dessus tout les hommes qui défient le monde entier et se lancent dans des entreprises démesurées, avec pour seule règle de vie la superbe maxime du Taciturne : « Il n'est pas nécessaire d'espérer pour entreprendre ni de réussir pour persévérer. » Cette sorte de pessimisme héroïque me paraît finalement la seule conception du monde qui permette à quelqu'un de s'affirmer comme un homme libre et maître de lui-même.

De Léonidas à Ungern-Sternberg ; c'est un même monde qui se dresse et triomphe. Et il est significatif que cette victoire soit toujours aux yeux des faibles une défaite. Godefroy d'Harcourt qui défendit seul, la hache à la main, son clos du Cotentin contre les Français, en 1356, restait à jamais mon héros. Brave, fidèle et orgueilleux. Son compatriote normand Corneille l'eût aimé, s'il n'avait été ébloui par le soleil de plâtre doré de Versailles. De tels hommes surgissent dans les années difficiles, font éclater l'Histoire — puis ils disparaissent, brisés par la mort, ou par cette vie sans destin fulgurant, qui demeure encore pire que la mort.

Ainsi je m'intéressais, avec une sombre passion, aux soldats perdus et aux prophètes solitaires. J'aimais ceux qui résistent quand tous abandonnent, ceux qui refusent quand tous acceptent, ceux qui restent fidèles quand tous trahissent. J'aimais ceux qui surgissent dans les déroutes et, calmement, font face. J'aimais ceux qui annoncent les temps à venir, sans se soucier des rumeurs à la mode. J'aimais aussi, il faut l'avouer, ceux qui se retirent quand s'annonce la victoire et disparaissent dans l'ombre, plutôt que de voir transfiguré leur rêve — à ce moment précis où, comme le disait naguère Péguy, « la mystique se transforme en politique ».

J'allais découvrir rapidement en Rudolf von Sebottendorf non pas tant un Allemand du XXe siècle qu'un Hyperboréen de l'âge du Bronze. Je sentais, dans ce destin singulier, une force qui allait bien au delà de sa légende. Cet homme n'était pas seulement le grand-maître d'une société ésotérique qui devait manipuler un certain Adolf Hitler. Il se situait délibérément hors de l'actualité. Il appartenait au passé le plus lointain et à l'avenir le plus incroyable. Il n'était pas, comme le racontent les pseudo-historiens d'aujourd'hui, une sorte de mage qui allait déclencher, par quelques passes magnétiques, l'aventure du IIIe Reich. Il était l'homme d'un autre combat. Il ne luttait ni pour une nation ni même pour une race, mais pour un esprit. Je le croyais enfermé dans un combat politico-militaire et j'ai mis longtemps à comprendre qu'il n'était pas l'homme d'une idéologie mais d'une religion.

La Société Thulé cessait enfin pour moi, d'appartenir à la préhistoire du nazisme ; elle reprenait son autonomie, pour exister enfin telle qu'elle fut, pendant quelques mois d'une brève période historique. Elle se rattachait à une origine infiniment plus lointaine que le pangermanisme du début de ce siècle. Alors et alors seulement, elle pouvait reprendre sa signification historique et sauter par-dessus cette parenthèse que fut la tragédie hitlérienne, pour retrouver, avec son sens profond son actualité. Mais de cela il est encore trop tôt pour parler au début de ce livre.

Malgré mon enthousiasme pour un personnage aussi extraordinaire que Rudolf von Sebottendorf, j'avais abordé le récit de son combat avec une rigueur historique, qui devait me permettre d'établir une ligne de partage indiscutable entre la vérité et la légende. Cela n'allait pas sans quelque sécheresse. Mais j'étais bien décidé à me montrer plus érudit que poète, et à cerner son action avec un impitoyable scepticisme. J'allais découvrir que le vrai dépassait mon attente et que le Mythe allait surgir au cœur même de l'Histoire.

Pourtant, au début, je m'enfermais dans la forteresse des documents pour voir passer dans le ciel ces vols d'oies sauvages, qui sans cesse m'appelaient vers le Nord.

Munich entre le monde nordique et le monde méridional

En débarquant dans la ville de Munich, sur les lieux mêmes où avait revécu, en 1918, ce nom de Thulé, qui m'obsédait depuis si longtemps, je m'étais juré de ne pas me laisser emporter par le romantisme. Je voulais seulement voir, comprendre, interroger. J'étais redevenu un journaliste du passé. Il me fallait d'abord, oublier les destructions de la guerre et les reconstructions, qui ont souvent tué une seconde fois, comme ce fut si souvent le cas dans ma Normandie dévastée, l'âme même des villes. Après l'ouragan de feu, une vague de béton est venue recouvrir le passé comme la lave d'un volcan.

Au moment où devait commencer mon histoire, Munich n'avait encore qu'un demi-million d'habitants, chiffre presque triplé aujourd'hui. Pourtant, je pouvais reconnaître dans cette ville, fondée au XIIe siècle par Henri le Lion, duc de Saxe et de Bavière, un des hauts lieux de notre passé européen. Il restait encore quelque nostalgie du fondateur, cousin du fameux empereur Barberousse. Avant tout, il me fallait découvrir l'âme de cette cité, dont les touristes ne connaissent guère que les flonflons de l'Oktoberfest, quand la bière coule à flots dans la Hofbraüskeller et dans toutes les brasseries en folie.

Je trouvais bien étrange qu'une aventure, qui devait bouleverser le monde, et dont nous n'avons encore connu que les prémisses, se soit déroulée dans le cadre étroit d'une province paysanne, assez résolument rebelle aux grands desseins politiques. La Bavière n'est pas la Prusse, et le royaume des Wittelsbach a gardé à travers les siècles une réputation de bonhomie, qui se marie assez mal avec la vocation d'empire.

Pourtant, de Munich allait renaître Thulé...

Existe-t-il des villes prédestinées ? Le destin de Munich semble déjà inscrit sur une carte de l'Europe. La capitale bavaroise se situe au carrefour du monde nordique et du monde méridional, elle appartient à cette Europe centrale, qui n'est ni tout à fait de l'Ouest ni tout à fait de l'Est. Aucune cité n'est sans doute moins maritime et la nostalgie de l'Hyperborée devait s'y révéler d'autant plus forte que ce n'était point affaire de nature mais de volonté.

Dans une Allemagne qui échappe au cancer de la centralisation, Munich peut s'affirmer sans rivale. Ville d'art et de foi, elle ignore toute humilité provinciale et s'enorgueillit de toutes ses gloires locales, sans cesser d'être accueillante aux oiseaux migrateurs. Etrange ville où l'on peut s'exiler sans se renier. Munich possède, sans aucun doute, un certain « pouvoir » et attire comme un aimant les originaux et les réprouvés. Cela sera sensible aux lendemains chaotiques de la Première Guerre mondiale. Mais le phénomène m'apparaissait plus ancien, comme si la cité des rois de Bavière avait sauvegardé un caractère véritablement magique, auquel la présence tumultueuse de Richard Wagner n'avait certes pas été étrangère. Munich la Catholique se veut aussi Munich la Teutonique. Malgré toutes les églises baroques et leurs dorures tourmentées on y respire un air assez païen que vivifient les vents du Walhalla et de l'Olympe. Cela ne va pas sans théâtre et sent parfois la poussière des décors. Mais une religion ne peut renaître sans fosse d'orchestre et sans toile de fond.

Par ses statues et ses chœurs, Munich, ville-lumière bien davantage que Paris, affirme que Dieu est beauté autant que force. Derrière le sourire des marbres grecs conservés pieusement dans la Glyptothèque, ce n'est pas le visage du Christ qui s'annonce, mais les traits de Lucifer, le « porteur de lumière » qui se perpétue.

Terre profondément « religieuse » dans tous les sens du terme, la Bavière reste ouverte à toutes les aventures spirituelles. On aime s'y assembler pour entendre la bonne parole des prédicateurs. Le sang bouillonne facilement, fouetté par les effluves de la bière forte, des chansons, de la bonne humeur. Le sens de la communauté, plus vif que dans le Nord, incite les hommes à se grouper, à faire front, à lutter coude à coude. Et puis l'*Oberland* est proche, avec son esprit bagarreur. Dans ce pays, rude et naïf, de montagnards et de frontaliers, les Allemands ressentent le besoin instinctif d'affirmer une germanité, d'autant plus fièrement revendiquée qu'elle est racialement moins évidente.

Dans les années les plus noires de la grande guerre

Je tenais mon cadre et je parcourais les rues de Munich, en cherchant à retrouver les lieux où s'était naguère déroulée cette équipée si méconnue. Il me fallait aussi savoir à quel moment je devais faire commencer mon histoire. Je me souciais assez peu, à cette époque, de ce qu'était alors réellement Rudolf von Sebottendorf. Je le voulais sans passé. Tout devait commencer quand il arrive à Munich, à la fin de l'année 1917, et qu'il décide de se lancer dans l'action. La guerre n'est pas terminée. Mais, pour tous les Allemands qui savent voir, elle se trouve déjà perdue. La révolution bolchévique et l'intervention américaine désignent quels seront les vainqueurs : Lénine et Wilson. Pourtant, dans l'Allemagne impériale, on se cramponne encore à la certitude de la victoire des armées du Kaiser.

Le sort des peuples ne se joue pas seulement sur le front. L'arrière devient le vrai champ de bataille — justifiant le célèbre dessin de Forain, montrant deux poilus devisant dans la tranchée, et dont le bref dialogue reste éloquent :
—Pourvu qu'ils tiennent.
—Qui ça ?
—Les civils.

En Allemagne, ils tiennent moins bien que ne pouvait le laisser supposer la pompeuse façade wilhelmienne. Tandis que les meilleurs des soldats du monde combattent dans les troupes d'assaut, le défaitisme fait rage dans leur propre pays. On fait grève jusque dans les usines de munitions. Dès la fin de 1917, une légende tenace va naître : celle du « coup de poignard dans le dos ». Les guerriers des tranchées doivent trouver des responsables à leurs misères et à leurs revers. Les coupables ce seront les politiciens, les embusqués, les agitateurs. Une étrange atmosphère de crainte diffuse et de suspicion se répand dans tout l'Empire et vient battre en brèche la rassurante et mensongère propagande officielle en la certitude de la victoire des Empires centraux. L'armature Wilhelmienne apparaît comme profondément minée de l'intérieur. C'est un palais reposant sur des fondrières. La tempête qui arrive de l'Est peut tout emporter, et elle se révèle au moins aussi violente que la contre-offensive de l'Ouest. Les vieux cadres de la monarchie ne résisteront pas à la tourmente. L'esprit mercantile a, depuis longtemps, gangrené la vieille aristocratie germanique. Les agitateurs révolutionnaires ne pourraient rien sans le pseudo-réalisme des banquiers, qui trouvent que se battre durement coûte trop cher.

L'année 1918 promet d'être l'année décisive. Et l'année terrible.

Quelques Allemands lucides n'ont plus confiance dans le Kaiser et dans ses armées pour mener la guerre totale. Face à la contagion soviétique et face à l'intervention américaine, il faut mobiliser jusqu'au tréfonds de l'âme germanique. C'est alors que va renaître une singulière « franc-maçonnerie inversée » qui se réclame du passé gothique et porte le nom de *Germanenorden*. Cet ordre des Germains a été fondé en 1912, mais l'approche de la guerre a empêché tout essor. La mobilisation l'a ensuite privé de ses membres les plus actifs et beaucoup d'entre eux sont déjà tombés. Ceux qui peuvent continuer le combat « sur le front intérieur » sont souvent des vieillards, ou des blessés revenus de l'enfer des tranchées. Pourtant, à l'assemblée du solstice d'hiver 1917, les survivants de cet Ordre, dont le général von

Heimerdinger se veut le grand-maître, décident de reprendre leurs activités.

Je connaissais encore mal le *Germanenorden* et je l'imaginais tantôt comme une « Société de pensée », plus ou moins maçonnique, et tantôt comme un « Ordre de chevalerie » pseudo-médiéval. J'y devinais aussi une véritable contre-Eglise d'inspiration paganisante ; ses membres prononçaient plus souvent le nom de Wotan que celui de Jésus. Mais ce qui me frappait, avant tout, c'était leur petit nombre. L'Ordre ne devait guère compter plus de quelques centaines de fidèles, très dispersés depuis le début de la guerre.

Renaissance du « Germanenorden » au début de 1918

Je constatais vite que l'arrivée de Rudolf von Sebottendorf coïncidait exactement avec la renaissance du *Germanenorden*. Ce personnage étrange, qui semble surgir du néant, m'apparaîssait d'abord comme une sorte de génie de la propagande. Il comprend mieux que tout autre Allemand de son temps, que la guerre n'est pas seulement militaire et économique, mais aussi « spirituelle ». Les ennemis, ce sont, avant tout, des idéologues. Ils prêchent une véritable croisade. Avec le recul du temps, Wilson et Lénine m'apparaissaient bien tels des « grands-prêtres », cramponnés à leur doctrine comme à une véritable religion. La démocratie capitaliste et la révolution communiste prétendent régir le monde avec la même foi messianique. En face, les empires centraux n'ont comme idéal qu'un pangermanisme remontant à Bismarck. Le Kaiser s'appuie sur les classes les plus conservatrices. Les pasteurs, les officiers, les professeurs, les négociants se reconnaissent parfaitement dans une monarchie devenue de plus en plus bourgeoise. Certes, Guillaume II a mobilisé l'âme germanique et il bénéficie de tout le romantisme guerrier attaché à la dynastie des Hohenzollern, depuis la revanche de la Prusse sur Napoléon 1er, après la défaite d'Iéna, et surtout depuis la fondation de l'empire allemand à Versailles, après la victoire sur Napoléon III. Mais son pouvoir repose sur une idéologie politique, qui appartient au siècle dernier et se réclame du fameux principe des nationalités. Le Mythe prussien, forgé par Fichte et par Humboldt, cent ans auparavant, agonise dans les tranchées.

L'inconnu qui va alors s'imposer à Munich apparaît d'emblée comme un homme étrange. Il porte une lourde quarantaine. D'origine allemande, il a longtemps vécu en Turquie et bénéficie même de la nationalité ottomane. Rudolf von Sebottendorf comprend qu'il doit apporter à ses compatriotes, une motivation plus exaltante et plus mobilisatrice. Il se réclame davantage des tribus germaniques que de l'empire allemand. Il remonte même à un passé encore plus ancien, qui évoque l'unité du monde nordique et la nostalgie hyperboréenne.

Sous la direction de Sebottendorf — et avec son argent — deux publications vont être créées dès 1918. La première, *Allgemeinen Ordensnachrichten*, les nouvelles générales de l'Ordre, s'adresse aux initiés et constitue une sorte de bulletin intérieur, presque ésotérique. La seconde va bien au delà et se veut résolument exotérique. Elle touche tous ceux que l'on nommerait ailleurs des sympathisants et qui se parent ici d'un titre infiniment plus poétique : le grade d'amitié (*Freundschaftsgrad*). Ce second périodique, dominé par la politique plus que par la philosophie, va s'intituler tout simplement *Runen*, les runes.

Ainsi, tout va commencer, en pleine guerre, par deux modestes publications, qui ressemblent bien davantage à des bulletins paroissiaux qu'à des journaux de combat. Je découvrais déjà la méthode de Sebottendorf — qui devait radicalement le distinguer de celle du futur Führer, faisant toujours passer la parole avant l'écrit, ce « chiffon de papier ».

Celui qui va fonder la Société Thulé croit, au contraire, que la doctrine importe plus que le verbe et qu'il faut mettre ses idées noir sur blanc avant de se lancer dans l'action. Son rêve n'est pas de constituer un parti politique, mais d'abord une société de pensée. Il bâtit son mouvement comme une maçonnerie germanique. Je ne pouvais quand même pas lui donner tort d'employer les armes de ses adversaires et de vouloir les battre sur leur propre terrain.

D'emblée, celui qui veut restaurer parmi les Allemands l'esprit antique de Thulé se lance dans une entreprise fiévreuse qui s'apparente à celle des Encyclopédistes, sans lesquels il n'y aurait sans doute jamais eu de Révolution française. Ces deux publications inconnues, *Allgemeinen Ordensnachrichren* et *Runen*, ne sont que des brûlots, imprimés pauvrement sur du mauvais papier de guerre. Mais elles vont mettre le feu aux poudres. J'assistais aux débuts du grand incendie qui devait illuminer Munich, avant d'embraser le monde entier.

DANS L'HOTEL DES QUATRE SAISONS

Pour raconter ces mois fiévreux d'organisation d'une société de pensée tout entière tournée vers le combat, j'aurais voulu suivre pas à pas Rudolf von Sebottendorf. En pleine guerre, totalement à l'écart des autorités officielles, sans autre soutien que le grand rêve qui le brûle d'une fièvre étrange, celui qui se fait appeler « le Baron » parcourt la Bavière pour rassembler les fidèles. Ils sont peu nombreux ceux qui ont échappé aux hécatombes de la guerre. Désormais, ce sont souvent de vieux messieurs qui reçoivent le messager. Tant de jeunes guerriers ont trouvé la mort, avant même d'affronter le vrai combat et le seul ennemi.
En quelques mois, le Baron s'est affirmé comme le meilleur organisateur du *Germanenorden* renaissant. Les dirigeants berlinois de l'Ordre décident de lui confier la plus importante « Province » de leur association : la Bavière. Il se réjouit de la mission qui est désormais la sienne. La tâche lui semble à sa mesure.
—Les Allemands du Sud, dit-il, sont plus remuants, plus faciles à regrouper, plus sociables que les Allemands du Nord. Les Bavarois et les Souabes, pour la plupart, ignorent l'esprit critique et individualiste

Sebottendorf feint d'oublier que cet esprit critique, cet individualisme exacerbé, ce refus de se fondre dans une organisation ou une idéologie constituent justement les caractéristiques mêmes de l'esprit de Thulé...

Comment, arrivant inconnu dans une ville aussi importante que Munich, y recruter de nouveaux Frères ? Le Maître de la province de Bavière du *Germanenorden* va recourir à un moyen insolite : les petites annonces ! Il fait paraître dans les journaux de véritables offres d'emploi, où la seule rémunération proposée est bien entendu la reconnaissance de la patrie en général et de l'Ordre en particulier.

Le premier à se présenter sera un certain Walter Nauhaus, un sculpteur ancien élève du Pr Wackerle. Grièvement blessé sur le front, c'est un garçon dynamique, résolu, mais assez jaloux de son indépendance. Plutôt que de se heurter avec lui, Rudolf von Sebottendorf lui propose un partage du travail :

—Vous prendrez en main les organisations de jeunesse et vous éduquerez nos cadets dans l'esprit de l'Ordre.
—Et vous-même, monsieur le baron ?
—Je regrouperai les personnes plus âgées.

Organisation de la province bavaroise du « Germanenorden »

Sebottendorf a bien l'intention de faire de ce cercle l'épine dorsale du futur mouvement dont il rêve. Très rapidement, il recrute trois respectables messieurs, dont la qualité de notables n'empêche pas le profond fanatisme.

Le Dr Georg Gaubatz, un des responsables de la *Rote-Kreuz*, préside aux destinées de l'association bavaroise de protection des oiseaux. Le conseiller Rohmeder dirige l'association scolaire *Schule Verein*. Johannes Hering a déjà milité dans le *Hammerbund* de Théodor Fritsch. Des trois, c'est lui qui semble le plus averti des doctrines secrètes de l'Ordre.

D'autres fidèles ne tardent pas à rejoindre le petit groupe sur lequel le Baron exerce une influence directe. Bientôt, ils sont assez nombreux pour que le Maître de la province de Bavière leur annonce une grande nouvelle :

—Nous allons louer un local.

Afin d'y tenir les chapitres de l'Ordre, Rudolf von Sebottendorf aménage un appartement de la Zweigstrasse. Pour faire venir le public aux réunions ouvertes à tous, il aura recours au procédé qui lui a déjà bien réussi pour s'implanter à Munich : les petites annonces. Différents journaux bavarois apprennent donc au public la tenue des assemblées d'une « Loge » dont la première règle est la fidélité au vieil esprit germanique.

Il n'y a, à cette époque, rien de clandestin, dans le recrutement du *Germanenorden* en Bavière. Le secret n'intervient qu'au niveau de la doctrine et surtout de l'organisation.

A tous ceux qui manifestent quelque curiosité pour son groupement, Sebottendorf adresse une feuille de recrutement N°1 (*Werbeblatt*). Il y fait clairement entendre que doit se constituer en Allemagne une association qui soit aussi une véritable fraternité du sang. Tous ceux qui postulent leur admission doivent en comprendre les principes, inspirés par l'idéologie « nationale-populaire », et remplir une étrange demande d'adhésion :

« Le soussigné déclare, en connaissance et en conscience, que lui et ses ancêtres, ainsi que son épouse et les ancêtres de son épouse, n'ont pas dans les veines du sang d'une race étrangère. »

Ainsi, c'est chaque postulant qui décide de lui-même s'il appartient ou non à la grande famille des héritiers de Thulé. Il remplit sa propre déclaration de pureté du sang (*Blutbekenntnis*). Il reçoit alors la *Werbeblatt 2*, la seconde feuille de recrutement où il découvre une image symbolique du dieu Wotan (Odin), ainsi que l'insigne secret de l'Ordre : une roue solaire.

Il reste encore au futur Frère à minutieusement remplir un long questionnaire et à l'adresser à Sebottendorf, accompagné d'une photographie.

Le Baron tient à examiner lui-même la physionomie de chaque candidat. Il veut que tous les membres du *Germanenorden* correspondent à l'idée qu'il se fait des véritables descendants des Hyperboréens.

Enfin, Sebottendoff prend sa décision. Ceux qui ne sont pas rejetés vers « les ténèbres extérieures » deviennent des membres de l'Ordre.

— Je vous accorde le grade d'amitié (Freundschaftgrad), annonce à chacun le Baron en personne.

Le postulant peut alors prêter serment de fidélité au Maître de la province bavaroise du *Germanenorden*. Fidélité à sa personne, à son groupe et plus encore à sa doctrine.

Une cérémonie marque son entrée dans la nouvelle communauté. Sebottendorf ne manque jamais d'adresser au nouvel impétrant et aux témoins qui l'accueillent quelques paroles symboliques :

— Ainsi vous revenez parmi nous. Vous faites votre retour parmi votre communauté. Vous retrouvez Thulé. Avec nous, vous rejoignez l'empire invisible et éternel de nos ancêtres du Nord.

Ce qu'il ne dit pas, mais ce que tous devinent, c'est que ce grade d'amitié n'est que le premier. Il existe au sein de l'Ordre une hiérarchie secrète.

Rendez-vous dans les salons de l'hôtel des Quatre Saisons

De nouveaux adhérents ne cessent de rejoindre le petit groupe réuni autour du baron von Sebottendorf. Bien vite, les locaux de la Zweigstrasse deviennent trop petits. Le Maître décide alors de louer une salle plus vaste. Il trouvera ce qu'il cherche dans une des principales rues de Munich, la Maximilianstrasse. L'hôtel des Quatre Saisons (*Vier Jahreszeiten*), de réputation internationale, est un des plus connus et des plus luxueux de la capitale bavaroise. Son nom même comporte une signification ésotérique qui paraît non pas un hasard mais une véritable rencontre symbolique : toute la religion des Hyperboréens était naguère fondée sur le rythme des saisons. Leurs plus grandes fêtes religieuses se situaient aux dates solaires des équinoxes et surtout des solstices.

—Enfin, nous aurons une salle digne de nous, annonce le Baron à ses fidèles. Il y aura place pour trois cents Frères et amis.

Pourtant, Sebottendorf va de plus en plus renoncer à tenir des réunions publiques. L'atmosphère s'alourdit en Bavière

comme dans toute l'Allemagne. Un vent de défaitisme souffle sur le pays. Tandis que les soldats se battent durement sur le front, des meneurs essayent de provoquer des grèves et des troubles.
Pour Sebottendorf il vaut mieux répandre des idées que de tenir des réunions.
—Il faut créer notre journal, décide le Baron.
—Mais, lui rétorquent ses fidèles, vous savez bien que le gouvernement, en raison de la pénurie de papier, interdit toute création d'un nouvel organe.
—Alors, il nous faut reprendre un journal qui existe déjà.
Sebottendorf cherche quelle feuille bavaroise peut se prêter à cette opération. Le Münchener Beobachter a été fondé au début de l'année 1887 et son directeur, Franz Eher, est, depuis, décédé. Sa veuve reste propriétaire mais se désintéresse de cette entreprise de presse et de la maison d'éditions Franz Eher Verlag qui la contrôle. Le Baron se fait fort d'enlever l'affaire à un prix intéressant. Finalement, au mois de juillet 1918, il traitera pour 5000 marks. La nouvelle propriétaire en titre sera Käthe Bierhaumer, une fidèle de l'Ordre, originaire du Burgenland sur la frontière austro-hongroise. Sebottendorf prend le titre de rédacteur en chef. Il fourmille d'idées :
—Nous allons présenter notre journal d'abord comme une feuille d'informations sportives, annonce-t-il à ses amis. Ainsi, nous aurons pour nous la jeunesse. Et nous n'attirerons pas tout de suite l'attention de nos ennemis.
Aussitôt, il se met à l'œuvre et écrit son premier éditorial — qui n'a qu'un rapport lointain avec le sport :
« Nous devons nous souvenir de ce qu'a dit Disraeli : "La question raciale est la clef de l'histoire du monde. " Deux

conceptions s'affrontent désormais, celle de la race germanique et celle de la race parasite. Au delà des biens matériels, les Germains aspirent à un idéal qui n'est pas celui du christianisme. On a aboli notre religion, on a détruit notre droit, on s'est moqué de notre langue, mais on n'a pas encore détruit notre peuple. Toujours se sont dressés des chefs qui lui ont permis d'échapper à l'anéantissement. Sans cesse, de nouvelles vagues germaniques se sont répandues sur l'Europe et le monde. Et avec elles la civilisation. Car la civilisation est venue de l'Europe du Nord. »

Avant que Rudolf von Sebottendorf ne se lance ainsi dans le journalisme de tels propos n'avaient sans doute jamais été tenus avec une telle conviction et une telle violence. Pourtant, le *Münchener Beobachter* ne tire qu'à cinq cents exemplaires !

Si l'adresse du journal figure au numéro 5 de la Pfarrstrasse, le véritable siège de la rédaction se trouve à l'hôtel *Vier Jahreszeiten*, où Rudolf von Sebottendorf a établi, désormais, son quartier général.

En cet été 1918 qui voit, dans une lourde chaleur orageuse, se décomposer peu à peu l'empire allemand, sous les coups de boutoir des armées alliées et par le travail de sape des émules germaniques de Lénine, une sorte d'angoisse diffuse commence à peser sur les milieux nationalistes. Pourtant, à l'approche de l'inéluctable épreuve, Sebottendorf continue à recruter des fidèles. Ils sont bientôt si nombreux qu'une réforme de structure semble s'imposer.

Walter Nauhaus propose le nom de « Thulé »

Il faut trouver un nouveau vocable pour appeler la Loge bavaroise du *Germanenorden*. Ce sera Walter Nauhaus, le chef du groupe des jeunes, qui va suggérer à Rudolf von Sebottendorf :
—Si nous prenions tout simplement le nom de Thulé ?
—Excellente idée. Thulé implique le mystère, le secret même. Seuls ceux qui en sont dignes doivent savoir ce que recouvrent ces deux syllabes.
Ainsi naît la Société Thulé (*Thulé Gesellschaft*).
La cérémonie de fondation va avoir lieu le 17 août 1918. Dans une ambiance quasi religieuse, le Baron procède à une véritable « consécration » des locaux. Deux Frères sont venus de Berlin et apportent à leurs amis de Munich le salut de la capitale du Reich. Rudolf von Sebottendorf est alors officiellement intronisé comme Maître pour toute la province de Bavière.
Trente Frères et Sœurs seront acceptés solennellement dans le premier grade. Beaucoup ne sont pas citadins et arrivent des campagnes bavaroises et franconiennes.
Peu à peu, au cours des réunions du samedi, va s'imposer le style propre à la Société Thulé. Une section de chant est constituée. Tandis que des jeunes filles vocalisent sur de vieux lieder germaniques, des virtuoses les accompagnent au piano. Un harmonium fait entendre ses plaintes. Dans toutes les pièces, des décorateurs ont peint le symbole de Thulé : la roue solaire victorieuse.
Chaque membre porte un insigne en bronze : deux épieux s'y croisent sur une croix gammée, inspirée par la gravure d'une hache découverte naguère en Silésie. La Thulé

Gesellschaft ressemble tout autant à une société savante qu'à une secte religieuse. On s'y soucie d'archéologie, d'histoire, de mythologie, bien plus que de politique.

La politique, en ces mois terribles pour l'Allemagne et pour l'Europe, c'est la guerre. Et la guerre, c'est le grand état-major du Kaiser qui la mène.

Les nouvelles du front sont de plus en plus mauvaises. La grande offensive de l'été 1918 se révèle un sanglant échec. Les soldats américains, débarqués en masse, pèsent de tout leur poids de sang et de fer dans la balance des forces. Les troupes du Kaiser refluent. La ligne Hindenburg est enfoncée.

Au 1er novembre 1918, la Société Thulé compte environ quinze cents membres dans toute la Bavière, mais seulement deux cent cinquante dans l'agglomération munichoise[14]. Tous sont pénétrés des slogans diffusés par le périodique *Runen* et par le Journal *Münchener Beobachter* : « Toute culture n'existe que dans le combat et ne se développe que par le combat, le combat pour l'existence, le combat pour la vie ! » Sans cesse revient, en ces jours de défaite, le même mot de *Kampf* comme un leitmotiv wagnérien.

Les éditoriaux semblent annoncer l'apocalypse, mais aussi la renaissance : « Tout ce qui vit doit disparaître pour laisser place à une vie nouvelle. Nous, nous mourrons. Mais nos enfants et les enfants de nos enfants vivront. La détresse actuelle des Germains n'est que le seuil d'une vie nouvelle du germanisme. » Suit une étrange supplique d'une

---

[14] Le premier chiffre, donné par Sebottendorf lui-même dans *Bevor Hitler kam,* semble assez exagéré, mais le second paraît correspondre à la vérité.

inspiration toute païenne : « Seigneur, donne-nous la détresse pour que nous devenions Allemands... »

La révolution de novembre et le serment sans retour

La détresse est là et elle se nomme révolution. Le 7 novembre, l'indépendant de gauche Kurt Eisner et le social-démocrate Erhard Auer unissent leurs efforts pour renverser l'ordre établi en Bavière. Un grand rassemblement se tient sur la Theresenwiese. Les soldats des casernes, dont la plupart sont des embusqués et non des combattants, sont bientôt gagnés à l'agitation. Des brassards rouges apparaissent sur les uniformes. Le général Kraft von Delmensingen est arrêté dans l'hôtel Bayerischer Hof. Le roi Louis III abandonne la Residenz et prend la fuite. La dynastie des Wittelsbach se trouve destituée et la Bavière devient une république. Dès le matin du 8 novembre, tout est réglé. Les partis marxistes arrivent au pouvoir sur les débris de la vieille monarchie.

Munich n'est pas un cas isolé. Le 9 novembre, la révolution a aussi triomphé à Berlin. Toute l'Allemagne bascule dans la défaite et dans le chaos. Les matelots révoltés, venus de Kiel, se répandent dans tout le pays en rêvant de Cronstadt la rouge et de Lénine, le nouveau tsar des prolétaires.

Le samedi 9 novembre 1918, la Société Thulé tient une réunion. Rudolf von Sebottendorf escalade la tribune. Il va prononcer une allocution qui engage désormais les fidèles de Thulé sur une voie sans retour :

—Mes frères et mes sœurs ! Nous avons vécu hier l'effondrement de toutes les valeurs auxquelles nous étions habitués. A la place des princes de notre sang, nous voyons

apparaître nos ennemis mortels. Ce qui va se dégager de ce chaos, nous ne le savons pas avec certitude, mais nous pouvons l'imaginer avec facilité. Il va venir le temps du combat, de la détresse amère, du danger !
Le Maître parcourt d'un œil rapide l'assemblée de ses disciples. Tous sont tendus vers celui qui leur annonce les terribles épreuves qui les attendent.
—L'ennemi de Thulé nous hait d'une haine sans limites. Ce sera désormais, entre lui et nous, œil pour œil et dent pour dent. Celui qui refuse ce combat n'a pas sa place parmi nous. Qu'il s'en aille ! Tout de suite. Le combat sera sans merci. Nos adversaires ne nous feront pas grâce. Mais nous ne leur ferons pas grâce non plus. Aussi longtemps que je tiendrai dans mon poing serré ce marteau de fer, je suis décidé à engager la Société Thulé dans le combat ! A ceux qui veulent rester avec moi, je rappelle leur serment de fidélité jusqu'à la mort. Je vous jure, par le soleil triomphant, que je serai le premier à tenir mon serment. La fidélité est la fidélité !
Le Maître de la Société Thulé tient à rappeler à ceux qui restent désormais à ses côtés — et rares sont ceux qui ont quitté la salle — quels sont les dieux éternels qu'ils doivent servir :
Notre Dieu est le *Walvater* (le père du choix, ce qui signifie aussi le père des élus) Wotan. Sa rune est la rune de l'Aigle. Notre Trinité réunit Wotan, et ses deux frères Wili et We. Jamais un autre cerveau que celui d'un héritier de Thulé ne peut saisir l'Unité profonde de cette Trinité divine. Wili est comme We la polarisation du Walvater et Wotan la loi divine immanente. La rune de l'Aigle symbolise aussi une trinité : celle du soleil, celle du feu originel, celle de

l'homme hyperboréen. Mes frères et mes sœurs, l'Aigle est l'image même de celui qui porte au front le signe de Thulé. L'Aigle, notre aigle sacré, sera rouge comme le soleil et le feu. Nous le nommons *Rötelwleih* (le consacré rougeoyant). A partir d'aujourd'hui, l'aigle rouge devient le symbole de notre combat.

LA FIN DE L'ANNÉE 1918

Les événements politiques et militaires courent désormais comme chevaux lancés au galop. Le temps semble bien passé où, à l'abri des structures impériales, les fidèles du *Germanenorden* pouvaient se livrer à leurs chères études. Désormais, tout s'écroule. Le temps des porte-torche semble s'estomper pour faire place au temps des porte-glaive. L'ordre initiatique doit aussi se transformer en ordre guerrier. La Société Thulé décide de tenir réunion sur réunion et de maintenir en permanence les liaisons entre tous les Frères et les Sœurs de Munich.

Dès le lendemain de cette soirée du 9 novembre, où il a mobilisé ses compagnons et leur a fait prêter un ultime serment de fidélité, le Maître de Thulé décide de tenir une nouvelle assemblée.

Tous ses amis remarquent l'étrange pâleur qui envahit le visage de Rudolf von Sebottendorf lorsqu'il préside cette réunion du 10 novembre 1918. La sueur ruisselle sur son front, ses mains tremblent. D'une voix enrouée, il évoque les grands événements qui agitent l'empire : les provinces devenues autonomes sombrent dans l'anarchie. Partout, des éléments troubles s'agitent. A Spaa, on parle de prolonger le cessez-le-feu. Bientôt, ce sera l'armistice. La défaite n'est plus qu'une question d'heures.

—La Société Thulé doit survivre. Elle doit résister à tous les bouleversements et à toutes les révolutions. Il n'est qu'une manière de se protéger des coups : devenir invisibles. Nos ennemis ne pourront nous frapper, car ils ne nous trouveront pas. Et pourtant nous serons présents dans le combat gigantesque qui va désormais se livrer.

—Mais comment pourrions-nous combattre en restant cachés ? demandent les plus résolus des frères.

—La Société Thulé continuera comme par le passé à se consacrer au travail intérieur, contribuant à transformer chacun de nous en une forteresse de la foi germanique. Pour la lutte extérieure, nous allons créer une association qui ne craindra pas d'apparaître au grand jour et d'affronter l'ennemi à visage découvert.

Pour une telle organisation militante et guerrière, un nom s'impose aussitôt : *Kampfbund*, la Ligue de combat.

Mais tandis qu'il énonce ainsi la tactique de la Société pour les mois à venir, Rudolf von Sebottendorf se sent gagné par la fièvre. Ses mains tremblent. Il n'arrive plus à lire ses notes ni même à tenir sa feuille de papier. Il s'abat sur la table, terrassé par cette épidémie de grippe qui ravage alors toute l'Europe. Quelques fidèles se précipitent et l'emportent à la pension Döring, où la nouvelle de l'armistice le surprendra au lit tremblant de fièvre et de colère.

Kurt Eisner
instaure la république de l'utopie égalitaire

Le roi Louis III de Bavière s'est enfui de Munich et la dynastie des Wittelsbach a définitivement vécu. La nouvelle de l'armistice éclate comme un coup de tonnerre dans un ciel déjà alourdi par l'orage et chargé d'électricité. Kurt Eisner, dont la première tentative de soulèvement socialiste avait échoué au mois de janvier 1918, apparaît cette fois comme le grand vainqueur.

A la défaite succède la révolution. Non pas la prise du pouvoir par un groupe organisé, mais le désordre établi sous la présidence d'un personnage étrange, qui joue les prophètes.

Ancien journaliste, déjà âgé de plus de cinquante ans, Kurt Eisner pousse jusqu'à la caricature son personnage de bohème. Toujours vêtu d'une houppelande élimée, la barbe en broussaille, les lorgnons crasseux derrière lesquels clignotent des yeux rêveurs, il apparaît chétif, presque humble. Mais quel orgueil l'habite quand il prêche le socialisme égalitaire et la fraternité universelle ! Obsédé par l'idée du péché, il va sans cesse répétant que les Allemands sont tous coupables et que le temps est venu où ils doivent expier leurs fautes. Sans cesse, il dénonce le militarisme et annonce la fin du rationnement. Il promet le bonheur pour tous et l'approche du paradis sur cette terre. Désormais, tous les hommes seront égaux et semblables. Il n'y aura plus de riches et plus de pauvres, plus de vainqueurs et plus de vaincus, plus d'hommes et plus de femmes, plus de malades et plus de héros. Tous seront pareils...

Kurt Eisner s'enivre de mots, mais se révèle incapable de maintenir l'ordre. Il a, certes, détruit toutes les institutions traditionnelles, mais ne parvient à rien créer, sans cesse attaqué sur son extrême-droite et son extrême-gauche. Les nationalistes le haïssent et les communistes se méfient de lui. Le peuple paysan et bourgeois de Bavière comprend assez mal les vaticinations fiévreuses de cet étranger. Kurt Eisner se dit berlinois, mais ne peut guère cacher qu'il arrive d'un ghetto polonais de Galicie. D'ailleurs, il ne s'entoure que de coreligionnaires qui partagent ses rêves messianiques et croient arrivés les temps de la revanche après tant de siècles d'humilité. Eisner fourmille de projets, mais sa nature brouillonne le rend incapable de la moindre réalisation pratique. Son régime, ce sera la république de l'utopie, plus bouffonne que tragique et moins sanglante que ne laissent supposer ses diatribes enflammées contre tous ceux qui refusent ses songeries.

Contre le cercle d'illuminés et de fanatiques qui entourent Kurt Eisner, la réaction s'organise. Rudolf von Sebottendorf fait de la lutte contre le nouveau régime bavarois un impératif absolu. Eisner lui semble l'incarnation même du Mal et il dénonce en lui l'ennemi éternel de l'esprit de Thulé.

L'hôtel des Quatre Saisons devient le rendez-vous de tous les groupuscules résistants de Munich. Dans ces époques troublées, les aubergistes craignent pour leur vaisselle et refusent d'accueillir dans leur arrière-salle des gens aussi compromettants. Les frères Walterspiel, propriétaires de l'hôtel luxueux situé en plein centre de Munich, bien chapitrés par Rudolf von Sebottendorf, ne semblent pas manifester de telles craintes. D'ailleurs, le Maître de la

Société Thulé leur assure qu'il ne sera jamais question que de débats intellectuels... De plus, les locaux qu'il occupe possèdent une entrée discrète sur les arrières de l'hôtel, dans la Marstallstrasse.

Conservateurs et activistes, jeunes écoliers et blessés du front, idéalistes et bagarreurs, tous prennent l'habitude de se retrouver au *Vier Jahreszeiten*. Le hall de l'hôtel ressemble à une volière. Parfois deux ou trois réunions se tiennent, dans des salles différentes, à la même heure. On commence à faire mieux connaissance, à comparer les slogans et les méthodes, à se reconnaître du même sang et de la même foi.

Tout commence par des réunions et des discours. On pérore autant dans les salons de l'hôtel des Quatre Saisons qu'au parlement de Bavière. Les orateurs affirment seulement le contraire de ce que prophétisent les partisans d'Eisner, mais ce ne sont que des orateurs. Les activistes, pourtant, ne vont pas tarder à se manifester et à entraîner les plus timorés.

Les premières armes cachées dans les locaux de l'ordre

Tout cela, ce sont des mots. Ce qu'il nous faut, aujourd'hui, ce sont des armes !

Celui qui ponctue ainsi chacun des discours de cette sentence sans appel n'est pourtant pas un soldat, mais un libraire-éditeur. Il ne tarde pas à s'imposer comme une des personnalités les plus remuantes parmi les petits cercles des Quatre Saisons. Il se nomme Lehmann et dirige la Ligue pangermaniste, *Alldeutscher Verband*. Il fourmille d'idées et rêve de complots. Il se prépare, comme les marxistes, à la lutte finale. Il sait qu'elle ne sera pas affaire de parleurs, mais de guerriers. Aussi il regroupe des partisans et rassemble fusils, pistolets et grenades. Il a eu l'idée de confier la garde d'un de ses dépôts clandestins à la Société Thulé. Car il fait une confiance totale à son Maitre : Sebottendorf reste de ceux sur qui on peut compter, même s'il affecte, depuis quelques semaines, une apparente prudence.

Le Baron a accepté de cacher quelques pistolets dans les bureaux de la Marstallstrasse, sous une sorte d'estrade. Ce n'est certes pas très prudent, mais Sebottendorf reste de ces conspirateurs qui multiplient les airs mystérieux et laissent traîner les documents les plus secrets. Pris d'un pressentiment à l'heure du café, il quitte pourtant son domicile en toute hâte et arrive dans la permanence, où sa secrétaire, Anni Molz, classe des papiers.

—Vite, aidez-moi ! lance-t-il.

Avec la jeune fille, il récupère les armes et les emballe dans des cartons, leur donnant l'aspect de vagues dossiers. Il est trop tard pour les déménager. Aussi se contentent-ils de les empiler, dans un angle, dissimulés dès qu'on ouvre la porte.

Ils ont à peine fini leur besogne qu'un coup de sonnette retentit. La secrétaire va ouvrir et se trouve en présence de l'imprimeur Stiegeler. C'est un ami bien connu dans les cercles résistants, où il anime une société portant le vieux nom germanique de *Urda*. Il salue rapidement Sebottendorf et en arrive aussitôt à l'objet de sa visite :

—Pourriez-vous me confier deux pistolets ?

Le Maître de la Société Thulé ne lui demande même pas les raisons de cette requête et lui offre deux Mauser

d'ordonnance, avec une boîte de cartouches. L'imprimeur enfourne l'arsenal dans sa serviette.
—J'ai bien envie d'en faire autant. On ne sait jamais.... soupire le Baron en prenant lui aussi deux pistolets.
Les deux hommes prennent congé de Mlle Molz et quittent le local. Ils ont à peine tourné l'angle de la Marstallstrasse et de la Maximilianstrasse qu'ils voient passer un camion de la police républicaine.
—Que veulent encore ces salauds ? demande à mi-voix l'imprimeur.
—Nous rendre visite, sans doute, répond Sebottendorf. Regardez le camion s'arrête devant nos locaux.
Il confie sa serviette avec les deux pistolets à son compagnon et lui lance :
—Je vais aller voir ce qui se passe.
—Vous êtes fou ! rétorque Stiegeler. C'est vous jeter dans la gueule du loup.
—Je voudrais quand même savoir ce qui nous arrive... Rendez-vous à dix heures à la brasserie Paulaner. Si je n'y suis pas, prévenez l'avocat Dahn et le médecin Gaubatz...
Rudolf von Sebottendorf revient vers le siège de la Société Thulé et grimpe l'escalier. Il entend des hommes qui cognent violemment à la porte.
—Que faites-vous ? demande-t-il.
—Et toi ? répond un des policiers.
—Je suis le propriétaire de ce local.
—Nous, nous cherchons des armes.
Le Baron ouvre la porte et assiste à la perquisition. Les policiers démontent le poêle, éventrent l'harmonium, démolissent l'estrade. Mais ils ne font pas attention aux dossiers accumulés le long des murs. Ils grognent parce

qu'ils n'ont rien trouvé et s'apprêtent à repartir, l'air maussade. Sebottendorf s'adresse à celui qui parait être le chef :
—Je voudrais un certificat.
—Un certificat ?
—Oui, un papier officiel constatant que votre perquisition n'a donné aucun résultat et qu'il n'y a pas d'armes au siège de la Société Thulé.
—Certainement. Mais il faudrait venir le chercher avec nous à la direction de la police.
Voici le Baron de plus en plus « dans la gueule du loup ». Mais il garde son calme et commence même à le prendre de haut. Un étrange dialogue s'engage avec le chef des policiers :
—Qu'est-ce que c'est que cette Société Thulé ? demande le partisan de Kurt Eisner.
—Un club sportif.
—Et toi, qui es-tu ?
—Un citoyen de nationalité turque, affirme tranquillement le Baron.
—Alors, nous n'avons rien à faire avec toi. Nous ne cherchons que ces cochons de nationalistes allemands.
Dix minutes plus tard, Rudolf von Sebottendorf rejoint ses amis à la brasserie. Et ils vident force chopes de bière, en commentant le bon tour joué à la police mais en se promettant de déménager les armes...

Le « Kampfbund »
se constitue en milice privée clandestine

De l'extrême-droite à l'extrême-gauche, la constitution de milices armées devient la seule obsession. Le gouvernement de Kurt Eisner semble impuissant à endiguer le désordre et ses initiatives brouillonnes ne font, au contraire, que l'accroître.

Un certain Dr Buttmann reçoit du gouvernement bavarois l'autorisation de constituer une sorte de Garde nationale, ou *Bürgerwehr*, pour assurer la sécurité des élections prévues pour le début de l'année 1919. C'est un socialiste de tendance plutôt modérée. Il garde des amis parmi les groupes nationalistes. Un certain lieutenant Kurz assure la liaison et prévient la Société Thulé.

Le Maître convoque aussitôt ses fidèles à une réunion nocturne dans la grande salle de l'hôtel des Quatre Saisons. Il annonce d'emblée :

—Si nos ennemis distribuent des armes, nous aurions bien tort de ne pas aller les chercher !

Dès l'aube du lendemain, trois cents volontaires se présentent pour constituer la Garde nationale. Curieux échantillonnage, où se trouvent mêlés bourgeois et révolutionnaires, militants démocrates et partisans nationalistes. Officiellement, ils veulent « sauver l'ordre » contre toute tentative de putsch. En réalité, ils ne songent qu'à se procurer des armes. Impassible, le Dr Buttmann les inscrit sur une liste et assure qu'ils seront convoqués plus tard.

A midi, von Sebottendorf quitte le bureau de recrutement où il a reconnu plusieurs des fidèles de la Société Thulé et se rend aux Quatre Saisons.

—Faites attention, lui souffle le portier. Plus de trente de vos amis viennent d'être arrêtés et conduits au directoire de la police républicaine.

Le Baron va les rejoindre et demande à parler au fonctionnaire qui a perquisitionné quelques jours auparavant dans ses bureaux et à qui il a réussi à faire passer la Société Thulé pour un club sportif.

—J'ai appris qu'on avait arrêté certains de nos adhérents. Mais ils venaient de s'enrôler pour combattre toute tentative de putsch !

—De putsch de gauche, sans doute ?

—Pas seulement. Ils sont prêts à s'opposer à un putsch de droite.

L'homme hoche la tête. Décidément, ce sujet turc lui semble assez étrange. Mais il accélère les formalités. En fin de journée, trente-trois membres de la Société Thulé sont avertis qu'aucune charge n'est retenue contre eux et qu'ils vont être libérés sous peu. Sebottendorf a réussi à les rejoindre dans la salle où ils sont encore gardés pour quelques heures et leur apporte des cigarettes, des saucisses et même des bouteilles de bière. L'optimisme renaît.

Resteront seulement en prison l'éditeur Lehmann et le lieutenant Haak, depuis longtemps fichés comme extrémistes par la police républicaine, et qui ont eu le tort de se promener avec un pistolet dans la poche. Ils passeront plusieurs semaines à la prison de Stadelheim.

Tous les libérés, après cette chaude alerte ne renoncent pas à l'activisme pour autant. Puisque la Garde nationale ne semble pas vouloir d'eux, ils rejoignent le *Kampfbund* dont le statut hybride, mi-politique et mi-militaire, n'a rien de très singulier dans les temps troublés que traverse la Bavière.

Singulier dialogue du préfet de police et du Maître de Thulé

La Société Thulé, bien qu'officiellement déclarée aux autorités républicaines bavaroises, reste suspecte. Le préfet de police Pallabene, un ancien officier autrichien, décide d'aller en personne perquisitionner son local, dans l'espoir d'y trouver des tracts séditieux.

La veille de l'opération, il se rend dans un des cafés du quartier de Schwabing où se rencontrent peintres, poètes et comploteurs. Dans la fumée des pipes, il reconnaît à une table voisine un de ses anciens camarades de régiment, le baron Wittenberg.

Les deux hommes vident ensemble plusieurs chopes de bière et le préfet de police annonce à son compagnon de rencontre qu'il ira le lendemain perquisitionner la Société Thulé. Wittenberg décide de prévenir, dans la nuit, Sebottendorf.

—Je le sais déjà, lui répond seulement le Baron.

Son système de renseignements commence à fort bien fonctionner. Un des membres de la Société Thulé, du nom de Ritzler, fait partie de la police républicaine et lui a indiqué l'heure exacte de l'opération projetée par le préfet : dix heures du matin.

En toute hâte, Sebottendorf prévient Mme Riemann-Bucherer, qui dirige le groupe féminin de la Société :

—Prévenez toutes les Sœurs disponibles, dit-il. Et organisez une séance de chant.

Quand le préfet Pallabene se présente au local, il entend, au travers de la porte, les soupirs d'un harmonium et des voix frêles qui s'accordent pour lancer à tue-tête un refrain populaire :
— *Beglückt darf nun dich, o Heimat, ich schauen*[15] *!*
Le préfet de police cogne à la porte. La comtesse Westarp, deuxième secrétaire, lui ouvre, avec un sourire désarmant.
—Qu'est-ce au juste que votre association ? demande Pallabene.
—Une société pour la renaissance du peuple de Thulé, monsieur le préfet de police.
—Et qu'y faites-vous donc ?
—Vous ne l'entendez pas ? Nous chantons.
Le baron von Sebottendorf intervient à son tour et arbore un sourire encore plus désarmant que celui de la comtesse Westarp.
—Ma puissance va plus loin que vous ne pensez, déclare-t-il d'emblée. Je suis depuis plus de six mois Maître de la Société Thulé. Et vous, vous n'êtes à votre poste que depuis deux jours et vous n'y resterez encore que deux jours, peut-être trois. Ensuite, un autre vous remplacera à l'assiette au beurre.
—Insolent ! Je vais vous faire arrêter.
—Essayez ! Si un seul d'entre nous est touché par la police, alors des membres de notre Société s'empareront du premier juif venu, ils le traîneront dans la rue en disant à la foule qu'ils l'ont surpris à voler une hostie. Et dans la très catholique Bavière, ce sera un pogrome comme personne

---

[15] « Heureux, je dois maintenant te regarder, ô mon pays natal. »

n'en a jamais vu. Croyez-moi, un préfet de police sera balayé par un tel événement...
—C'est de la folie !
—Non, c'est de la méthode. De toute façon, nous n'aurons pas besoin d'aller aussi loin. D'ailleurs nous sommes faits pour nous accorder.
Pallabene n'a jamais entendu un suspect s'exprimer avec un tel aplomb. Le Baron ajoute aussitôt, sans lui laisser le temps de se reprendre :
—Vous êtes un bon Allemand. Moi aussi. Vous croyez en l'internationalisme et moi à la tradition. Nous verrons bien qui de nous deux atteindra le but commun : la renaissance de notre patrie.
—Monsieur le baron, si je vois quelque chose qui se met en travers de votre chemin, je vous en ferai part.
—Monsieur le préfet de police, si j'apprend quelque chose qui s'oppose à vous, je vous en rendrai compte.
Les deux hommes se saluent gravement. Rudolf von Sebottendorf a d'autant plus de mal à retenir un colossal fou rire qu'il vient de reconnaître, parmi les fonctionnaires de la police désignés pour la perquisition, deux membres de son *Kampfbund* engagés sur ordre dans la police républicaine...

Trois communistes russes
créent le groupe « Spartakus » bavarois

L a Société Thulé possède des complicités jusqu'au sein même de la fragile administration bavaroise que Kurt Eisner se révèle de plus en plus incapable d'organiser et d'épurer. Jamais gouvernement n'est apparu aussi virulent en paroles et aussi fragile dans les faits. Rudolf von Sebottendorf et ses amis peuvent se croire tout permis. Ils ne cessent de rêver de complots. Ils ont constitué des dépôts d'armes, fondé le *Kampfbund*, infiltré des hommes à eux jusque dans la police républicaine. Ils se croient désormais capables de frapper un grand coup. Leur idée est folle. Mais pas plus folle que toutes celles qui surgissent à cette époque dans les cerveaux enfiévrés de Munich. Ils veulent profiter d'une réunion publique que doit tenir, le 4 décembre, Kurt Eisner à la station thermale de Bad Aibling pour mobiliser les paysans traditionalistes et enlever le ministre-président. La Société Thulé gardant en otage Kurt Eisner ! Le comique d'une telle situation déclenche de gros rires parmi tous ceux qui sont au courant du secret de cette opération aussi téméraire que trop improvisée. Car le prophète de la révolution bavaroise arrive entouré d'une garde de solides ouvriers socialistes et communistes.

Le sous-lieutenant Seldmeier saute cependant sur la scène et veut porter la contradiction :

—Salomon Kosmanowsky, dit Kurt Eisner, a parlé...

Le tumulte se déchaîne. Les poings se dressent contre le contradicteur. Un homme se précipite sur l'estrade et saisit l'officier au collet. Il le traîne dehors. C'est le forgeron du village. Il ne veut pourtant pas lui faire un mauvais parti, mais assurer sa fuite...

Rudolf von Sebottendorf et tous ses amis n'ont plus qu'à battre en retraite, en se promettant de mieux préparer leur prochaine expédition.

Après cette tentative manquée, la situation se durcit. Kurt Eisner se sent en danger et se rapproche de plus en plus des communistes. Sa révolution était née parmi les milieux intellectuels et bohèmes et la plupart de ses amis étaient connus pour fréquenter les cafés « artistes » du quartier de Schwabing. Pour faire face à la riposte de la réaction conservatrice, libéraux et socialistes vont accentuer l'ouverture à gauche. Ils connaissent la force prolétarienne que constituent les ouvriers des usines Krupp, implantées à Munich pendant la guerre. La plupart des travailleurs sont des immigrés, venus souvent des faubourgs berlinois, très hostiles aux « péquenots » bavarois, et travaillés depuis longtemps par la propagande communiste.

Le 11 décembre 1918, quelques jours après l'affaire manquée de Bad Aibling, un groupe Spartakus se constitue à Munich. Cette fois, il ne s'agit plus des péroraisons fiévreuses de quelques agitateurs de brasserie. Lénine, victorieux à Petrograd depuis plus d'un an, est bien décidé à étendre sa révolution au monde entier. S'il ne devient pas international, le communisme semble condamné à plus ou moins long terme. Ce qui est en jeu, désormais, ce n'est plus seulement la Russie, l'Allemagne ou la Hongrie, mais le monde entier.

Ceux qui animent le groupe Spartakus sont d'une autre trempe que Kurt Eisner, même s'ils appartiennent, comme lui, à la même communauté israélite. Ce sont des agitateurs professionnels, des spécialistes de la subversion. Ils ne sont pas bavarois ni même allemands. Ils sont russes et se nomment Levien, Axelrod et Leviné-Niessen. Ils n'ont qu'un mot d'ordre : la fidélité inconditionnelle à Moscou. Singulier trio qui n'a certes pas les scrupules humanitaires de Kurt Eisner et sait que son règne passe par l'élimination totale des adversaires de la grande révolution orientale.

Rudolf von Sebottendorf estime que leur présence a le mérite de clarifier la situation. Une lutte impitoyable s'engage désormais entre l'esprit de Thulé et ses ennemis.

L'année 1918 se termine. Après la fête du solstice d'hiver tenue à Munich le 22 décembre, le Maître de la Société Thulé se rend a Berlin pour assister à la réunion de fin d'année du *Germanenorden*. Il emporte dans ses valises un projet d'appel au peuple allemand.

L'EXTRAORDINAIRE PASSÉ DU BARON

Rudolf von Sebottendorf arrive dans la capitale allemande dans les derniers jours de 1918, pour y rencontrer ses amis du *Germanenorden*. Je ne possédais aucun détail sur ce voyage et sur les contacts pris à Berlin. Cette enquête comportait de grands pans d'ombre et bien des liaisons restaient mystérieuses.

Après l'avoir vu agir pendant une année entière à Munich, je commençais à trouver que le personnage du Baron me restait trop énigmatique. Je l'avais vu surgir comme du néant à la fin de l'année 1917. Mais son passé m'était encore en grande partie inconnu. Lui seul pouvait pourtant, j'en étais maintenant certain, m'expliquer les raisons profondes de la fondation de la Société Thulé. Les récits plus ou moins rocambolesques que j'avais lus à ce sujet en France m'étaient vite apparus controuvés pour tout ce que je connaissais déjà avec certitude ; il me semblait donc évident qu'ils devaient l'être au moins autant pour ce que je ne connaissais pas... Alors, j'avais laissé de côté le passé du Baron, me fiant au hasard — ou si l'on préfère au destin — pour m'apporter un jour ou l'autre les réponses nécessaires. C'était une méthode qui en valait une autre. Au fond, je n'en avais point d'autre, si je voulais apporter à mon enquête quelque rigueur historique.

J'avais raison d'attendre, même si ce livre tombait aussi souvent en panne qu'une voiture d'occasion. Il me suffisait d'attendre les pièces nécessaires pour le rafistoler et poursuivre ma route.

La fantastique confession du « Baron Rudolf von Sebottendorf »

Un de mes amis allemands exerçait, et exerce encore fort heureusement pour les fouineurs, le métier de bouquiniste par correspondance. Il ne travaille que sur catalogue et rares sont les clients qu'il autorise à pénétrer dans son antre de Basse-Saxe, où s'entassent les livres les plus recherchés, qui sont parfois les plus maudits. Il connaissait mes recherches. Mais il ne croyait guère à leur succès. Les livres de Sebottendorf sont devenus pratiquement introuvables. Ils ont subi deux épurations, qui n'ont guère laissé échapper d'exemplaires à la flamme ou au pilon. La première chasse à cette pensée interdite date des nazis en 1934 et la seconde des Alliés en 1945. Sebottendorf a cumulé les malheurs de la Nuit des Longs Couteaux puis de la dénazification. Il fallait m'armer de patience. Et faire confiance à mon rabatteur.

Il finit par débucher le gibier, après le décès d'un vieil érudit de village, dans la région de la Lüneburger Heide, cette lande de bruyère et de sable, qui garde toujours quelque nostalgie d'avoir longtemps été terre païenne. Ses enfants avaient débarrassé le grenier de tous les bouquins poussiéreux, pour y installer une chaîne hi-fi qui leur permettait

d'écouter de la musique pop dans un décor d'un hindouisme kitsch qui eût ravi Pierre Loti. Mon ami avait sauvé deux caisses de livres de la poubelle. Il avait le sourire de celui qui vient de faire une bonne affaire.
—Regarde ce que j'ai pour toi.
Cette fois, je découvrais une pièce essentielle. Le livre s'appelait *Der Talisman des Rosenkreuzers* et datait de 1925. C'était tout simplement une autobiographie romancée de Sebottendorf. Près de dix ans avant d'écrire *Bevor Hitler kam,* il avait donc lui-même raconté sa vie, dans un de ces « romans de formation », dont les Allemands sont friands depuis le *Wilhelm Meister* de Gœthe. Certes, il ne disait que ce qu'il voulait bien et je devinais, derrière cette œuvre, de larges pans d'ombre. Mais, enfin, je tenais un fil et je n'allais plus le lâcher. Enfin, je voyais mon héros surgir de la nuit. Et il m'importait assez peu de ne pas le replacer au début de mon histoire, comme l'eût voulu l'ordre chronologique. Ce que je voulais savoir désormais, ce n'était plus ce que le Maître de la Société Thulé avait fait à partir de 1918. Mais pourquoi il s'était ainsi lancé dans l'action. Que voulait-il ? Qui était-il ? Les deux réponses, je devais l'apprendre dans le *Talisman*, découlaient finalement l'une de l'autre.
Le baron Rudolf von Sebottendorf n'est ni baron ni même Sebottendorf. De son vrai nom, il se nomme tout simplement Glauer. Adam, Alfred, Rudolf Glauer. Il est né le 9 novembre 1875 à Hoyerswerda, entre Cottbus et Dresde, en plein pays saxon. Son père est un simple ouvrier, chauffeur de locomotive.
Tout de suite je butais sur cette date de naissance. Le 9 novembre, qui est celle du putsch avorté de la

Feldherrnhalle, mais aussi, cinq ans auparavant, celle de la réunion à l'hôtel des Quatre Saisons, où le Baron a décidé de lancer la Société Thulé dans le combat politique. Coïncidences, mais qui ne manquaient pas de me troubler. La vie de Sebottendorf, telle qu'il nous la raconte, devait vite me prendre dans son tourbillon. A le lire, on s'aperçoit vite que l'esprit d'aventure a fort déserté notre monde depuis un siècle.

Embarqué comme soutier
vers les terres lointaines d'outre-mer

Le futur Maître de la Société Thulé va connaître une enfance prolétarienne, proche de la misère. Tout jeune, il doit travailler dans une fabrique, aux environs de Görlitz. Il y découvre l'effroyable condition ouvrière de cette fin du siècle de l'industrie. Il se jure d'y échapper.

La mer l'attire. Il sait qu'elle seule lui permettra d'être un homme libre. Il part pour Bremerhaven. Je connaissais cette ville, qui se trouve jumelée avec Cherbourg depuis quelques années, et où on respire encore un parfum d'aventures lointaines. Malgré les larges avenues reconstruites après la guerre et le très moderne Kolumbuskaje, il reste dans l'atmosphère, souvent brumeuse, quelque nostalgie de l'époque où les grands voiliers affrontaient l'Atlantique-Nord. J'imaginais assez bien le jeune Glauer cherchant un embarquement, en ce printemps 1898. Les mouettes ont toujours le même cri rauque et la côte s'étend à l'infini, terne et basse sous le fouet des averses. Une mer tout aussi grise que le rivage se confond avec les terres sablonneuses et le ciel alourdi de nuages sombres. Je m'arrêtais un peu sur ce paysage, car il me semblait inchangé depuis la lointaine époque des Hyperboréens. Cette côte n'était triste que pour ceux qui ont oublié les secrets de Thulé. A l'embouchure de la Geeste et du Weser, les eaux roulaient lentement, avec cette teinte glauque qui noyait tout le pays.

Une sirène hurle sa note stridente. Glauer ne résiste pas à l'appel du large. Il veut s'embarquer. A n'importe quel prix. Il ne sera même pas matelot de pont, mais soutier. Il manie, dans les fonds surchauffés, la pelle à charbon. Il ne voit de tout le voyage que la gueule béante des chaudières. Il ira jusqu'à New York. Mais l'Amérique ne l'attire pas. Il repart sur un autre bateau. Cette fois, il est devenu électricien. Il découvre Naples, au cours d'une escale ensoleillée. Puis c'est le long voyage vers l'Australie. Ce jeune homme, voué dès l'enfance à la poussière du charbon, a toujours rêvé du métal fabuleux. A vingt-cinq ans, Adam Glauer débarque à Sydney et décide de se faire chercheur d'or.

En Australie, il ne va trouver qu'une autre misère. Les cailloux ne se changent pas en pépites. Glauer n'est qu'un pauvre émigrant allemand, isolé parmi toute une racaille de bagnards et d'aventuriers S'il ne fuit pas, il est perdu. Il réussit à trouver un embarquement. Une fois encore la mer va le conduire vers une nouvelle aventure. Il rêve maintenant de soleil.

Pendant l'été 1900, l'émigrant arrive en Turquie. En ce siècle qui commence, l'impérialisme blanc se situe alors à son apogée. A Pékin, Européens et Japonais viennent de sauver les otages du quartier des légations et d'écraser dans le sang la révolte des Boxers. Le jeune Kaiser Wilhelm II voudrait prendre la tête d'une croisade des peuples héritiers de Thulé, contre ce que les journaux de l'époque nomment « le péril jaune ». L'Allemagne ambitionne de disputer à l'Angleterre la suprématie sur les sept mers du globe. Elle veut avoir, elle aussi, un destin impérial, c'est-à-dire planétaire. Dans le monde entier, des Germains travaillent à la grandeur du Vaterland.

L'effort allemand semble particulièrement sensible dans le Moyen-Orient et la Turquie du « Sultan rouge » Abdul Hamid devient la plaque tournante de toute une politique ambitieuse. Négociants et militaires « colonisent » discrètement l'empire ottoman. Sous l'influence d'officiers de Potsdam, la jeune armée turque commence à manœuvrer à la prussienne. En découvrant ce carrefour de civilisations, sur une terre balayée naguère par les invasions indo-européennes, Adam Glauer, qui vient d'avoir vingt-cinq ans, se sent parfaitement à son aise. Il connaît bien son métier d'électricien et réussit rapidement à se procurer une aisance qui lui paraît la fortune.

Découverte du mirage oriental et de la maçonnerie turque

Le mal du pays tenaille pourtant le jeune émigrant allemand. Il retourne en Europe. En 1902, il se trouve à Munich, où se jouera plus tard son aventure. En 1908, il séjourne à Fribourg-en-Brisgau. Lacs et sapins le changent des rudes paysages de l'Anatolie. Mais, vue de loin, la Turquie prend soudain des dimensions magiques. Mirage oriental qui obsède plus qu'on ne le croit certains Allemands et leur fait parfois rêver de quelque alliance,

mystique et guerrière, de la roue solaire de Thulé et du croissant du Prophète. Adam Glauer retourne en Turquie.
Il y passera quatre ans. A Constantinople, il dirige une petite entreprise d'électricité. Mais il mène une double vie. Il s'intègre si bien dans son pays d'adoption qu'il devient citoyen ottoman en 1911. Quelques mois plus tard, il participe à la guerre des Balkans, dans les rangs de l'armée ottomane. Il sera même blessé plus ou moins gravement, au cours des combats sur la mer Noire. Mais cela, c'était encore l'aspect visible de son aventure et ne me semblait pas le plus déterminant. J'en arrivais enfin à cette vie occulte, dont il ne nous dévoile certainement pas tout.
Rompant avec le christianisme, qui a naguère brisé la vieille religion de Thulé, cet émigré allemand s'intéresse beaucoup à l'Islam. Sans se convertir pour autant, il célèbre cette religion de la force et de l'orgueil. Il se passionne déjà pour l'occultisme et l'ésotérisme. Il se fait initier à la franc-maçonnerie islamique et fréquente des milieux européens proches de la secte des Rose-Croix.
Etrange société initiatique que cette secte des rosicruciens qui se fit connaître au monde dès le début du XVIIIe siècle et avait son origine en Allemagne. Après la Renaissance et la Réforme, apparaissait donc un petit groupe d'initiés qui prétendaient posséder de véritables « secrets » spirituels. Les premiers rosicruciens semblent fort énigmatiques, si énigmatiques même que certains spécialistes se demandent s'ils ont jamais existé...
Le nom sera repris, au siècle des Lumières, par certains francs-maçons, qui se donnent alors le grade de « Rose-Croix ». Mais ils restent assez en marge de la maçonnerie « traditionnelle » et suscitent la sympathie des alchimistes et

des occultistes de l'époque. Au siècle suivant, en 1866, un Anglais, Robert Wentworth Little, devait fonder la Société Rosicruciana de l'Est-Anglie — c'est-à-dire de l'ancien royaume en terre britannique des Vikings danois. Passionnés par les explications sexuelles, les membres de cette secte ne tardèrent pas à sentir fort le fagot. Mais ils allaient susciter bien des disciples et trois d'entre eux participeront à la fondation de la société initiatique de la *Golden Dawn*.

Quand la mode rosicrucienne passa la Manche, elle toucha en France des personnages aussi étranges — et aussi suspects — que Stanislas de Guaita ou Joséphin Péladan. Ils prirent pour devise : « Je crois en l'idéal, en la tradition et en la hiérarchie », mais ne tardèrent pas à fonder une société encore plus démentielle : l'Ordre kabbalistique de la Rose-Croix. Les magiciens et les poètes qui s'y retrouvaient devaient pour la plupart rallier le mouvement littéraire symboliste. Bien entendu, les deux promoteurs de telles extravagances ne tardèrent pas à se brouiller et Péladan fonda même un nouvel Ordre : la Rose-Croix catholique (sic).

Pourtant, Péladan avait parfois de prophétiques admirations. Il organisa des concerts consacrés à la musique de Richard Wagner, alors très discuté en France, et désigna comme compositeur officiel de son Ordre un authentique Normand, Erik Satie, originaire de Honfleur. Finalement, son Ordre fut autant nordique qu'oriental.

De Guaita et son groupe préféraient célébrer les mérites d'un autre Normand, Pierre Vintras, du Calvados, mort en 1875, après avoir multiplié les prophéties et les provocations. Cette aventure des rosicruciens français s'acheva dans la sorcellerie, le scandale et la drogue.

Mais en Allemagne le mouvement connaissait une vogue certaine. Le romancier Gustav Meyrink, le philosophe Franz Hartmann et l'occultiste Théodor Reuss se proclamèrent à leur tour « Rose-Croix ». Un de leurs plus illustres disciples sera Rudolf Steiner, fondateur de l'anthroposophie et obsédé par tous les aspects occultes de l'héritage nordique. Le rosicrucianisme de Steiner alla jusqu'à inventer le mystérieux personnage de Christian Rosenkreuz, fondateur légendaire de la Rose-Croix et grand initié du XVe siècle et alla même jusqu'à recruter Gœthe à titre posthume.

Il m'apparaissait certain que notre Adam Glauer avait connu ces milieux occultistes, mais je doutais qu'il y ait joué un grand rôle.

Pratique de l'astrologie et des sciences occultes

Je ne savais pas encore jusqu'où allait l'initiation d'Adam Glauer et il me manquait toujours des témoignages essentiels. Cet homme s'ingéniait à brouiller les pistes. J'attendais toujours d'autres documents. Cela ne m'empêchait pas de suivre, pas à pas, cet étrange personnage. En Turquie, je ne trouvais dans sa découverte de l'Islam aucun renoncement à son être profond. A l'inverse du Français René Guénon, qui menait alors au Caire une aventure assez parallèle et devait se convertir à l'Islam, Adam Glauer reste profondément saxon. D'autant plus germain qu'il vit en exil et garde toujours tendance à magnifier sa terre natale. Il ne renonce pas à l'Allemagne. Il y revient dès 1913. Il séjourne alors à Breslau, où il finance les travaux de Friedrich Göbel, le créateur allemand des chars d'assaut. Il semble déjà avoir pas mal d'argent. Mais pourquoi serait-il parti en Turquie, si ce n'est pour y faire fortune ? On retrouve sa trace à Berlin, où il se lie avec les milieux férus comme lui d'astrologie et de sciences occultes. Tout cela me paraissait assez mystérieux. Mais pas extraordinaire. Curieux de tout et initié en Turquie aux rites des sociétés secrètes, il recherche tout naturellement des gens qui ont les mêmes préoccupations.

Je n'arrivais pas à trouver la date exacte de son changement de nom. Il se situait peu avant ou peu après les débuts de la Première Guerre mondiale. Adam Glauer prétend avoir été adopté par un richissime aristocrate, le Freiherr (baron) Sigismund von Sebottendorf, alors âgé de plus de soixante-dix ans et qui serait né en Italie. Cette adoption — qui ressemble par certains côtés à une sorte d'initiation ésotérique — restait mystérieuse. Tous les ennemis du nouveau Baron n'ont cessé de nier la légitimité de son titre de noblesse. Je ne tenais qu'une certitude : Sebottendorf n'a pas participé à la guerre. Séquelles de sa blessure sur le front des Balkans ? En tout cas il traîne dans Berlin, où il connaît quelques difficultés assez obscures. Il reste de nationalité ottomane. La Turquie est un pays allié, mais cet insolite ressortissant, de pure origine germanique, paraît suspect à certains. A la fin de l'année 1915, Rudolf von Sebottendorf est dénoncé à la police. En temps de guerre, les suspicions vont bon train et on l'enferme à la prison de Moabit, en attendant d'y voir un peu clair sur le cas de cet astrologue que certains tiennent déjà pour un charlatan. Le Baron exhibe bien son passeport turc, mais il est rédigé en caractères arabes et personne ne peut le traduire. Il faudra qu'il patiente quelque temps en cellule avant d'être relâché, avec les excuses d'usage. Dégoûté de Berlin, il part pour

Bad Aibling, petite ville thermale bavaroise entre Munich et Salzbourg. Rudolf von Sebottendorf veut régler sa situation judiciaire et prend les conseils d'un avocat munichois, le Dr Georg Gaubatz. Les deux hommes sympathisent vite. Gaubatz est membre du *Germanenorden* et j'avais déjà trouvé son nom sur une liste d'adhérents de la Société Thulé. Je tenais enfin le lien qui unissait Sebottendorf à mon histoire. En quelques mois, l'astrologue qui se complait dans l'oisiveté tranquille d'une petite ville de cure, va être propulsé sur le devant de la scène politique.
Grâce au Talisman des Rosenkreuzers j'avais enfin « bouclé la boucle » et je revenais au début de mon enquête. J'aurais voulu pousser davantage mes recherches pour éclairer la personnalité de ce Dr Gaubatz, qui devait jouer un rôle déterminant en amenant au *Germanenorden* une personnalité aussi dynamique que Rudolf von Sebottendorf. Mais je ne trouvais d'autre indice sur lui que son titre de président de la société bavaroise des amis des oiseaux... Je ne voulais pas perdre trop de temps sur une piste somme toute secondaire.

La doctrine secrète du Maître de la Société Thulé

Je tenais quand même une certitude, même si elle m'apparaissait négative : le Baron n'a pas fait partie du *Germanenorden* avant la guerre de 1914, comme je l'avais longtemps cru. C'est un tard venu. Rétablir une chronologie exacte me semblait important. En effet, la présence de Sebottendorf va profondément modifier l'esprit et l'action de cet Ordre. La Société Thulé n'était donc pas seulement une « province » comme les autres. C'était aussi une création originale, gravitant autour de la personnalité du

Baron. J'avais découvert quelques points de repère dans sa vie. Il me restait à trouver quelle était sa doctrine secrète. Il ne l'a, au fond, jamais exposée, si ce n'est dans le compte rendu de la réunion du 9 novembre 1918, où elle s'enveloppe d'un lourd symbolisme germanique, que survole le mystérieux aigle rouge.

Heureusement, le Baron a écrit, en 1924, un petit opuscule, tout aussi introuvable que ses autres livres, mais qu'un éditeur devait avoir la bonne idée de traduire en français cinquante ans plus tard : *Die Praxis der alten Türkischen Freimaurerei* c'est-à-dire : La pratique opérative de l'ancienne franc-maçonnerie turque (édition du Baucens). Publié primitivement à la librairie théosophique de Leipzig, ce petit opuscule de moins de cent pages prétend apporter « la clé de la compréhension de l'alchimie, ainsi qu'un exposé du rituel, de l'enseignement, des signes de reconnaissance de la franc-maconnerie orientale » Ce livre ne me semblait d'abord guère différer de tout ce que peuvent écrire les Occidentaux vite éblouis par le soleil de l'Islam. Je trouvais la partie « technique » aussi minutieuse que soporifique. Enfin, elle avait peut-être un intérêt pour qui s'intéresse aux détails du rituel maçon... Mais l'important n'était pas tant dans cette étude que dans ce que Sebottendorf y laissait transparaître de sa foi profonde. Au détour d'une page, je trouvais enfin ce que je cherchais depuis si longtemps. Le Maître de la Société Thulé croit à la vérité fondamentale du monisme. Le ciel et la terre, pour lui, ne s'opposent pas, mais appartiennent à la même réalité, à la fois spirituelle et matérielle. Dieu n'est pas extérieur à l'Homme. Il est, finalement, le destin même de chaque individu. Je brûlais enfin. Dans cette petite brochure, passée tellement inaperçue, je découvrais le message même de l'Hyperborée, sous un voile pseudo-oriental, mais tellement transparent à qui savait voir : « Si aucun guide spirituel ne vient à naître en Occident, le danger est grand de voir le chaos emporter tout notre monde. » Enfin, cette fois, je tenais la preuve absolue de toutes mes intuitions et de tous mes entretiens : pour Rudolf von Sebottendorf, le futur *Guide*, le Führer, ne sera pas un conquérant politique, mais un réformateur religieux. Le Baron attendait plus un Luther nordique qu'un César allemand. Je comprenais, mieux que jamais, tout ce qui l'opposait au futur Chancelier du IIIe Reich, alors emprisonné à Landsberg tandis que Sebottendorf publiait cet opuscule.

Sebottendorf nous assure avoir découvert « l'eau vive d'une source », cette source qui fut l'élément fécondant des premiers temps de l'Eglise et qui, au Moyen Age, engendra la prospérité la plus somptueuse ; seuls le matérialisme et le rationalisme ont réussi à tarir cette source ». Le but de chaque homme est de « s'anoblir » et d'acquérir une connaissance plus large. Le Maître de la Société Thulé prétend avoir découvert une véritable « pierre philosophale », qui va encore bien au delà des secrets des Rose-Croix et des découvertes des alchimistes :

Créer un véritable Ordre de chevalerie

Je méditais longuement sur cette affirmation essentielle : « Ce n'est jamais qu'une action émanant de nous-mêmes qui peut nous apporter le salut. » C'est cela, finalement, que le Baron nomme « l'union en Dieu ». Voici désormais que m'apparaissait la véritable illumination de toute sa vie : « Le faible s'effraie de l'audace de notre entreprise. Le sceptique pourrait m'accuser de tenter Dieu, de manquer de l'humilité nécessaire qui enseigne de se soumettre docilement à l'ordre naturel des choses auquel nous sommes accoutumés. Il n'est possible de vaincre la nature que par la nature supérieure... Je donne à connaître un sentier de la vie qui existe dans l'esprit de toute religion authentique. »

Enfin, je parvenais à l'essentiel. J'avais découvert l'aspect profondément religieux de la pensée de Sebottendorf, cet aspect qui sera à peu près totalement occulté au temps de l'équipée de la Société Thulé à Munich en 1919. Ce qu'il voulait, c'était bien cela : créer une religion et fonder un ordre.

Comment n'aurais-je pas retrouvé alors dans son geste cette grande aspiration des meilleurs parmi les Européens, dans ces années difficiles entre nos deux guerres fratricides ?

Henry de Montherlant a raconté, mieux que nul autre, dans *Le Solstice de juin*, ce que fut pour lui la brève et féconde expérience de ce qu'il nommait alors, tout simplement l'Ordre. Je trouvais singulier que cette Quête se soit déroulée l'année même où la Société Thulé connaissait à Munich les aventures que je découvrais !

« L'an 1919, cinq jeunes gens français sentirent le besoin de former entre eux une société un peu codifiée et un peu âpre... A tort ou à raison, le monde où nous, combattants, nous ressuscitâmes en 1919, nous le vîmes abject... Il apparut à ceux d'entre nous qui furent les promoteurs de cette société, que deux voies seulement s'ouvraient à nous pour échapper à une telle abjection : celle de la conduite solitaire et celle du petit clan. Il ne pouvait être question un instant que l'individu fût sacrifié : je pensais et je pense que l'individualisme est le produit des civilisations supérieures. Mais aucun de nous ne voulait être un solitaire. Nous choisîmes donc le petit clan. »

Je constatais que toutes les presciences de ma jeunesse ne m'avaient pas trompé : Montherlant, originaire de la nordique Picardie, malgré des airs de hidalgo castillan (donc wisigoth), appartenait bien au monde de Thulé. Je relisais ce texte avec une passion retrouvée : « C'est parce que nous étions très juvéniles qu'en souvenir des ordres de chevalerie nous nommâmes « l'Ordre », sans plus, notre institution. » Montherlant discerne bien l'essence même de cette rupture avec le monde abject et sait que le chevalier « s'oppose par essence au bourgeois... Il ne saurait en être autrement pour quelqu'un qui porte une civilisation intérieure plus rare et plus avancée que celle qui a cours autour de lui. » Et il ajoute : « Il me semble que l'Ordre fut premièrement un acte de séparation et un pacte de solidarité. »

Une telle tentative, dont l'idée sera reprise plus tard par un savant et un prophète comme Alexis Carrel, fut pour certains une solution à la crise des années 20 et 30. Mais le Rhin trace une frontière avec la netteté d'une épée nue. En France, les projets de restaurer une nouvelle chevalerie aboutissent à de véritables fuites loin du monde. Il ne s'agit que de réflexes de salut individuel ou de la création de communautés repliées sur elles-mêmes. L'Ordre devient forteresse assiégée. En Allemagne, au contraire, l'amour du peuple remplace le mépris de la foule. Ce qui demeure chez Montherlant une aristocratie de refus devient chez Sebottendorf une aristocratie de service. Le fidèle de Thulé se veut le serviteur d'une véritable communauté populaire.

Différence essentielle, mais qui situe bien l'abîme entre toutes les « chevaleries » plus ou moins influencées par le christianisme et la Société qui veut restituer le paganisme ancestral. La France, finalement, possède moins de réalité charnelle que l'île mythique de Thulé. Elle est une nation, mais elle n'est pas un peuple. A travers l'Allemagne, von Sebottendorf peut rejoindre la lointaine patrie des Hyperboréens. Le romantisme lui a préparé la voie. Le mélange bien français du classicisme et du rationalisme dresse, au contraire un obstacle infranchissable. Ecrire ce livre m'aura, au moins, aidé à comprendre quel était le premier mur à abattre pour faire entrer le Soleil.

LES HOMMES
D'UNE SOCIÉTÉ TENTACULAIRE

Quand Rudolf von Sebottendorf revient à Munich, au début de l'année 1919, la capitale bavaroise reste très partagée entre groupes hostiles. Le gouvernement républicain de Kurt Eisner ne gouverne pas grand-chose et ne parvient pas à juguler les milices privées, d'extrême-droite comme d'extrême-gauche, qui commencent à pulluler. Il se contente d'y infiltrer des indicateurs. Un certain lieutenant Kranold sévit à la société Thulé. Il a touché 300 marks du ministère de la Guerre bavarois pour espionner les amis de Rudolf von Sebottendorf. Mais il est découvert et dénoncé dans un article du Beobachter. Car le journal continue de paraître et sert de point de ralliement. Pour éviter saisies et amendes, on se contente de changer de gérant...

Le désordre profite aux extrémistes. Sans cesse, se constituent de nouveaux partis et se trament de nouveaux complots. On se réunit dans les brasseries, autour des chopes de bière, dans la fumée des pipes et, tandis que l'orchestre braille de tous ses cuivres, on rêve de prendre le pouvoir.

Arracher de leurs postes les ennemis de Thulé reste pour Sebottendorf un impératif absolu. Mais les moyens pour y parvenir ne sont peut-être pas obligatoirement ceux qu'ima-

ginent les activistes militaires. Le « Putsch » reste la solution ultime. Mais il ne signifiera rien et il ne rétablira rien, s'il ne plonge pas ses racines dans des forces plus profondes.
L'analyse de la situation que fait alors Rudolf von Sebottendorf n'est pas sans rappeler ce que seront les thèses du théoricien communiste Gramsci en Italie.
La prise en main de la Russie par Lénine ou de la Bavière par Eisner a été rendue possible par une lente subversion des esprits, préparés, sans même s'en rendre compte, à recevoir le message de la révolution universelle. Dans les derniers mois de la guerre, il existait en Allemagne un sentiment de « Ziellosigkeit », de désemparement général, que les agitateurs ont su utiliser pour saper toutes les valeurs d'une société wilhelmienne arrivée à bout de course, malgré l'armature apparemment intacte de l'administration et des forces armées. Il s'est constitué, dans l'ombre, un véritable pouvoir parallèle dans certains milieux intellectuels, une véritable contre-société révolutionnaire.

Les ratés deviennent les prophètes d'une contre-culture

Ce n'est pas un hasard si tous les amis de Kurt Eisner sortent des mêmes milieux artistiques et bohèmes, gagnés depuis longtemps à toutes les thèses du cosmopolitisme. Avant même d'être politique, le nouveau pouvoir bavarois se présente comme une subversion intellectuelle. Il s'attaque aux arts et à l'éducation, à la littérature et aux mœurs. Il est un tout. Il ne veut pas tant changer la forme du gouvernement et instaurer la république plutôt que la monarchie. Il rêve de « libérer » l'homme de toutes les « servitudes ». Ainsi naîtra un nouvel individu, se croyant à la mode de son siècle, parce qu'il aura oublié ses racines familiales et populaires. Contre la conception du monde du paysan de Bavière, attaché à ses champs et à son clocher, Kurt Eisner prophétise sans cesse l'avènement du citoyen de l'avenir, un citadin enfermé à jamais dans un univers déréalisant. Le ministre-président rêve tout haut. Mais son projet apparaît de plus en plus clairement. Il veut changer l'homme et il veut changer la vie ! Quand il répète : « Plus jamais de guerre », il va bien au delà de la condamnation de la grande tuerie fratricide qui vient d'ensanglanter l'Europe. Kurt Eisner rêve d'un monde d'où serait supprimé tout conflit. Dans ce paradis sur terre, le combat et le travail perdraient leur sens. Les hommes redeviendraient « bons » et les chefs politiques ne seraient plus des conducteurs de peuples, mais des sortes de grands-prêtres de cette nouvelle religion de la démocratie et du bonheur.

Kurt Eisner s'entoure d'une nuée de professeurs et d'autodidactes en mal de théories égalitaires et libéralisantes. Sous son règne, tous les ratés, tenus à l'écart par les strictes structures de la société wilhelmienne, apparaissent au grand jour. Ils croient leur heure venue, prêchent la libération sexuelle, l'antimilitarisme, l'inversion des valeurs. A les entendre, la crapule des faubourgs vaut les héros du front. La paresse vaut le labeur. Le chaos vaut l'ordre. Pour ces religionnaires — qui s'inspirent bien davantage du christianisme que leurs origines pourraient le laisser supposer — l'Allemagne a commis le plus grand péché contre l'humanité, qui se substitue désormais à l'Eternel, en récupérant tout son aspect sacré : elle a commis le péché d'orgueil ! Disciples de Freud plus encore que de Marx, les révolutionnaires munichois, sous leurs dehors d'amoureux de la paix et du bonheur, sont les plus sectaires des grands-prêtres. Maudits soient ceux qui ne pensent pas comme eux ! Ces prophètes barbus ont des vocations rentrées d'inquisiteurs.

Car c'est bien une Eglise qu'ils veulent fonder, aujourd'hui avec ses dogmes et demain avec ses bûchers. Le vieux Dieu d'intolérance ennemi millénaire de Thulé parle par leurs bouches. Un raz de marée de salive déferle sur la Bavière. Même s'ils ne sont pas disciples de Lénine, les intellectuels socialisants préparent merveilleusement le terrain à la subversion communiste.

Conspiration
pour restaurer le monde perdu des Hyperboréens

Rudolf von Sebottendorf a compris, mieux que tous ceux qui l'entourent, que la lutte devient universelle et totale. Aucun domaine n'échappe à la fureur destructrice des ennemis de l'esprit de Thulé. Aussi, pour lui, ce qui importe, avant tout, c'est de restituer dans sa pureté et sa force, l'héritage menacé. Il n'est pas de domaine des activités humaines qui ne soit en jeu. Le combat se trouve partout. Il faut tenir bon sur toutes les brèches de la digue. Aux yeux des activistes, le travail du Baron apparaît parfois « démobilisant », car il ne se soucie pas uniquement de complots et de transports d'armes. Au début, il ne va même pas faire de politique directe.

Le Baron se trouve tout naturellement au centre d'une vaste conspiration intellectuelle qui cherche à restaurer le monde antique des Hyperboréens. Rudolf von Sebottendorf a fort bien compris que la philosophie reste plus importante que la seule politique. Elle retrouve les sources, prépare les cadres, façonne les esprits. Il sait que l'agitation n'a de chance de succès que si elle s'appuie sur l'âme populaire profonde. Retrouver cette âme, tel est le premier souci de tous les groupes et de tous les hommes qui vont graviter autour de la Societé Thulé, dès la fin de l'année 1918.

Dans tous ces cercles, qui portent le nom de *Rings*, et se réunissent, plus ou moins clandestinement, à l'hôtel des Quatre Saisons, la plupart des animateurs sont des membres de la Société Thulé. Très rapidement s'affirme la tactique de Rudolf von Sebottendorf : il encourage la fondation de groupuscules destinés, en s'intéressant à des secteurs de recherches et d'activités très divers, à recruter de nouveaux membres pour la Société Thulé, et surtout à faire pénétrer ses idées dans les milieux les plus variés.

Plutôt que de fonder une organisation unique, Sebottendorf a compris qu'il faut multiplier les visages et les efforts. La plupart de ces groupes n'apparaissent même pas liés à la Societé Thulé. Pourtant, tous s'y rattachent, tous obéissent finalement au Baron, tous répandant, en fin de compte, la même idéologie. Exemple, peut-être unique jusqu'ici dans l'Histoire, d'une tentative de prise du pouvoir par des moyens en apparence anodins et dispersés, d'ordre plus « spirituel » que « politique ».

Il n'est de richesse que d'hommes ; la constitution de *Rings* gravitant dans l'orbite de la Société Thulé n'est possible que par le fanatisme et le dévouement de quelques fidèles, dont les passions ne paraissent anodines qu'à ceux qui ignorent le sens profond du combat engagé depuis la victoire de la révolution communiste de 1917 en Russie.

Walter Nauhaus qui a, sans aucune contestation, proposé à Sebottendorf de donner à la Société le nom de Thulé, dirige toujours le groupe des jeunes, mais il lui donne plus d'ampleur et le transforme en créant un « Cercle de culture nordique » aux préoccupations directement axées sur l'héritage hyperboréen.

Anton Daumenlang, bientôt quinquagénaire, dirige une société qui étudie les lois de l'héraldisme et se passionne pour les recherches généalogiques. La première règle pour entrer dans la fraternité de Thulé reste avant tout la connaissance de ses propres ancêtres.

Johannès Hering anime une association de juristes qui étudient le vieux droit allemand et se préparent à restaurer un jour la loi germanique, contre tous les codes étrangers. Parmi ses plus proches collaborateurs, se distingue un jeune étudiant de dix-huit ans, Hans Frank, un des plus acharnés tenants de l'opposition à tout droit romain ou chrétien[16].

Les peintres Ernst Halbritter et Walter Deike se passionnent pour des réalisations graphiques inspirées par le vieil art germanique et ne cessent de se répandre en violents propos contre l'art « décadent » qui fleurit en certains ateliers de

---

[16] Devenu, pendant la guerre, commissaire général de l'ancienne Pologne occupée par l'Allemagne, Hans Frank sera traduit en justice au procès des grands criminels de guerre à Nuremberg. Touché par la grâce catholique et démocratique, il donnera à ses juges tous les signes espérés du repentir et ne cessera de fournir des arguments à l'accusation. Son reniement n'empêchera en rien une condamnation à mort qui sera exécutée le 16 octobre 1946.

Schwabing et reçoit tous les encouragements du gouvernement révolutionnaire.

Le fidèle Franz Dannehl, entomologiste et compositeur de musique, continue à rédiger la plupart des articles et des tracts de la Société Thulé. Il dirige, par ailleurs, les membres du *Hammerbund*, la Ligue du marteau. Sous le patronage de l'arme favorite du vieux dieu nordique Thor, il menace de sa vengeance tous ceux qui ont abandonné la foi païenne des Hyperboréens.

Dès qu'il sortira de prison, l'éditeur-libraire Lehmann continuera son action auprès des fidèles de la Ligue pangermaniste, tandis que Hans Dahn travaille dans les milieux du parti national-libéral, très proche des thèses défendues par la société Thulé.

Des associations comme la Ligue scolaire de Rohmeder et les « compagnons voyageurs » se trouvent également, par l'appartenance de quelques-uns de leurs chefs, dans la mouvance de la Société Thulé. Beaucoup de leurs membres diffusent, sans même s'en rendre compte, des idées directement inspirées par Rudolf von Sebottendorf et le petit cercle d'initiés qui l'entourent.

La rencontre du journaliste sportif et du forgeron

Le *Münchener Beobachter* constitue le carrefour et le lien de tous ces groupuscules. Dans ses colonnes, on y prêche sans cesse les mêmes idées de fidélité au peuple allemand et à la foi germanique. Les petites annonces servent à convier à des réunions et à tisser un réseau de fidèles. Certes, toute cette agitation demeure encore très intellectuelle. Pour l'instant, on bavarde et on complote. Et l'action du *Kampfbund* consiste surtout à recruter des partisans, à nouer des contacts et à collecter des renseignements, jusque dans les rangs de l'adversaire.

Rudolf von Sebottendorf n'est pas ennemi de la politique par principe. Il sait seulement que la politique ne sera qu'une partie de son action pour restaurer l'esprit de Thulé. Partie la plus visible et la plus efficace peut-être, mais partie d'un tout infiniment plus vaste. Il craint de voir un parti se créer trop tôt, qui mobiliserait tous ses fidèles et les entraînerait à quelque « coup politique » dont il se méfie de plus en plus. Le combat à mener lui paraît trop important pour le risquer entre les mains d'une seule organisation et à plus forte raison d'un seul homme. Pourtant, il sait bien que l'esprit de Thulé doit aussi apparaître dans l'inévitable combat politique.

Il existe bien au sein de la Société Thulé un « Cercle ouvrier », l'*Arbeiter Ring* que dirige Karl Harrer. Mais une telle organisation ne saurait constituer un parti. On s y contente, selon les statuts, de « réunir des personnalités choisies en vue de discussions et d'études à propos des affaires politiques ». Les bavardages y tiennent plus de place que les actions de propagande. Mais Harrer multiplie les contacts et cherche fébrilement les hommes qui pourront un jour imposer les idées de la Société Thulé dans le monde ouvrier particulièrement dur à Munich depuis l'installation des usines Krupp.

Karl harrer est journaliste sportif au *Münchener Beobachter*. Il a vingt-neuf ans et doit se contenter d'écrire sur les exploits des autres au lieu d'essayer de les égaler. Il souffre de graves séquelles d'une blessure de guerre et se sait incurable. Il brûle de se réaliser avant de mourir et se montre

un des plus fidèles parmi les fréres de la Société Thulé. C'est un garcon au visage triangulaire et aux yeux vifs. Il porte souvent une cravate à nœud « papillon » qui lui donne un air un peu artiste, toujours assez bien vu à Munich.
Pour faire pièce aux promesses des démocrates et des communistes, Karl Harrer, quand il s'agit d'employer le mot de « socialisme », ne craint jamais d'en remettre et commence sa propagande dans les faubourgs. Il ne réunit, certes, que quelques compagnons, mais prouve qu'il est possible d'arracher des hommes et des femmes du peuple à l'emprise marxiste en tenant un langage simple, violent, prophétique. Il annonce le nouveau Reich des travailleurs et prêche le combat pour la paix, la liberté et le pain...
Karl Harrer a fait récemment la connaissance d'un ouvrier forgeron des chemins de fer, Anton Drexler, qui avait vingt ans à la déclaration de la guerre, mais que sa faible constitution a empêché d'être mobilisé. Avec quelques camarades, il a créé, au début de 1918, un « Comité ouvrier libre pour une bonne paix ». Il prétendait alors lutter contre les accapareurs et les mercantis. De tels personnages ne sont pas pour déplaire à la Société Thulé, qui a chargé tout spécialement Harrer de maintenir le contact avec Drexler.
Karl Harrer n'oubliera jamais sa première rencontre avec celui qui va devenir son compagnon de combat. Cela se passait le 2 octobre 1918, avant même la fin de la guerre. Pour la première fois Anton Drexler devait parler en public. A travers la fumée, Karl Harrer découvre un homme très grand, très droit, très mince. Il porte de grosses lunettes de myope, qui rendent encore plus blafard son visage émacié. Tout, dans son attitude un peu gauche, indique un homme honnête et limité. Maladif, aussi. Sa bonne foi ne fait pas de

doute. Il a vécu la misére de la condition ouvrière. Parfois, il lance, à travers ses verres épais, un regard désesperé.

Anton Drexler parle sur un ton funèbre. Mais on ne peut nier la conviction qui l'anime. Il croit à la misère du peuple parce qu'il l'a vécue. Une trentaine de personnes seulement se sont dérangées pour écouter cet étrange ouvrier qui parle encore de gagner la guerre.

Karl Harrer va le trouver à la fin de la réunion. Son titre de journaliste sportif semble impressionner le forgeron des chemins de fer.

—Nous pouvons peut-être travailler ensemble, lui annonce l'homme envoyé spécialement par la Société Thulé.

Le pauvre orateur a trouvé un camarade. Ce mutilé de guerre le séduisait par un aspect un peu bohème et intellectuel. Harrer, quant à lui, appréciait, avant tout, le fait que Drexler fût un authentique ouvrier. Avant même la fin de l'année 1918, il l'a introduit à la Société Thulé, où Drexler recoit le grade d'hôte, préalable à celui de frère à part entière.

Vers la constitution d'un nouveau parti politique

Désormais, Anton Drexler est prêt à obéir à toutes les consignes de Rudolf von Sebottendorf ; et d'abord à constituer, enfin, un véritable parti politique.

Karl Harrer voudrait que l'on se contente d'un « mouvement », mais Anton Drexler tient au terme de « parti ». Le baron von Sebottendorf lui donne raison et c'est sous le contrôle direct de la Société Thulé que va naître, le 5 janvier 1919, dans les locaux de la brasserie Fürstenfelder Hof le *Deutsche Arbeiter Partei*, ou parti ouvrier allemand.

Le DAP ne réunit, autour de Harrer et de Drexler, qu'une vingtaine de partisans. Ce sont presque tous des ouvriers des chemins de fer, comme le mécanicien Michael Lotter, un ancien matelot qui vient de troquer le paletot bleu contre une veste civile élimée.
Les hommes du nouveau parti se veulent des travailleurs et non des prolétaires. Ils tiennent à cette distinction. De son air un peu solennel, le président Drexler lit les statuts :
—Le DAP est une organisation socialiste, composée de travailleurs intellectuels et manuels, ne pouvant être dirigée que par des Allemands, ne poursuivant aucun intérêt personnel et plaçant les nécessités nationales en tête de son programme.
Le but avoué est le renforcement de la classe moyenne au détriment du grand capital. Le travail reste la valeur suprême sur laquelle doit reposer le nouvel Etat.
Rien de très original dans ces idées qui se placent dans le droit fil du socialisme allemand d'Alfred Brunner de Düsseldorf et des autres théoriciens du « Deutsch-Sozialismus ». Mais, cette fois, ceux qui défendent de telles idées sont d'authentiques ouvriers. Leur refus de la lutte des classes marxiste n'en aura que plus de poids.
Anton Drexler, initié aux mystères de Thulé, n'en reste pas moins, avant tout, un militant politique. Il rédige, avec une certaine naïveté, ce qui doit être le programme du nouveau parti et l'intitule : *Mein politisches Erwachen*. C'est une petite brochure qui porte le sous-titre de « carnet d'un ouvrier allemand socialiste ».
Cette quarantaine de pages contient le récit de l'itinéraire suivi par un ouvrier allemand, du syndicalisme marxiste à l'idéologie nationale. Drexler veut libérer les travailleurs du

double esclavage du capitalisme et du communisme et instaurer un socialisme national. De telles idées sont devenues assez courantes dans beaucoup de milieux au lendemain de la défaite. Ce qui frappe, c'est le ton de sincérité de Drexler, sa manière de tutoyer le lecteur, auquel il s'adresse simplement et directement, avec une foi de charbonnier dans la lutte de libération nationale que doivent mener tous les travailleurs allemands. Tout cela est naïf et primaire. Mais les idées de la Société Thulé s'y expriment sous leur aspect le plus exotérique, le plus populaire, le plus efficace.

Le 18 janvier 1919, Rudolf von Sebottendorf décide de franchir une nouvelle étape, en transformant *l'Arbeiter Ring* politique dépendant directement de la Société Thulé en un parti officiellement déclaré et indépendant. Il double ainsi le DAP d'Anton Drexler, mais, selon sa vieille habitude, il ne met pas « tous ses œufs dans le même panier ». La manœuvre ne trompe d'ailleurs que ceux qui ne connaissent rien aux méthodes du Baron, car il ne s'est même pas donné la peine de trouver des hommes de paille : le président du nouveau parti, c'est Karl Harrer. Et son adjoint Anton Drexler lui-même... Les deux fidèles se sont contentés d'intervertir les titres qu'ils portaient au sein du DAP.

Ce qui apparaîtra un jour important, c'est le nom de ce nouveau parti, qui se présente plutôt comme un « front » que comme une organisation solitaire : NSDA, c'est-à-dire Association des travailleurs allemands nationaux-socialistes. Désormais, deux membres de la Société Thulé, Drexler et Harrer, vont jouer le rôle indispensable de courroies de transmission entre les intellectuels, réunis à l'hôtel des Quatre Saisons, et les ouvriers des faubourgs les plus pauvres de Munich. A travers Harrer et Drexler, Rudolf von Sebottendorf entame une phase capitale de son travail de reconstitution du monde de Thulé. S'il ne parvenait pas à mordre sur les milieux populaires, il n'aurait réussi qu'à créer une secte. La présence de ces ouvriers dans un parti totalement contrôlé par la Société Thulé lui prouve au contraire qu'il pourra un jour rassembler le peuple tout entier.

Arrivée d'un incontestable spécialiste de l'économie

Karl Harrer et Anton Drexler vont faire, pendant plusieurs mois, étroitement équipe pour implanter les idées de la Société Thulé dans les milieux ouvriers, où les aspirations socialistes se conjuguent souvent avec des traditions nationalistes. Cette percée dans le monde des travailleurs réjouit fort Rudolf von Sebottendorf, qui s'intéresse à la question sociale et à l'économie, comme il s'intéresse à toute chose.

Dans ce domaine, il estime qu'il doit aussi faire occuper un nouveau créneau. Il aimerait avoir sous la main un bon économiste qui puisse faire des conférences et drainer vers lui une clientèle que la Société Thulé n'est pas encore parvenue à toucher : celle des petits-bourgeois ruinés, endettés jusqu'à la moelle des os au sortir de cette guerre catastrophique. Il faut donc trouver un spécialiste de l'économie.

Ce sera Gottfried Feder. Cet ingénieur spécialisé dans la construction en béton armé a trente-cinq ans et « présente bien ». C'est un grand et bel homme, au visage allongé, avec une courte moustache blonde et des yeux très clairs. Originaire de Wurzburg, il a dirigé de nombreux chantiers en Allemagne et à l'étranger et s'est spécialisé dans les études financières et commerciales. Contrairement à la plupart de ceux qui l'entourent à la Société Thulé, il a beaucoup voyagé à l'étranger et possède une bonne pratique des problèmes économiques. Sa bête noire reste la spéculation et il ne parle que de libérer les travailleurs allemands des servitudes de l'intérêt.

Gottfried Feder a trouvé un système dont il ne démord pas : il explique les grandes crises économiques par le servage de l'intérêt, dans lequel tous les peuples sont tombés peu à peu, sous l'action du capital itinérant bancaire et financier. Il rêve de créer une « Union contre la féodalité du crédit ». Mais cet ingénieur diplômé n'est certes pas un chef de parti. Alors, il se contente de donner des conférences.

Il déploie une activité inlassable. Un soir, on le voit pérorer au milieu d'un cercle très bourgeois dans un des salons de l'hôtel des Quatre Saisons. Le lendemain, il va faire une causerie devant des soldats dans une des casernes de la ville — car les services d'action psychologique s'attachent à former politiquement certains gradés. Le soir, il se rend dans l'arrière-salle d'une des brasseries populaires pour endoctriner les ouvriers.

Dans ce monde d'illuminés généreux, Feder possède un défaut qui lui nuit beaucoup : il est près de ses sous et fait payer ses causeries, si possible d'avance. Les activistes ne le lui pardonneront jamais.

Gottfried Feder semble partout. Il sait se mettre à la portée de son auditoire. Même s'il répète toujours le même numéro, il réussit peu à peu à se constituer « un public ». On le demande. Sa présence apparaît vite, parmi les groupuscules radicaux, comme un gage de sérieux.

Cela finit par lui monter un peu à la tête et il devient de plus en plus borné et sectaire. Comme beaucoup d'économistes, il a tendance à tout expliquer à travers son système. Rudolf von Sebottendorf s'en sert, mais le tient un peu sur les frontières de la Société Thulé. Le Maître se méfie par-dessus tout des hommes qui ont une mentalité de marchands. Pour renaître, Thulé a d'abord besoin d'initiés et de guerriers.

Une recrue de premier plan : Dietrich Eckart

Rudolf von Sebottendorf, en cette époque, tour à tour bouffonne et tragique, du gouvernernent de Kurt Eisner, montre une activité inlassable et cherche sans cesse à recruter militants et personnalités. En fondant la Société Thulé, il a décidé, une fois pour toutes, de se faire « pêcheur d'hommes » et d'aller chercher, l'un après l'autre, tous les fils dispersés d'un monde disparu. Inlassable croisade sous le signe du marteau de Thor et de l'aigle rouge de la Tradition germanique.

Les professeurs et les étudiants, les ouvriers et les soldats, les chômeurs et les bourgeois qui constituent le premier noyau, sont, certes, à ses yeux des militants admirables et dévoués, des croyants. Mais le Baron déplore de ne pas découvrir parmi eux une personnalité de premier plan, capable d'apporter à la Société Thulé un éclat qui lui manque indubitablement. Certes, un conflit de personnes peut toujours surgir avec les hommes sortant de l'ordinaire, mais leur présence apporte une force incomparable à qui sait les manier habilement. Le principal reste qu'il soit, le plus possible, lié au destin de la confrérie et surtout à la personne de Sebottendorf. Pour réussir une telle opération, le Baron se sent prêt à quelque concession sur son intransigeance habituelle. Quand il le faut, il arrive à se montrer bon diplomate.

Il pense aussitôt à un nom auquel bien des gens pensent à ce moment en Bavière, car, malgré ses aspects bohèmes, son autorité, dans le milieu contre-révolutionnaire, reste incontestable et incontestée. Il s'agit de Dietrich Eckart.

Dietrich Eckart est bien trop indépendant pour accepter de devenir un Frère de la Société Thulé. Il ne peut pas considérer Rudolf von Sebottendorf comme un Maître, tout au plus comme un complice, et peut-être un jour comme un rival. Alors, il se contente d'assister à certaines réunions en qualité d'Hôte. Un Hôte qui honore fort ceux qui l'invitent dans les salons des Quatre Saisons.

Il porte bien la cinquantaine et joue volontiers les forces de la nature. Bedonnant, moustachu, le crâne passé au papier de verre, il a les lèvres charnues d'un bon vivant et le regard embué d'un rêveur. Il se veut un « vieux Bavarois » typique. Amateur de bonne chère et de chair tendre. Il professe volontiers que les chopes de bière sont faites pour être vidées et les jupons de soie pour être troussés. On le trouve toujours dans des cabarets comme le « Brennessel » ou le « Schwabinger Weinstube », où il pérore jusqu'à une heure avancée de la nuit, entouré d'une cour d'amis fidèles et de jolies filles.

Mais Dietrich Eckart n'est pas seulement un bon vivant, c'est un poète et un patriote. Fils d'un magistrat, il a préféré la vie de bohème. Il s'est mis à écrire et il a réussi à être joué. Il n'est pas dépourvu de talent mais estime volontiers que la moindre de ses tragédies égale Hamlet ou Faust. Car il croit en sa bonne étoile, il dit même en son génie.

Il a commencé par être étudiant en médecine, mais la passion d'écrire le démangeait par trop. Correspondant de presse au festival wagnérien de Bayreuth, il se passionne pour la tragédie, part à Berlin comme un petit Rastignac bavarois et crève de faim en noircissant du papier dans une soupente. Eckart a de l'obstination et même du talent. En 1906, le théâtre impérial de Berlin met en scène son drame historique *Henri IV*. Le voici consacré auteur dramatique. Dans ses pièces, l'histoire et le lyrisme font bon ménage avec le nationalisme. Il exalte Henri de Hohenstauffen et Frédéric-le-Grand. Il ne s'enferme d'ailleurs pas dans les frontières allemandes et considère Lorenzaccio comme son héros préféré. Son succès le plus éclatant sera pourtant non pas une œuvre originale mais une adaptation, celle du *Peer Gynt* d'Ibsen. Il trouve dans ce héros nordique, enthousiaste et indécis tout ensemble, un personnage avec lequel il semble s'identifier. Sous sa plume, Peer Gynt redevient un Hyperboréen. Ce lyrique se veut disciple de Shopenhauer et de Nietzsche. Pour un peu, il se prendrait pour le plus grand écrivain allemand de son temps.

Un jeune architecte balte veut devenir journaliste

Dietrich Eckart souffre, sincèrement et profondément, des malheurs de son pays. Le théâtre ne l'amuse plus :
—La tragédie est dans la rue, dit-il. Nous ne devons plus jouer l'Histoire mais la faire.

Sa conception de la politique reste essentiellement théâtrale. L'agonie du Reich impérial évoque, pour lui, quelque crépuscule des dieux wagnérien.
Désormais, il n'a plus à la bouche qu'un seul slogan :
—Deutschland erwache ! Allemagne réveille-toi !
L'auteur dramatique bavarois recherche des « éveillés » qui puissent à leur tour devenir des « éveilleurs ». Où les trouverait-il mieux que dans les rangs de la Société Thulé, dont il partage les rêves et les buts ?
Rudolf von Sebottendorf le voit venir vers lui avec un mélange de satisfaction et de méfiance. Dietrich Eckart n'est pas un initié. Et puis, sa forte carrure, son talent, sa renommée risquent un peu d'éclipser la personnalité du Baron. Mais ils n'ont le choix ni l'un ni l'autre. Sebottendorf manque d'un « haut-parleur » qui soit aussi un beau parleur. Eckart, malgré ses nombreux compagnons de bohème, n'a que peu de fidèles. Et puis, comme beaucoup d'artistes, il manque de moyens financiers.
—J'ai envie de créer un journal, annonce-t-il d'emblée au Maître de la Société Thulé.
—Les colonnes de mon Beobachter vous sont ouvertes.
—Je vous en remercie. Mais je voudrais que ce périodique ait un ton assez personnel. Que ce soit mon journal.
—Mais avec mon argent, glisse discrétement le Baron.
L'admirateur de Lorenzaccio part d'un rire énorme qui secoue toute sa haute carcasse. Son front se plisse de mille rides. Ses yeux pétillent de malice derrière les verres épais de ses lunettes à monture d'écaille.
—Alors, disons plutôt notre argent et notre journal.
Le périodique paraîtra pour la première fois le 7 décembre 1918. Il se nomme *Auf gute Deutsch*, ce qui veut dire « En

bon Allemand ». Sebottendorf et Eckart ont vu grand. Le premier numéro du nouvel hebdomadaire sera distribué gratuitement à plus de vingt mille exemplaires !

Le nom de Dietrich Eckart claque comme un drapeau. L'homme est connu, aimé de ses compatriotes assez fiers qu'un Bavarois ait réussi à devenir aussi célèbre à Berlin. Ses ennemis l'accusent d'être morphinomane, mais le public pardonne volontiers ce genre de faiblesse à un artiste.

Ses idées ne sont pas très originales. C'est le refrain habituel des groupes radicaux contre le matérialisme, le capitalisme, le communisme. Eckart exalte, en face de toutes les forces dissolvantes, l'âme allemande et le sang germanique. Il reste parfaitement dans la ligne occulte de Thulé.

Rudolf von Sebottendorf admettra comme Hôte de la Société Thulé, en même temps que Dietrich Eckart, un jeune Balte souriant, qui joue un peu les beaux ténébreux et passe pour l'ombre de l'écrivain bavarois. Il se nomme Alfred Rosenberg.

—N'est-ce pas un nom juif ? demande le Baron.

—Il se prétend de pur sang allemand, fils de Waldemar Rosenberg, négociant à Reval, en Estonie. La famille serait établie aux pays baltes depuis le XVIIIe siècle.

—Et sa mère ?

—Morte peu après sa naissance. Elle se nommait Elfriede Siré. Elle était d'origine française, sans doute huguenote.

De toute façon, Alfred Rosenberg n'aime guère donner de détails sur sa famille. Il prétend que les siens risquent des représailles, par ces temps troublés que vivent les pays baltes.

C'est un garçon de vingt-six ans avec un visage rond, des yeux clairs un peu globuleux, des cheveux blonds et raides partagés par une raie stricte. Il penche toujours un peu la tête sur le côté et apparaît timide, indécis même. Ce rêveur se dit architecte, se veut philosophe et s'affirme journaliste.

L'irrésistible approche d'un combat sanglant

En été 1911, Alfred Rosenberg a voyagé en Allemagne du Sud et a connu alors Munich et Weimar. La guerre de 1914 l'a surpris lors de vacances passées à Paris avec sa fiancée. Ils n'ont eu que le temps de rentrer en Estonie, de se marier et d'être évacués sur la Russie. Tandis que sa femme était professeur de danse à Saint-Pétersbourg, Alfred Rosenberg, déjà diplômé du lycée technique de Riga, poursuivait des études d'architecture à Moscou.

La révolution de 1917 le surprend en Crimée où se soigne sa femme malade. Ils vont traverser toute la Russie pour regagner l'Estonie. Le jeune Balte devient farouchement antisémite et anticommuniste, ce qui est pour lui la même chose, car il a découvert que la plupart des meneurs révolutionnaires sont des israélites. Les troupes allemandes occupent la côte baltique et Rosenberg, faute de pouvoir s'engager, car il reste citoyen russe, devient professeur de dessin et améliore son ordinaire en vendant des aquarelles. Il suit les troupes allemandes dans leur retraite. Tandis que sa jeune femme va soigner sa tuberculose en Forêt Noire, puis en Suisse, il débarque à Berlin pour assister à l'amer retour des troupes allemandes vaincues.

—J'ai vu les soldats défiler Unter den Linden, raconte-t-il! à von Sebottendorf. Ils avaient des visages immobiles et tristes. J'ai vu la grande souffrance du peuple allemand.

J'étais jusque-là un artiste et un philosophe, peut-être aussi un historien. Maintenant, je veux faire de la politique, c'est-à-dire faire de l'histoire.

A Munich, Alfred Rosenberg s'agite dans le milieu des émigrés russes. Il s'est présenté à l'ancien hetman d'Ukraine Skoropadsky, un géant à fortes moustaches et au crâne rasé qui a joué à fond la carte allemande et a perdu. Ensemble, ils rêvent de reconquérir les steppes de l'Est.

En attendant, le jeune Balte en est réduit à manger à la soupe populaire, car personne ne veut acheter ses aquarelles à Munich où la concurrence artistique est forte. Une amie de sa femme, dont il a vu le nom sur l'affiche d'un cours de danse l'a dirigé vers Dietrich Eckart :

—C'est un homme qui pense comme vous.

Très rapidement, Alfred Rosenberg devient un des principaux collaborateurs de *Auf gute Deutsch*. Il est le spécialiste des problèmes russes. De temps à autre, Eckart lui paye un article. Mais il en reste réduit à la soupe aux choux et loge dans une soupente de réfugié. Il n'est même pas citoyen allemand.

Alfred Rosenberg va devenir un des amis les plus actifs de la Société Thulé et le livre qu'il prépare, *Le Mythe du XXe siècle*, se voudra tout entier consacré à la renaissance de la religion des Hyperboréens. Mais il ignore encore quel démon activiste viendra un jour l'arracher à ses bibliothèques et à ses manuscrits.

En ce début de l'année 1919, les hommes qui se retrouvent au sein de la Société Thulé ne peuvent avoir aucune idée de ce que sera leur destin individuel dans les terribles années qui s'annoncent. Les uns sont promis aux honneurs puis aux opprobres. D'autres ne cesseront de rester obscurs. Certains disparaîtront à jamais, sans avoir révélé tous les secrets de Thulé.

Cette année 1919 sera, pour tous, déterminante. Certains n'en verront même pas la fin. Car est maintenant venu le moment de l'affrontement décisif. Désormais, c'est une certitude, la situation ne sera dénouée que dans le sang.

PRÉLUDE À LA GUERRE CIVILE

J'avais sans nul doute bien vu quelle était la « tactique » que voulait employer Rudolf von Sebottendorf : « parapolitique » plus que politique directe et multiplication des cercles et des contacts. Cela m'apparaissait comme un plan d'une assez belle logique, mais j'avais sans doute le tort de trop l'enfermer dans son cadre munichois. Son passé au sein du *Germanenorden*, ses mystérieux moyens financiers, ses amis insaisissables et surtout son étrange voyage à Berlin, pour le solstice d'hiver 1919, allaient m'obliger à restituer l'action de la Société Thulé par rapport à ce qui se déroulait à cette époque dans tout le Reich. C'est précisément au moment même où le Baron se trouvait dans la capitale allemande que se sont produits les événements les plus significatifs et les plus dramatiques de l'immédiat après-guerre.

Tandis que le socialiste majoritaire Ebert tente, tant bien que mal, de gouverner, l'agitation grandit à Berlin. Les Spartakistes sont menés par l'agitateur Karl Liebknecht et la théoricienne Rosa Luxemburg. Tous les jours, depuis le 16 décembre 1918, où un Conseil des ouvriers et soldats s'est tenu à Berlin, les manifestations spartakistes se poursuivent. Le président Ebert essaye de surnager, en attendant les élections, qui doivent avoir lieu à la mi-janvier. La rue est aux mains des matelots, gagnés aux idées révolutionnaires, des ouvriers armés et aussi de bandes de pillards sans aucune idée politique. L'ancienne garde impériale et la police semblent avoir disparu. On a vainement tenté de constituer une force indépendante de « soldats républicains ». Le général Groener, chef de l'état-major général, se fait invisible. Les cadres de l'ancienne armée se terrent dans leurs casernes. Les officiers se voient arracher leurs épaulettes dans la rue. Les marins rouges font prisonnier Ebert, qui réussit à prévenir par téléphone Groener. Les troupes de Potsdam interviennent. Au matin de Noël, marins et soldats sont face à face. Une fusillade met en déroute les révolutionnaires, mais, à l'occasion d'une trêve, les meneurs spartakistes parviennent à ameuter la foule. Les soldats refusent de tirer contre les civils et se laissent emporter dans un mouvement de fraternisation qui les démantèle.

A Berlin, un ministre socialiste brise la révolte communiste

Cette « bataille de Noël » a marqué la défaite finale de l'armée impériale. Le gouvernement Ebert ne peut plus compter sur aucune force armée. Les Spartakistes sont maîtres de la rue, depuis le 20 décembre, l'envoyé spécial de Lénine, Karl Radek, un juif polonais comme Rosa Luxemburg, qui d'ailleurs le déteste, est arrivé à Berlin. Au cours d'une réunion, le 29 décembre, le Spartakusbund change de nom et se nomme désormais le Parti communiste d'Allemagne ou KPD.

Le général Groener propose alors de faire appel au socialiste Gustav Noske, qu'il sait farouche ennemi du bolchevisme et du désordre. Nommé ministre de la Défense, Noske déclare seulement :
—Quelqu'un doit devenir le molosse.
Dans la nuit du 31 décembre au 1er janvier, le sang coule. Emeutes et grèves se succèdent. Les Spartakistes, depuis l'arrivée de Noske, ont compris que le temps ne travaille plus pour eux et le traitent de « boucher » à longueur de discours et de colonnes. Mais les articles du journal *Die rote Fahne* laissent le ministre de la Défense indifférent. Il préfère, discrètement, mettre en place un appareil militaire. Il réorganise le commandement dans la capitale, et reprend les troupes en main. Le 4 janvier, il assiste, à Zossen, au défilé des quatre mille hommes du général von Maercker, qui vient de constituer un *Freikorps*, corps franc, et a rassuré Ebert et Noske sur ses sentiments de fidélité à la République.
Il existe déjà une douzaine de ces corps francs en Allemagne. Certains sont commandés par des officiers de marine décorés de l'ordre « Pour le Mérite », comme le capitaine de corvette Ehrhard, et d'autres par de simples sous-officiers de l'ex-garde impériale, comme le sergent Suppe.
Le lundi 6 janvier 1919, la « révolution spartakiste » éclate à Berlin, après une colossale manifestation de masse qui a eu lieu la veille sur l'Alexanderplatz. Dans la nuit, maîtres de la préfecture de police, les chefs communistes Liebknecht et Pieck malgré l'avis de Karl Radek et de Rosa Luxemburg ont décidé le « Putsch ». Une grève générale, suivie d'une insurrection armée, leur paraissent capables de « placer

l'Allemagne à l'avant-garde de la révolution prolétarienne internationale ».

Les révolutionnaires déclarent que le gouvernement Ebert-Scheidemann est déposé et font défiler à travers les rues de la capitale allemande deux cent mille partisans armés. Des mitrailleuses sont installées, dès le lendemain, sur la porte de Brandebourg pour battre l'avenue *Unter den Linden*. Les imprimeries, les journaux et les gares sont aux mains des putschistes.

Toute l'Allemagne s'embrase à l'image de Berlin. Lénine prépare déjà une « Lettre ouverte aux travailleurs d'Europe et d'Amérique », dans laquelle il félicite « la *Spartakusbund* allemande et ses dirigeants mondialement célèbres d'avoir attaqué la bourgeoisie allemande impérialiste et rapace ».

Le gouvernement ne contrôle plus que la Chancellerie et quelques bâtiments officiels. Le 6 janvier, Gustav Noske a dû fuir Berlin. Mais il ne s'avoue pas vaincu et s'installe dans la banlieue, à Dahlem. Avec l'accord d'Ebert, il veut rassembler tous les contre-révolutionnaires. A la surprise générale, les marins ne participent pas au soulèvement. Des corps francs se sont formés dans les casernes de Moabit et de Potsdam, sous la direction du colonel Wilhelm Reinhard. Ils entreprennent aussitôt de réduire les bastions spartakistes. A Dahlem, Gustav Noske coordonne l'ensemble des opérations et demande l'intervention du corps franc de Zossen, dont il a tant admiré la discipline.

Le 10 janvier, le Comité révolutionnaire, incapable d'organiser l'insurrection, cesse de se réunir. Le lendemain, par une soirée pluvieuse et froide, les corps francs s'avancent vers le centre de la capitale. Gustav Noske, le socialiste, marche lui-même en tête, à pied. Pas un coup de feu. Les civils restent immobiles, comme pétrifiés. Soudain, les soldats, dont la plupart sont des vétérans du front, entonnent de vieilles chansons de marche de l'armée impériale allemande. Dès le lendemain, les bastions révolutionnaires sont réduits les uns après les autres. Le 15 janvier, à minuit, les corps francs tiennent solidement tout Berlin. Karl Liebknecht et Rosa Luxemburg essayent en vain de se cacher. Découverts, ils sont abattus sans jugement. La « semaine spartakiste » est terminée.

Kurt Eisner
assassiné en pleine rue le 21 février

Il me fallait un peu longuement rapporter ces événements sanglants. Ils rejoignent directement notre Histoire. Rudolf von Sebottendorf s'est rendu à Berlin pour l'assemblée du solstice d'hiver du *Germanenorden*. Il a vu sur place comment se sont déroulés les affrontements. Il a découvert la force des Spartakistes. Il a aussi découvert une autre force, celle des corps francs.

Le Maître de la Société Thulé ne se fait aucune illusion sur l'avenir d'une Allemagne démocratique. Il sait que le dernier mot restera à la force. Peu lui importe que se réunisse, dans la tranquille petite ville de Weimar, une Assemblée nationale constituante. Pour lui, c'est à Munich que doit se dérouler le nouvel acte de la tragédie germanique.

Les élections bavaroises ont lieu le 12 janvier. Kurt Eisner et ses amis du parti socialiste indépendant subissent une écrasante défaite : ils n'ont que 86 000 voix contre 1 124 000 aux socialistes majoritaires, partisans de Noske et de sa politique violemment antibolchévique. 97,5 p. cent des élec-

teurs bavarois ont refusé Kurt Eisner. Pourtant, il reste décidé à se cramponner au pouvoir par tous les moyens, à commencer par les plus illégaux, comme une intervention directe des Conseils d'ouvriers et de soldats contre le gouvernement et l'assemblée, où son parti n'a plus que trois députés. Sa défaite électorale ne l'empêche pas de quitter la Bavière, car il veut se rendre à la Conférence socialiste internationale de Berne où, plus que jamais, il joue les prophètes. Il durcit ses positions, ne cesse de dénoncer la « culpabilité prussienne » et fait l'éloge du séparatisme bavarois. Les Alliés ont trouvé en lui l'interlocuteur idéal, toujours prêt à en rajouter quand il s'agit de se frapper la poitrine. Sa longue barbe grise, son pince-nez, son grand chapeau noir de rapin deviennent vite célèbres en Europe. Kurt Eisner incarne la nouvelle Allemagne, la « bonne » Allemagne, celle qui n'a pas voulu la guerre et conforte les vainqueurs dans leur bonne conscience.
Le succès qu'il remporte en Suisse incite Kurt Eisner à s'accrocher au pouvoir. Ce qu'il a perdu sur le plan parlementaire, il va essayer de le regagner sur le terrain populaire. Il est assez bon démagogue pour flatter la foule et se rapprocher de l'extrême-gauche. C'est se couper encore davantage de son ministre de l'intérieur, le socialiste majoritaire Auer. Mais Eisner n'a plus d'autre choix que cette fuite en avant, cet appel ultime aux Conseils de soldats, de paysans et d'ouvriers.
Le 16 février 1919, par un froid glacial, Kurt Eisner, tient une grande réunion publique sur la Theresienwiese. La barbe frémissante dans le vent glacé, les lorgnons embués par le brouillard givrant, il prophétise la venue des temps nouveaux en Bavière. La foule scande des slogans et brandit

des pancartes. Ils sont peut-être dix mille à piétiner, le ventre creux et le regard dur. Kurt Eisner harangue ses fidèles. Il s'est installé dans une auto blindée, mais avec ses cheveux longs et sa houppelande, n'a guère l'air martial. Il prêche l'égalité et le bonheur. Il n'a plus très longtemps à vivre. Dans cinq jours, il tombera sous les balles du comte Anton Arco Valley, un étudiant de vingt-deux ans, qui se sait 50 p. cent juif et se veut 100 p. cent allemand. Les détonations claquent dans l'air froid, à l'angle de la Promenadestrasse. Eisner est mort.

Cet attentat du 21 février inaugure une ère de violence et de terreur qui va durer plus de deux mois. Arco-Valley a été grièvement blessé par un des deux gardes du corps d'Eisner. La rumeur de l'attentat se répand dans toute la ville. Un cri retentit au Landtag :

—Eisner vient d'être assassiné !

D'autres coups de feu vont résonner en sinistre écho. Une heure après le drame, un apprenti boucher, partisan fanatique d'Eisner, entre au parlement, attend le ministre de l'intérieur Auer au détour d'un couloir et l'abat d'une seule balle de pistolet. Puis le vengeur tire encore deux coups de feu qui tuent un officier et un député.

Les vengeurs du prophète de la révolution tiennent le pavé

Rache für Eisner ! Vengeance pour Eisner ! Toute la ville de Munich brûle de ce mot d'ordre. Les communistes, les partisans du tribun assassiné, les radicaux de gauche descendent dans les rues. La révolution

des bourgeois et des bavards est terminée. La révolte des esclaves et des partisans commence. Des comités se créent, qui multiplient les appels à la haine. Puisqu'il est aristocrate et ancien officier, le meurtrier ne peut que faire partie de la Société Thulé, affirment les agitateurs. C'est ignorer que Sebottendorf a refusé son adhésion, car cet étudiant, fanatiquement réactionnaire, n'était pour lui qu'un demi-Allemand...
Les disciples du prophète se rendent en pèlerinage sur les lieux où il a été assassiné et jonchent la place de fleurs. On affiche en hâte une proclamation annonçant la mort du « libérateur du prolétariat » et se terminant par : « Vive la mémoire de Kurt Eisner ! Vive la deuxième révolution ! Vive la République des Conseils ! » Les cloches de toutes les églises se mettent à sonner, comme si tant de bruit pouvait dissiper la peur qui commence à étreindre la capitale bavaroise. La grève générale est proclamée. Prudents, les commerçants s'empressent de tirer le rideau de fer de leurs boutiques. Les tramways s'arrêtent. Il ne passe plus dans les rues, soudain désertes, que de rares automobiles. Chacun se hâte vers son domicile.
En fin d'après-midi, apparaissent les premières bandes armées. Les journaux bourgeois sont attaqués. Des rames de papier sont lancées par les fenêtres et brûlées au milieu de la rue. Des voyous, qui n'ont jamais entendu parler de Spartakus, commencent à piller, pour leur compte. On entend des coups de feu, spasmodiques.
Dans les locaux de la Société Thulé, à l'hôtel des Quatre Saisons, quelques membres du *Kampfbund* entourent Sebottendorf. Le Baron reste calme, étrangement calme même, comme si l'esprit de l'antique Thulé se moquait de

tant d'agitation. Mais où réunir désormais ses fidèles si les troubles augmentent ?
—Nous continuerons à profiter de ces locaux, décide Sebottendorf. Nos ennemis n'oseront pas perquisitionner dans un palace international. Il suffira de nous rendre à la salle de réunion par une porte dérobée de la Marstallstrasse
—Et le numéro du Beobachter qui doit paraître demain ?
—Je crois qu'il est plus sage de repousser de quelques jours ce numéro du 22 février. Dire ce que nous pensons au lendemain de l'assassinat de Kurt Eisner serait une provocation.
Attendre et voir venir, telle est l'attitude du Baron. Sa qualité de sujet turc semble le mettre à l'abri des poursuites. Et il trouve que la capitale bavaroise reste le meilleur point d'observation pour suivre les péripéties de la bataille.
Après l'assassinat d'Eisner, ce sont les Conseils qui prennent la situation en main. A partir du 28 février, le surlendemain de son enterrement, ils sont virtuellement les maîtres de Munich. Une brève réunion du Landtag les 16 et 17 mars parvient pourtant à désigner le social-démocrate majoritaire Johannès Hoffmann pour former un nouveau gouvernement bavarois, entièrement composé de socialistes, et d'où sont exclus les bourgeois comme les communistes. Mais ce gouvernement sera vite débordé. Hoffmann flotte sur l'émeute comme un bouchon sur le ruisseau.
Le 20 mars 1919 une nouvelle provoque une fantastique émotion à Munich :
—Bela Kun vient d'instaurer la révolution rouge en Hongrie !
Si Munich suit l'exemple de Budapest, l'Autriche sera prise entre le marteau hongrois et la faucille bavaroise. A son tour,

elle sombrera dans la révolution. Et toute l'Europe centrale deviendra rouge. La victoire de l'internationale communiste, en cette fin d'hiver 1919, paraît possible et même probable.

La Société Thulé entre dans la clandestinité

Le lendemain, Rudolf von Sebottendorf réunit les fidèles de la Société Thulé restés à Munich.
—L'heure est grave, annonce-t-il. Nos ennemis sont maîtres de la rue. Mais nous devons nous battre. Que ceux qui sont déjà repérés rejoignent les corps francs levés dans nos campagnes. Que ceux qui ont réussi à ne pas éveiller l'attention s'engagent dans l'armée rouge de Bavière : ce seront nos meilleurs agents de renseignement. Nous n'avons tous qu'un seul devoir : survivre.
Jamais le salon discret de l'hôtel des Quatre Saisons n'aura connu réunion si grave. L'heure n'est plus aux recherches sur la généalogie ou la préhistoire. Les hommes de la Société Thulé n'ont plus qu'une seule consigne : se battre.
—Cette réunion sera la dernière que nous tiendrons officiellement. Désormais, commence la clandestinité.
Quelques jours plus tard, dans la nuit du 6 au 7 avril 1919, la « République des Conseils », c'est-à-dire « des Soviets », est proclamée à Munich. Le président Hoffmann et ses amis préfèrent ne pas disputer Munich aux révolutionnaires. Les modérés s'enfuient à Bamberg, où ils constituent un gouvernement social-démocrate qui, à défaut du pouvoir, conserve au moins la légitimité.
Ceux qui viennent d'arriver au pouvoir à Munich ne sont pas des communistes, manipulés par Lénine, mais des « anarchistes de café ».

Gustav Landauer se prend à la fois pour Jésus-Christ et pour Don Quichotte. Il ressemble un peu à Kurt Eisner. Comme lui, il porte lorgnons et barbe-fleuve et comme lui, il est le fils d'un petit boutiquier israélite. Il a déjà près de cinquante ans et une longue carrière d'agitateur derrière lui. Il a connu à plusieurs reprises les prisons wilhelmiennes. De tempérament douloureux et inquiet, il veut détruire la société pour en reconstruire une nouvelle, encore plus utopique que celle dont rêvait Eisner. Il a écrit des romans, des pièces de théâtre, des poèmes fiévreux et chaotiques. Il a surtout beaucoup lu, pêle-mêle : Rousseau, Tolstoï ou Proudhon. En politique, il se réclame plutôt de Bakounine que de Karl Marx. Extrémiste et versatile tout ensemble, il apparaît vite encore plus brouillon qu'Eisner lui-même. Promu commissaire à la propagande de la République des Conseils, il s'apprête à « éclairer le peuple ».

Ernst Toller apparaît certes plus sérieux. Il n'a que vingt-cinq ans et a été réformé à la suite d'une maladie nerveuse. Le teint basané, les pommettes saillantes, la chevelure abondante et la moustache mince, il a une tête assez romantique de jeune intellectuel exalté.

Toller est l'auteur de deux pièces de théâtre dont la première, *Wandlung* (Transformation) se veut une autobiographie : « Le héros, dit-il, est un jeune Hébreu qui, avec la guerre, se figure être accueilli enfin dans la communauté germanique, mais que la guerre rattache à la communauté universelle. » Le principal personnage de la pièce est la mort qu'entourent des squelettes, des mutilés et des infirmières, dans un singulier « pot-pourri de mysticisme, d'humour de carabin, de naturalisme et de philosophie ». On ne peut rêver plus représentatif chef d'œuvre d'avant-garde...

Disciple de Kurt Eisner, auquel il a succédé à la tête du Parti socialiste indépendant de Bavière, Ernst Toller n'hésite jamais à se rapprocher des communistes. Il n'a que le titre de commissaire au ravitaillement dans le nouveau gouvernement mais ce jeune Saint-Just oriental joue les archanges impitoyables de la *Weltrevolution*, cette révolution mondiale dont il parle sans cesse.

L'anarchie, prélude de la dictature et de la terreur

Le règne des « anarchistes de café » sera bref. Leur passage au gouvernement montre pourtant à quel point Rudolf von Sebottendorf avait bien compris la véritable nature de la subversion. Les excentricités de Toller et de ses amis vont dépasser tout ce qu'on a vu sous Eisner. Les nouveaux maîtres de la Bavière montrent bien comment ils comptent transformer les âmes de ceux qui subissent leur dictature. Toller a pour premier souci de promouvoir de « nouvelles formes » en sculpture, peinture, architecture, littérature, « pour libérer l'esprit de l'humanité ». Le commissaire à l'instruction publique annonce que n'importe qui pourra désormais entrer à l'Université où il n'y aura plus ni professeurs ni étudiants, mais des « chercheurs ». Les cours d'Histoire sont supprimés « car l'Histoire est l'ennemie de la civilisation ».

Tout le travail souterrain entrepris par la Société Thulé trouve brusquement sa justification profonde : les anarchistes, menés par Gustav Landauer, ont décidé de s'attaquer aux fondements même de la société. Ces prophètes messianiques annoncent la fin des temps. L'Histoire, en refusant de rester un affrontement, va s'arrêter. Les hommes, en devenant partout semblables, vont cesser d'exister en tant qu'individus. Déjà, au delà de la terreur qui veut briser les dernières résistances, apparait le monde rêvé par tous ces visionnaires : un monde hors du temps et de la vie, un monde sans couleur, un monde qui parviendra jusqu'à effacer le nom même de Thulé.

Désormais, il faut se battre. Pour conserver les liaisons avec ses hommes, Rudolf von Sebottendorf pense qu'il doit, à tout prix, conserver un point de ralliement. Malgré l'avis de tous ses amis, qui le croient devenu vraiment fou, il décide de conserver le local habituel. Il croit, dur comme fer, à sa bonne étoile. D'ailleurs, il a des hommes à lui dans toutes les organisations de Munich, de l'extrême-droite à l'extrême-gauche. Des volontaires du *Kampfbund* ont reçu l'ordre de s'engager dans l'Armée rouge et viennent, tous les soirs, faire placidement leur rapport au Baron, qui tient permanence dans les propres locaux de la Société Thulé. Chez Sebottendorf l'inconscience frôle parfois la provocation.

Un jour, une grande clameur résonne dans la rue. On entend une galopade, des cris :

—Arrêtez-le !

—C'est un espion blanc !

—A mort !

Sebottendorf se penche à la fenêtre et reconnaît un de ses hommes. Poursuivi par une meute hurlante de gardes rouges, il a eu l'idée folle de gagner le local de la Société Thulé. Il grimpe l'escalier, ouvre la porte et s'arrête, haletant, devant le Baron.

— J'ai eu une altercation avec des Rouges dans la rue. Je les ai insultés et maintenant ils veulent ma peau.
Déjà, on entend des pas pressés dans l'escalier. En quelques instants, le local est envahi par des miliciens, furieux. Et aussi surpris de reconnaître des « camarades », en uniforme de l'armée rouge. Ce sont les hommes du *kampfbund* engagés chez l'ennemi qui viennent faire leur rapport quotidien. L'un d'eux apostrophe les nouveaux venus :
— Ne vous occupez pas de ce salopard. Nous allons nous en charger. Il est mal tombé en venant ici, ce cochon de Blanc !
Les miliciens, fort impressionnés par les brassards rouges de ceux qui entourent Sebottendorf se retirent sans discuter.
— Eh bien, conclut le Baron, je désire qu'il y ait toujours ici deux de nos amis avec un brassard rouge pour monter la garde.

L'incroyable et payante audace du Baron

Survivre... Pour Sebottendorf, la chance reste sa meilleure complice et le hasard son meilleur gardien. Un matin, le Maître de la Société Thulé traverse tranquillement la Karlplatz quand il entend crier son nom. C'est un vendeur du journal gauchisant *Der Republicaner* qui annonce un article consacré au « pangermaniste baron von Sebottendorf, calomniateur de la plus basse espèce ».
— Donnez-moi vite ce journal, dit le Maître de Thulé au crieur. J'ai hâte de connaître le dernier forfait de ce salaud.
— Cela vaut la peine de lire ce papier... Vous êtes un camarade ?
— Je suis chef d'une cellule socialiste.

—Alors, réjouis-toi, camarade. Ce soir, à six heures, nos hommes doivent venir l'arrêter.
—Et où se cache-t-il ?
—A la pension Doring.
Sebottendorf trouve que ses ennemis sont bien renseignés mais parlent trop facilement à des inconnus. Il se rend à la pension et avertit aussitôt le propriétaire :
—Je crains quelques ennuis. Enfin, rien de très grave. Donnez-moi quand même la clef de la porte de derrière... A propos, si vous me voyez tout à l'heure en compagnie de miliciens, ne jouez pas à l'étonné et, surtout, gardez-vous de me reconnaître.
—Ne faites pas de bêtises, monsieur le Baron.
—Ne craignez rien pour moi.
A six heures précises deux camions de la Milice s'arrêtent devant la pension Doring. En plus des policiers, quelques membres de la section de Schwabing, la plus dure de Munich, sont venus participer à la curée.
Les hommes débarquent des véhicules et s'engouffrent dans le hall. Froidement, Sebottendorf, qui déambulait dans la rue profite du tumulte pour se joindre à eux. Les policiers le prennent pour un militant rouge et les communistes croient qu'il s'agit d'un inspecteur en civil... Tout le monde grimpe ensemble l'escalier.
La chambre du Baron est vide. Mais policiers et miliciens font main basse sur les papiers. Sebottendorf n'a abandonné que des documents sans importance. Soudain, les hommes poussent des hurlements de joie :
—Des messages secrets !
Le Baron retient une forte envie de rire. Ses ennemis viennent de faire main basse sur des manuscrits reproduisant

des inscriptions runiques relevées sur des pierres sacrées de Scandinavie...

—Et si on visitait les autres chambres de la pension ? propose un des responsables rouges de Schwabing.

Une perquisition commence. Dans une des pièces, une vieille dame les reçoit avec un air souverainement dédaigneux. C'est la baronne Mikusch, dont le Fils était commandant de la garde de Haidar Pascha dans l'armée ottomane, pendant la guerre. Sa photographie en grand uniforme, avec son fez, ses décorations orientales et son sabre, trône, dans un cadre rococo, sur un secrétaire.

—Un officier en uniforme turc ! s'écrie un des miliciens. C'est sûrement Sebottendorf !

—Quelle sale gueule avec son monocle !

—Et ces horribles moustaches à la Guillaume II !

Le Maitre de Thulé se trouve dans la pièce avec tous les autres et s'amuse décidément de plus en plus. Soudain, il imagine une ruse qui le réjouit fort :

—Confisquez donc cette photo, suggère-t-il. Il faudra en faire tirer des reproductions et chacun d'entre vous pourra facilement reconnaitre ce cochon de Sebottendorf s'il le rencontre dans la rue.

—Excellente idée, camarade, approuve le chef des miliciens.

Le Baron n'a pas hésité à lancer cette suggestion, car il sait que le fils de la baronne Mikusch, qu'il a fort bien connu lorsqu'il servait comme lui dans l'armée turque, se trouve bien tranquillement installé en Bohême-Moravie et pas du tout décidé à regagner la République des Conseils de Bavière.

Quelques jours plus tard, on distribue dans les sections de la Milice républicaine et dans les cellules du parti

révolutionnaire des reproductions de la fausse photo de Rudolf von Sebottendorf.
Le Baron peut se promener tranquillement dans les rues de Munich-la-Rouge. Personne ne peut le reconnaître. Il veut profiter du désordre pour regrouper ses hommes.

Formation du premier bataillon du « Freikorps » de Thulé

Désormais, Rudolf von Sebottendorf donne la primauté aux problèmes militaires. Selon sa vieille habitude, il continue à cloisonner les activités et confie les groupes qu'il constitue à des hommes sûrs.
La Société Thulé n'apparaît jamais directement en tant que telle, mais ce sont des hommes de Thulé qui suscitent, qui animent, qui dirigent de multiples organisations, sans rapports apparents entre elles. Le seul ciment qui les unit, c'est une foi commune dans le retour des vieux dieux hyperboréens.
Deux chefs de guerre vont alors apparaître dans les rangs de la Société Thulé et lui apporter une nouvelle dimension, celle du combat. Au temps du Kampfbund succède celui du Freikorps, le corps franc. Il ne s'agit plus seulement d'agitation mais de guerre civile.
Deux bataillons sont créés par deux jeunes officiers : le lieutenant Heinz Kurz et le sous-lieutenant Edgar Kraus. Les hommes de ces deux unités ne doivent pas avoir de rapports entre eux. Ils ne doivent même pas se connaître.
Le bataillon de Kurz rassemble ceux qui sont décidés à se battre au grand jour, les armes à la main, dans le cadre de ces

corps francs qui naissent et luttent dans toute l'Allemagne, sur les frontières comme dans les faubourgs.

Le lieutenant Kurz a déjà rassemblé de jeunes volontaires à Munich et les a dirigés d'abord vers le corps franc du colonel Ritter von Epp, en Thuringe. Mais, désormais, l'Armée rouge contrôle les frontières de la Bavière et les recrues ne peuvent quitter le pays. Ils reviennent sur Munich et commettent même la folle imprudence de se réunir dans les locaux de la Société Thulé.

Avec leurs vestes de chasse, leurs chapeaux tyroliens, leurs culottes de cuir, ils s'efforcent de passer pour de paisibles voyageurs. Mais le plus naïf des gardes rouges ne se tromperait pas sur leur appartenance. Ils campent dans les locaux, fumant, discutant et vidant force canettes de bière apportées par les petites secrétaires. Atmosphère de bivouac de lansquenets. De vieux sous-officiers à moustaches expliquent le fonctionnement des pistolets Mauser à des écoliers qui se sont rendus à la permanence le cartable sur le dos, bien décidés à ne pas regagner l'école sans avoir participé à l'inévitable combat.

Rudolf von Sebottendorf s'est réfugié dans un bureau avec le lieutenant Kurz. Le Maître a son visage des mauvais jours.

—Ça ne peut plus durer, dit-il. Ces encombrants gaillards vont nous faire repérer par les miliciens rouges. Il faut qu'ils s'en aillent.

—Où donc ?

—Il faut te débrouiller. Je veux qu'ils restent assez près de Munich pour que je puisse les garder sous la main. Mais assez loin pour qu'ils n'attirent pas l'attention sur nous par des allées et venues.

—Je pense les installer à Eching.

Ce village se trouve en pleine campagne bavaroise et les paysans s'y montrent de plus en plus hostiles au gouvernement rouge de Munich. Les réquisitions les exaspèrent et ils commencent à regarder avec un air songeur les carabines de chasse accrochées au râtelier d'armes des fermes. Le lieutenant Kurz prend contact avec le capitaine Beppo Römer, qui regroupe et cache les volontaires. Les liaisons avec Munich seront assurées par des motocyclistes, membres du *Kampfbund*, mais inscrits dans l'Armée rouge.

Les hommes de ce premier bataillon, à part quelques pistolets personnels, sont encore désarmés. Dès leur arrivée à Eching, ils tournent en rond et méditent d'attaquer, les poings nus, les arsenaux de l'Armée rouge.

—Ne faites pas de bêtises ! leur lance le lieutenant Kurz. Je connais une bien meilleure manière de nous procurer des armes, sans aucun danger.

—Et laquelle ?

—Il suffit de les acheter à ceux qui en possèdent.

—Mais ce sont des gardes rouges !

—Ils ont besoin d'argent comme tout le monde.

Très rapidement, un incroyable troc s'organise. Il en coûte soixante marks pour un fusil, dix marks pour un pistolet, trois marks pour les grenades à manche et un mark seulement pour les petites grenades ovoïdes. Deux jeunes étudiants, Witzgall et Stecher, se chargent de mener les négociations et surtout d'assurer le transport des armes à Eching, qui devient la base militaire de la Société Thulé.

Le second bataillon constitue la cinquième colonne

Le second bataillon, celui du sous-lieutenant Kraus, regroupe tous ceux qui préfèrent la guerre de la ruse à la lutte ouverte. S'y retrouvent les agents de renseignement, les saboteurs et ceux qui se sont volontairement engagés dans les rangs des formations de combat de la République des Conseils. Etrange ramassis de risque-tout, d'agents doubles ou triples, de mythomanes, de héros obscurs.

Désormais, des hommes du *Kampfbund* se sont infiltrés dans chaque section de l'Armée rouge et de la Milice républicaine. Pour ne pas avoir à tirer sur leurs camarades et surtout pour être mieux renseignés, ils remplissent volontiers des emplois de secrétaires.

Chaque soir, après le service, ils viennent faire leur rapport à Sebottendorf dans les locaux de l'hôtel des Quatre Saisons, en passant par la porte dérobée de la Marstallstrasse. Le Baron classe ces renseignements, les recoupe, les résume et expédie cette synthèse vers Augsburg. Ainsi le gouvernement bavarois, réfugié à Bamberg, sera prévenu de ce qui se passe à Munich.

Les locaux de la Société Thulé sont devenus un véritable rendez-vous de miliciens « rouges » qui vont et viennent dans les bureaux, remplaçant leurs camarades partis quelques jours auparavant pour Eching, où ils se préparent au combat à ciel ouvert.

NAISSANCE
DU CORPS FRANC « OBERLAND »

Dans Munich, que contrôlent de plus en plus étroitement les miliciens et les soldats de l'Armée rouge bavaroise, le Maître de la Société Thulé organise rapidement son mouvement de résistance. Depuis plusieurs mois, il se préparait à ces dures heures d'affrontement, les armes à la main. Il a toujours prévu le pire. Aussi ne sera-t-il pas surpris de voir la dictature d'Eugen Leviné, de Max Levien et de Towia Axelrod succéder aux folies de Gustav Landauer et d'Ernst Toller. Tout cela lui paraît dans la tragique logique des choses. Lénine, en octobre 1917, a ouvert la boîte d'où s'échappent tous les démons qui courent désormais le monde.

Avec eux, la lutte s'engage sans merci. Il n'y aura pas de pitié, ni d'un côté ni de l'autre. Si la République des Conseils instaurée le 7 avril 1919, arrive à se maintenir au pouvoir, tout ce que les fidèles du *Germanenorden* et de la Société Thulé ont rêvé de recréer sera voué au néant. La guerre se veut totale. Totale sera donc la victoire ou la défaite.

Dans ce combat, tous les alliés sont nécessaires. Pour Sebottendorf, le gouvernement Hoffmann, en exil à

Bamberg depuis la mi-mars, représente la seule chance. En le soutenant, le Maître de Thulé prend une option sur l'avenir. Il veut se trouver du côté de ceux qui reviendront, tôt ou tard, en vainqueurs, à Munich. Le Baron décide donc de prendre le vent et de se rendre dans la cité d'Augsburg, où il doit nouer un lien capital. Dans une petite auberge à l'enseigne de « l'Agneau doré », il doit rencontrer un avocat de la ville.

Les deux hommes s'installent à une table isolée, loin des oreilles indiscrètes. Parfois, on entend dans la rue le bruit de bottes des patrouilles. Des escouades de marins rouges patrouillent à la recherche des contre-révolutionnaires. Augsburg, tout comme Munich, vit en état de siège.

—Voilà, annonce d'emblée l'avocat. Je suis mandaté par le gouvernement Hoffmann.

—Que me veut donc « notre » président ?

—Il est temps d'oublier ce qui sépare les démocrates des nationalistes. L'important est de rétablir la légalité. Le gouvernement bavarois doit revenir à Munich. Il a besoin de savoir ce qui se passe dans notre capitale.

—Vous me proposez d'être agent de renseignement ?

—Appelez cela comme vous voudrez. Mais n'oubliez pas que le gouvernement Hoffmann représente la légitimité. Si vous le servez loyalement, les activités de votre *Kampfbund* deviendront légales.

—Mais dangereuses. Hoffmann tient le pouvoir à Bamberg. Pas à Munich.

—Un peu de patience, monsieur le Baron. La contre-révolution est proche. Soyez un de ses artisans. Vous qui avez la chance de vivre encore dans notre Munich.

Sebottendorf
devient agent du gouvernement bavarois en exil

Sebottendorf se montre séduit. Après avoir noyauté toutes les organisations de droite et infiltré des hommes dans tous les mouvements de gauche, voici le Maître de Thulé pressenti pour travailler avec le gouvernement social-démocrate en exil !
La Bavière, qui devait devenir le principal bastion rouge en Allemagne, va peut-être changer de camp et constituer le creuset où se rassembleront tous les héritiers de Thulé. D'où qu'ils viennent.
Rudolf von Sebottendorf n'a jamais voulu diriger une secte, mais, au contraire, créer, à l'aide de diverses « courroies de transmission », un mouvement populaire. Servir le gouvernement Hoffmann peut parfaitement s'inscrire dans son plan. D'autant que Bamberg reste loin de Munich. La vraie puissance, même si elle reste encore clandestine, se trouve dans la capitale.
Tandis que les volontaires du premier bataillon issu de la Société Thulé se camouflent à Eching, les hommes du deuxième bataillon multiplient les sabotages dans Munich même. Ils subtilisent les magnétos des automobiles de la Milice. Ils percent les réservoirs des avions sur l'aérodrome de Schleissheim. Surtout, ils préviennent les suspects des arrestations ou les paysans des réquisitions.
La fabrication des faux papiers devient une des spécialités des hommes du sous-lieutenant Kraus. Plutôt que de confectionner des faux tampons, ils en achètent de vrais à des militants communistes et ils utilisent des laissez-passer authentiques. Chaque homme de la société Thulé engagé dans

la résistance possède désormais une carte tout ce qu'il y a de plus authentique du *Spartakusbund*.

Les courriers qui assurent la liaison avec Bamberg se camouflent en paisibles employés des chemins de fer. La vie clandestine s'organise. Les anciens de la garde nationale, les policiers licenciés par le régime des Conseils, les anciens officiers de l'armée impériale se retrouvent et complotent. On parle d'un putsch.

Tentative avortée de putsch contre-révolutionnaire

Le général Seyffertiz commande la garnison de Munich. Si certaines unités sont fortement noyautées par les communistes, d'autres restent attentistes ou sont même prises en main par des nationalistes. Dans les casernes, des discussions éclatent sans arrêt. Un tract circule : « La Bavière est tombée entre les mains de fous dangereux. Mais le gouvernement régulier rassemble des forces dans le nord du pays. Les campagnes se dressent pour sauver le régime socialiste des menées bolcheviques. Debout, Munichois ! A bas la tyrannie ! Vive l'Etat libre de Bavière et vive le gouvernement Hoffmann ! »

Ce tract a été largué par avion sur la ville. Sebottendorf charge ses hommes de le reproduire et de le diffuser. Il n'a pas hésité à le signer : la section social-démocrate provinciale...

Désormais, le complot se noue. Le général Seyffertiz occupera les points névralgiques avec les soldats de la garnison de Munich. Schneppenhorst, le ministre de la guerre du gouvernement bavarois en exil à Bamberg, arrivera à la rescousse, avec plusieurs milliers d'hommes aux ordres du président Hoffmann.

—Rendez-vous à Munich au matin du dimanche des Rameaux.

Les hommes de la Société Thulé, camouflés à Eching, ont reçu dans cette tentative de putsch un objectif de choix : ils doivent s'emparer de l'aérodrome de Schleissheim.

Mais le commandeur du régiment de la Garde ex-royale est un républicain progressiste. Il refuse de trahir le pouvoir des Conseils et parvient même à intercepter les délégués du gouvernement Hoffmann, arrivés clandestinement à Munich quelques heures auparavant.

Seyffertiz a réussi à contrôler la ville. Les passants commencent à molester les communistes. Mais les troupes gouvernementales n'arrivent pas. Schneppenhorst ne tient pas sa parole.

A midi, en ce dimanche 13 avril, la situation devient critique pour les putschistes. Les gardes rouges commencent à sillonner la capitale bavaroise à bord de voitures blindées. Les Soviets de soldats passent à l'action dans les casernes et invitent énergiquement leurs camarades à lâcher le « gouvernement bourgeois des traîtres à la classe ouvrière ». De Bamberg, le président Hoffmann, tenu au courant par téléphone, comprend que la partie est perdue.

A minuit, Seyffertiz évacue le musée de l'Armée et parvient à s'enfuir. Dernier bastion des putschistes, la gare centrale tombe le lendemain à l'aube.

Les Conseils reprennent la situation en main et proclament une République soviétique communiste de Bavière. La milice est dissoute et la police désarmée. L'ordre sera désormais assuré par les gardes rouges. Leur première opération consiste à occuper la poste centrale et à couper toutes les communications avec l'extérieur.

Les trois hommes forts de Munich-la-Rouge

Le pouvoir n'est resté qu'une semaine entre les mains des anarchistes et vient d'être récupéré par les communistes. Trois agitateurs professionnels contrôlent désormais Munich.

Eugen Leviné a trente-six ans. Il est né dans une famille juive de Saint-Pétersbourg, mais il a fait son service militaire dans l'armée allemande, où il est devenu spartakiste. Désigné pour représenter l'Allemagne à la première séance du Komintern à Moscou, il n'a pu franchir la frontière et s'est replié sur Munich où il va diriger le parti et rédiger l'édition bavaroise de *Die rote Fahne*.

Max Levien est son cadet de deux ans. Il appartient lui aussi à une famille israélite, à moitié russe et à moitié allemande. Il a connu les bagnes sibériens, a rencontré Lénine dans son exil helvétique, avant la guerre, et a organisé des cellules spartakistes dans les rangs de l'armée impériale. Depuis décembre 1918, il dirige les communistes bavarois.

Towia Axelrod est, lui aussi, d'origine juive et russe. Il est arrivé en Allemagne, avant même la fin de la guerre, en se glissant dans la suite d'Adolf Joffé, l'ambassadeur soviétique. Quand celui-ci a été chassé de Berlin, le camarade Axelrod a gagné Munich. Il compte y apporter l'expérience de la révolution russe, car il reste très fier de s'être trouvé à Petrograd aux côtés de Lénine, lors de la révolution d'octobre 1917.

Ces trois étrangers se sont assurés le concours d'un partisan fanatique, le matelot Rudolf Egelhofer, âgé de vingt-six ans, qui a naguère participé à la mutinerie de Kiel. Président du Soviet des chômeurs, il devient le chef militaire de la République des Conseils et sera le véritable créateur de l'Armée rouge. Ce Trotski allemand est un militariste forcené qui rédige des appels aux armes dans un style enflammé « Prolétaires de tous les pays, unissez-vous ! Vous devez vaincre et vous vaincrez ! Disciplinez-vous. Choisissez-vous des chefs capables. Obéissez-leur aveuglément mais démontez-les s'ils flanchent au combat. Formez vos compagnies et vos bataillons. Rassemblez-vous chaque jour aux endroits désignés dans vos usines pour vous entraîner militairement... Défilez en rangs serrés en ville pour montrer votre force matérielle. Ne laissez prendre par personne vos armes et vos munitions. »
Une véritable « île rouge » se forme dans le sud de la Bavière. Au centre Munich. Places fortes sur les « frontières » : Dachau, Schleissheim, Augsburg, Rosenheim. A Dachau, se trouve les réserves en munitions et en billets de banque de la République des Conseils. L'or et le plomb des Soviets de Bavière...

Le Baron part tout seul en campagne

Le gouvernement Hoffmann semble surtout soucieux de ne pas trop céder aux « Prussiens » et aux nationalistes qui seuls, pourtant, peuvent le ramener à Munich. Il a longuement hésité avant même de solliciter les services d'un homme aussi marqué comme extrémiste que Rudolf von Sebottendorf. Tout serait tellement mieux si les Bavarois pouvaient s'arranger entre eux... Aussi Hoffmann refuse une première fois l'aide des corps francs que lui propose le socialiste Noske, le « molosse » vainqueur des Spartakistes dans la capitale du Reich. Il décide de lancer une opération militaire par ses propres moyens.

A la mi-avril, son général de confiance, Schneppenhorst, un authentique Bavarois, reconnaît les avant-postes de l'Armée rouge, avec quelques unités mal aguerries des troupes républicaines. Il a accepté avec dédain l'aide du bataillon de Thulé, qu'il considère formé de dangereux activistes. En face de l'armée bavaroise, Ernst Toller, qui commande un détachement des milices ouvrières, décide d'arrêter les troupes gouvernementales devant Dachau. Pendant plusieurs heures, on va tirailler dans les faubourgs. Chacun reste sur ses positions. Rouges et Blancs s'observent et se gardent de part et d'autre d'attaquer.

Le capitaine Beppo Römer, avec le bataillon d'Eching, formé par le *Kampfbund* de Thulé, sera le seul à vraiment se battre, durement, pendant cette journée confuse. Son chef s'est enfui sur une locomotive et vient, une fois encore de lâchement abandonner ses troupes. Römer, par contre, a pris trop de risques au cours de l'engagement. Il se retrouve prisonnier et incarcéré dans le dépôt des pompes à incendie de Dachau. Il s'attend à être fusillé.

Le capitaine réussit pourtant à s'évader, vole une bicyclette et pédale à toute allure sur la route de Munich. Quelques heures plus tard, il a réussi à rejoindre Sebottendorf dans la capitale bavaroise.

—Il faut continuer à se battre, décide le Baron. Le putsch a échoué, mais nous allons essayer autre chose. Connaissez-vous Eichstätt ?

—Certainement.
—Bien. Alors, vous allez vous emparer de la caserne et y tenir le plus longtemps possible.
—A quoi pensez-vous donc, monsieur le Baron ?
—A faire la guerre. Je vais quitter Munich et me rendre à Bamberg. Je demanderai au gouvernement Hoffmann l'autorisation de monter un corps franc. Ce brave social-démocrate ne me refusera rien désormais. Je l'ai assez renseigné sur ce qui se passe dans sa capitale.
—Mais qui aurez-vous comme soldats dans ce corps franc ?
—D'abord vous-même, capitaine Römer. Et nos volontaires d'Eching, que vous réussirez sûrement à vite rameuter. L'odeur de la poudre va les attirer, vous verrez.
L'officier reste assez sceptique et demande même un ordre écrit pour remplir une telle mission.
Rudolf von Sebottendorf va se révéler un bon chef de guerre. Il dirige le sous-lieutenant Kraus et quelques-uns de ses partisans clandestins sur le nœud ferroviaire de Treuchtlingen.
—Vous tiendrez la gare et aiderez tous ceux qui voudront gagner Eichstätt. Bien entendu, je ne vous empêche pas de recruter au passage de nouveaux volontaires.

Encore un beau coup de chance et d'audace

Le mercredi 16 avril, précédé par le lieutenant Kurz, qui lui sert d'éclaireur, Rudolf von Sebottendorf, qui se sent « brûlé » à Munich, doit enfin se décider à gagner, à son tour, Bamberg.
Il voyage avec dans sa poche une carte presque authentique de « fonctionnaire des chemins de fer ». Plusieurs membres

du Kampfbund le suivent, munis eux aussi de faux laissez-passer.
Le Baron a mis à l'abri son fichier et les documents de la Société Thulé. Toute cette paperasse tient dans deux cantines militaires marquées à ses initiales R. v. S.
Les Frères et les Sœurs restés à Munich reçoivent l'ordre de se disperser et de se fondre « dans la nature ». Les Rouges ne vont pas tarder à savoir que le Maître organise un corps franc à Bamberg et leurs réactions promettent d'être terribles.
Au moment où Sebottendorf boucle sa valise, Konrad Ritzler, un membre de la Société Thulé qui s'est naguère engagé dans la Milice républicaine et l'a déjà prévenu, à plusieurs reprises, des poursuites décidées contre lui, surgit dans le local.
—Cette fois, ils sont après vous. Partez le plus vite possible !
Sebottendorf décide de ne plus retourner à la pension Doring et de passer sa dernière nuit munichoise à l'hôtel Deutscher Hof. Il s'y présente sous le nom de M. Kallenbach, employé des chemins de fer. Dans les chambres voisines de la sienne se trouvent deux de ses fidèles : la baronne Adelheid von Mikusch et Mlle Kathe Bierbaumer.
Les gardes rouges perquisitionnent dans la nuit, mais ne font pas attention au camarade employé des chemins de fer. Les deux femmes passent inaperçues, car les gardes rouges recherchent seulement cette nuit-là un certain baron von Sebottendorf, qu'ils traquent depuis la veille au soir dans tout Munich.
A la gare, le lendemain à l'aube, toutes les issues sont gardées militairement. Un garde rouge arrête Sebottendorf :

—Personne ne passe sans une autorisation écrite du chef de Station.
—Mais je suis employé des chemins de fer et je dois me rendre à Nüremberg.
Le milicien va répondre par un classique « je ne veux pas le savoir », quand surgit un authentique chef de service des chemins de fer.
—Tirez-moi de là, lui demande Sebottendorf. Je suis un de vos collègues.
Il a eu la bonne idée de l'interpeller en dialecte bavarois et cela contribue encore à détendre la situation.
—L'ordre ne joue pas pour un employé du chemin de fer, assure le « collègue » de Sebottendorf. Laissez-le passer.
Après quelques heures d'attente à Augsburg, le Maître de la Société Thulé et ses deux compagnes arrivent à Bamberg.

Le gouvernement bavarois
demande l'aide des corps francs

Dans la capitale provisoire du gouvernement bavarois, Rudolf von Sebottendorf retrouve son fidèle lieutenant Kurz.
—Il faut que ce brave Hoffmann convoque son conseil des ministres. Je veux moi-même raconter à ces messieurs ce qui se passe à Munich.
Le Baron est furieux. Les troupes gouvernementales de Schneppenhorst ont échoué dans leur attaque devant Dachau et ont manqué le rendez-vous avec Seyffertiz.
—Où est-il celui-là ?

—Ici même. Il a réussi à s'enfuir de Munich. Mais il ne décolère pas contre le gouvernement et prétend avoir été trahi.
—Il n'a pas tort. L'armée régulière a été en dessous de tout. C'est à croire que nos soldats ne veulent pas se faire tuer pour un gouvernement social-démocrate.
—Alors, monsieur le Baron ?
—Alors, il n'y a qu'une seule solution : faire appel aux corps francs.

Sebottendorf pense d'abord à la plus solide d'entre ces formations de « Réprouvés », celle qu'a réussi à lever le colonel Ritter von Epp à Ohrdruf, en Thuringe, et dans laquelle les volontaires bavarois sont très nombreux.

Le conseil des ministres, comme si rien ni personne ne pouvait résister au Baron, se réunit le soir même. Certes, ces soldats modérés sont fort contrits de demander l'aide des terribles activistes des corps francs. Mais ils n'ont pas d'autre choix s'ils veulent un jour revenir à Munich. Il leur faut bien dénicher les fourgons de quelque vainqueur ; sans le sabre du colonel von Epp leurs porte-plume ne quitteront jamais les encriers de l'exil.

Le 19 avril 1919, le projet d'une marche sur Munich est adopté. Il s'agit de rameuter les corps francs. Partout s'en vont des émissaires : à Regensburg, à Wurzburg et à Eichstätt où le capitaine Römer et les hommes de Thulé occupent toujours la caserne. Là, doit un jour se former un nouveau corps franc, qui prendra le nom d'*Oberland*.

Rudolf von Sebottendorf a parfaitement réalisé son plan. Il quitte Bamberg pour Nüremberg et s'installe à l'hôtel Fürstenhof. Le Maître de la Société Thulé ne restera pas longtemps dans la capitale de la Franconie. Tout se joue désormais en Bavière où la parole appartient aux soldats.

Formation d'une nouvelle troupe de Thulé : *« Oberland »*

Le dimanche de Pâques 1919, une semaine exactement après l'échec du putsch munichois des Rameaux, Rudolf von Sebottendorf arrive à Eichstätt où se recrute « son » corps franc.

Oberland apparaît sans conteste comme une nouvelle filiale de la Société Thulé. Ici, doivent se recruter, avant tout, des soldats. A leur tête, le Baron place, le 22 avril, le major von Beckh, qui a combattu dans les tranchées pendant la guerre et reste un militaire de stricte obédience, adhérent dès 1918 de la Société Thulé. Parfois, certaines des idées ésotériques de Sebottendorf le surprennent un peu. Mais il s'absorbe dans les tâches de l'instruction et laisse le Maître partir sur les routes de la Bavière septentrionale, à la recherche de nouveaux volontaires.

A Rothenburg ob der Tauber, à Ansbach, à Gunzenhausen se tiennent des réunions et s'ouvrent des bureaux de recrutement. Dans l'euphorie des discours, dans la fumée des pipes à longs tuyaux de porcelaine, dans le fracas des chopes cognées sur les tables de bois, on discute, on se défie, on s'engage. *Oberland*, le mot sonne bien pour tous ces Bavarois. Il faut partir vers le sud, vers le soleil, vers les montagnes. Il faut libérer la vieille cité de Munich et planter le drapeau bleu et blanc de l'immortelle Bavière et le pavillon de guerre noir-blanc-rouge du Reich sur les clochers de ses palais et de ses églises. Chez ces jeunes volontaires enthousiastes, la croix du Christ fait bon ménage avec la roue solaire de Wotan. Le Baron s'en soucie peu. Ces garçons n'ont pas d'idées bien précises. Ils ne brûlent que de l'envie de se battre. Le monde de Thulé renaît et il ne s'encombre pas de théories. Tout est simple dans le combat. Il n'y a plus que les camarades et les ennemis. Les hommes qui sont du même sang et du même esprit. Et les autres. Ceux-là n'ont pas de pitié à attendre des garçons d'*Oberland*. C'est la guerre. Totale.

Rudolf von Sebottendorf poursuit sa tournée de recrutement. Le voici à Weissenburg et à Treuchtlingen. Ses fidèles lieutenants se sont répartis le travail : Kurz s'occupe du personnel et Kraus du matériel. Il faut trouver des armes, des vivres, des camions. La marche sur Munich se prépare dans une atmosphère de fièvre.

Des courriers réussissent à franchir les frontières et arrivent de Munich. Il n'y a pas encore de lignes de front dans cette étrange guerre civile, mais, comme au Moyen Age, des bourgades qui deviennent des places fortes, comme les châteaux d'autrefois. Les Spartakistes sont bien décidés à se battre. On compte à Munich près de quarante mille gardes rouges armés, mais le quart à peine semble en état de combattre avec efficacité. Les soldats des corps francs sont tout aussi résolus. Des deux côtés, on va lutter par instinct plus que par raison. Dans les deux camps, les meilleurs sont prêts à se faire tuer.

Un courrier rejoint Sebottendorf à Treuchtlingen, alors que le Baron s'apprête à rejoindre les cantonnements d'*Oberland* à Eichstätt, où se sont déjà rassemblés cent vingt hommes. L'homme arrive de Munich en compagnie d'un sous-officier de l'Armée rouge qu'il a réussi à faire prisonnier. Tous deux sont des ouvriers et semblent finalement plus complices qu'ennemis.

—J'étais ce matin même au local de la Marstallstrasse, annonce le messager.

—Comment, s'exclame le Baron, nos amis n'ont pas encore fermé boutique ! Ils sont fous !

Le Baron n'en revient pas d'apprendre que ses Frères restés à Munich se montrent encore plus imprudents que lui.

—Le trésorier Joseph Ott continue son travail comme si rien ne pouvait lui arriver. La fabrication des faux papiers se développe. Une centaine de titres de transport devaient être prêts aujourd'hui. Ott a dû les confier, comme prévu, à un sous-lieutenant qui devait rejoindre le corps franc Regensburg.

—Qui est-ce ? demande le Baron.

—Rudolf Hess.

L'encerclement de Munich terminé pour le 1ᵉʳ mai

Le 26 avril, Rudolf von Sebottendorf qui a réussi à former une seconde compagnie d'*Oberland* reçoit l'ordre de se présenter à la Kommandantur de Nüremberg.

—Les Spartakistes préparent un putsch, lui annonce-t-on d'emblée.

—En effet, j'ai remarqué quelques attroupements suspects dans les rues. Il faut intervenir.

—Impossible, le gouvernement réfugié à Bamberg a donné l'ordre de ne se servir des armes sous aucun prétexte. Nos adversaires le savent et semblent agir à leur guise.

—Qu'est-ce que voulez donc que j'y fasse ? s'étonne le Baron.
—Partez à Bamberg et essayez de les convaincre de rapporter cet ordre stupide.
Quelques heures plus tard, l'infatigable Baron a réussi à convaincre « ces messieurs ». Déjà, l'offensive contre Munich se prépare.
—L'encerclement doit être terminé pour le 1er mai annonce le général von Möhl qui commande les contingents wurtembergeois et prussiens de l'armée régulière et contrôle les corps francs dont le plus important reste celui du colonel Ritter von Epp.
—Le 1er mai ! s'exclame von Sebottendorf. Voilà une bonne date pour briser cette prétendue « dictature du prolétariat ».
Le corps franc *Oberland* grossi de nombreux volontaires se met en route dès le 29 avril. Objectif : la bourgade touristique de Bad Tölz, à une cinquantaine de kilomètres au sud de la capitale bavaroise.
Le convoi contourne la ville de Munich par l'est et traverse Ingolstadt et Rosenheim. Les volontaires, entassés dans les camions, n'ont pas encore d'uniforme, mais portent des vestes bavaroises et de grosses chaussures cloutées. Dans leur sac de montagne, des paquets de cartouches, des saucisses et du pain noir. Ils chantent et brandissent leur fusil de guerre. Etranges montagnards qui partent pour la plus cruelle des chasses.
A chaque village, ils agitent des drapeaux et scandent le meme cri :
—A Munich ! A Munich !

—A Munich ! répétent les paysans, en saluant ces garçons qui vont les débarrasser des gardes rouges et des commissaires aux réquisitions.

La neige a fondu. Entre deux averses, le soleil commence à réchauffer la terre bavaroise. L'herbe pousse dru. Voici les premières fleurs. Les volontaires d'*Oberland* interpellent les filles accoudées aux barrières, si jolies dans leurs robes à fleurs. Elles pouffent de rire et se gardent de répondre aux plaisanteries des soldats. Mais elles leur trouvent fière allure avec leurs vareuses vertes ou grises et ces chapeaux de montagnards où brinqueballent des médailles de laiton, des plumes de coq et des blaireaux en soie de sanglier. Il fait très beau maintenant. Le vent se lève. De courtes vagues clapotent sur les lacs. Entre les sapins, apparaissent les champs et les prairies. Le corps franc *Oberland*, fort de trois cent cinquante volontaires, part au combat en chantant.

Vu du ciel, le plus célèbre site archéologique de l'antiquité européenne : Stonehenge, près de Salisbury, dans le comté du Wiltshire. Depuis des milliers d'années, se dresse dans la campagne britannique ce prodigieux temple du soleil où certains spécialistes découvrent un indéniable observatoire astronomique. Haut lieu par excellence du monde des Hyperboréens, Stonehenge voit chaque année se rassembler, à l'occasion du solstice d'été, des pèlerins venus de tous les pays jadis conscients de la réalité du mythe de **Thulé**. (D.R.)

Le plus célèbre et le plus mystérieux des membres (Mitglied) de la société **Thulé** et de son **Kampfbund** : Rudolf Hess. Né à Alexandrie en 1894, il s'engage à vingt ans et termine la guerre de 14-18 comme sous-lieutenant aviateur. Blessé lors de la prise de la ville par les corps francs, le 2 mai 1919. Emprisonné à Landsberg après l'échec du Putsch de 1923. Secrétaire privé puis "Stellvertreter" d'Adolf Hitler, il surprendra le monde entier en se lançant, le 10 mai 1941 en parachute au-dessus de l'Écosse. Personne n'a jamais tranché d'une manière définitive sur le sens de la mission qu'il s'était alors fixée, mais certains croient qu'il voulait essayer de rétablir la paix entre les peuples descendants des Hyberboréens, engagés dans la guerre qu'il avait toujours jugée fratricide. Condamné à l'emprisonnement à vie du procès de Nuremberg et toujours détenu à la prison de Berlin-Spandau. (D.R.)

Le Vatnajökull, immense paysage volcanique au cœur de l'Islande. Dans ces brumes, ces glaces, ces flots et ces feux, les Anciens situaient la limite septentrionale du monde, l'**Ultima Thulé**. (D.R.)

(En bas) La pentécontore de Pythéas le Massaliote, telle qu'elle a été reconstituée par Lucien Damonte sur les plans de Ferdinand Lallemand, érudit maritime et auteur du "Journal de bord de Pythéas". C'est à bord de ce bateau à la voile carrée, marquée du signe de la roue solaire, que le navigateur du IVe siècle avant notre ère a découvert l'île sacrée de **Thulé**. (D.R.)

Statue de Pythéas tel que l'ont imaginé ses compatriotes de Marseille, lui donnant le visage légendaire de Poséidon, le vieux dieu hellène de la mer. (D.R.)

Au-dessus des vagues de la mer du Nord, les falaises vertes, rouges et noires de l'île de Heligoland. Ici, au large de la côte de l'Ambre, se dressait autrefois le mystérieux continent de l'Atlantide avec son temple circulaire en l'honneur du dieu de la mer. (D.R.)

L'étrange Dr Jörg Lanz von Liebenfels (1874-1954). Ancien moine cistercien, il anima la revue **Ostara** et fonda l'Ordre du Nouveau Temple (**Ordo Novi Templi**). Inventeur de la "théozoologie", il rêve au grand retour des Hyperboréens et croit que les hommes pourront un jour devenir semblables aux dieux. Il mêlera l'ésotérisme le plus obscur et la propagande la plus primaire. Mais on citera parmi ses disciples le dramaturge suédois August Strindberg et le général britannique Lord Kitchener. Le fondateur de l'O.N.T., qui passe pour avoir "donné ses idées à Hitler", connaîtra pourtant de gros ennuis sous le IIIe Reich et ses disciples seront surveillés par la Gestapo. (D.R.)

Le paysage étrange et merveilleux de l'île sacrée de Thulé, tel qu'il n'a cessé de hanter les descendants des Hyperboréens, depuis le bel âge du bronze. Là vivait, autrefois, le peuple qui devait connaître une prodigieuse aventure, depuis les glaces flottantes de l'océan Arctique jusqu'aux rochers brûlés par le soleil de la mer Méditerranée. (D.R.)

Erich Ludendorff (1865-1937). Ancien quartier-maître-général de l'armée impériale pendant la guerre 14-18. Compromis dans le Putsch national-socialiste du 9 novembre 1923. S'éloigne d'Adolf Hitler pour créer avec sa femme, Mathilde Spiess, un important mouvement religieux païen de "connaissance de Dieu". (D.R.)

Karl Haushofer (1869-1946). Général d'origine bavaroise. Spécialiste de l'Extrême-Orient. Professeur à l'université de Munich après la guerre 14-18. Inventeur de la "géopolitique" et théoricien de l'espace vital.
Maître de Rudolf Hess. Après la défaite, il se suicidera à la manière des Japonais. (D.R.)

Le corps-franc **Oberland**, créé par la société **Thulé** en avril 1919, participe, quinze jours plus tard, à la prise de Munich. Montagnards bavarois et activistes recrutés par Rudolf von Sebottendorf paradent dans les rues de la ville, dans une tenue plus folklorique que militaire. (D.R.)

Walter Deike, ancien combattant et artiste peintre, ami de Nauhaus, fusillé avec lui et les six autres otages de la société **Thulé**, au lycée Luitpold, le 30 avril 1919. (D.R.)

Adam Glauer, qui se faisait appeler le baron Rudolf von Sebottendorf (1875-1945). D'origine saxonne et de nationalité turque, il organise, dès 1918, la province bavaroise du **Germanenorden** et animera les multiples associations gravitant autour de la **Thulé Gesellschaft**. (D.R.)

Comtesse Hella von Westarp, assassinée à Munich avant la prise de la ville par les corps francs. (D.R.)

Walter Nauhaus, qui donnera le nom de **Thulé** au groupe bavarois de l'Ordre des Germains. (D.R.)

Dietrich Eckart (1868-1923). Auteur dramatique et agitateur politique. Fondateur de la revue *Auf gute Deutsche* en 1919. Journaliste au *Völkischer Beobachter*. "Hôte" (Gast) de la société **Thulé**. Mort peu après le Putsch du 9 novembre 1923 à Munich. (D.R.)

Alfred Rosenberg (1893-1946). Allemand d'origine balte. Secrétaire de Dietrich Eckart et, comme lui, "Hôte" (Gast) de la société **Thulé**. Auteur du *Mythe du XXe siècle* et futur ministre du IIIe Reich pour les territoires de l'Est. Pendu à Nuremberg. (D.R.)

L'hôtel des Quatre Saisons (Vier Jahreszeiten), le plus luxueux palace international de Munich, Maximilianstrasse, où se réunissaient clandestinement les membres de la société **Thulé**, au temps de la république des Conseils. Le nom du propriétaire, Walterspiel, n'a pas changé depuis cette époque. (D.R.)

L'insigne de la société **Thulé** : les feuilles de chêne, le glaive des anciens Hyperboréens et la roue solaire, image du soleil triomphant. (D.R.)

Gottfried Feder (1883-1941). Ingénieur du bâtiment et spécialiste des questions financières. Orateur favori des conférences économiques organisées par la société **Thulé**. (D.R.)

Karl Harrer (1890-1926). Grand blessé de guerre. Journaliste sportif à Munich. Fondateur du cercle ouvrier Arbeiteg Ring contrôlé par la société **Thulé**, dont il était membre (Mitglied) (D.R.)

Anton Drexler (1884-1942). Ouvrier forgeron aux chemins de fer, "Hôte" (Gast) de la société **Thulé**. Créateur d'un cercle ouvrier allemand qu'Adolf Hitler transformera en parti national socialiste (N.S.D.A.P.). Dès 1921, il sera éliminé de toute fonction active pour devenir simple "président d'honneur" et mourra oublié pendant la dernière guerre. (D.R.)

L'ASSASSINAT DES SEPT OTAGES

J'étais désormais parvenu au tournant le plus tragique de la brève histoire de la Société Thulé. Le drame sanglant qui va se jouer le 30 avril 1919 éclaire de sa lueur de feu toute cette équipée. Quelle ne fut pas ma stupéfaction en découvrant qu'il s'est dénoué à une date particulièrement sacrée pour les anciens Germains, en ce jour de printemps qui précède la nuit de Walpurgis, où les divinités hyperboréennes se répandent dans la Nature, pour mettre fin à l'hiver. Les chrétiens devaient transformer en sorcières ces filles merveilleuses de Thulé !
Par une seconde coïncidence, qui rend le hasard décidément bien étrange, et que moi je nommerais signe du destin, c'est aussi un 30 avril, vingt-six ans plus tard, que devait se suicider, dans son *Führersbunker* de Berlin, assiégé par les troupes soviétiques, celui que la Société Thulé devait — pour son malheur — tant contribuer à porter au pouvoir. De cela, il faudra reparler avant la fin de ce livre. Mais il faut d'abord comprendre pourquoi le combat est soudain devenu si acharné et si impitoyable. Sans l'assassinat de ces otages, la lutte n'aurait pas été emportée par un tel torrent de vengeance et de haine, déferlant sur l'Europe en un raz de marée sans doute plus catastrophique encore que ce raz de

marée qui avait naguère englouti le continent sacré des Hyperboréens. Ce n'est pas sans répugnance que j'abordais ce chapitre dégoûtant de sang. Mais il fallait me plonger dans l'horreur et la boue, pour suivre pas à pas le martyre des sept fidèles de Thulé, témoignant à jamais que la lutte millénaire n'avait pas cessé. Il fallait sans doute leur sacrifice pour que nous comprenions que leurs rêves n'étaient pas quelque innocente passion intellectuelle, mais un engagement total, au péril de leur vie.

Qu'ils fussent sept, chiffre sacré pour qui connaît la science ésotérique des nombres, me paraissait particulièrement significatif. Là encore, je voyais un signe du destin que les incrédules appellent trop souvent le hasard. Sept fidèles. Six Frères et une Sœur, qui n'ont pas failli à ce serment prêté le jour où Rudolf von Sebottendorf les a appelés au combat, lors de la réunion du 9 novembre 1918, lorsque tout a commencé aux yeux aveugles du monde. Sept parmi deux centaines d'hommes et femmes qui constituaient alors la petite poignée d'éveillés, capables de renoncer à tout pour suivre la voie librement choisie à l'appel du Maître de la Société Thulé. Sept, dont je connaissais les noms et parfois les visages, grâce aux mauvaises photographies des gazettes de l'époque. Sept, que j'allais essayer de suivre, pas à pas, pendant les heures tragiques précédant leur mort.

Le dernier appel aux armes de l'Armée rouge

J'enrageais de ne plus trouver de témoignages directs. Mais il me restait encore les minutes du procès de leurs assassins et le livre rarissime qu'Ambroise Got a publié en 1922, à la Librairie académique Perrin, sur *La terreur en Bavière*.

Précieux récit d'un homme qui a vécu de près toute cette aventure et dont les opinions, situées très à gauche, n'en rendent que plus précieux le témoignage. Il a rencontré Kurt Eisner, à la conférence internationale socialiste de Berne, peu avant son assassinat, et ne cache pas un parti pris très favorable pour le fondateur de la République bavaroise et pour ses idées séparatistes. Seulement, Ambroise Got reste de ces vieux socialistes humanitaires qui savaient encore se placer au juste milieu et haïssaient d'un même élan horrifié les fanatiques de l'extrême gauche et ceux de l'extrême droite. Il dénoncera tout autant la terreur blanche que la terreur rouge qui l'a précédée. Il conclut son livre en évoquant « la gangrène pangermaniste qui a poussé sur le fumier communiste » et souhaite que l'Allemagne s'engage sincèrement « sur le chemin de la démocratie ». Pour lui, tous les crimes restent inexpiables, quel que soit le côté de la barricade ; les assassins n'ont plus d'autre parti que celui de l'horreur.

Tandis que les corps francs s'approchent de Munich, on colle à la hâte des affiches sur les murs et les palissades de la capitale bavaroise. Je revoyais ces placards jaunâtres, apposés par les hommes de l'ancien matelot Egelhofer, devenu le chef de l'Armée rouge. C'est l'ultime appel aux armes : *La bourgeoisie conduit ses lansquenets vers Munich pour étouffer dans le sang la jeune liberté du prolétariat. Armez-vous et rassemblez-vous pour combattre en faveur de la République socialiste des Conseils ! Enrôlez-vous dans l'Armée rouge ! Montrez les dents aux bourreaux de la révolution et envoyez chez eux les gardes blancs avec des têtes ensanglantées...*

Mais il ne suffit pas de se battre sur le front, aux portes de Munich. Il faut aussi tenir la ville, où les hommes des corps francs possèdent des partisans nombreux et résolus. La terreur s'inscrit à l'ordre du jour. Les politiques s'effacent désormais devant les militaires. On assiste à une véritable prise du pouvoir par les gardes rouges. Rudolf Egelhofer et ses hommes sont décidés à ne pas faire de quartier. L'ancien matelot propose de parquer tous les « bourgeois » de la ville sur la Theresienwiese, de parlementer avec les troupes gouvernementales et, en cas d'échec, de massacrer tous les prisonniers. Cette politique des otages l'obsède. Des patrouilles de gardes rouges parcourent les rues, le fusil à la main, à la recherche des opposants. Les Munichois se terrent chez eux. Des petits groupes activistes se dévoilent et passent de la résistance clandestine à la lutte ouverte. Les contre-révolutionnaires reprennent espoir.

Dans les locaux de la Société Thulé, Marstallstrasse, on continue de travailler, sans prendre la moindre précaution. Les fidèles restés dans la capitale bavaroise se croient intouchables. Mais le temps n'est plus où le Baron arrivait à « arranger les choses » avec les policiers ou les miliciens. Les nouveaux maîtres de la Bavière sont plus méfiants et plus cruels. A l'approche de leur inéluctable défaite, ils veulent du sang.

Arrestation de la comtesse Hella von Westarp

Le 26 avril 1919, un « commando » de matelots révolutionnaires et d'ouvriers communistes se présente dans les locaux de la Société Thulé. Le trafic des faux papiers et l'acheminement des volontaires vers le nord du pays ne pouvaient quand même pas passer éternellement inapercus !

Les locaux sont déserts. Il ne s'y trouve qu'une jeune femme, la comtesse Hella von Westarp. Agée de trente-trois ans, elle a naguère quitté sa famille pour vivre de son travail. Mais elle a perdu sa place quand les autorités républicaines ont appris son titre de noblesse. Alors, depuis le mois de février, elle travaille à la Société comme secrétaire et sténotypiste. Malgré la prise du pouvoir par les communistes, elle n'a pas voulu quitter Munich.

Il ne reste aucun témoin de cette scène. Il me fallait donc imaginer ces moments dramatiques. La jeune femme se trouve seule pour faire face à ces hommes, dont la haine s'alimente à la peur qui commence désormais à étreindre tous les révolutionnaires de Munich. J'avais longuement interrogé son visage, sur un cliché jauni. Un beau visage aux traits réguliers très noble, très hellène de la haute époque. Le regard rêveur des filles d'Hyperborée, les cheveux tirés en une coiffure stricte qui formait une sorte de casque. Visage certes plus athénien que spartiate, mais où je ne pouvais m'empêcher de discerner déjà le voile de la mort. Une sorte de calme tragique. Immobile. Qui nous rendra un jour cette certitude paisible qui émane d'une telle femme ? La passion reste tout intérieure. Ce ne sont certes pas les traits d'une

Pasionaria. Et pourtant le feu brûle sous la glace de ces yeux clairs.

La comtesse Westarp répond à l'interrogatoire par phrases brèves. Elle ne se trouble pas. Depuis si longtemps, elle devait quand même savoir que ce moment viendrait un jour. En interrogeant ce visage, je pensais sans cesse à une fille de mon pays, Charlotte Corday. Mais la petite-nièce de Corneille s'était armée d'un poignard et avait frappé. Hella n'est pas Charlotte. Elle demeure incapable de violence physique. Sa déposition peut se résumer en quatre mots : elle ne sait rien...

Les gardes rouges la conduisent au poste de police et laissent quelques hommes dans les bureaux de la Société Thulé, avec la consigne d'appréhender tous ceux qui se présenteront.

La liste des fidèles de Thulé aux mains de leurs ennemis

Grâce aux mémoires de Rudolf von Sebottendorf, confirmés à l'époque par les témoignages des survivants, je découvrais ce qui allait survenir ensuite.

Le concierge de l'immeuble parviendra à prévenir la plupart de ceux qui arrivent sans se douter de rien. Ainsi l'auteur dramatique Dietrich Eckart réussira à échapper à l'arrestation et sautera dans sa voiture, pour s'éloigner au plus vite du siège de la Société Thulé, devenu souricière. Une jeune fille, dont le sac à main est bourré de tracts, ne peut être prévenue et découvre les gardes rouges en ouvrant la porte.

—Je cherche la laverie, leur dit-elle. Je crains bien m'être trompée d'escalier.

Les révolutionnaires la laissent repartir, comme ils laisseront repartir l'officier en civil qui leur déclare, avec un bel aplomb :
—J'étais venu casser la figure du rédacteur du Beobachter. Il s'ostine à m'envoyer son torchon et je déteste ce genre de littérature !
Les matelots s'esclaffent et consolent le nouveau venu :
—Ne vous en faites pas. Le Beobachter ne paraîtra jamais plus. Et si nous trouvons le rédacteur nous lui casserons la gueule de votre part.
—Merci, camarades, leur lance l'officier en quittant le plus vite possible le local.
La comtesse Westarp sera relâchée peu après son arrivée au poste de police, mais reste soumise à surveillance. Par elle, les révolutionnaires espèrent remonter jusqu'à l'insaisissable Sebottendorf, qu'ils croient toujours à Munich.
Désormais, tout s'enchaîne avec une impitoyable logique. Au cours de la perquisition dans la Marstallstrasse, les gardes rouges se sont emparés des deux cantines, marquées aux initiales R. v. S., et les ont emportées au poste de police. Elles sont bourrées d'affiches et de tracts contre-révolutionnaires. Toute la propagande nationaliste clandestine a pris pour cible le trio Axelrod, Leviné et Levien et ne cesse d'insister sur leur triple particularité d'être à la fois russes, communistes et juifs.
Tous trois se concertent rapidement. Il n'est certes pas difficile d'imaginer les propos de ces chefs révolutionnaires qui se sentent désormais traqués par l'avance des troupes fidèles au gouvernement du socialiste Hoffmann. Ils n'ont aucune pitié à attendre des soldats des corps francs, qui ont

pris les armes pour une sanglante croisade et ne remettront dans leur fourreau que des baïonnettes rouges de sang.

—Voilà qui est clair, dit Towia Axelrod. Ce sera eux ou nous.

—Si nous ne les tuons pas, ils nous tueront, précise Max Levien.

—Il n'y a plus de temps à perdre, conclut Eugen Leviné, le plus âgé du trio et le véritable organisateur de la Révolution.

Une liste de membres de la Société Thulé a été hâtivement dressée, d'après les documents saisis dans les locaux de la Marstallstrasse.

Sur cette liste d'environ deux cents noms, les révolutionnaires ne parviendront finalement à mettre la main que sur sept membres de la Société Thulé.

Ils seront arrêtés à leur domicile, conduits à la Kommandantur révolutionnaire, puis transférés au ministère de la Guerre, dont l'Armée rouge occupe les bureaux. Voici une demi-douzaine de fidèles de la Société Thulé entre les mains des Conseils d'ouvriers et de soldats. Le désordre est devenu tel, en ces derniers jours des Soviets de Bavière, que personne ne sait trop que faire des prisonniers. Les uns veulent les abattre sur place, sans jugement, et d'autres estimeraient plus prudent de les libérer. Car, dans cette atmosphère de défaite la hantise des représailles les tenaille. Il reste aussi la tentation de les garder en otages. Mais où les enfermer ?

Les otages emmenés dans le lycée Luitpold

Alors, surgit Fritz Seidel, revolver au poing. Il est accompagné d'une troupe d'une centaine de gardes rouges. C'est un garçon de vingt-cinq ans, originaire de Chemnitz, la ville la plus communiste de l'ultra-rouge province de Saxe. Réformé à cause d'une malformation du pied, il a fait la guerre comme gratte-papier chez un armateur de Trieste puis au bureau de poste de Munich. Employé ensuite à la poudrière de Dachau, il adhère au Spartakusbund et se fait mettre en congé dès la révolution communiste du 7 avril. Il s'installe alors au lycée Luitpold, réquisitionné par les gardes rouges et en devient l'Oberkommandant. Il dira, sans rire, que son rôle est celui d'un « supérieur politique chargé d'éclairer la religion de ses camarades ». Il vit dans la hantise de la trahison et ne connaît qu'un mot : *Erschiessen* ! Fusiller !

Ce chef de la Tchéka bavaroise, qui se sait destiné tôt ou tard au poteau d'exécution — et qui sera effectivement fusillé à son tour, quelques semaines plus tard — se fait livrer les prisonniers. Il les conduit au lycée Luitpold et les confie aux hommes de garde, avec ce seul commentaire :

—Dans la cave avec les porcs !

J'aurais voulu m'arrêter un instant devant la façade de ce lycée Luitpold. Luitpold Gymnasium. Cet établissement, qui date de la belle époque wilhelmienne, n'a certes rien du cadre habituel des scènes de terreur. On y respirerait plutôt le morne ennui des édifices scolaires. C'est une grande bâtisse massive de deux étages, dont la façade donne sur la Müllerstrasse. Un beau jardin la sépare de la rue. Occupé d'abord par la Milice républicaine, le lycée a été pris d'assaut et occupé par les gardes rouges, le 13 avril. Il sert désormais de caserne et de prison. La garnison apparaît très flottante : huit cents hommes quand il s'agit de percevoir la soupe et moins d'une centaine pour suivre l'entraînement militaire et exécuter les corvées.

Il était clair à mes yeux — et aux yeux de leurs gardiens — que les membres de la Société Thulé, arrêtés le 27 avril et conduits à pied au lycée Luitpold, sous les injures de la foule, n'étaient ni plus ni moins que des otages. Mais Rudolf Egelhofer, le chef de l'Armée rouge de Bavière, et son complice l'Oberkommandant Fritz Steigel tiennent aux formes, avec une minutie de petits-bourgeois allemands. Les fidèles de Rudolf von Sebottendorf sont donc officiellement arrêtés comme « pillards », ce qui a toujours été, en période troublée, une notion assez élastique. Les pillards qui sont munis de fusils et de brassards sont considérés comme « défenseurs du prolétariat ». Il y a bien longtemps pourtant que les véritables défenseurs du prolétariat ne traînent plus dans les rues de Munich, mais qu'ils se font courageusement tuer dans les combats des faubourgs.

Voici donc les prétendus pillards « avec les porcs », comme disait Steigel. Cette cave carrée où sont enfermés les otages appartenant à la Société Thulé, avec quelques suspects raflés au hasard par les gardes rouges, mesure seulement un mètre quatre-vingts de haut et quatre mètres à peine de côté. Vingt-deux personnes y sont entassées au soir du 28 avril. Les détenus ne peuvent se coucher qu'à tour de rôle, à même les pavés humides. Pas de paillasse, ni de couverture. Des tas d'immondices et de vieux chiffons dégagent une odeur nauséabonde. Une eau glaciale ruisselle sur les murailles de pierres nues. L'obscurité est absolue. Au début, les captifs

ont disposé d'une bougie, mais elle leur a été retirée sur un ordre formel du trio Levien-Axelrod-Leviné qui veille à ce que leurs ennemis manquent de tout.
—Que la bande se contente d'eau et de pain jusqu'à ce qu'elle soit passée par les armes !
Les sentinelles savent que les otages seront massacrés à l'approche des hommes des corps francs, qui enserrent désormais Munich d'un cercle infranchissable de fer et de feu. Avant de les assassiner, les bourreaux s'amusent à décrire les supplices qui attendent ces malheureux. Toutes les deux heures, un gardien arrive et annonce que l'exécution est imminente.

Six hommes et une femme vont mourir pour Thulé

Ils ne cessaient de me hanter, les sept de la Société Thulé entassés avec les autres captifs dans cette cave infecte, dont ils ne sortiraient que pour affronter la mort. J'essayais de les imaginer, dans cette attente infernale. Mais je n'avais que des interrogatoires d'identité. Parfois, une image floue. Mais je sentais qu'il me fallait, à tout prix, les faire revivre.
Le sculpteur Walter Nauhaus a été arrêté le premier dans son atelier. C'est un garçon de vingt-sept ans, fils d'un missionnaire allemand au Transvaal. Il est revenu en Allemagne dès la déclaration de guerre, pour s'engager, et a été très grièvement blessé, dès la première bataille. Réformé après deux ans d'hôpital, il a décidé de se vouer à la sculpture, à Berlin puis à Munich. Je savais bien que c'était le plus important et je l'imaginais sans peine faisant figure

de chef, au milieu de ses compagnons de misère. C'est lui qui a suggéré à Rudolf von Sebottendorf de donner le nom de Thulé à la Société. Après avoir dirigé le groupe des jeunes, il a fondé le Cercle de Culture Nordique, qui se trouve à l'exacte jonction des activités exotériques et ésotériques de la Société. Plus qu'aucun autre, il a recherché fébrilement le monde perdu des Hyperboréens et a rêvé de le restituer, en artiste bien plus qu'en militant politique. Nauhaus apparaît, sans aucun doute, comme un croyant et un créant. C'est l'un des membres les plus importants, et les plus initiés, de tout le groupe de fidèles réunis par le Baron.

En même temps que lui, dans son atelier, les gardes rouges ont aussi arrêté un autre membre de la Société Thulé, qui se nomme Walter Deike et qui est de deux ans son aîné. Originaire de Magdebourg, lui aussi a été volontaire pour le front et lui aussi a été grièvement blessé dès 1914. Grand invalide de guerre, il suit des cours à l'école des Arts et Métiers de Munich.

C'est également dans un atelier d'artiste que les gardes rouges d'Egelhofer vont découvrir le chevalier Friedrich Wilhelm von Seidlitz, arrière-petit-fils du fameux général de Frédéric-le-Grand. Il a vingt-huit ans. Après une guerre d'où il a ramené décorations et blessures, il a rejoint la Société Thulé dès septembre 1918. Ce militaire voulait commencer une nouvelle carrière de peintre et de pianiste.

Quelques heures plus tard, un autre membre de la Société Thulé est à son tour amené au lycée Luitpold. Il se nomme Anton Daumenlang et exerce le modeste emploi de secrétaire aux chemins de fer. Il a près de cinquante ans. C'est un typique petit-bourgeois, portant lorgnon pince-nez et col cassé de celluloïd. Avec sa femme, il élève une fille unique et se passionne pour l'héraldisme et la généalogie, activités fort pacifiques, mais qui l'ont conduit, tout naturellement, à partager les hantises de la Société Thulé, dont il est membre depuis quelques mois. Les gardes rouges l'accusent d'avoir lacéré une affiche communiste et il est arrivé au lycée couvert de plaies et de bosses, ses vêtements en lambeaux souillés de boue.

Le prince Gustav von Thurn und Taxis a été envoyé, quelques jours auparavant, de Nüremberg à Munich par Sebottendorf, avec la mission de recommander la prudence aux fidèles restés dans la capitale bavaroise et de vérifier si les deux cantines remplies de documents séditieux ont bien été mises en lieu sûr. Il est arrivé trop tard et vient d'être appréhendé au Park Hotel. Ce jeune aristocrate d'à peine trente ans, ancien combattant comme il se doit dans sa caste a déjà été arrêté plusieurs fois depuis le début de la révolution allemande et accepte cette nouvelle épreuve en souriant.
Le baron Franz Karl von Teuchert n'a pas vingt ans, mais il s'est enrôlé dans le corps franc de Regensburg — où sert un autre membre de la Société Thulé, le sous-lieutenant Rudolf Hess. Von Teuchert a été fait prisonnier au cours d'une reconnaissance de son unité dans les lignes rouges et il est furieux de s'être laissé prendre aussi stupidement. On a trouvé son nom sur les listes de membres de la Société Thulé et il ne se fait guère d'illusions sur son sort.
La comtesse Hella von Westarp partage la cave-prison avec ses six Frères de la Société Thulé. Après avoir été libérée du poste de police, elle a eu l'imprudence de regagner son domicile, pour prendre un peu de linge. Les gardes rouges

l'ont aussitôt capturée au nid et n'ont pas tardé à la conduire rejoindre les autres au lycée Luitpold. Elle a partagé la promiscuité de la cave-prison, où l'atmosphère devient d'heure en heure plus fétide. Sans cesse des gardes rouges viennent injurier les prisonniers. La comtesse Westarp attire particulièrement leur verve et ils s'encouragent à lui lancer les plaisanteries les plus obscènes. Elle finira pourtant, ultime faveur, par être incarcérée, seule, dans un petit cabinet contigu à la salle de garde, où trône le sous-officier Schiklofer, ancien soutier sur les paquebots d'Amérique.

« Je donne mon consentement. Choisissez les plus distingués »

Certains membres de la Société Thulé ont été arrêtés le 27 avril et d'autres le 28. Nous sommes maintenant au matin du 29 et un jour gris commence. Il fait froid. Il est même tombé de la neige pendant les derniers jours, vite transformée en boue par les bottes des soldats et les sabots des chevaux. Les ouvriers les plus résolus à défendre le régime des Conseils montent vers le front, par petits groupes mal armés et mal équipés. Beaucoup n'ont d'autre uniforme qu'un brassard rouge passé sur leurs vêtements de travail élimés. Les gars de chez Krupp ne manquent pas de courage, mais beaucoup des meneurs semblent s'être évanouis, au hasard des ruelles et des portes cochères. Pourtant, l'ancien matelot Rudolf Egelhofer reste à son poste. Le chef de l'Armée rouge est décidé à se faire tuer au combat. A celui-là, il ne faut pas retirer le courage.

Au lycée Luitpold, dès l'aube, on a mis les otages au travail pour une classique corvée de patates. La comtesse Hella von Westarp doit balayer les chambrées des gardes rouges et laver la vaisselle. Une fois encore, ses gardiens la couvrent d'injures. Les gardes rouges savent que leurs ennemis seront impitoyables. Dans les chambrées du gymnase Luitpold, on commente le « tarif » qu'offrent, paraît-il, les troupes de Noske : « La tête de chaque garde rouge est primée trente marks et celle des chefs soixante. » Les nouvelles du « front » sont mauvaises. Les hommes des corps francs se rapprochent de Munich. En ce 29 avril, commence la grande offensive contre la capitale bavaroise. Starnberg tombera aujourd'hui et Fürstenfeldbruck demain. C'est la fin de la république des Conseils.

Les gardiens se font plus menaçants d'heure en heure.

Ces hommes qui se savent promis à la mort n'ont certes, eux non plus, aucune pitié pour leurs prisonniers. En cas d'attaque des corps francs vers le centre de la ville, il est décidé d'installer une mitrailleuse à la porte de la cave-prison et de tirer dans le tas. Certains estiment qu'il serait plus simple de lancer seulement quelques grenades à main par un soupirail.

Dans la soirée du 29 avril, les mauvaises nouvelles du front se multiplient. Partout, désormais, les hommes des corps francs avancent. Les gardes rouges n'arrivent pas à résister à ces soldats bien encadrés et bien armés. Les troupes improvisées d'Egelhofer commencent à se débander. L'Armée rouge se désagrège. Certains, déjà, troquent leur uniforme contre un costume civil ou se débarrassent de leurs brassards rouges. Les cas de désertion se multiplient.

A une réunion du Comité exécutif, il est longuement discuté du sort des otages. Il est décidé de fusiller ceux qui appartiennent sans conteste à la Société Thulé. L'ordre d'exécution est un bout de papier qui émane d'un comité de soldats du premier régiment d'infanterie de l'Armée rouge et prend la résolution de faire fusiller dix otages pour chaque communiste tombé au combat ! Il est demandé par une note en bas de page que Rudolf Egelhofer prenne lui-même la chose en main. Le chef révolutionnaire a ajouté dans la marge, au crayon : « Au Comité exécutif des Conseils d'ouvriers et de soldats, au palais des Wittelsbach. Je donne mon consentement. »

Au verso, le chef de l'Armée rouge a ajouté comme un suprême hommage involontaire : *Sucht die Feinsten heraus* c'est-à-dire : Choisissez les plus distingués.

Terrible face à face
dans la nuit de la cave-prison

Au lycée Luitpold, les gardiens deviennent de plus en plus nerveux et agressifs. Les coups maintenant succèdent aux injures. Le sort des otages ne fait plus aucun doute. Ce n'est plus qu'une question d'heures. Les fidèles de la Société Thulé se demandent seulement s'ils auront l'ultime « chance » de mourir fusillés, ou s'ils vont être tués, comme des chiens, à coups de crosse et de baïonnette.

J'imaginais les heures horribles de cette dernière nuit quand je suis tombé sur une anecdote tellement ignoble qu'elle me semblait fabriquée comme une scène théâtrale. Mais les minutes du procès étaient formelles, comme le témoignage impartial d'Ambroise Got, qui a suivi les débats et interrogé lui-même de nombreux témoins de cette folle semaine de terreur.

Au milieu de la nuit, la porte de la cave-prison s'ouvre brutalement. Les captifs croient leur dernière heure venue même s'ils sont habitués, depuis leur arrestation, aux macabres plaisanteries de leurs bourreaux. Le sous-officier Schiklhofer, l'adjoint de Fritz Steigel, se tient sur le seuil, avec un mauvais falot. Il déchiffre lentement des noms sur une liste et fait l'appel des prisonniers membres de la Société Thulé. Chacun doit se présenter.

A quoi rime cette nouvelle mise en scène ? Alors, dans la pénombre, apparaissent, éclairés par la lueur dansante de la bougie, les visages de ceux qui, plus que tous les autres révolutionnaires, ont juré de briser dans le sang le sursaut de Thulé. Ils sont là, tous les trois, Eugen Leviné, Towia Axelrod et Max Levien, ceux que même leurs partisans appellent « les trois Russes ». La flamme joue sur leurs traits, accentuant le saillant des pommettes, l'ombre des yeux, la cicatrice noire de ces moustaches qui leur barrent le visage. Ils sont venus voir, les yeux dans les yeux, à quoi ressemblent les fidèles de Thulé à l'approche de la mort. Les trois révolutionnaires examinent longtemps, sans dire un seul mot, leurs ennemis.

Schiklhofer lève haut la lanterne, comme pour arracher une dernière lueur de vie aux regards de ceux qui vont bientôt mourir. Levien, Axelrod et Leviné espèrent-ils lire la peur dans ces yeux ? Mais ils ne rencontrent qu'un mépris surgi du fond des âges.

Cette scène muette, qui me paraissait tragique, tournait finalement au grotesque. Ce mauvais goût des bourreaux, eux aussi voués à la mort, me semblait finalement plus pitoyable qu'odieux. Dans cette cave-prison, à la lueur de ce quinquet, je ne parvenais même plus à les haïr. Ils retrouvaient soudain une sorte d'humilité, qui les transformait à leur tour en vaincus. Deux mondes s'affrontaient. Et c'étaient ceux qui ne croyaient pas au paradis sur cette terre ni dans l'autre qui allaient finalement triompher de l'épreuve du temps. Ils portaient, au fond d'eux-mêmes, une telle image de l'ancestrale terre de Thulé que rien ne pouvait désormais les atteindre.

Les six captifs sont alors laissés à la nuit. Mais, comme pour se venger de ces regards lourds de tant de mépris tranquille, les trois complices se rendent dans la cellule où se trouve enfermée, solitaire, la comtesse Westarp. Alors, l'ignominie se déchaîne. On saura, au procès, que la malheureuse a été violentée par cinq hommes. Levien, Axelrod et Leviné ont sans doute pris part à cette joyeuse expédition, mais Seidel et Schicklhofer prétendront toujours qu'ils n'ont pas participé à ce viol collectif...

Fusillade de deux hussards et d'un vieux professeur juif

Personne ne va dormir au cours de cette horrible nuit. Et puis arrive l'aurore. Le ciel est devenu de plus en plus gris, comme alourdi de plomb et de cendres. A dix heures du matin, on vient chercher les otages dans la cave et ils découvrent avec horreur le supplice qu'a subi leur camarade d'infortune, la comtesse Westarp.

Mais ce n'est pas encore, pour les sept fidèles de Thulé l'heure de la mort. Ils doivent seulement assister à

l'exécution de deux soldats des troupes gouvernementales, pris au cours d'une escarmouche, quelques jours auparavant, dans la banlieue de Munich. Fritz Linnenbrüger, de Bielefeld, et Walter Hindorf, de Weissenfeld, appartiennent tous deux au premier escadron du 8e régiment de hussards prussiens.
Leurs uniformes sont en lambeaux, leurs visages marqués par les coups. Ils ont été tant battus qu'ils peuvent à peine marcher. Les fenêtres du lycée sont garnies de curieux qui poussent des acclamations et rient très fort. Une pluie d'insultes s'abat sur les condamnés. Ils chancellent. Il faut les traîner au supplice.
Deux par deux, les otages débouchent dans la cour.
—Les voilà, ceux qui seront canardés ensuite ! crie la foule.
La comtesse semble exciter particulièrement tous ceux qui assistent à la scène. Les deux hussards sont arrivés devant le mur ou ils doivent être fusillés. Ils se serrent la main. Une douzaine d'hommes surgissent du poste de garde et commencent à tirailler, sans même attendre les ordres du sous-officier. Les membres du peloton d'exécution improvisé se font alors servir des pots de bière, qu'ils boivent devant les corps pantelants de leurs victimes. On finit par jeter les cadavres des deux hussards dans un coin, sur un amas de cendres et d'immondices et on les recouvre vaguement de sciure de bois.
Quelques instants plus tard, on colle au poteau un vieil homme de soixante-dix ans, qui porte une longue barbe blanche et ne cesse de se lamenter en proclamant son innocence. Le Pr Berger répète qu'il n'a jamais fait de politique, qu'il ne fait pas partie de la Société Thulé et qu'il appartient par surcroît à la religion israélite. Les matelots et

les gardes rouges lui répondent par des injures. Ils se moquent bien de savoir de quelle confession religieuse se réclame ce vieux monsieur à l'allure typique de bon bourgeois bavarois. On l'accuse — d'ailleurs à tort — d'avoir déchiré une proclamation de la République des Conseils. En ce sanglant 30 avril, il n'en faut pas plus pour recevoir sa ration de plomb.

Les sept membres de la Société Thulé, aprés avoir assisté à l'exécution du vieux peintre juif, regagnent alors leur cellule sous les coups de crosse et les injures. L'interminable attente recommence.

Il ne reste plus comme garnison au lycée Luitpold que soixante-dix à quatre-vingts gardes rouges. Tous les autres ont déjà déserté. Dans une des pièces de l'établissement, Levien, Axelrod et Leviné poursuivent une discussion que l'on devine désespérée. Quelques filles se sont jointes au trio. L'heure est venue de l'amer bilan. Fritz Steigel, l'Oberkommandant du lycée est furieux : ses hommes lui filent entre les doigts. Il va chercher des fonds à la banque pour payer leur solde, mais il se garde bien de distribuer aussitôt les billets :

—Vous serez payés après l'exécution des otages, dit-il seulement.

Rudolf Egelhofer, le chef de l'Armée rouge, arrive soudain au lycée, très affairé. La situation devient désespérée Il s'entretient quelques instants avec son camarade Fritz Steigel, puis le quitte afin de se rendre à une ultime réunion des chefs militaires de la République des Conseils, qui doit avoir lieu à l'Université.

Peu de temps aprés son départ, vers quatre heures de l'après-midi, un courrier apporte une lettre scellée. C'est l'ordre d'exécution, paraphé de la main d'Egelhofer.
L'Oberkommandant du lycée Luitpold semble soudain avoir un ultime scrupule à se salir les mains : Fritz Steigel charge Willy Haussmann, ancien employé de tramway et commandant intérimaire du lycée, de diriger l'exécution[17]. Il répète plusieurs fois, très excité :
—Ça y est ! Nous avons enfin un ordre écrit. Nous pouvons les fusiller !

Le peloton d'exécution devant un mur de brique

Une escouade de quatre gardes rouges parcourt les couloirs du lycée, à la recherche d'hommes volontaires pour exécuter les otages. On trouvera pour cette besogne d'anciens prisonniers de guerre russes, qui ont viré au bolchevisme et rejoint les rangs de l'Armée rouge bavaroise, quelques civils, un cantinier.
Haussmann se rend à la cave-prison, en compagnie du garde-magasin et d'un secrétaire. Au reflet blafard d'une lanterne, l'adjoint de Fritz Steigel appelle les malheureux. Sur sa liste, le secrétaire trace une croix en face de chacun des noms. Déjà pour lui, ces six hommes et cette femme ont cessé de vivre.
J'arrivais au dénouement de la tragédie. Maintenant, plus rien n'allait pouvoir arrêter le cours de l'Histoire. Pourtant

---

[17] Willy Haussmann se suicidera le soir même de l'exécution des otages pour échapper à la vengeance des corps francs.

ces six hommes et cette femme vivent encore. Je les voyais tirés l'un après l'autre, de la cave-prison, émergeant à la lumière du jour, les yeux clignotant brusquement à la lueur sale de ce jour blafard. Dans le lointain, on entend le canon. Des bruits de fusillade dans les faubourgs. Leurs frères du *Kampfbund* et de l'*Oberland* se battent, les armes à la main. Et ils sont là, sans avoir d'autre combat à livrer que de témoigner à jamais par leur sang. Je pensais soudain à ces Saxons massacrés à Verden par Charlemagne, pour n'avoir pas voulu renier la foi de leurs pères. A toutes les victimes de toutes les terreurs. Tout, soudain, allait très vite, comme dans ces films où l'on voit les exécutions capitales. Je pensais à cette photo d'un jeune milicien français inconnu, que j'avais découpée sur la couverture d'un magazine, avec son regard brûlant d'étonnement et de défi. Et aussi au visage de cette belle partisane russe, aux traits figés par le gel, au cou si blanc déformé par le lourd anneau de la corde de chanvre. Comme soudain je haïssais toutes nos guerres civiles, cette rage des fils de l'antique Hyperborée à se déchirer ! Quand viendra-t-elle cette religion qui, enfin, nous reliera tous, dans la fidélité à nos vieux dieux oubliés ?
Le peloton se tient à moins de dix mètres d'un mur de brique. Un simple soldat, ancien garçon de café, commande les tueurs. Il s'approche des otages et leur dit seulement :
—Donnez-moi vos montres et vos bijoux, vous n'en aurez plus besoin désormais.
Il presse le mouvement et enfouit pêle-mêle tout ce qu'il ramasse dans les poches de sa vareuse bleu sombre. Puis il lance, d'un air impatient.
—Allez! Au premier de ces messieurs.

Le petit fonctionnaire des chemins de fer Daumenlang s'avance d'abord. Il est le plus âgé. Le plus ému aussi. Ses yeux sont rouges à force d'avoir pleuré. Il n'arrive pas à se résoudre de laisser ainsi sa femme et sa fille, et ses chères études. Il ne peut s'empêcher de trembler, mais se dirige de lui-même vers le mur. Il tourne le dos aux tueurs et regarde sa dernière vision du monde : un mur de brique. Un coup de feu. Puis un autre. Les hommes du peloton tiraillent les uns après les autres. Daumenlang s'écroule. Encore un coup de feu.
—Même pas des soldats, murmure von Teuchert à von Seidlitz. Passez le premier, vous êtes le plus âgé.
Ils semblent se faire des politesses pour savoir qui des deux va mourir le premier. Au moment où il entend claquer les culasses, le jeune lieutenant Teuchert se retourne brusquement et lance aux gardes rouges :
—Moi, je veux mourir en face !
Walter Nauhaus et son camarade Deike lui succèdent. Jamais leurs blessures de guerre ne les ont tant fait souffrir qu'en cette fin d'après-midi de printemps. Après avoir tant combattu sur le front, il leur faut tomber sous des balles allemandes.
Le prince von Thurn und Taxis regarde toute cette scène d'un air méprisant. Depuis des générations et des générations, les hommes de son sang ne craignent pas la mort. Il va mourir, mais il croit à l'éternité de sa famille et de son rang. La noblesse qui paye de son sang garde toute sa place dans le monde de Thulé.
Les coups de feu s'espacent. Il semble y avoir comme une lassitude dans le peloton. Le prince vient de tomber sur le

corps de ses camarades. Une balle explosive lui a arraché la moitié du crâne.

La dernière à mourir
sur les corps de ses compagnons

La comtesse Hella von Westarp vient d'assister, en apparence impassible, à toute cette fusillade. Elle se veut de la race des soldats. Pourtant, elle voudrait tellement vivre. Elle est belle. Elle vient à peine d'avoir trente ans. Elle murmure cette phrase que tant de jeunes condamnées avaient prononcée, avant elle, sur les échafauds d'une autre Terreur :

—Laissez-moi vivre encore une heure.

On ne lui accorde comme grâce suprême que d'écrire une lettre d'adieu. Elle gribouille quelques lignes, en se servant comme pupitre du dos d'un garde rouge. L'écriture se trouble, les lignes se chevauchent. Cherche-t-elle à obtenir un ultime répit ? Un des spectateurs, exaspéré, le maître-tailleur Citus Watzelsberger, un petit bonhomme boiteux, lui lance :

—*Sakrament* ! Puisque vous êtes sténotypiste, vous n'avez qu'à écrire en sténo. Nous n'avons pas le temps de vous attendre. Au mur !

Un énergumène, qui porte au bras l'emblème de la Croix-Rouge, et n'a jamais été identifié, bondit sur elle et tente de l'entraîner vers le mur. Mais elle s'évanouit. Ses bourreaux attendront qu'elle revienne à elle pour la fusiller. Elle murmure, comme tout à l'heure.

—Une heure ! Encore, une heure...

Il y a un moment de flottement. D'une fenêtre, Fritz Seidel confirme la sentence :
— On a trouvé chez elle une liste de cinq cents communistes qui doivent être exécutés par les contre-révolutionnaires.
La foule hurle de fureur. On colle la comtesse au mur sans même lui bander les yeux. Elle porte son mouchoir au visage. Six coups de feu retentissent. La décharge lui déchiquette le crâne et le cou. Pourtant, elle respire encore. Un matelot patauge dans le sang, pour lui donner le coup de grâce.
Un dernier tressaillement agite le corps de la comtesse. Tout est fini.
Un misérable se précipite, soulève sa robe et lui lance frénétiquement des coups de pied dans le ventre. La foule hurle. Mais à sa joie se mêle une sombre terreur. Les combats se rapprochent. Les plus courageux des gardes rouges se ruent aux barricades improvisées et vont défendre leur révolution, le fusil au poing, animés d'un lucide désespoir. Il ne reste plus dans la cour du lycée Luitpold qu'une tourbe furieuse.
Je reculais devant tant d'ignominie. Mais je n'avais pas le droit d'interrompre mon témoin. Alors, je décidais de laisser la parole au socialiste Ambroise Got, qui va dresser l'hallucinant tableau de ce qui s'est passé ensuite, sur les cadavres des sept membres de la Société Thulé :
« Les forcenés vont se soulager à côté des loques sanglantes, des poubelles d'immondices sont déversées sur elles. L'orgie commence autour du tas de chair souillée qui gît dans la pénombre. Des gardes rouges, s'improvisant musiciens, font beugler des accordéons, d'autres trépignent et chantent avec une allégresse sans bornes, pris d'une joie féroce. Des

femmes encore se mêlent à la débauche. Le vin et la bière coulent à flots; les cigarettes sont généreusement distribuées. »

Sur le bâtiment principal du lycée Luitpold, une cloche sonne à toute volée. Un immense drapeau rouge flotte encore au-dessus de la foule. Mais l'exécution des otages marque la fin de la dictature de la République des Conseils.

Les feux s'éteignent
sur toutes les côtes d'Islande

Par un de ces troublants signes du destin dont n'a cessé de s'enrichir mon enquête, je devais apprendre, en lisant par hasard un livre d'instructions nautiques, que le jour même où furent exécutés les sept otages de la Société Thulé, les feux se sont éteints sur les côtes d'Islande. En raison de la clarté des nuits nordiques, les phares de Reykjavik sont allumés seulement le 1er septembre et s'éteignent le 30 avril.

Ainsi, sur la terre lointaine de l'ultime Thulé découverte par Pythéas, la lumière du soleil venait prendre le relais. Je voyais dans cette relève un nouveau signe du destin et je me plaisais à imaginer que les âmes des sept martyrs de Thulé revivaient soudain dans la lumière retrouvée, là-bas vers le Nord, dans leur patrie inoubliée.

III

LE SOLEIL DE FEU

LE PRINTEMPS DE LA VENGEANCE

En évoquant l'assassinat des sept otages de la Société Thulé, je savais bien que j'en terminais avec l'histoire réelle de cette mystérieuse confrérie. Walter Nauhaus se trouvait parmi les fusillés et je pressentais que son rôle avait été sans doute plus important encore que celui de Rudolf von Sebottendorf. Avec son regard aigu derrière le verre des lorgnons cerclés d'or et sa courte barbiche, ce jeune artiste-peintre de moins de trente ans, grand mutilé de guerre, apparaît comme un véritable chef de la renaissance hyperboréenne. D'ailleurs, c'est lui, et aucun autre, qui a proposé de donner à la branche bavaroise du *Germanenorden* le nom de Thulé. Nauhaus et ses six compagnons disparus, c'est une tout autre aventure qui commence.

Le lendemain de l'exécution du Lycée Luitpold, en cette froide journée du 1er mai 1919, les deux camps semblent marquer une pause. Mais la capitale bavaroise se trouve totalement investie par les troupes gouvernementales et les corps francs. Le 2 mai, commencent les combats de rues. Ils vont durer jusqu'au lendemain, particulièrement acharnés dans le quartier de la gare. Plusieurs membres du *Kampfbund* de la Société Thulé seront tués au cours de l'action, entre autres le sous-lieutenant Wiedemann et le volontaire Karl Stecher.

Le corps franc *Oberland*, incontestablement créé par Rudolf von Sebottendorf lui-même, pénètre dans la capitale bavaroise dans la nuit du 2 au 3 mai, à partir du Maximilianeum. Les volontaires sont de fort mauvaise humeur, car une escarmouche près de Kolbemoor a retardé leur entrée dans la ville et tous craignent de passer pour des ouvriers de la onzième heure.

Les corps francs font régner la loi du fer et du feu

Rapidement, les hommes progressent le long des rues. L'état-major a décidé de s'installer dans les locaux mêmes de la Société Thulé, à l'hôtel des Quatre Saisons, pour bien marquer la filiation directe entre la société de pensée et le groupe d'action qu'elle a suscité. Il règne dans les salons du palace international une activité fébrile et les volontaires s'installent en vainqueurs, bien décidés à venger l'assassinat de leurs camarades.

Dès la libération de Munich, la Société Thulé a repris ses activités. Le 5 mai, alors que retentissent encore des coups de feu dans les faubourgs de la ville, où résistent des petits groupes isolés de gardes rouges résolus à lutter jusqu'à la mort, paraît un numéro du *Münchener Beobachter*. Tous les rescapés de la clandestinité sont invités à rejoindre Rudolf von Sebottendorf. A nouveau, se retrouvent les fidèles du vieux monde hyperboréen.

Pourtant, je discernais un important changement dans l'état d'esprit de la Société. Décidément, la disparition de Walter Nauhaus pesait très lourd. Déchiffrer les runes nordiques et chanter des refrains populaires deviennent des activités annexes, presque secondaires. L'heure de la libération est toujours l'heure de la vengeance[18]. Le sous-lieutenant Kraus regroupe les hommes de son service de renseignement. Le temps de la clandestinité est fini. Celui de la répression commence. Les militaires prennent de plus en plus d'importance dans la Société Thulé, comme ils prennent de plus en plus d'importance dans la ville de Munich.

La lutte semble terminée dans la capitale bavaroise. Pendant encore toute une semaine, cependant, les accrochages vont continuer entre les Rouges et les Blancs. La nuit, des patrouilles et des postes de police sont attaqués. Tous les gardes rouges n'ont pas été mis hors de combat au cours des affrontements meurtriers qui ont marqué la prise de la ville. Des tireurs de toit manquent de peu de réussir un attentat contre le colonel von Epp, qui entend une balle siffler à ses oreilles.

Cette installation triomphale des corps francs dans la capitale bavaroise me semblait déjà appartenir à une autre

---

[18] L'anarchiste Gustav Landauer, successeur de Kurt Eisner, est assommé à coups de crosse et achevé à coups de pistolet dans la cour de la prison de Stadlheim. Le matelot Egelhofer, chef de l'Armée rouge, tombe les armes à la main à la tête de ses hommes. Un demi-millier de gardes rouges et de Spartakistes sont fusillés sans jugement. Le chef du trio révolutionnaire russe Eugen Léviné, est condamné à mort et executé. Son camarade Towia Axelrod s'en tire avec quinze ans de prison, et Ernst Toller qui a joué un rôle modérateur, avec cinq années de forteresse. Fritz Seidel, l'Oberkommandant du lycée Luitpold et son sous-officier Schicklhofer sont condamnés à mort et fusillés. Quant à Max Levien, le troisième Russe de la révolution bavaroise, il parvient à se réfugier en Autriche et à gagner ensuite l'Union sovietique.

histoire. En ces premiers jours de mai 1919, la Société Thulé perd de son importance. Les initiés doivent céder le pas aux militaires qui ont rétabli, avec une poigne de fer, l'ordre dans la ville. Le rêve hyperboréen s'estompe devant la dure loi martiale imposée par ces revenants casqués.

L'homme le plus en vue à Munich est alors le colonel Ritter von Epp. Grand, maigre, le nez en bec d'aigle, les sourcils froncés, la moustache bien taillée au-dessus des lèvres minces, c'est un officier de tradition typique. Ancien militaire colonial qui a participé à l'expédition de 1900 en Chine, dans l'armée internationale commandée par le maréchal prussien Waldersee, il a ensuite servi en Afrique, puis commandé un régiment de la garde royale bavaroise pendant la Grande Guerre. Franz Epp n'est pas un aristocrate d'origine, mais sa conduite au feu lui a valu la particule et le titre de Ritter, chevalier. Les plus hautes décorations militaires pendent sous son col, qu'il porte fort haut, à l'ancienne mode. Il apparaît vite comme un homme inflexible qui méprise tout ce qui n'est pas l'ordre militaire mais garde cependant un côté populaire, qu'il doit sans doute à ses origines modestes et à un long service dans les corps de troupe, loin des mondanités et des intrigues d'un état-major qu'il déteste.

Un lansquenet balafré
se proclame « soldat politique »

L'officier-adjoint du colonel Ritter von Epp est le capitaine Ernst Röhm. Il n'a que trente-deux ans, mais paraît plus âgé avec sa courte silhouette épaisse et son visage massif tailladé de cicatrices. Le nez fendu d'un

coup de sabre, la moustache en balai brosse, la nuque épaisse, il a une tête de bouledogue. Röhm appartient à la race éternelle des lansquenets. La défaite en a fait un orphelin et un aventurier. Sa nostalgie de l'Allemagne impériale l'a lancé depuis six mois dans tous les complots.
Fils d'un modeste employé des chemins de fer, ce guerrier-né a trouvé d'instinct dans l'armée l'Ordre dont rêve tout adolescent.
—Le plus grand jour de ma vie, aime-t-il à répéter, c'est le 23 juillet 1906. Ce jour-là, j'ai revêtu l'uniforme de soldat. Je ne l'ai jamais quitté.
Son origine prolétarienne l'a d'abord desservi au sein d'une caste où abondent les officiers à particule. Il ne possède pas ce *von* qui lui ouvrirait bien des portes. Mais il sait qu'il n'y a finalement qu'une seule aristocratie qui s'impose : celle du courage. Il a toujours été au premier rang dans les combats de la Grande Guerre. Et dans les coins les plus malsains du front. Le capitaine Röhm, chef d'une troupe d'assaut, est entré le premier au fort de Vaux, lors de la bataille de Verdun. Grièvement blessé à la face et décoré de la croix de fer, il cultive désormais sa légende : « Soldat, rien que soldat. »
Mais ce bagarreur est assez intelligent pour comprendre que dans l'Allemagne de la défaite et de la révolution, être soldat est aussi un acte politique. Il s'attachera donc désormais à politiser l'armée et à militariser la politique. Car son but final c'est une force populaire et non pas cette minuscule armée de métier que les vainqueurs veulent imposer à l'Allemagne.
L'adjoint du colonel Ritter von Epp, qui ne se cache pas d'être un bon vivant, fréquente les tavernes et s'entoure

d'une cour de jeunes admirateurs qui partagent ses passions et ses mœurs. Ce n'est un secret pour personne à Munich que le capitaine Röhm préfère les garçons aux filles, mais il n'est pas une exception dans ce milieu militaire qui se réclame tant de Sparte.

Dès son installation à l'hôtel des Quatre Saisons, le colonel Ritter von Epp semble bien décidé à ne plus se séparer désormais de son adjoint.

—Nous avons besoin d'hommes comme vous, lui déclare-t-il. Mais je ne vous confie pas une troupe d'assaut. Les combats sont, pour l'instant, terminés. J'ai besoin de votre sens de l'organisation plus que de votre courage.

—Quelle sera donc ma tâche ?

—Equiper le corps franc en armes et en vivres. Entretenir le matériel. Assurer le ravitaillement.

Ces besognes d'intendance ne plaisent guère à un bagarreur comme Röhm. Mais elles vont lui permettre d'entrer en contact avec des civils, de nouer les fils d'une vaste conspiration, d'animer des groupes plus ou moins clandestins d'activistes, bref de « faire de la politique ».

Le corps franc prend un titre très officiel et devient la *Bayerische Schutzenbrigade*, la brigade de tirailleurs bavarois. C'est une troupe solide, aussi bien équipée que n'importe quelle unité de l'année traditionnelle. Ce qui diffère, c'est l'esprit. Le capitaine Röhm veille à ce que les volontaires ne soient pas des recrues comme le furent naguère les conscrits de l'armée impériale. Seuls, désormais, sont capables de bien se battre, dans une inévitable guerre civile, des « soldats politiques ». Le terme est nouveau. Il rejoint pourtant assez bien les préoccupations de Rudolf von Sebottendorf et des fidèles de la Société Thulé.

« Il faut que le soldat apprenne à penser et à agir politiquement, écrit Röhm, sinon il est inutilisable dans des fonctions qui comportent des responsabilités. »
L'officier qui a servi fidèlement le roi de Bavière pendant huit ans de paix et presque cinq ans de guerre, dans une armée régulière, se veut désormais un militant plus qu'un militaire. Il lui importe peu de devenir un jour un hors-la-loi, car il n'a plus désormais d'autre loi que celle de son clan.

Un Allemand né en Egypte
s'inscrit à l'université de Munich

Je me demandais quel rôle parvenait à jouer Rudolf von Sebottendorf dans cette ville de plus en plus dominée, en ce printemps 1919, par le militarisme et la réaction. Que pèse un astrologue à côté des lansquenets ? Pourtant, le Baron ne manque pas d'atouts dans son jeu. Propagandiste clandestin du gouvernement Hoffmann pendant la rude époque de la République des Conseils, inlassable recruteur de volontaires pour le *Kampfbund*, puis pour le corps franc *Oberland*, inspirateur de multiples sociétés de recherche traditionnelle et de deux partis politiques, le DAP bavarois d'Anton Drexler et le DSP franconien de Julius Streicher, le baron Rudolf von Sebottendorf n'est plus seulement le chef d'un petit groupuscule ésotérique. Des hommes de la Société Thulé se sont glissés à des postes de commande dans tous les milieux extrémistes.
La « carrière » de l'un d'eux ne cessait de m'intriguer, tant elle me semblait exemplaire du destin de tant de jeunes Allemands de cette époque. Rudolf Hess vient d'avoir vingt-cinq ans et ses études ont été interrompues par la guerre et la

révolution. Son grand-père a émigré naguère en Egypte, où son père, Fritz Hess, a créé un important comptoir commercial. Rudolf naît à Alexandrie le 26 avril 1894 et commence par suivre les cours du lycée français. A douze ans, ses parents décident de l'envoyer poursuivre ses études en Allemagne. Le Jeune Rudolf sera pensionnaire à Bad Godesberg, en Rhénanie, dans une école protestante. A quinze ans, il quitte l'Allemagne pour la Suisse, car son père a décidé de le confier à l'Ecole supérieure de commerce de Neuchâtel. La volonté familiale est de faire de lui un marchand. Mais le jeune Allemand d'Egypte s'intéresse bien davantage aux mathématiques et aux sciences astrologiques qu'aux balances commerciales. C'est un garçon têtu, rêveur, d'un idéalisme parfois exalté. A la déclaration de guerre, il vient d'avoir vingt ans et se trouve employé dans une firme commerciale de Hambourg. Il s'engage aussitôt dans le 1er régiment bavarois d'infanterie par fidélité au pays natal de sa mère, la Bavière. Il part pour le front avec l'enthousiasme des jeunes Allemands de sa génération et participe à de durs combats. Il sera blessé une première fois. Puis une seconde. Les poumons sont touchés. Le volontaire de guerre Hess est déclaré inapte à servir dans l'infanterie. Il refuse cependant d'être démobilisé et présente une demande de mutation dans l'aviation. Il parvient à entrer dans ce corps prestigieux et s'impose comme pilote de chasse. Au moment de la défaite, il a gagné au feu ses épaulettes de lieutenant. Il erre désormais dans les rues de la capitale bavaroise, à la recherche d'un groupe d'hommes partageant ses hantises sur l'esprit germanique et l'éternelle Hyperborée. Il rencontre alors Rudolf von Sebottendorf et se trouve admis dans la Société Thulé et dans le *Kampfbund* créé dès l'armistice par les fidèles du Baron. Il participe à la prise de Munich, dans les rangs du corps franc de Regensburg, mais sera à nouveau blessé à la jambe lors des combats de rue. Au printemps 1919, c'est un convalescent qui songe à s'inscrire à l'Université, pour y suivre les cours d'histoire et de géographie politique du Pr Haushofer. En attendant la reprise normale des cours, il arpente les rues et les tavernes de Munich, à la recherche de l'homme providentiel qui pourra tirer son pays de la misère et reforger le glaive de Siegfried.

Rudolf Hess apparaît comme un garçon solide et exalté. Une abondante chevelure ondulée, de gros sourcils sombres, des maxillaires d'une inquiétante puissance lui donnent une allure énergique, presque brutale. Mais le regard illumine tout ce visage assez lourd d'une lueur insolite. Tous ceux qui le rencontrent, en ces semaines décisives qui suivent la prise de Munich, sont frappés par ce regard étrange. Ses yeux semblent toujours regarder « en dedans » et « au delà », comme fixés sur une vision somnambulique et fascinante. Rudolf Hess est, incontestablement, un voyant. Nul plus que lui ne semble capable de ressusciter les mystères de Thulé.

Le corps franc « Oberland »
échappe à la Société Thulé

De tels hommes ne sont pas rares dans l'atmosphère troublée de Munich, qui semble devenir le rendez-vous de tous les « Réprouvés » d'une Allemagne fiévreuse. La Bavière devient un arsenal et une poudrière. Dans cette citadelle de la contre-révolution, la Société Thulé, au lieu de progresser, semble peu à peu se dissoudre, comme si elle avait rempli sa mission historique en donnant au Mouvement le sang des sept otages du lycée Luitpold.

Pourtant, Rudolf von Sebottendorf voudrait encore jouer un rôle et il s'efforce de garder la haute main sur ses hommes du corps franc *Oberland*, que commande désormais le major Petri. Mais cet officier de tradition n'a qu'une seule hantise : faire incorporer cette unité totalement irrégulière dans la *Reichswehr* officielle.

Le colonel Ritter von Epp n'est pas loin de suivre cet avis et s'efforce de calmer le Baron :

—Nous manquons d'hommes aux frontières de l'Allemagne, répète le vieux soldat.

—Mais nous avons besoin à Munich de gaillards décidés.

—Alors, il faudra en recruter d'autres.

Le corps franc *Oberland* devient le premier bataillon de la brigade de tirailleurs bavarois. On verra ses hommes à l'action clandestine dans la Ruhr. Ils mèneront ensuite la guerre ouverte en Silésie et donneront l'assaut à l'Annaberg contre les Polonais.

A Munich, en ce printemps 1919, la petite équipe qui a créé le *Kampfbund* puis le corps franc *Oberland* se disperse. Le lieutenant Kraus continue la chasse aux révolutionnaires et réussit même à arrêter un des meneurs rouges de Munich sur le territoire autrichien, à Innsbruck, et à le ramener en Allemagne où il sera incarcéré à Berlin. Kraus se battra avec les corps francs de la Baltique et entrera dans la gendarmerie urbaine. Son ami le lieutenant Kurz semblera abandonner l'activisme pour se consacrer à des études de philologie. Quant à Johann Ott il s'occupera du *Beobachter* pendant quelques mois, puis décidera de devenir un paisible expert-comptable.

Au premier bataillon de la brigade des tirailleurs bavarois privés de ses principaux chefs formés à la dure école de la lutte clandestine lors de la république des Conseils, l'ancien esprit du corps franc *Oberland* ne tarde pas à se dissiper. L'officier d'ordonnance Kupfer ne cache pas son hostilité aux idées de Sebottendorf et de la Société Thulé. Pour bien marquer son désaccord, il brûle ostensiblement un exemplaire du *Beobachter* dans la cour de la caserne.
Le Baron se précipite chez le commandant en chef pour protester contre l'attitude de cet officier. Il est reçu d'une manière glaciale. Maintenant ces messieurs de l'état-major et du gouvernement bavarois n'ont plus besoin des extrémistes comme Sebottendorf !
—Ce Kupfer a eu parfaitement raison, s'entend dire le maître de la Société Thulé. Vous semblez ignorer, monsieur le Baron, que la propagande politique est interdite dans les casernes, même dans celles des corps francs. Vous ne niez pas que le *Beobachter* soit un journal politique.
—Je ne savais pas que la fidélité à notre vieil esprit nordique soit « de la politique » ! lance Sebottendorf.
Mais il ne parvient pas à séduire les officiers réactionnaires aussi facilement qu'il a séduit, quelques mois auparavant, les politiciens socialistes. Il ne lui reste qu'à sortir en claquant la porte.

Ce qui commence à Munich en ce brûlant été de 1919

L'aventure militaire est terminée. L'aventure politique va recommencer. Mais Rudolf von Sebottendorf se sent subitement bien las. Il décide alors brusquement de quitter Munich, le 29 juin 1919. Il laisse la Société Thulé aux mains des plus médiocres de ses fidèles : l'avocat Hanns Dahn, puis Johannés Hering, lui aussi juriste. Dès l'été 1919, Thulé semble avoir perdu la force qui fut la sienne dans la défaite et la révolution. Il semble qu'une des associations germaniques les plus dynamiques se suicide lentement pour faire place à autre chose qui n'a pas encore de nom.

Le départ de Sebottendorf laisse la bride sur le cou à des jeunes gens impatients qui ressentent soudain combien leur est pesante l'absence d'un Maître. Avant de trouver un chef, ils se reconnaissent déjà dans un journal : *le Münchener Beobachter*, qui devient alors l'organe le plus radical de l'extrémisme germanique. Hans Georg Müller, un grand blessé de guerre, et Hans Georg Grassinger, lui aussi ancien combattant, donnent le ton au journal qui se veut d'une rare violence. L'hebdomadaire, directement inspiré par la Société Thulé, atteint maintenant un tirage de dix mille exemplaires. Dans le courant de l'été, il devient bi-hebdomadaire et paraît sur huit pages. Le 9 août 1919, il change de titre et s'appelle désormais le *Völkischer Beobachter*. Il n'est plus seulement munichois mais s'efforce de gagner des lecteurs dans toute l'Allemagne.

Le capitaine Röhm
fonde l'association du « Poing de fer »

Le capitaine Röhm estime que la victoire des corps francs est sa victoire. Il n'a pas l'intention de s'en laisser déposséder et ne désire pas rester à la brigade de tirailleurs bavarois du colonel von Epp, qui devient de plus en plus une unité régulière. Röhm sait que son destin est ailleurs. Il ne fait plus confiance, depuis longtemps, à l'armée de l'ancien régime. Il croit que la nouvelle armée allemande sera populaire ou qu'elle ne sera pas.

Le lieutenant-colonel Hergott a été nommé, dès le 3 mai 1919, gouverneur militaire de Munich. Il constitue son état-major. Le capitaine Röhm parvient à en devenir le chef. La place lui revient par ses talents d'organisateur. Il la mérite aussi par les liens qu'il n'a cessé de tisser avec les organisations activistes de la capitale bavaroise. Avec lui, soldats et civils vont marcher du même pas — et il ressemblera fort au pas de parade d'un militarisme éternel.

Sitôt installé dans son bureau de Munich, Ernst Röhm recommence à nouer des contacts. On le voit dans les tavernes, dans les arrière-salles où se réunissent les groupuscules extrémistes, sur les stades, partout où de jeunes Allemands s'entraînent au nom de la puissance et de la force.

La tâche paraît immense. Après la tornade de la république des Conseils, il faut reconstituer un corps de police, recréer un régiment de la garde caserné à Munich, former à nouveau une milice civique qui n'aura de bourgeoise que le nom et deviendra le refuge de beaucoup d'activistes.

—Tant que ces hommes auront des armes, Spartakus ne renaîtra pas, prophétise Röhm.

Des armes, ils en ont. Des dépôts clandestins échappent à la surveillance des Alliés. Mitrailleuses, fusils, mortiers sont rassemblés et stockés. En cas de Putsch, ils ne seront certes pas distribués aux partisans sociaux-démocrates du président Hoffmann, mais à des camarades bien décidés à mener la contre-révolution.

Tandis que les corps francs sont absorbés, les uns après les autres, dans l'armée régulière bavaroise, Röhm s'efforce de

radicaliser de plus en plus la Garde nationale. Des hommes comme le conseiller des Eaux et Forêts Escherich ou le lieutenant-colonel Kriebel ne cessent de renforcer cette milice bourgeoise. Pour Röhm, c'est encore insuffisant. Il se méfie de tout ce qui est officiel et déteste la démocratie. Alors, il imagine de créer une association militaire secrète. Il s'ouvre de son projet à son ami le capitaine Beppo Römer, qui est naguère entré dans Munich à la tête du corps franc *Oberland.*
—Ce qu'il faut, dit Röhm c'est peu d'hommes. Mais des durs, des gaillards qui n'auront pas peur de se battre quand il le faudra.
Au fond, peu lui importe contre qui. Röhm est prêt à en découdre avec tout l'univers. Il rêve tout autant de prendre sa revanche sur les Alliés que d'écraser un nouveau sursaut du *Spartakusbund*. Posséder des armes et savoir s'en servir, c'est déjà, pour lui, toute une attitude.
—Et quel nom allons-nous donner à cette organisation secrète ? demande Römer.
—Que penses-tu de *Eiserne Faust* ?
—Le poing de fer ! Le nom me plaît.
Les deux capitaines se mettent au travail, dès l'été 1919 et commencent à tisser leur réseau de complices et de fidèles.
Tout naturellement, ils recrutent des officiers et des activistes parmi les anciens résistants au régime des Conseils. Nombreux sont ceux qui ont fait partie du *Kampfbund* de la Société Thulé.
Comme rien ne peut se faire sans noyauter les partis extrémistes, les deux capitaines s'intéressent aux groupuscules qui se réclament du germanisme traditionnel ou du socialisme allemand.

Ernst Röhm adhère au DAP d'Anton Drexler. Avec lui, il va amener des officiers, des sous-officiers, des volontaires des organisations paramilitaires, des anciens combattants qui ne vivent que pour remettre un jour l'uniforme. Des « durs » comme il les aime. L'aventure d'Ernst Röhm commence[19].

Un caporal inconnu
adhère au DAP de Drexler et Harrer

Le 12 septembre 1919, le DAP, fondé sous l'égide de la Société Thulé dès le début de l'année 1914 ne compte encore qu'une cinquantaine de membres. Karl Harrer et Anton Drexler ont tenu une réunion à la Stenecker Brau. Ils rentrent chez eux. L'automne arrive. Il commence à faire froid dans les rues de Munich où siffle un vent aigre. Les deux hommes frissonnent dans leur veste de mauvais drap grisâtre. Karl Harrer souffre un peu car sa

---

[19] Le capitaine Röhm assurera désormais la liaison entre les nationaux-socialistes et les milieux militaires. Fortement compromis lors du putsch de Munich, il quittera l'Allemagne et deviendra instructeur de l'armée bolivienne. Adolf Hitler le rappellera d'Amérique du Sud en 1930 pour lui confier le poste de chef d'état-major des sections d'assaut, les SA. Après la prise du pouvoir, Ernst Röhm défendra les thèses de la « seconde révolution » et s'opposera violemment aux généraux et aux industriels. Rêvant d'une armée populaire et même prolétarienne, il sera exécuté lors de la purge des « Longs couteaux » du 30 juin 1934. Son camarade, le capitaine Beppo Römer, suivra lui aussi un étrange itinéraire. L'ancien chef du corps franc *Oberland.* directement manipulé par la Société Thulé, participera à l'assaut sur l'Annaberg en Haute-Silésie en 1921. Puis il rejoindra les rangs du KPD et se présentera même comme candidat communiste aux élections de 1932 !

blessure de guerre le gêne toujours. Il sait qu'il n'a plus tellement longtemps à vivre. Anton Drexler s'efforce de régler son pas sur le sien. Il est plus grand. Il peste contre le brouillard humide qui embue ses lunettes. Il les essuie avec son mouchoir et ralentit le pas, pour laisser son compagnon se reposer un instant.

—Encore une réunion, lance Harrer. Je me demande si nous arriverons un jour à quelque chose.

—Ce qui compte, c'est la bataille plus que la victoire, répond Drexler qui aime parfois les formules sentencieuses.

Son compagnon a l'impatience de ceux qui se savent condamnés. Il voudrait tant voir leur rêve s'incarner. Mais est-il possible de faire renaître l'esprit de Thulé ?

—Nous devons recruter des fidèles l'un après l'autre, dit-il. C'est l'enseignement de notre Maître. Tu te souviens de ce que nous disait le Baron : « Thulé revivra quand chaque Allemand sera redevenu un Hyperboréen. L'homme nouveau doit d'abord renaître dans chacun de nous. »

—Combien brûlent de ce feu ? soupire Drexler.

Harrer reste un instant silencieux. Une horloge sonne dans le lointain. Les passants se hâtent dans la nuit, bousculant les deux bavards. Encore des prophètes de trottoirs ! Les brasseries de Schwabing sont pleines de ces songe-creux qui parlent sans cesse de révolution.

—Le feu ! dit soudain Harrer. Tu as vu quelle flamme brûlait dans le regard de cet homme qui venait pour la première fois à une de nos réunions. Et tu as vu comment il a remis à sa place le vieux séparatiste bavarois qui refusait le futur Reich de tous les Germains.

—Curieux garçon, soupire Drexler. Fascinant et inquiétant à la fois. Il semble n'avoir même pas trente ans. Je lui ai remis ma brochure, à tout hasard...
—Tu as retenu son nom ? demande Karl Harrer.
Anton Drexler cherche un instant. Cet homme n'appartient pas à la confrérie des Frères de Thulé. Avec lui, c'est « autre chose » qui peut commencer. Enfin, il lance le nom qui claque comme un coup de cravache :
—Il m'a dit qu'il était le caporal Adolf Hitler.

TROIS ÉTRANGES PERSONNAGES

J'en avais donc fini avec l'histoire visible de la Société Thulé. Au fond de moi-même, j'étais quand même un peu déçu. J'avais tant lu de récits fantastiques, où il était question de cérémonies secrètes, d'invocations magiques et de pouvoirs inconnus que je trouvais finalement cette aventure de l'année 1919 assez banale. Il ne s'agissait donc que de la réaction de quelques dizaines d'Allemands refusant la défaite des armées impériales et improvisant, tant bien que mal, un groupe de résistance. Que Rudolf von Sebottendorf apparaisse parfois un peu étrange me semblait finalement normal. Le mystère dont on aimait l'entourer n'était qu'une des lois élémentaires de la clandestinité.

La Société Thulé s'inscrivait donc parfaitement dans son époque. En donnant naissance au *Kampfbund* puis à l'*Oberland*, elle rejoignait l'équipée des corps francs, à jamais magnifiée par le récit de l'écrivain-terroriste Ernst von Salomon *Les Réprouvés*. Pour ces hommes et ces femmes, « la patrie brûlait sourdement dans quelques cerveaux hardis ». Que cette patrie fût la lointaine Hyperborée plutôt que la grande Allemagne ne me paraissait pas extraordinaire. Parce que j'étais familiarisé avec les grands mythes nordiques, la recherche et le combat de cette poignée de fidèles demeuraient, pour moi, d'une stricte logique. J'étais entré de plain-pied dans leur histoire et le Baron m'était vite apparu familier.

La plupart de ce qui a été écrit en France sur Sebottendorf avait provoqué ma curiosité, puis mon agacement. J'en étais maintenant à l'hilarité, tant cela me paraissait outré, caricatural. Tout un bric-à-brac ésotérique, où l'on mélangeait pêle-mêle les alchimistes, les Templiers, les illuminés de Bavière, les tueurs de la Sainte-Vehme et les Rose-Croix, ne me paraissait que nuage de fumée, bouillie inconsistante, assez semblable à ce mélange de glace fondue, d'eau et de brume que ce hardi Massaliote de Pythéas avait découvert en naviguant au nord de l'Islande. Il n'était pas besoin de faire appel au livre d'Enoch, à l'Edda scandinave et même à la Kabbale juive pour expliquer un combat strictement inscrit dans une période historique déjà assez riche en péripéties mouvementées. Je n'avais que faire de ces références hasardeuses aux Assyro-Babyloniens, aux mythes de Polynésie et même au « Paradis Amitâbha » dont parle, m'assurait-on, le grand Bouddha et qui ne serait autre que notre Hyperborée!

Non, les fils de Thulé n'étaient pas les descendants des *Nephilim* de la Genèse, ces fameux Géants chers à tous nos amateurs d'ésotérisme commercial, ces « Supérieurs inconnus », ces « Fils des Intelligences du Dehors ». J'avais quelque peine à suivre Robert Charroux quand il affirme dans son *Livre des secrets trahis* : « Rationnellement, si l'on accepte le récit du Livre d'Enoch, il s'agit d'une colonisation de notre globe par des cosmonautes, issus d'une planète conquérante, ou forcés d'émigrer. » La véritable histoire de l'Hyperborée me paraissait assez lumineuse pour ne pas y mêler de telles fantasmagories.

Dietrich Eckart, dramaturge bon vivant saisi par la défaite

Le mystère me paraissait rigoureusement historique. Romanesque aussi. Car je voyais dans la préhistoire du nazisme une sorte de roman historique, que n'eût pas désavoué Alexandre Dumas. Comme les Trois Mousquetaires, les acteurs de ce drame étrange étaient quatre... Si Sebottendorf jouait assez bien les d'Artagnan, avec ses foucades et ses imprudences, il me semblait assez raisonnable et assez plaisant d'identifier Dietrich Eckart avec Porthos, Erich Ludendorff avec Athos et Karl Haushofer avec Aramis. Encore fallait-il trouver un lien entre ces trois personnages, hauts en couleur, et dont les biographes français ont toujours forcé sur le légendaire.
Contrairement à ce qui a été si souvent imprimé, aucun des trois n'a été Frère, au sens fort, de la Société Thulé. Eckart a été reçu seulement comme Hôte, Ludendorff n'a jamais, sans doute, rencontré le Baron et Haushofer a connu la Société à travers son étudiant préféré Rudolf Hess — qui fut, lui, incontestablement un initié à part entière. Ecrire cela enlève à l'action de Sebottendorf une partie de sa puissance et de son rayonnement. J'en étais certes navré, mais les lois de la chronologie m'interdisaient des rapprochements aventureux. Pourtant, chacun de ces trois précurseurs devait, à sa manière, s'inspirer de l'esprit des anciens Hyperboréens.
Dietrich Eckart semble moins tenter les amateurs de mystères. Son goût pour les boissons fortes et les filles

faciles lui retire ce halo ascétique, sans lequel on imagine mal les fondateurs d'une religion.

Pourtant, l'auteur dramatique bavarois ne cessera d'être obsédé par la nature spirituelle de son combat politique. Il ne craint jamais de remonter à un très lointain passé pour expliquer les raisons de sa conversion à l'activisme et il intitule son dernier livre — publié en 1925, après sa mort — *Der Bolchevismus von Moses bis Lenin*; c'est-à-dire : *Le Bolchevisme de Moïse à Lénine*. L'auteur de l'adaptation allemande de *Peer Gynt*, malgré ses aventures rocambolesques au temps de la République des Conseils, sait très bien qu'il ne deviendra jamais un homme d'action et encore moins un homme d'Etat. Ce qu'il rêve, c'est de tenir le rôle d'éveilleur, de mentor. Dès la fin de 1919, il cherche un homme capable de « faire passer » son message à la foule. Je n'avais aucune raison de ne pas croire les propos qu'il aurait tenus à son ami l'universitaire Paul Tafer et que reproduisent toutes les biographies d'Adolf Hitler — en y accolant le qualificatif de prophétiques :

—Il faut que nous ayons à notre tête un type capable d'entendre une mitrailleuse. Il faut que ces salopards-là aient la peur dans leurs chausses. Je ne veux pas d'un officier, le peuple ne les respecte plus. Un ouvrier fort en gueule, voilà ce qu'il nous faudrait. Pas besoin qu'il soit bien intelligent, la politique est l'affaire la plus bête du monde et chaque commère, chez nous à Munich, en sait autant que les gens de Weimar. Je préfère un vaniteux, capable de donner aux Rouges une réplique bien sentie et qui ne s'enfuie pas devant le premier pied de chaise qu'on brandit, à une douzaine de savants professeurs qui restent assis en tremblant, leur cul collé à leur fond de culotte comme à la réalité.

Dietrich Eckart ne va pas tarder à découvrir cet agitateur dont il rêve. Ce sera Adolf Hitler. Il va le lancer dans le public, avec un sens indéniable de la publicité. Les deux hommes ne se quitteront plus et apparaîtront comme maître et disciple. C'est à travers Eckart que le futur Führer découvre l'esprit de la Société Thulé. C'est avec lui qu'il s'envole pour Berlin quand, à la mi-mars 1920, les hommes de la brigade de marine Ehrhardt soutiennent le Putsch qui tente de porter au pouvoir le conseiller Wolfgang Kapp, avec la complicité du général von Luttwitz.

Hitler n'était encore que le responsable de la propagande du minuscule DAP de Drexler et Harrer. Mais il apparaissait déjà, incontestablement, comme le futur chef. Le voyage à Berlin tourna court : quand les deux émissaires de Munich se rendirent à la Chancellerie, on leur apprit que le Putsch avait échoué et que Kapp venait de s'enfuir.

Parenthèse
sur un aventurier « tibétain » de haut-vol

Je m'arrêtais un peu longuement sur ce voyage, car l'homme qu'ils avaient rencontré a parfois été présenté, à tort, comme un adhérent de la Société Thulé et un détenteur de pouvoirs magiques. Mais j'avais l'occasion de brosser le portrait d'un curieux personnage et j'allais, au passage, me donner ce plaisir. Timothée-Ignatz Trebitsch, qui se fait aussi appeler Lincoln, est un Juif hongrois né en 1879 à Paks, qui se destinait au rabbinat à Budapest, mais avant de gagner Hambourg où il se convertit à la secte protestante des Baptistes, il enlève la fille d'un pasteur, part pour Montréal et abandonne les Baptistes pour rejoindre la haute Eglise anglicane. Vicaire dans le comté de Kent, on l'accuse de s'adonner à la sorcellerie plus ou moins sexuelle. Réduit à l'état laïc, il flirte avec les Quakers, s'affilie à la franc-maçonnerie et au parti libéral britannique; il devient même député du Yorkshire. Accusé de fraude électorale, il décide de « déclarer la guerre à l'Angleterre » et part chercher fortune dans les pétroles de Galicie, puis en Roumanie. On le retrouvera espion au Moyen-Orient. Pendant la Première Guerre mondiale il travaille à la fois pour l'Intelligence Service et pour l'Abwehr, en Hollande. Il joue double, puis triple jeu, doit s'exiler aux Etats-Unis, d'où il sera extradé pour l'Angleterre, où on le condamnera à trois ans de prison. L'après-guerre le voit à Berlin devenu conseiller officieux des milieux ultra-nationalistes et antisémites ! Après l'échec du Putsch de Kapp, il partira pour la Chine, où il va s'affilier au bouddhisme. Il devient ermite à Ceylan, puis agitateur au Japon, avant de regagner les Etats-Unis. A la fin des années 20, on le retrouve à Berlin ; il rêve d'installer une lamaserie à Charlottenburg et reprend contact avec les milieux d'extrême-droite. Trebitsch-Lincoln gagne ensuite Shanghaï, puis le Tibet. C'est la révélation ! Il y découvre, dira-t-il, que l'univers est dirigé par un monastère secret de lamas installé sur le Toit du Monde. Accompagné de quatre bonzes et de six bonzesses, il veut revenir en Europe pour prêcher la bonne parole. Il sera vite expulsé d'Angleterre, retournera en Extrême-Orient, d'où il menace le monde entier de la vengeance du Roi du Monde. Employé par les services Japonais de propagande radiophonique pendant la Deuxième Guerre mondiale, il finira par mourir dans un lit de l'hôpital français de Shanghaï à l'automne 1943. Sans doute encore plus escroc qu'illuminé, il ne cessera de faire des dupes, surtout après sa disparition. Car, grâce à lui, les amateurs de mystères croient enfin tenir une piste sérieuse « prouvant » les rapports entre croyants germaniques et lamas tibétains. On assure qu'il a fort bien connu — et même initié — Ludendorff et Haushofer. Et à travers eux, Adolf Hitler lui-même. Tout s'explique : le Führer n'aurait été que le représentant visible d'un occulte Grand Lama... Chacun sait, bien entendu devais-je lire sans rire dans le livre de Dietrich Bronder sur les origines occultes du national-socialisme, qu'Adolf Hitler était appelé en tibétain *Hsi Talé*, c'est-à-dire le Tout-Puissant. Et qu'est-ce ce nom de Talé, sinon une version orientale à peine déformée de Thulé ? Enfin, je tenais une limpide certitude ! Mais Hitler n'a rencontré Trebitsch que pendant quelques minutes lors de ce voyage berlinois avec Eckart et il me suffisait tout simplement de lire *Mein Kampf* pour savoir que ni son mentor ni lui-même n'avaient été dupes d'un tel aventurier, si curieusement introduit dans les milieux les plus réactionnaires.

J'en avais d'ailleurs fini avec l'auteur dramatique bavarois et je me contentais de noter les paroles que Dietrich Eckart avait prononcées, peu avant sa mort, survenue à la fin de 1923, au lendemain du Putsch manqué du 9 novembre :

—Suivez Hitler. Il dansera, mais c'est moi qui ai écrit la musique. Nous lui avons donné les moyens de communiquer avec Eux... Ne me regrettez pas : j'aurai influencé l'Histoire plus qu'aucun autre Allemand.

Ce « Eux », dont parlait Eckart, devait faire couler beaucoup d'encre. Pour moi, l'allusion était claire. Il ne pouvait s'agir que des Hyperboréens et non de quelques mystérieux Géants, tout aussi préhistoriques que cosmonautes.

Erich Ludendorff,
officier de tradition et mystique païen

Le putsch de Kapp me ramenait à mon second précurseur. Lui, il avait été assez naïf pour faire confiance à un Trebitsch Lincoln. Mais cette naïveté me semblait fort explicable : n'était-il pas un militaire de carrière ? Erich Ludendorff est né en 1865, à Kruszewnia, près de Posen, dans la Pologne germanisée. Si son père est prussien, sa mère est suédoise, ce qui contribuera certes à expliquer ses rêves nordiques. En 1877, il entre à la dure école des Cadets. En 1911, il sert comme colonel à la section des opérations du grand état-major impérial. Général de brigade à la déclaration de guerre, il s'empare de la citadelle de Liège et acquiert une célébrité qui ne se démentira plus. Appelé, dès le 22 août 1914, comme chef d'état-major du général Hindenburg en Prusse, il s'affirme comme le grand cerveau de la guerre à l'Est. Il sera l'artisan de la victoire de Tannenberg et manquera aussi, de fort peu, de remporter la bataille de Verdun, sur le front de l'Ouest.

Désormais, il apparaît comme un des plus puissants « Seigneurs de la guerre » prussiens. Avec son visage d'une rare énergie, malgré les bajoues tombantes et le double menton, c'est un redoutable sanglier de combat. Il soigne sa stature de chevalier teutonique, mais se veut un Teutonique païen. La défaite allemande l'ulcère à un point tel qu'il décide de s'exiler en Suède. Exil ou retour aux sources ? La Scandinavie continue d'exercer une invincible attirance chez tous les Germains qui conservent une confuse nostalgie de l'Hyperborée.

Comme tous les généraux réduits à l'inactivité, Ludendorff commence par rédiger ses mémoires. Puis il songera à rentrer en Allemagne. Pour subir un cuisant échec avec l'équipée du Putsch de Kapp de mars 1920. Il n'y perd ni ses illusions ni surtout son prestige. Il apparaît désormais comme l'homme fort des milieux contre-révolutionnaires. Il semble avoir fait connaissance d'Adolf Hitler dans les salons du comte Reventlow, qui dirige le périodique *Reichwart* et a pour meilleur ami le jeune écrivain conservateur Mœller van den Bruck, auteur d'un petit livre prophétique intitulé *Das dritte Reich*. Je notais au passage que la femme de Reventlow était française, née d'Allemont. Je m'apercevais, une fois encore, que les milieux nationalistes allemands étaient souvent plus européens qu'on ne l'imagine. Nouvelle preuve de l'unité profonde de notre monde. A cette époque la société Thulé n'existe plus guère officiellement et Sebottendorf semble n'avoir plus aucune activité visible.

Le lien avec la religion hyperboréenne passera pour Ludendorff par le lien conjugal : il épouse, en secondes noces, Mathilde von Kemnitz, de vingt ans plus jeune que lui.

Un singulier mouvement germanique de « connaissance de Dieu »

Il ne faudrait pas laisser passer cet événement sans faire justice du torrent d'inepties et d'obscénités insultantes déversé sur cette femme, qui a eu le grand malheur de ne plaire ni aux nazis ni à leurs adversaires. Mathilde Ludendorff n'était pas seulement une belle femme au corps encore attrayant, mais aussi une femme intelligente et une véritable mystique. Elle a fondé une sorte de religion de la Nature, dont le panthéisme fait largement appel au vieux paganisme nordique. Ce mouvement de « connaissance de Dieu » n'est pas une Eglise et lutte contre toutes les formes « inférieures » de la foi, représentées pour elle par les confessions chrétiennes et les sectes occultistes. Mathilde Ludendorff recherche avant tout l'harmonie du corps et de l'âme et s'intéresse beaucoup à la pédagogie et à la psychologie. Sa recherche d'une foi enracinée l'amène à lutter contre toutes les internationales spirituelles. Elle hait le christianisme et surtout l'ordre noir des Jésuites. Ce n'était quand même pas une raison pour en faire une messaline ! Ses innombrables brochures et ses gros livres, parfois un peu touffus, restent intéressants et ses disciples ont fort bien surnagé après la catastrophe du nazisme. Son influence sur son vieux général de mari fut sans doute plus bénéfique qu'on ne le croit et elle a toujours veillé à ce que la mystique se transformât le moins possible en politique.

Je me souvenais d'une rencontre à Nüremberg à la fin des années 60. Lors d'un reportage sur des élections en République fédérale, j'étais allé interroger un vieux monsieur, que je savais membre du Mouvement ludendorffien. A l'heure du café et des gâteaux, dans un salon surchargé de bibelots et de bouquins, je lui avais posé la question qui désarçonne tant les Allemands d'aujourd'hui.

—Et vous ? Avez-vous été membre du parti nazi ?

La réponse fusa avec une netteté que je n'avais encore jamais entendue et qui changeait de tant d'esquives embarrassées :

—Bien entendu. J'ai adhéré au NSDAP dès la fin de 1920.

Enfin, je tenais un témoin de la première heure ! Mais l'homme se déroba alors, avec un sourire qui semblait m'indiquer que la chose allait de soi :
—Bien entendu, dit-il à nouveau, j'ai quitté le parti en 1923.
Anecdote révélatrice et qui va singulièrement éclairer ce chapitre. Certes, Ludendorff « patronne » Hitler exactement comme Eckart le « chaperonne ». Il s'est rangé à ses côtés dès la fin de 1922, il participe à une des premières manifestations de masse nationales-socialistes le 1er mai de l'année suivante, préside la journée allemande de Nüremberg de septembre, où vont défiler quinze mille hommes des sections d'Assaut, et il se tiendra à côté d'Adolf Hitler lors de la dramatique fusillade du 9 novembre 1923. Mais celui que le Führer avait désigné comme régent du Reich, en cas de succès, garde ses distances dès le procès des putschistes. Sous son casque à pointe, il prend son air le plus rogue quand on le photographie, avec ses coaccusés, avant la première audience du Tribunal, le 24 février 1924. Il sera acquitté, mais ne pardonnera jamais à Hitler de l'avoir entrainé dans une telle aventure. Tandis que celui-ci se trouve en prison à Landsberg, Ludendorff se fera élire député du parti national-socialiste de la liberté. Mais ce mouvement au caractère nordique accentué, ne continue guère la ligne du NSDAP interdit.
Le vieux général fera désormais cavalier seul. Il se présentera en 1925 à la présidence de la République pour ne récolter que 1 p. cent des voix. Jusqu'à sa mort, survenue en 1937, il ne jouera plus aucun rôle, si ce n'est en publiant un livre de stratégie militaire : *Der totale Krieg*, paru en 1936. On possède de lui un jugement impitoyable sur le maître du IIIe Reich : « En faisant Hitler chancelier du Reich », écrira

le général Ludendorff au maréchal Hindenburg, au lendemain du 30 janvier 1933, « vous avez livré notre sainte patrie à l'un des plus grands démagogues de tous les temps. Je vous prédis solennellement que cet homme maudit conduira notre Reich dans l'abîme, amènera sur notre nation des souffrances inouïes, et que la malédiction du genre humain vous poursuivra dans la tombe pour ce que vous avez fait... »[20].

Karl Haushofer,
général-professeur hanté par l'espace vital

Il me restait à interroger mon dernier « Mousquetaire ». Il reste le plus mystérieux. Et sans aucun doute le moins rêveur de tous. C'est aussi un général. Il n'est pas prussien mais bavarois. Karl Haushofer, né en 1869, est de peu le cadet de Ludendorff, mais on ne peut imaginer personnages plus dissemblables. C'est aussi un « chien de guerre », mais plus lévrier que bouledogue. Officier d'état-major, il est envoyé en mission en Inde et surtout au Japon.
La fascination orientale reste si forte, en certains milieux occidentaux, qu'il n'en fallait pas plus à des imaginations fertiles pour prétendre Haushofer disciple de quelque religion bouddhiste. On en a fait, un peu rapidement, un lama tibétain. La vérité me semblait plus simple. La connaissance de l'Inde et de Veda ne pouvait que le conforter dans toutes les thèses « indo-germaniques » fort à

---

[20] Cité par Raymond Cartier : *Adolf Hitler à l'assaut du pouvoir*. Robert Laffont, Paris-Match, 1975.

la mode à son époque. Et la découverte du Japon, qui parvenait à créer une armée ultra-moderne tout en restant fidèle à l'esprit des samouraïs, me semblait bien de nature à enthousiasmer n'importe quel officier de tradition. Installé à Tokyo, il se trouve à un bon poste d'observation pour étudier, avec une minutie attentive, la naissance d'une nation. Car Haushofer n'est pas seulement un militaire. C'est un historien et surtout un géographe. Il va même donner ses véritables lettres de noblesse à une discipline qui se trouve encore dans l'enfance : la géopolitique. A la veille de la guerre, en 1914, il obtient son doctorat, avec une thèse remarquée qui fera un jour de lui un fort savant universitaire. Haushofer reste assez fidèle à l'enseignement de Clausewitz qui prétendait que la politique n'était que la continuation de la guerre par d'autres moyens. Il a compris que la vie n'est qu'une lutte pour la puissance. Et que la puissance ne peut être que mondiale. « L'espace, écrit-il, n'est pas seulement le véhicule de la puissance; c'est la puissance elle-même. » Le mot de *Lebensraum*, ou espace vital, était lancé. Adolf Hitler devait le reprendre à son compte le moment venu.

Karl Haushofer, avec son regard clair, son visage allongé et ses longues moustaches blondes, incarnait certes l'image assez idéalisée des fils de Thulé. Mais il semble bien s'être gardé de tout contact avec la Société de Rudolf von Sebottendorf. Il restera toujours « en marge ». Son fils Albrecht sera exécuté pour avoir participé au complot du 20 juillet 1944 contre Hitler et le créateur de la géopolitique finira par se suicider « à la japonaise », au mois de mars 1946.

Une telle mort devait encore renforcer le halo de mystère qui l'a toujours entouré. On a prétendu qu'il avait rencontré le mage géorgien Gurdjieff au Tibet, dans les premières années du siècle, et on a soutenu qu'il était membre d'une étrange secte du Vril, ou Grande Loge Lumineuse, dont les contacts avec la *Golden dawn* britannique paraissent évidents aux spécialistes de l'ésotérisme. Je retombais dans l'incohérence : des initiés supérieurs vivaient dans des cavernes sous la terre et posséderaient une extraordinaire énergie magique, ce fameux Vril. Bien entendu, la magie orientale reprenait toute sa fascination : Thulé ne pouvait se situer qu'au cœur de l'Himalaya.

J'avais rempli plusieurs rayons de ma bibliothèque avec de telles démonstrations. J'en retenais au moins une certitude : ceux qui avaient placé Adolf Hitler « sur orbite » avaient plus ou moins rapidement rompu avec lui. Que ce soit son « maitre à danser », Dietrich Eckart, le vieux seigneur de la guerre Erich Ludendorff, ou le très savant général-professeur Karl Haushoffer.

J'avais lu, comme tout le monde, le poème d'Albrecht Haushofer, le pendu de Moabit, retrouvé près du cadavre de son père, après le spectaculaire « seppuku » :

> *Pour mon père, le destin avait parlé.*
> *Sa volonté avait jadis la force*
> *De repousser le démon dans sa geôle.*
> *Mon père a brisé le sceau.*
> *Il n'a pas senti le souffle du Malin.*
> *Il a lâché le démon sur le monde.*

Adolf Hitler juge sans pitié
les intellectuels néo-paiens

Sebottendorf, Eckart, Ludendorff, Haushofer. Ces noms revenaient sans cesse et ces visages me hantaient. Ils sont morts sans avoir parlé. Et on interdit au dernier survivant connu de parler — et même d'écrire. Mon enquête butait sur les hautes enceintes de la prison néo-gothique de Spandau. Dans la brume de ce faubourg de Berlin, vit le plus vieux prisonnier du monde, cet octogénaire condamné à la solitude et au silence et qui s'est trouvé plus que nul autre à la croisée des chemins de la Société Thulé et du parti national-socialiste : Rudolf Hess. Je savais que tout devait aboutir à cette cellule, plus inaccessible encore que l'île de Thulé pour Pythéas. Mais je n'avais pas le moyen de forcer le secret.

Je tenais tant bien que mal la filiation entre la Société Thulé et Adolf Hitler. Mais je butais toujours sur un mur. Je savais que le Führer avait été réellement « téléguidé » par Rudolf von Sebottendorf et je pressentais que ce ne pouvait être que par l'intermédiaire d'hommes comme Rudolf Hess ou Alfred Rosenberg. Mais le pendu et le captif ne pouvaient pas répondre à mes interrogations. Je devais d'abord me contenter des textes, irréfutables.

On m'avait fait remarquer les distances que prenaient envers leur « élève » des hommes comme Haushofer, Ludendorff et même Eckart. Mais je voulais savoir d'où venait l'initiative de la rupture. Il suffisait pourtant de relire Mein Kampf. On n'a pas fait assez attention en France à ces passages où le futur Führer traite si durement les intellectuels néo-païens sans lesquels, pourtant, il n'aurait prêché que dans un désert idéologique. A les relire, tout s'éclairait de la dure lumière de l'ingratitude : « Ceux-là mêmes qui brandissent dans tous les sens des sabres de bois, soigneusement copiés sur d'anciennes armes allemandes et qui recouvrent leur tête barbue d'une peau d'ours naturalisée, surmontée de cornes de taureau, ceux-là n'attaquent, quant au présent qu'avec les armes de l'esprit, et s'enfuient en toute hâte dès qu'apparaît la moindre matraque communiste. La postérité ne s'avisera certainement pas de mettre en épopée leurs héroïques exploits... C'est ainsi qu'en particulier, j'ai toujours eu le sentiment que les prétendus réformateurs religieux — à la vieille mode allemande — n'étaient pas suscités par des puissances désirant le relèvement de notre peuple. En effet, toute leur activité s'emploie à détourner le peuple du combat commun contre l'ennemi commun qui est le juif ; et au lieu de le conduire à ce combat, elle l'engage dans de funestes luttes religieuses intestines... Je n'insisterai pas sur cette ignorance absolue de certains Jean-Baptiste annonciateurs du XXe siècle, qui méconnaissent aussi bien le racisme que l'âme du peuple. Elle est suffisamment démontrée par le fait que la gauche les combat par le ridicule : elle les laisse bavarder et s'en moque. »

Le futur Führer du IIIe Reich national-socialiste ajoute : « Celui qui, ici-bas, ne parvient pas à se faire haïr de ses ennemis ne me parait guère désirable comme ami. C'est pourquoi l'amitié de ces hommes n'était pas seulement sans valeur pour notre jeune mouvement, elle lui était nuisible. Ce fut aussi la raison essentielle pour laquelle nous choisîmes d'abord le nom de « parti ». Nous étions en droit d'espérer que ce mot seul effrayerait et éloignerait de nous tout l'essaim des rêveurs « racistes ». Ce fut enfin la raison pour laquelle nous nous arrêtâmes, en second lieu, à la désignation de parti ouvrier allemand national-socialiste. Notre première dénomination éloigna de nous les rêveurs de l'ancien temps, ces hommes aux mots creux, qui mettent en formules les « idées racistes »; la deuxième nous délivra de toute la séquelle des chevaliers aux glaives « spirituels », de tous les gueux pitoyables qui tiennent leur intellectualité comme un bouclier devant leur corps tremblant... N'importe quel agitateur qui a le courage debout sur la table d'une auberge, entouré d'adversaires, de défendre virilement et ouvertement sa manière de voir, en fait plus que ces individus sournois, menteurs et perfides.[21] »

Survivance de la Société Thulé après la fin de 1919

Dès la création du parti national-socialiste ouvrier allemand, quand il a réussi de sa propre initiative, par une sorte de coup d'Etat intérieur, à transformer le DAP en NSDAP, Adolf Hitler rompt la filiation avec les fidèles de Thulé. Mais on ne tranche pas un tel lien comme un nœud gordien. Il me semblait impossible que la Société Thulé n'ait pas survécu. Cette survivance pouvait-elle expliquer les luttes intérieures que devait connaître le parti national-socialiste, comme les connaissent tous les partis et toutes les sectes ? La vie cachée de Thulé, pendant le quart de siècle qui allait suivre 1920, me paraissait un mystère autrement plus important que toutes les révélations

---

[21] *Mein Kampf.* pp. 324 et 327 de l'édition francaise.

ésotériques, où les dieux du Walhalla font bon ménage avec ceux de l'Himalaya, pour la plus grande joie des prétendus spécialistes de la magie noire et de la terreur blanche.

Je pensais à tout cela, lors d'un séjour à Munich, en cueillant quelques roses sauvages qui fleurissent toujours mystérieusement sur les deux terrains vagues aux buissons ardents, là où se trouvait naguère, sur la Königsplatz, les mausolées où reposaient dans leurs cercueils de bronze, les victimes du Putsch manqué. Les ruines sont parfois plus lourdes de présence que les temples inviolés. Il faisait très froid déjà le 9 novembre 1923. J'imaginais la bise glaciale soufflant sur le pont Ludwig que venait de franchir la colonne venant de la Rosenheimerstrasse. Des rafales de neige fouettaient les façades ocres de style germano-italien et les hommes au dur visage piétinant sur les pavés boueux.

Soudain, les carabines et les mitrailleuses de la police se déchaînent. J'entendais encore les échos des coups de feu sous la Feldherrnhalle, où se figent toujours les lions de pierre au rugissement étouffé. Rien ne semblait avoir bougé sur cette Odéonplatz, où un jeune homme inconnu, son chapeau sombre à la main, avait naguère entendu l'annonce de la mobilisation générale, avec cet air extasié que devait fixer à jamais le photographe Heinrich Hoffmann. Pourtant, Munich, malgré la foule qui moutonnait dans la grande voie piétonnière, devant la cathédrale Frauenkirche et les deux Rathaus, l'ancien et le nouveau, restait pour moi une cité vide. Seuls des initiés pouvaient m'apprendre la véritable histoire de cette renaissance et de cette trahison de l'esprit de Thulé. Qui, parmi les passants emmitouflés dans leur loden, connaissait encore l'aventure maudite des fils de l'éternelle Hyperborée ?

ADOLF HITLER ROMPT AVEC THULÉ

A la poursuite de mes fantômes, Munich me semblait étrangement déserte. Je marchais dans la foule et j'étais seul comme je ne l'avais jamais été de ma vie, même par cette nuit du solstice d'hiver où j'avais voulu veiller jusqu'à l'aube dans les ruines du Château-Gaillard, à la recherche des héros oubliés de ma patrie vaincue en 1204. Je n'avais même plus froid. J'étais entré dans le gel. La glace, comme une armure, rendait soudain tous les sons métalliques.

Il a fallu bien des démarches pour parvenir à rencontrer celui qui devait m'éclairer. Leur détail n'importe pas ici et je sais respecter les secrets. Disons seulement que j'avais dû montrer patte brune. J'étais bien trop jeune pour avoir été mêlé à ces tragédies dont on acceptait, enfin, de me parler. D'avoir été le chroniqueur impartial des Français engagés dans la Waffen SS m'avait finalement ouvert les portes les plus closes. Certains croyaient venu le moment d'évoquer devant un observateur étranger ces événements si longtemps enfouis sous la carapace du silence et la fuite des années.

Depuis plusieurs jours, je passais devant la Feldherrnhalle tournant et retournant sur la place, comme si les pierres pouvaient parler, comme si soudain j'appréhendais le pouvoir de remonter le temps et de faire revivre le passé. Sans cesse, je rembobinais à l'envers le film des actualités mortes. Les cohortes sombres allaient-elles soudain resurgir, même si elles marchaient à l'envers, comme ce nageur qui ressaute sur le plongeoir dans un truquage enfantin ? Bien entendu, rien ne se passait. Et, pourtant, c'était là où tout devait se passer.

Rencontre à Munich du témoin essentiel

Dans une des maisons de la Residenzstrasse, à quelques mètres du monument tragique où ont éclaté les coups de feu du 9 novembre 1923, une porte discrète s'ouvre dans la muraille sombre. Un couloir, un ascenseur qui conduit à un club privé. Ne cherchez pas, ce n'est pas quelque repaire de néo-nazis, mais un simple club, d'allure plus britannique qu'allemande. Ce fut cela qui me frappait d'abord : une atmosphère de vieille Angleterre, avec de profonds divans de cuir, des moquettes à étouffer le bruit de toutes les bottes du monde, le tintement des verres de porto sur le plateau d'argent. Même le maître d'hôtel ressemblait à un appariteur de la Chambre des Lords.
Je me gardais bien de demander à mon interlocuteur s'il avait appartenu au parti national-socialiste. De toute façon, je n'étais pas là pour poser des questions, mais pour écouter. Cet homme devait avoir un peu moins de soixante-dix ans. Ou un peu plus, mais alors il supportait bien le poids des ans. Il avait des cheveux blancs rejetés en arrière et soigneusement peignés, un teint un peu jaunâtre, qui me le fit d'abord prendre pour un hépatique, mais qui pouvait aussi bien trahir un long séjour sous des climats tropicaux. Il

parlait parfaitement le français. Son accent m'agaçait, car je n'arrivais pas à le définir. Plus slave que germain, peut-être. Je n'ai jamais eu d'oreille pour ce genre de choses.
—Je suis né avec le siècle. Ou plutôt avec la nouvelle ère, car on peut aussi bien dater tout ce qui arrive désormais à partir de la mort de Nietzsche... A la fin de 1918, je me trouvais à Munich. J'étais réfugié. Je ne suis pas citoyen allemand, mais « Volksdeutsche » comme on disait autrefois. Il doit y avoir une tradition d'errance dans ma famille. Après cette guerre, j'ai réussi à partir au sud-ouest africain. Mais il faut croire que les montagnes de Bavière me manquaient. J'avais besoin, avant de mourir, de m'enraciner en terre alémanique. Alors, je suis revenu à l'univers qui fut celui de mes années d'étudiant. En ce temps-là, je croyais encore à la théologie. Je suis d'une famille de pasteurs de campagne. La parole de Dieu et la conscience d'être allemand faisaient bon ménage à la maison depuis quelques siècles.
Je ne lui demandais pas quel était son pays d'origine. Certes, il avait ce qu'on appelle « un beau type nordique » mais les invasions et les exils ont tant brassé les fils de Thulé sur notre Europe morcelée que je n'arrivais toujours pas à le situer. Je n'avais jamais entendu un tel accent auparavant. Mais je penchais de plus en plus pour les pays baltes. Et plus précisément pour l'Estonie, où se trouvent sur la Narva les vieilles forteresses, symboles d'une lutte séculaire ; Ivangorod et Hermannfeste, comme des défis, de part et d'autre du fleuve.
Mon interlocuteur me servit d'autorité un verre de porto. Je remarquai une chevalière armoriée à un de ses doigts. Pourtant, il portait un nom très commun. Quelque chose

comme Dr Schmitt, si vous voulez, bien que ce ne soit pas celui sous lequel je le connaissais et encore moins celui qui devait être son nom véritable. Comme pour répondre à ma question, il ajouta aussitôt :
—Ne cherchez pas. Je n'ai eu aucun rôle important. Je n'étais qu'un homme dans la foule. Disons que je suis resté toujours assez à l'écart pour pouvoir observer, sans jamais prendre de grands risques. Je ne me crois pas un homme politique. Peut-être seulement un curieux de la politique. Enfin, de cette politique qui rejoint la religion. Car toute cette histoire, c'est bien une guerre de religion. Vous savez peut-être ce qu'a écrit Adolf dans *Mein Kampf* à ce sujet ?
Je le savais et je lui récitai la phrase par cœur : « Les idées et les institutions religieuses de son peuple doivent rester toujours inviolables pour le chef politique ; sinon qu'il cesse d'être un homme politique et qu'il devienne un réformateur s'il en a l'étoffe ! »

Le Führer refuse de devenir un réformateur religieux

Mon interlocuteur sourit et poursuivit une démonstration qui devait vite emporter ma conviction :
—L'apparition d'Adolf fausse toute la perspective dessinée par le Maître de Thulé. Certes, au départ, Hitler apparaît presque comme une émanation de la Société. Eckart reste encore pour lui une sorte de monstre sacré, un prodigieux acteur, je dirai presque une sorte d'Orson Welles bavarois. Ludendorff, comme tous les vieux généraux de l'Offizierskorps, n'est pour lui qu'une potiche sous son casque à pointe. Quant à Haushofer, c'est un professeur,

certes émérite, mais bien lointain. Adolf a toujours détesté les maîtres d'école.

—Et Sebottendorf ? L'a-t-il connu ?

—Pas directement. Ils ne se sont jamais parlés. L'homme de la liaison entre la Société Thulé et le NSDAP, c'est Rudolf Hess. Vous verrez, on va toujours retomber sur lui. Croyez-moi, ils savaient ce qu'ils faisaient quand ils l'ont enfermé pour toujours à Spandau. C'est un type bizarre. Pas fou, certes. Mais un peu égaré. C'était un garçon de tempérament essentiellement fidèle. Et pourtant il va se trouver toute sa vie écartelé entre deux fidélités. Fidèle à la fois à Thulé et à Adolf. Cela ne pouvait que mal se terminer, tôt ou tard. Je ne sais pourquoi, il me fait toujours penser au dieu scandinave Balder. Le plus beau et le plus pur, mais né pour le malheur. Quand il est enfermé avec lui à Landsberg, Hess fait ingurgiter à Hitler tous les rêves de la Société Thulé. On a le temps dans une cellule. A force de répéter « Mein Führer » avec des yeux extasiés, il devient le secrétaire, le confident, le « Stellvertreter ». Un mot difficilement traduisible. Ce n'est pas exactement le remplaçant et encore moins le successeur. J'aurais tendance à dire celui qui double votre personnalité et veille à la bonne marche des choses. Les catholiques nomment ainsi « ange gardien » ce que d'autres traduisent simplement par « conscience ». Hitler et Hess vont presque s'identifier l'un à l'autre. Mais ce sera pour jouer le drame du Dr Jekill et de Mr Hyde.

Cette évocation de la personnalité de Rudolf Hess me ramenait aux étranges rapports du Führer et de la religion. Ils expliquaient assez bien toute la suite de cette histoire moins mystérieuse qu'il n'y paraît[22].

Rudolf von Sebottendorf abandonne la politique pour l'astrologie

Je tenais un lien, mais je savais que je ne pourrais jamais le suivre jusqu'au bout. Et je voulais auparavant continuer à poursuivre le sillage du Baron. Sebottendorf

---

[22] Les opinions d'Adolf Hitler sur les problèmes religieux reviennent à plusieurs reprises dans ses *Libres propos sur la guerre et la paix*, recueillis sur l'ordre de Martin Bormann, deux volumes parus chez Flammarion en 1952 et 1954. On peut y lire notamment : « Si quelqu'un éprouve des besoins d'ordre métaphysique, je ne puis le satisfaire avec le programme du Parti. Le temps coulera jusqu'au moment où la science pourra répondre à toutes les questions. Il n'est donc pas opportun de se lancer maintenant dans une lutte avec les Eglises. Le mieux est de laisser le christianisme mourir de mort naturelle... Rien ne me paraîtrait plus insensé que de rétablir le culte de Wotan. Notre vieille mythologie avait cessé d'être viable lorsque le christanisme s'est implanté. Ne meurt que ce qui est disposé à mourir... Un mouvement comme le nôtre ne doit pas se laisser entrainer dans des digressions d'ordre métaphysique. Il doit s'en tenir à l'esprit de la science exacte. Le Parti n'a pas à être une contrefaçon de religion... Je ne voudrais surtout pas que notre mouvement prenne un caractère religieux et institue un culte. Ce serait atroce pour moi, et je souhaiterais de n'avoir jamais vécu, si je devais finir dans la peau d'un bouddha ! (14 octobre 1941.) Notre époque verra sans doute la fin de la maladie chrétienne. C'est une affaire de cent ans, de deux cents ans peut-être. Mon regret aura été, à l'instar de tel prophète, de n'apercevoir que de loin la terre promise. Nous entrons dans une conception du monde, qui sera une ère ensoleillée, une ère de tolérance. L'homme doit être mis dans la situation de développer librement les talents qui lui sont donnés par Dieu. (27 février 1942.)

restait mon sujet. Je ne connaissais de lui qu'une mauvaise photographie représentant son buste, de profil. Un visage un peu lourd, où manquait tout l'éclat du regard. Je n'y lisais guère ce magnétisme qu'exerçait, paraît-il, le Maître de la Société Thulé sur tous ceux qui l'avaient rejoint, dans les mois les plus sombres de l'histoire allemande.

—C'était quand même un bel homme, me dit mon interlocuteur. Un peu dans le style de l'acteur de cinéma Curd Jürgens. Mais assez inquiétant, finalement. Plus Cagliostro que Casanova. Je n'ai jamais compris pourquoi il s'était marié avec cette grosse Bertha Iffland, née à Shanghaï par surcroît. D'ailleurs, il ne la montrait pas beaucoup. Peut-être avait-elle de l'argent ? Ou lui apportait-elle la révélation des secrets bouddhistes ?

Ce que je voulais surtout savoir c'était pourquoi le Baron avait aussi rapidement disparu de la scène politique munichoise, alors que la victoire des corps francs était quand même sa victoire.

—Il ne faut quand même pas croire que Sebottendorf n'avait que des amis dans le milieu nationaliste. On lui reprochait deux choses : d'abord, d'avoir imprudemment laissé traîner une liste d'adhérents, qui avait provoqué l'arrestation des sept otages. C'est une accusation classique dans les groupes de résistance quand il y a eu de la casse.

—Et ensuite ?

—D'être parti avec la caisse, bien entendu. Vous connaissez un groupuscule de droite où ne règne pas ce perpétuel soupçon ? La gauche voit des indicateurs partout. Mais de l'autre côté de la barricade, on imagine toujours que les dirigeants s'en mettent plein les poches. En réalité, ce serait plutôt le Baron qui aurait financé la Société Thulé.

Maintenant, d'où venait son argent ? Personne n'en savait rien. On disait que c'était les Junkers, les Turcs ou même les Juifs. Des ragots. En réalité, on ne lui pardonnait pas son allure de grand seigneur, d'autant plus ostentatoire qu'il n'était qu'un parvenu. Un aventurier.
—Sympathique ?
—Disons « magnétique ». Il aimait le mystère. Il y avait de l'esbroufe dans tout cela. Mais il savait certainement « des choses ». Il se disait Rose-Croix, Frère musulman, Odiniste. Il jouait de son personnage et surtout de sa nationalité ottomane. En tout cas, il revient à Munich dès les premiers jours de mai 1919, dans les fourgons des corps francs, mais, au mois de juillet, il quitte brusquement la ville. On trouve sa trace à Fribourg-en-Brisgau, mais je doute que cela fut pour y suivre les cours de Martin Heidegger, le Baron avait la tête la moins philosophique que je connaisse. Au cours de l'été 1920, il s'installe à Bad Sachsa, dans le Harz méridional. Il y restera jusqu'au Putsch d'Adolf, sans relations avec lui. A ce moment-là, il s'intéresse uniquement à l'astrologie et publie le périodique Astrologische Rundschau. Il a compris que le Führer du NSDAP lui échappe. Alors, il rédige des thèmes astraux et se fait toute une clientèle de naïfs. Il gagne de l'argent. Il sait bien qu'il ne peut plus contrôler le train qu'il a mis sur les rails. Il fait confiance à des garçons comme Rudolf Hess ou comme Rosenberg pour renverser la vapeur. Lui, il se sent « brûlé ». La police de Weimar le tient à l'œil. Au fond, il n'est qu'un étranger. On en fera un indésirable.

Il finit par retourner à Istambul. Et comme consul du Mexique. Quel rapport avait-il avec le Mexique ? Là, on touche à quelque chose de très bizarre. Vous avez lu *Le*

Serpent à plumes de David Herbert Lawrence ? Cet Anglais avait assez bien compris toute cette histoire d'Hyperborée qui vous passionne.
Je n'avais pas fait le rapprochement. Il me séduisait de toute la magie de l'impossible. Le livre a été publié à Londres en 1926, au moment précis qui m'intéressait. Quetzalcoatl est un souverain qui régnait jadis au Mexique. Il venait d'un pays lointain et les Toltèques le considéraient comme un dieu, fils du soleil. On retrouve le même personnage dans la tradition maya, où il se nomme Kukulkan. Les deux noms signifient le serpent à plumes. Ce serait, dans la réalité historique, car il a existé, un grand homme blond, avec une barbe. Pourquoi pas un Viking ? C'est d'ailleurs la thèse de Jacques de Mahieu dans *Le Grand voyage du Dieu Soleil*, où il s'enthousiasme pour les conquérants blancs de l'Amérique pré-colombienne. D'après lui, ils ne pouvaient venir que de l'Hyperborée scandinave. J'avais trouvé une nouvelle piste, mais je ne voulais pas quitter Munich pour Mexico. Je savais que Sebottendorf allait y revenir, tôt ou tard.

Le « Mythe du XXe siècle » n'exprime pas les idées du parti nazi

Je demandais, avec naïveté, si Adolf Hitler avait témoigné quelque intérêt pour le Baron, lors des années de lutte pour le pouvoir. Lui gardait-il gré de l'avoir ainsi naguère propulsé sur la scène politique, par l'intermédiaire du DAP d'Anton Drexler et de Karl Harrer ? Mon interlocuteur éclata de rire :
—Vous avez déjà entendu parler de reconnaissance en politique ? Depuis bien longtemps, Adolf avait décidé qu'il

ne devrait jamais rien à personne. Harrer a été expulsé du parti dès 1920 et il est mort, totalement inconnu en 1926. Quant à Drexler, il va démissionner en 1921 et fera désormais figure d'objet de musée jusqu'à sa mort, fort discrète, en 1941. Adolf a fait le Putsch tout seul, sans écouter aucun conseil. Mais il se rend compte qu'il avait été plus ou moins « piégé » par toute l'atmosphère d'activisme, qui régnait alors à Munich et dont la Société Thulé était en grande partie responsable. Il avait eu le temps de méditer dans sa prison. Il ne se livrera à personne, pas même à Rudolf Hess. Mais il avait compris. Il s'était bien aperçu que, dans toute cette affaire, depuis la création du parti jusqu'à la tentative de coup d'Etat, il avait été plus ou moins manipulé. En prison il ne pouvait pas grand-chose contre les gens de la Société Thulé ; ce sont eux qui intriguaient alors, en 1924, pour constituer le parti national-socialiste allemand de la Liberté, en se passant de lui. L'homme de cette opération était avant tout Alfred Rosenberg. Adolf ne lui pardonnera jamais. Quand va paraître le *Mythus*, ce fameux *Mythe du XXe siècle*, il ne cessera de répéter que c'est fumeux, illisible et surtout « pas politique ». Car il n'avait que faire de créer une nouvelle religion et d'entrer en conflit avec les Eglises. Il rêvait de prise du pouvoir, donc de Concordat. Je parie que vous avez vu des gens du Mouvement Ludendorff et qu'ils vous ont dit qu'Adolf Hitler était devenu l'homme des jésuites.

—Exact.

Je me trouvais désormais au cœur même du problème et discernais toute l'importance des questions religieuses dans cette aventure. D'autres propos de table du Führer me revenaient alors en mémoire. Le 11 avril 1942, pendant le dîner, Adolf Hitler revient, une fois encore, sur le Mythus d'Alfred Rosenberg : « Il ne doit pas être considéré comme exprimant la doctrine officielle du parti. Déjà au moment où ce livre a paru, j'ai refusé expressément de lui reconnaître ce caractère. Pour commencer, son titre exprime une idée fausse. En effet, il ne saurait être question d'opposer un prétendu mythe du XXe siècle, c'est-à-dire quelque chose de mystique, aux conceptions du XIXe siècle. Un national-socialiste doit affirmer qu'il oppose la foi et la science de notre temps au mythe du siècle précédent. » Et il avoue : « Comme beaucoup de nos Gauleiters, je n'ai fait de cette œuvre qu'une lecture superficielle. Elle est écrite, à mon avis, d'une façon beaucoup trop abstruse. »

Ce qui me paraissait important et éclaire tous les rapports du Führer et de la Sociéte Thulé, c'est l'opinion du maître de l'Allemagne sur la question primordiale, pour les Hyperboréens, de la liberté individuelle. A propos des idées de Rosenberg à ce sujet, il manifeste violemment son désaccord : « Ce n'est pas l'étendue de la liberté individuelle qui signifie un haut degré de civilisation. C'est plutôt dans le cadre d'une organisation qui rassemble la quasi-unanimité des hommes d'une même race, la limitation de cette liberté... Relâchez les brides du pouvoir, donnez plus de place à la liberté individuelle, et vous poussez un peuple dans la voie de la décadence. » Une apologie de Charlemagne *le tueur de Saxons* met le point final à la discussion, ou plutôt au monologue.

Le Maître de Thulé resurgit
puis disparait à jamais

Dans ce club de Munich, aux murs recouverts de boiseries sombres sur lesquels des sous-verres représentaient des scènes de chasse, je découvrais mon interlocuteur très au courant de toutes ces histoires de sectes plus ou moins paganisantes. Mais je ne discernais pas ce qu'il pensait vraiment. De quel côté s'était-il situé ? Mais il devança toute question et revint à son explication :

—Quand Adolf est sorti de la prison de Landsberg pour fêter en liberté le solstice d'hiver de l'année 1924 c'est un homme changé. Il décide de tout recommencer de zéro. C'est la fameuse refondation du parti. Une purge sèche. Discrète. Sans aucun doute efficace. Cette fois, on ne le reprendra plus à risquer des coups d'Etat militaires ! Il ne parle que de prise de pouvoir politique, dans la légalité. Un langage nouveau pour les vieux lutteurs des années troubles de Munich. Le capitaine Röhm n'a plus qu'à partir en Amérique du Sud jouer les mercenaires.

—Et les gens de la Société Thulé ?

—Ils sont « sur la touche ». Toutes leurs théories « para-politiques» sont incompréhensibles pour le nouveau parti. Ce qui compte, ce sont les élections. Donc les réunions publiques, les distributions de tracts, les collages d'affiches, enfin tout le bazar électoral. Les SA perdent leur côté « corps francs » pour se transformer en colporteurs. Les équipées du style Baltikum sont terminées. Des gens comme Ernst von Salomon ne s'en remettront jamais. Seulement, Adolf a bien compris qu'il manque une dimension à son entreprise. Cette idée de fonder un Ordre, qui avait toujours été celle de Sebottendorf, le travaille. Alors, le 9 novembre 1925, deux ans après le Putsch manqué, il décide de créer la SS. Il reprend toutes les idées qui traînaient à la Société Thulé et il les confisque à son profit. Extérieurement, la SS se veut une force de « protection ». En réalité, elle tend de plus en plus à devenir un véritable Ordre, avec ses rites, ses lois, ses rêves même. Mais on y dresse les hommes à être fidèles à Hitler et non pas à Thulé.

Tout cela s'éclairait peu à peu et me paraissait somme toute assez cohérent. Ce Führer que l'on présentait toujours comme une espèce de médium ou de sorcier montrait au contraire une rigoureuse logique dans sa route vers le pouvoir. Quand il y parvient enfin, le 30 janvier 1933, Rudolf von Sebottendorf surgit à nouveau.

—On le retrouve à Munich, dès le printemps, me dit mon informateur. Il arrive sans doute de Turquie et peut-être même du Mexique. Le Baron est bien décidé à jouer le Saint-Jean-Baptiste et à rappeler que la victoire d'Adolf est la sienne. Il organisera même une grande assemblée commémorative, à l'automne 1933, alors que les nationaux-socialistes victorieux s'apprêtent à donner l'éclat que vous devinez au dixième anniversaire du Putsch. Les anciens de la Société Thulé se réunissent. Dans les salons de l'hôtel des Quatre Saisons, bien entendu. Le Baron pérore et bombe le torse. Il avait encore pas mal engraissé dans ses exils. Il se gonfle d'importance. Mais c'est la dernière chose à faire, d'attirer ainsi l'attention sur lui. Les bonzes du parti tiennent à proclamer qu'ils ont été les premiers et que ce sont eux, et eux seuls, ceux de la vieille garde munichoise, qui ont permis l'arrivée de leur Führer au pouvoir. Personne d'autre.

J'imaginais assez bien Sebottendorf volant au secours de la victoire, au mécontentement de tous les véritables artisans de la prise du pouvoir. Et ils étaient quand même nombreux. Je savais la suite : comme il est bien davantage un homme de plume qu'un homme d'action, le Maître de Thulé rédige alors ses Mémoires. *Bevor Hitler kam* (Avant que Hitler ne vienne), est publié dans les derniers jours de l'année 1934, à Munich, chez Hans Georg Grassinger.

Je connaissais vaguement le personnage, pour avoir trouvé son nom dans une liste de membres de la Société Thulé. Il est né le 23 mars 1887 à Eitting-Mallensdorf, en Bavière, et, passait pour un des fidèles, si ce n'est un des intimes du Baron. Je ne m'étonnais pas de le retrouver à ses côtés.

—La premiere édition, succès d'abord de curiosité avec un titre pareil, part très bien, me dit mon interlocuteur. Avec la deuxième tout se gâte. Beaucoup de gens ont lu cette histoire et s'en irritent. Certes, Sebottenforf multiplie les hommages au Führer. Mais il se donne le beau rôle et oublie de citer tous les « vieux combattants » du parti — parti auquel il n'a d'ailleurs adhéré, comme bien des Allemands, qu'après la prise du pouvoir ! Ses ennemis font barrage. Ils l'empêchent de rencontrer Hitler et surtout ils finissent par obtenir la saisie officieuse du livre et sa destruction. Les exemplaires sont retirés des librairies et même des bibliothèques. Sebottendorf et Grassinger connaissent quelques tracasseries policières.

—Graves ?

—Plus ou moins. Ne me demandez pas de détails. Ils n'ont pas d'importance. Mais le Baron finira par être expulsé d'Allemagne. Il disparaît. On retrouve sa trace un moment au Lichtenstein, toujours plongé jusqu'au cou dans des histoires d'astrologie. Puis, bien entendu, à Istambul.

Quelques fidèles de Thulé au cœur du IIIe Reich

L'histoire de Rudolf Sebottendorf et d'Adolf Hitler me semblait s'arrêter là. Mais mon interlocuteur savait ménager ses effets :
—Il n'y a qu'un seul homme qui ait vraiment connu toute l'affaire. Et c'est un moine catholique, le père Bernhard Stempfle.
—Qu'est-il devenu ?
—Il est mort. Assassiné « par erreur », lors de la fameuse *Nuit des Longs Couteaux* du 30 juin 1934. Cet ecclésiastique de l'ordre barnabite, était aussi un militant raciste fanatique, si curieux que cela vous paraisse aujourd'hui. Il éditait le *Miesbacher Anzeiger* et a pas mal navigué entre Hitler et Thulé, dès 1921. Il semble que le nouveau pouvoir ait voulu effacer certaines traces. Sebottendorf, en tout cas, a compris la leçon. Il la boucle. Ce n'est pas lui qui jouerait les Rauschning et publierait un quelconque *Hitler m'a dit*. Il comprend, à son tour, qu'il a été roulé. Il a des ennemis trop puissants. D'abord Martin Bormann, l'homme de l'appareil, l'athée, l'ennemi farouche de tout ce qui peut ressembler à une secte. Et puis Heinrich Himmler, un ancien du groupe des Artamen, qui a compris mieux que nul autre toutes ces histoires de paganisme nordique, mais les récupère pour son Ordre noir. Le grand Inquisiteur confisque tous les mythes au profit de sa SS. D'où cette confusion qui devait tout brouiller dans un nuage de fumée et de sang. Cela n'empêchera pas pourtant des hommes animés par l'esprit de

Thulé de constituer ce qu'on a appelé l'opposition intérieure au sein de la SS. Vous connaissez ce pauvre Otto Rahn et son histoire rocambolesque de Quête du Graal. Mais il n'était pas le seul. Wolfgang Sievers, qui sera pendu avant d'avoir parlé, et tous les gens de l'*Ahnenerbe* sont souvent des nationaux-socialistes fort hérétiques. Un qui en sait encore long là-dessus, mais qui se tait, c'est Günther d'Alquen, l'ancien rédacteur en chef du *Schwarze Korp*. Ou encore Friedrich Hielscher, chef d'un mouvement de résistance au nazisme et d'une secte néopaïenne, mais collaborateur occasionnel de l'*Ahnenerbe* pourtant contrôlée par la SS. Toute cette histoire secrète du IIIe Reich est moins simple qu'il n'y paraît.

Il passa une main soudain lasse dans ses cheveux très blancs. Je remarquai à nouveau cette chevalière armoriée à son doigt. Je n'arrivais pas à distinguer le dessin de la bague. Peut-être un souvenir de famille. Ou bien...

—Le véritable homme de Thulé au sein du IIIe Reich, c'est Rudolf Hess. Coincé comme je vous l'ai dit entre ses deux fidélités. De plus en plus incapable de concilier le grand rêve de réunir tous les héritiers de la lointaine Hyperborée et les nécessités du pangermanisme belliqueux. Mais il n'est pas isolé. Même au sein de la SS. Son meilleur ami, celui qu'il rencontre juste avant le vol historique qui devait l'emmener en Angleterre, c'est Walter Darré. Comme lui, Allemand de l'étranger. Né à Merano en Argentine. Etudes à Heidelberg et à Godesberg. Puis en Angleterre, au *Kings college* de Wimbledon — à l'époque où Hess se trouvait sur les bancs du lycée français du Caire. Curieux, non ? Volontaire pour le front. Toute la guerre à l'Ouest, du premier au dernier jour. Il veut ensuite devenir agriculteur. Il voyage en Finlande et il séjourne aux pays baltes. Comme par hasard. Il habite Riga, la ville natale de Rosenberg. On en reparlera. Il adhère sur le tard au national-socialisme, en 1930. Il a publié, l'année précédente, *Das Bauerntum als Lebensquell der nordischen Rasse*. C'est-à-dire « la Paysannerie comme « source de vie » de la race nordique ». Etrange livre. Dans la ligne de Thulé bien plus que dans celle d'Adolf. Il prêche l'enracinement et refuse de faire des Germains des « guerriers nomades ». Pour Darré les héritiers de l'Hyperborée sont des paysans pacifiques. Il invente le slogan *Blut und Boden*, Sang et Sol, mais bien que haut dignitaire SS, chargé des questions biologiques, s'oppose à la politique de guerre. Il est certes raciste nordique, mais pas tellement nationaliste allemand. Il devient même l'âme du clan anglophile. Ministre de l'Agriculture et chef des paysans du Reich, il restera toujours « en marge ». Il sera mis à la porte en 1942 et assigné en résidence surveillée dans son pavillon de chasse de Schorfheide.

La véritable raison de la mission-suicide de Rudolf Hess

Mon interlocuteur continua à me résumer la carrière de Walter Darré :
—Arrêté en 1945. Condamné à sept ans de prison, mais libéré dès 1950. Il est mort ici, à Munich, le 5 septembre 1953[23]. Il a, sans doute, été l'inspirateur, direct ou

---

[23] On a réédité en France, sous le titre trompeur de *La Race*, le livre publié par Darré, en 1930, *Neuadel aus Blut und Boden*, nouvelle

indirect, de la fameuse « mission-suicide » de Rudolf Hess vers l'Ecosse. Plus que nul autre, il savait ce qui se préparait. Hess connaissait le projet d'attaque contre la Russie. Il a voulu avertir les Anglais. On a dit qu'il rêvait d'un renversement des alliances. Je crois que c'était encore plus compliqué. Il voulait la paix, tout simplement. Il espérait désamorcer cette bombe plus fatale que la bombe atomique. Il connaissait assez les ressorts internes du régime pour savoir que non seulement le Führer allait attaquer à l'Est, mais qu'il ne pouvait qu'y mener la plus stupide des politiques. Il avait compris que ce n'était certes pas l'esprit de Thulé qui régnait en Allemagne, mais le pangermanisme le plus étroit. Tous ces Gauleiters originaires du sud et de l'ouest de l'Allemagne ne comprenaient rien au monde slave. Avez-vous déjà songé au peu d'importance qu'avaient sous ce IIIe Reich, qui se voulait tant « nordique », les Allemands du Nord et de l'Est ? Je pense que les Germano-Baltes n'auraient pas laissé faire de telles sottises primaires et, il faut le dire, criminelles. Quand, après le Putsch de Munich, Hitler a dit en parlant de ses seize compagnons tués devant la Feldherrnhalle « Un seul était vraiment irremplaçable, c'était Schneuber-Richter », il avait sans doute plus raison qu'il ne le pensait alors. Erwin Schneuber-Richter, originaire d'une famille saxonne émigrée en Livonie, avait étudié la chimie à Riga, à Dresde et à Munich. Pendant la guerre de 14-18, il sert comme officier allemand dans l'armée ottomane, ce qui croise étrangement la route de

---

noblesse du sang et du sol, qui concerne uniquement le problème du domaine rural héréditaire.

votre Sebottendorf. Puis, comme tant d'autres, il quitte la Baltique pour la Bavière après la défaite. Il connaissait admirablement le monde slave. Il avait vu de près la première révolution de 1905, cette répétition générale. Ce n'est pas lui qui aurait confondu le peuple russe, largement nordique et sub-nordique pour parler comme les anthropologues, avec les meneurs révolutionnaires, tous des « marginaux ». Il ne faut quand même pas oublier qu'entre l'Est et l'Ouest les idées et les hommes ont toujours circulé. Au XVIIIe siècle, un quart de la noblesse russe est germanique. Dans l'empire des Tsars, on trouve des Allemands partout, professeurs, négociants, officiers, ingénieurs. Des Scandinaves aussi. La Baltique était une véritable Méditerranée du Nord. C'est d'autant plus important que ses rives ont vu naître les premiers Hyperboréens et mourir les derniers païens fidèles à Thulé. Dans les pays baltes, dans l'ancien monde de l'ambre, se rencontrent deux univers plus proches qu'on ne l'imagine. Les Grands Russiens sont quand même aussi nordiques que les Celtes ! Dans l'histoire de la survivance de Thulé, la Courlande garde autant d'importance que la Prusse.

Le refus hitlérien
de mener une politique « nordique »

Cette longue digression avait fait perler quelques goûttes de sueur sur son front. Il sortit un mouchoir et s'essuya soigneusement. Les tempes me battaient un peu. Après le froid des rues de Munich, j'étouffais dans ce club, où les radiateurs chauffaient de plus en plus fort.

Personne n'avait songé à ouvrir les fenêtres au double vitrage.

—Alfred Rosenberg, qui était un ami de Schneuber-Richter, savait tout cela. Mais il ne pouvait pas grand-chose. L'ancien disciple de Dietrich Eckart, et un des rares dignitaires du parti national-socialiste à avoir fréquenté la Société Thulé, était tenu très à l'écart. On ne voulait même pas de lui à la SS. On se gaussait de ses origines « douteuses ». Sa mère était d'ascendance française, née Elfriede Siré, et son père Waldemar Rosenberg, avait un nom qui pouvait porter à confusion. Il n'était pas juif, mais cela amusait parfois certaines officines de police de le laisser croire. Toute l'histoire de l'occupation de la Russie reste dominée par la rivalité Himmler-Rosenberg. Dans cette affaire, c'est quand même le « fidèle Heinrich » qui représente l'ordre, la discipline, le sectarisme, enfin le monde romain et méridional, contre l'auteur du *Mythus*. Rosenberg pressentait que c'était une guerre de races, mais au sens large. Il a essayé, entre autres, de jouer la carte ukrainienne, comme avant la guerre il avait cultivé l'amitié scandinave avec sa revue *Norden*. Mais son fameux Commissariat des territoires de l'Est est saboté par les généraux réactionnaires et même miné de l'intérieur par les plus obtus des Gauleiters. On ne comprend rien à sa politique des minorités. Il faudra l'approche de la déroute pour que la SS se décide à jouer, bien trop tard, la carte des armées volontaires de l'Est. La grande défaite de la Société Thulé ce n'est pas tant l'échec de la mission du kamikaze Hess en Angleterre que le sabotage de la politique du Balte Rosenberg en Russie. Et puis l'auteur du *Mythus* s'obstine dans son idée qu'il s'agit d'une guerre de religion. Adolf était bien décidé à entretenir une autre image de marque de sa « croisade » : « la civilisatlon européenne et chrétienne contre le bolchevisme asiatique et athée ». Il obtient la neutralité plutôt bienveillante du pape Pie XII, qui ne pardonnait jamais aux communistes d'avoir violé sa résidence, quand il était Mgr Pacelli, nonce apostolique à Munich, au temps troublé de la dictature des Conseils. Adolf a préféré s'allier tout ce que l'Europe comptait de chefs d'Etat réactionnaires et catholiques : Pétain, Franco, Horthy, sans compter Ante Pavélitch et Mgr Tiso. Il a même respecté la grotesque monarchie italienne de Victor-Emmanuel III. On ne pouvait mieux trahir l'esprit de Thulé.

Je commençais à voir se mettre en place les pièces d'un gigantesque puzzle, aujourd'hui dispersées par un irréversible ouragan. J'avais déjà remarqué cette incapacité du Führer à mener une politique vraiment mondiale, c'est-à-dire maritime. Il avait trop vécu à Vienne, dans cette Europe centrale, dans ce cirque baroque de montagnes et d'églises aux dorures tourmentées. Dans toute cette affaire, il s'était montré finalement, comme tous les hommes, fidèle à son adolescence. Il appartenait, corps et âme, au mouvement pangermaniste autrichien, dont il était sorti. Au fond, il voulait reconstituer le saint empire romain germanique. Il ne s'évadait pas de notre petit continent. Il devait révérer Charlemagne et prenait Mussolini pour Napoléon. L'alliance italienne l'a perdu, depuis la dérobade du Duce en septembre 39 jusqu'à la stupide campagne hellénique de 1941 et tous les ensablements africains. Au cœur de l'Europe, Hitler réglait de vieux comptes datant du siècle dernier dans les Balkans. Il s'était laissé entraîner dans la guerre avec les Français et les Anglo-Saxons et il déclenchait avec les

Slaves un conflit déjà dépassé devant la montée d'autres périls.

Cette enquête me donnait soudain un regard neuf sur la dernière guerre. Je comprenais tout ce qui séparait le Führer du Maître de Thulé : il avait transformé en lutte politique et en conquête militaire ce qui était d'abord une révolution spirituelle. Sebottendorf s'était voulu un Porte-Torche et Adolf Hitler un Porte-Glaive. Il avait rêvé d'établir sur cette terre le règne de la Grande Allemagne. Mais un monde qui eût réuni tous les fils dispersés de l'antique Hyperborée lui semblait un songe fumeux. Son Reich restait étroitement teutonique et ne s'identifiait pas avec l'Europe. Encore moins avec Thulé.

—Pourtant, certains avaient compris, conclut mon interlocuteur. Et pas seulement Hess, Darré ou Rosenberg. Mais ceux-là, ils n'étaient pas dans les bureaux, ils étaient sur le front. La plupart sont morts aujourd'hui. Les survivants restent maudits. Et pourtant, ils voulaient rassembler un jour tous les fils de Thulé, dans une même fidélité, à leurs ancêtres, à leurs enfants et à leurs dieux.

—Pour bâtir un empire ?

—Non. Pour fonder une religion.

INDISPENSABLE RETOUR
EN L'AN ZÉRO

Quand je quittai la capitale de la Bavière, par un jour d'hiver où l'aérodrome de Munich-Riem était tout blanc de givre, j'avais au moins réussi à dissiper l'équivoque qui risquait tant de défigurer mon récit. Même s'il a été manipulé, au début de son aventure politique, par la Société Thulé, Adolf Hitler lui a, très vite, échappé pour suivre la route solitaire qui devait le conduire jusqu'au suicide du 30 avril 1945. Une tragique parenthèse se trouvait refermée. Le Führer n'avait pas voulu fonder une autre religion, même s'il avait récupéré à son profit toute l'affectivité religieuse du peuple allemand, pour se hisser au pouvoir et se risquer à un projet de conquête, qui n'avait pas fini de secouer le monde. Jamais, dans les balances de l'Histoire, un homme n'avait pesé d'un tel poids de ferveur et de haine. Plus de trente ans après sa mort, celui dont la défaite devait faire le Maudit le plus absolu du XXe siècle continue toujours d'apparaître sur les jaquettes des livres et les couvertures des magazines. Le Mal reste assez mystérieux — et partant assez fascinant — pour justifier de tels exorcismes posthumes. Mais plus on parle du petit aquarelliste autrichien hissé jusqu'au suprême pouvoir et

plus il apparaît défiguré. En faire le grand maître d'un sabbatique cortège d'astrologues, de sorciers et de vampires m'apparaissait de plus en plus comme une misérable esquive devant les problèmes historiques que posait sa fulgurante trajectoire. A transformer le Führer en médium du Démon et la Société Thulé en boîte de Pandore, on truquait sur tous les tableaux. N'était-il pas plus simple et plus juste d'avouer que l'élève avait glissé entre les doigts de ses maîtres et qu'il n'y avait pas grand-chose de commun entre le rêve des Européens, qui voulaient refaire l'unité du monde issu des Hyperboréens, et cette entreprise étroitement nationaliste, qui devait aboutir à une tuerie fratricide, où se sont affrontés des guerriers du même sang ?
Cette confusion tragique, née à Munich durant l'année 1919, ne devait pas finalement porter chance au protagoniste de cette équipée. Au lendemain de la défaite de l'Allemagne hitlérienne, le 9 mai 1945, un peu plus d'une semaine après le suicide de celui dont il avait tant contribué à susciter l'ascension, le baron Rudolf von Sebottendorf, de son vrai nom Adam Glauer, se donnait à son tour la mort, en se noyant dans le Bosphore. Ultime sortie d'ailleurs restée longtemps mystérieuse ; par un nouveau signe du destin, si ce n'est par la volonté délibérée du fondateur de la Société Thulé, elle n'est pas sans évoquer la disparition de l'empereur Barberousse, qui devait tant alimenter le légendaire médiéval germanique.

A la recherche
d'une histoire secrète de deux mille ans

Je ne croyais guère à la réalité des survies mystérieuses et je ne perdais certes pas de temps à rechercher Sebottendorf en Amérique du Sud, où je le voyais mal jouer les cow-boys, dans l'hacienda légendaire de son mortel ennemi Martin Bormann. Quand je travaillais à ce livre, est survenu un anniversaire tout à fait inaperçu : les cent ans de Sebottendorf, qui aurait fêté son premier siècle le 9 novembre 1975. Voilà qui l'enterrait définitivement à mes yeux et je n'avais certes pas l'intention de correspondre avec lui en faisant tourner les tables. Il faut dire que j'avais d'autres soucis et que je continuais à travailler sur l'histoire interne du national-socialisme et sur cette rivalité, même au sein de l'Ordre noir SS, qui n'a cessé d'opposer les partisans de la nation politique allemande et les fidèles de l'empire spirituel hyperboréen. Je tenais, certes, la matière d'un autre livre, mais je n'avais pas terminé celui-ci et me trouvais fort présomptueux. Pourtant, je sentais bien qu'une des clefs de l'Histoire se trouvait dans cette opposition au sein du monde germanique, entre l'ordre et la liberté.

J'en étais toujours à remuer ces concepts philosophiques que le bercement de l'avion rendait de plus en plus confus et abstraits, quand nous avons atterri à Orly. La pluie avait remplacé le givre. Tout était boueux et je n'étais pas tellement plus avancé. J'avais à peu près réglé le problème que posait, en ce qui concernait Thulé, le quart de siècle de l'équipée hitlérienne. Mais il me restait quand même une petite parenthèse de deux mille ans, qui m'encombrait un peu et que je ne pouvais esquiver facilement. Cela me semblait une évidence : Thulé vivait encore au début de notre ère. Mais il me fallait désormais partir de cet an Zéro pour essayer de comprendre comment le monde des Hyperboréens avait été détruit. Et aussi — ce qui m'importait plus que tout — comment il avait réussi, quand même, à survivre.

J'avais en son temps, au moment où je proposais ce sujet à mon éditeur, soigneusement établi des têtes de chapitre. Je couvrais ainsi près de vingt siècles et ne me rendais certes pas compte de la difficulté d'une telle entreprise. Que je continue de travailler ainsi et je risquais fort de me lancer dans une encyclopédie de l'histoire européenne ; elle aurait bien représenté une vingtaine de volumes, encombrant reflet des travaux de ces érudits du siècle dernier qui m'ont, je le savais, toujours fasciné, souvent pour mon malheur, en me vouant à la minutie et à l'inachevé.

Comme toujours quand un sujet m'obsède, je me retrouvais à une table de travail, sous une des lampes vertes du grand hall de la Bibliothèque Nationale. J'avais déjà laissé une fortune aux mains des jeunes préposées laborieuses de la machine à photocopier quand j'ai fait, au détour d'un couloir, une rencontre qui devait, enfin, bouleverser mes méthodes de recherche. Et remettre les choses à leur place. Je tombais sur un de mes vieux amis qui devait avoir déjà le titre de conservateur honoraire, mais continuait de hanter ces lieux, tant il ne pouvait se passer de cet Himalaya de papier imprimé.

Des couloirs de la Bibliothèque nationale à la forêt de Teutoburg

Une longue fréquentation solitaire d'Oswald Spengler a donné à mon vieil ami une vision grandiose de l'Histoire, qu'il a parfois quelque tendance à transformer en graphiques et en vastes tableaux. Il n'arrive plus guère à relire son écriture en pattes de mouche, mais il connaît par cœur tous les noms et toutes les dates. Comment n'avais-je pas songé à lui plus tôt ? Sans doute par crainte de rencontrer un encyclopédiste bien plus ambitieux que moi, incapable de ramasser son savoir en un bouquin de trois cents pages.

Il m'entraîna dans un autobus et ouvrit aussitôt une serviette, où des feuillets couverts d'une écriture chaotante voisinaient avec un sandwich jambon-beurre qui devait remonter à l'avant-veille.

—Si tu viens au Service des cartes et plans, je te montrerai les fameux portulans de l'amiral turc Piri-Reis. Tu verras que l'Amérique était connue bien avant ce farceur de Colomb. L'Islande, pour tes chers Vikings, ce n'était pas une Ultima Thulé, mais une espèce de plaque tournante d'où ils vagabondaient dans tout l'Atlantique Nord. Ce n'est pas à toi que je vais apprendre qu'ils étaient les meilleurs marins de l'Antiquité.

Je ne venais pas lui demander de me narrer les expéditions des successeurs scandinaves de Pythéas. Ça, c'est encore un autre livre... J'en tenais à mon année Zéro. Il faillit se rompre le cou en descendant avant l'arrêt complet — nous avions pris un des derniers autobus à plate-forme — et

m'entraîna dans sa caverne, encombrée de piles de bouquins, dont il se servait comme escabeaux vertigineux pour atteindre les étages supérieurs de la bibliothèque.
—Parce que je suis à moitié Breton et à moitié Flamand, j'ai pas mal donné dans toutes ces histoires de nordisme. Tu penses bien que chaque fois que les Gaulois ou les Germains flanquaient une raclée aux envahisseurs romains je n'avais pas de mal à choisir mon camp. Réaction sans doute normale chez un universitaire vacciné, bien avant la guerre, par toutes les tirades de nos Sorbonnards sur l'humanisme gréco-latin. J'avais bien compris que c'était encore un tour de prestidigitation historique pour amener un nouveau casse-pipe entre européens. Moi aussi, je me gorgeais de propagande, mais en sens inverse. Pour me moquer des âneries de mes chers collègues et de leur pleurnichard, *Ex Oriente lux*, je redevenais « barbare ». Je m'enthousiasmais pour la Teutonie : *Los von Rom !* Si tu cherches ce fameux premier choc entre Rome et Thulé, il faut quand même bien parler de la bataille de la Teutoburgerwald, en l'an 9 de notre ère.
Je connaissais. Sur la colline de Grotenburg, à six kilomètres de Detmold, presque à la frontière de la Rhénanie-Westphalie et de la Basse-Saxe, j'avais naguère visité ce monument, le *Hersmannsdenkmal*, dédié à Arminius ou Armin, ce chanceux Vercingétorix germanique. Le jeune guerrier chérusque nous vengeait de la raclée d'Alésia.
Le monument a été élevé en 1875 — l'année même de la naissance de Sebottendorf — et se veut « kolossal ». Une large coupole repose sur dix colonnes massives. Au sommet une statue, œuvre du sculpteur Ernst von Bantel, qui passa toute sa vie à la réaliser. Vingt-quatre mètres de haut !

L'inoubliable victoire d'Armin, le chef chérusque

Le jeune chef des Chérusques reste certes un des plus vaillants fils de l'éternelle Hyperborée. Je ne plaignais pas Varus. Ce général hâbleur, ancien gouverneur en Syrie qui préferait le rythme des vers au fracas des armes, m'a toujours agacé, avec ses allures de matamore de l'OAS. Et il ne se déplaçait jamais sans une cour d'avocats et de légistes, dont les criailleries retentissaient entre les tentes; j'imaginais la meute des correspondants de guerre dans les salons de l'hôtel Aletti. J'aimais cette histoire d'un jeune rebelle, fidèle à ses dieux du Nord, envoyant ses cavaliers rameuter tous les guerriers, des rivages marécageux aux forêts profondes. Je revoyais cette bataille.

Le vent se lève et tourne au frais. La forêt prend chaque jour davantage la couleur même de l'ambre roux : l'automne arrive. Dans quelques semaines, la neige va tomber dru. Varus décide de quitter un camp provisoire pour sa garnison permanente d'Aliso. L'itinéraire est simple : une voie militaire qui suit la vallée de la Lippe. Un chemin bien tracé, net, rassurant. En cours de route, le général romain apprend que des tribus se sont soulevées; il suffirait d'un bref détour pour ramener tous ces Barbares à la raison. Varus a toujours rêvé, entre deux roucoulades, de « casser du Germain ». Le convoi romain va se mettre en route le lendemain, à l'aube. Trois légions et six cohortes, cela fait plus de vingt mille hommes. Ils sont heureux de quitter leur garnison de campagne et de reprendre la route de l'ouest. Ils plaisantent, ils chantent, ils fanfaronnent. Mais c'est la mort qui les attend. Les légionnaires s'enfoncent dans la forêt. Le ciel gris apparaît lointain entre les hautes cimes des sapins. Brusquement surpris par le silence des sous-bois, les envahisseurs se taisent. Désormais, commence pour eux le pays de l'inconnu et de la peur. La forêt de Teutoburg apparaît immense. Le pays, montagneux et coupé de profondes vallées, sombre dans la nuit des profonds couverts. La route a disparu. Il faut se frayer un passage à coups de hache. La nuit semble peuplée d'animaux étranges. On entend des cris de hiboux, des galopades, des murmures. L'ombre se peuple de dieux. La forêt parle et menace. Une tempête se lève, comme si elle venait de la mer du Nord. Le vent gémit, s'enfle, hurle. Un brouillard glacé semble surgir du sol et enveloppe le convoi. Il pleut. Les sentiers se transforment en torrents. Soudain, les Germains surgissent en hurlant. Ils bondissent des couverts. Innombrables. Les légionnaires romains essayent de faire face. Mais la pluie et la boue ont scindé la colonne et mélangé civils et soldats. Aucune manœuvre n'est possible. La nuit et la forêt enferment les envahisseurs comme dans un piège. La pluie tombe toujours. Des légionnaires épuisés s'abattent dans la boue, sans même être touchés par les traits des Germains. Les survivants tremblent de peur, de fièvre, de rage. Les guerriers d'Armin surgissent de plus en plus nombreux. L'ouragan chante dans les hautes branches un hymne sauvage de vengeance et de mort. Le destin s'est prononcé. La résistance s'effondre. Varus se suicide pour ne pas voir le triomphe de son adversaire. Tous les Romains sont égorgés par leurs vainqueurs. Même les chevaux sont abattus. Avec des hurlements de joie, les assaillants s'emparent des aigles

de deux des légions. La troisième sera sauvée par un porte-enseigne, qui l'arrache de sa hampe et va se noyer avec elle dans un marécage. Dans l'armée romaine aussi, on sait se battre et mourir pour l'honneur.
Et la forêt de Teutoburg, brusquement, redevient silencieuse. L'armée de Varus a sombré corps et biens au creux des halliers comme un navire dans la tempête.
Je revoyais la victoire d'Armin, fils de Thulé, telle qu'elle nous est décrite par Velleius Paterculus, par Tacite, par Dion Cassius. Sur son monument du Hermannsdenkmal, Armin brandit vers le ciel une épée de pierre, de plus de sept mètres de long. Ce glaive vengeur me semblait l'épée même de Siegfried. D'ailleurs, de très savants Allemands devaient écrire des volumes entiers sur l'identification Siegfried-Arminius et transformer en mythe cette épopée. Je me voulais fidèle à Armin, comme il avait été fidèle à son peuple et à sa foi, et j'aimais que son bouclier portât pour seule devise : *Treufest,* ce qu'on pourrait traduire par Fidélité inébranlable.

L'éternelle guerre civile entre les fils de Thulé

Mon vieil ami le bibliothécaire, n'allait pas tarder à faire tomber sur mon enthousiasme une averse, finalement vivifiante :
—Garde-toi de donner dans la teutomanie. Car, en réalité les Romains étaient aussi païens que les Germains, et fils comme eux, de l'éternelle Hyperborée. N'oublie pas que les légionnaires de la belle époque ne manquaient jamais d'évoquer tous les matins le Soleil invaincu, *Sol invictus.* D'ailleurs que sont les Romains, à l'origine, sinon des

Prusso-Lituaniens, descendus par le Brenner pour aller fonder une ville sur les sept collines ? Leur cité fut, à son origine, aussi « solaire » que Thulé. Tacite n'a pas compris que les Barbares ce n'étaient pas des ennemis, mais des ancêtres.

Je découvrais chez ce vieux professeur un éclairage qui confortait mes intuitions et allait me laver jusqu'à l'os de tous mes préjugés nationalistes. J'avais rompu depuis longtemps avec le tricolore ; je n'allais pas me retrouver patriote teuton en passant le Rhin !

—Bien entendu, ajouta mon ami, les Allemands ont quand même raison de célébrer leur Hermann national. Certains voudraient même en faire une sorte de druide-guerrier, à l'aide d'une étymologie douteuse où Arminius égalerait Armanen, c'est-à-dire le prêtre païen. Ce gaillard-là avait le sens de la liberté germanique et se méfiait des manies coloniales des Romains. Le rêve d'un immense empire, hiérarchisé, centralisé, avec à la tête une sorte de pape-empereur, est plus oriental que nordique. Cette lutte entre les « libertaires » et les « impériaux » sous-tend toute l'histoire de l'Europe surtout au sein du monde germanique, qui comprend tout autant la Prusse que la Suisse. Pourtant, cette bataille, où vont disparaître dans la forêt les légions de Varus, c'est encore une guerre fratricide entre fils de Thulé.

Ces images romantiques avaient quand même de l'importance pour mon histoire. A l'heure du renouveau littéraire qui va déboucher sur une véritable prise de conscience du grand passé hyperboréen, le jeune poète Heinrich von Kleist écrira, en 1808, le *Hermannsschlacht*, qui symbolise l'éternel combat de Thulé. Napoléon avait alors repris la relève de Rome et l'Europe bouillonnait sous le rêve de fer de celui qui apparaissait à la fois comme l'unificateur et comme l'envahisseur et ne savait se sortir de cette contradiction.

La véritable lutte s'engage à Rome

Mon ami désirait préparer du café. Mais il reprit le cours de son récit, sans écouter la chanson de sa bouilloire. Ce qu'il voulait maintenant me dire lui semblait tellement important qu'il en oubliait toute autre réalité que la révolution qui commencait en l'an Zéro de notre ère. J'allais maintenant savoir comment devait mourir le monde des Hyperboréens.

—La véritable lutte entre Rome et Thulé, ce n'est pas dans cette bataille d'Arminius qu'il faut la chercher, mais dans le choc entre deux univers totalement irréductibles l'un à l'autre : le paganisme et le christianisme. Si tu as lu Suétone autant que Tacite, tu n'as peut-être pas fait assez attention à un petit entrefilet, un simple fait divers. Vers 41, sous l'empereur Claude, des troubles sont provoqués à Rome par les sectateurs d'un certain Chrestos. Les Romains portent peu d'intérêt à cette agitation. Tant de peuples vivent dans l'Empire et tant de races grouillent dans la Ville éternelle qu'ils ne vont pas s'affoler des clameurs d'une obscure secte juive qui prétend que le Messie est venu, qu'il est mort, qu'il est ressuscité et qu'il va libérer son peuple. De temps à autre, les légionnaires crucifient un agitateur dans une lointaine province. Celui-là ne leur a pas semblé plus dangereux qu'un autre. Depuis longtemps, des prophètes de carrefour annoncent la fin des temps et le jour du grand jugement. Personne ne prendra même au sérieux ce Paul de Tarse qui prétend désormais annoncer la bonne nouvelle non seulement aux Juifs mais aux Gentils et fonder ainsi une secte universelle qui recrute bien au delà de ses coreligionnaires de la Diaspora. Il faudra que des chrétiens soient soupçonnés d'avoir incendié Rome en 64 et détruit à 90 p. cent la capitale de l'Empire, pour que Néron les prenne au sérieux et les traite avec quelque énergie.

Je voyais dès lors la nouvelle religion commencer son irrésistible ascension. Le terrain me semblait favorable. Une partie de la population n'est plus d'origine romaine — c'est-à-dire hyperboréenne — mais syriaque. Quant à la vieille foi païenne, elle a subi depuis longtemps une orientalisation qui l'a défigurée. Pour les âmes naïves, il n'est pas tellement difficile de passer de Mythra au Christ et de Cybèle à Marie. Les religions orientales répandues à Rome vont être au christianisme ce que les partis sociaux-démocrates seront au bolchevisme, au lendemain de la Première Guerre mondiale ; elles lui ouvrent la voie.

Elevé naguère dans l'admiration d'un christianisme qui se voulait encore médiéval et toujours « triomphaliste », j'imaginais mal les débuts de la nouvelle foi. Les prédicateurs sont aussi des agitateurs. Ils font appel au ressentiment populaire et parlent de la venue du Messie comme de l'approche d'un Grand Soir. Désormais « les premiers seront les derniers » et les esclaves remplaceront les fils de Thulé. Le christianisme primitif se veut révolutionnaire et apocalyptique.

—Ce qui est nouveau dans le christianisme, me dit mon ami, ce n'est pas sa doctrine. Les crédules en avaient entendu bien d'autres. Mais cette fois, on leur promet la révolution. Jamais aucune religion n'avait été aussi radicale, aussi intolérante pour les autres cultes, aussi violente contre les riches et les puissants. Pour les chrétiens, on ne peut plus servir à la fois le royaume de Dieu et l'empire de César. Ces prophètes qui annoncent le Jugement vont rapidement recruter des fanatiques. Mais toujours dans les villes et les grandes cités romaines. Le message de la révolution reste assez incompréhensible dans les campagnes où les paysans restent attachés aux vieux dieux hyperboréens du foyer. Mais, peu à peu, l'Eglise, qui n'est encore qu'une vague confédération de « communautés de base » groupées autour de leur évêque, gagne du terrain. De tolérances en persécutions, les idées nouvelles s'infiltrent. On assiste à une fantastique inversion des valeurs : les esclaves convertissent leurs maîtres et les femmes leurs maris. Le christianisme constitue, lentement mais tenacement, un véritable contre-pouvoir. En 313, l'empereur Constantin, au lieu de barrer la route à la révolution, croit malin d'en prendre la tête dans l'espoir fou de la contrôler. Il se convertit, en voulant faire preuve de libéralisme avancé ! Rome va en mourir et Thulé avec elle.

Quand le christianisme devient obligatoire sous peine de mort

Je connaissais les terribles événements de l'année 355. Le christianisme devient obligatoire, dès le mois d'avril, et, au mois de décembre, l'empereur décide que la peine de mort attend ceux qui refusent cette conversion. Désormais, l'Urbs et l'Orient s'identifient. La guerre entre Romains et Germains n'était qu'une querelle de famille. Maintenant commence la lutte impitoyable, et souvent mal comprise, entre deux conceptions du monde antagonistes. Certes, l'empereur Julien verra le danger et deviendra à jamais l'Apostat par son retour à la vieille foi solaire de ses ancêtres. Mais il est trop tard. L'« identité » romaine n'est plus visible dans les faits et elle ne mobilisera plus les cœurs. La religion de la croix remplace le culte du soleil. Tout, soudain, pour moi, changeait d'éclairage et les ténèbres remplaçaient la lumière du Nord. L'homme n'est plus libre. Toute sa vie n'est plus que soumission à la fatalité du péché originel et obéissance à la dictature de l'appareil clérical. Pour le converti, le vrai monde n'est plus le monde réel d'ici-bas, avec ses sources et ses bois, mais un au-delà où l'attendent d'inimaginables récompenses ou de terrifiants châtiments. Dans l'antique Hyperborée, chaque homme n'avait d'autre juge que lui-même ni d'autres lois que celles de son clan. Désormais, il existe un grand Juge extérieur et invisible. C'est un Dieu de bonté et de haine, deux mots dont les Hyperboréens comprennent mal le sens, car ils ne connaissent que le devoir, qu'ils baptisent destin, et l'honneur qui n'appartient qu'à eux. Odin-le-Borgne qui est aussi Odin-le-Sage, celui qui connaît le secret des runes, laissait naguère les hommes faire face, solitaires, à leur propre destinée. Désormais une sorte de père Fouettard assis sur les nuages le remplace.

Je me trouvais au cœur même du problème qui me préoccupait depuis si longtemps. Thulé va être cachée puis détruite par les hommes de la nouvelle foi. L'Apocalypse, qui annonce l'arrêt total de l'Histoire, remplace le Ragnarök, ce crépuscule des dieux, qui exalte au contraire l'éternel retour. Ce qui etait essentiel, pour les Hyperboréens, c'était la vie. Désormais, ce qui devient important, pour les

chrétiens, c'est la mort, puisqu'elle ouvre la porte des seules « réalités » qui comptent : le Paradis ou l'Enfer.
Les prophètes de carrefour ont réussi le grand renversement des valeurs. Il n'y a plus ni riches ni pauvres, ni maîtres ni esclaves, ni hommes ni femmes. Tous sont semblables, égaux et interchangeables sous le regard du nouveau Dieu.

TRIOMPHE DE LA CROIX DU CHRIST
SUR LE MARTEAU DE THOR

Le chant de la bouilloire nous rappela à notre siècle. Il restait, dans un vieux placard, un fond de café en poudre et quelques morceaux de sucre dans une boîte de fer-blanc. Mon ami m'en imposa d'autorité quatre dans ma tasse ébréchée. Puis il grimpa sur un escabeau, pour dénicher de vieilles cartes qui encombraient le haut d'une armoire bancale. Il déroula la plus grande, dans un nuage de poussière et balaya toute l'Europe de larges revers de main. Le vieux bibliothécaire en était arrivé à son époque préférée, celle des Grandes Invasions et il voulait m'emmener avec lui dans un long voyage à travers le temps et l'espace, jusqu'aux pays lointains des Cimbres et des Teutons.
—Tous les pseudo-historiens obsédés par le problème des fameuses « sources écrites » décrivent une des plus fantastiques aventures de notre monde comme une sorte de chaos où il ne serait rien survenu. Ce sont pour eux des années obscures, des siècles « noirs ». Ils ne consentiront à faire redémarrer l'Histoire qu'après avoir mis l'essence du

christianisme dans son moteur. Une fois convertis à la foi de l'Orient, les Barbares deviennent enfin des gens bien convenables que l'on peut accueillir dans la fraternité universelle. Mais nos prestidigitateurs ont escamoté près de dix siècles ! Les plus significatifs et les plus déterminants. Heureusement, les archéologues et les philologues nous aident à y voir un peu plus clair. Ce qui s'était passé deux ou trois mille ans avant notre ère va recommencer. Une fois encore, le centre de dispersion, la « matrice des peuples » ce sera la plaine du Nord, et singulièrement la péninsule jutlandaise. C'est du pays de l'ambre que les fils de l'éternelle Hyperborée vont, à nouveau, déferler sur toute l'Europe.

Je l'écoutais avec passion. Qui se fera le chantre de cette colossale migration de peuples, de ce *Völkerswanderung* prodigieux, qui constitue, jusqu'à l'époque des Vikings, notre nouvelle Longue Marche ? Aventure bien plus prodigieuse que celles de leurs descendants du XIXe siècle, qui devaient à leur tour connaître l'épopée du « western » des plaines de l'Ouest américain et de l' « eastern » de l'immense steppe sibérienne[24]. Le Danois Johannès V. Jensen a naguère tenté une telle entreprise romanesque, mais son œuvre n'a jamais été traduite en français. Une fois encore, un tel récit montrerait combien les peuples européens, dans toutes leurs nécessaires diversités n'en ont pas moins été fécondés par les mêmes vagues de

---

[24] Et aussi du Grand Trek des colons boers — Néerlandais, Allemands et Huguenots français — à travers le Transvaal, dans les solitudes hostiles de l'Afrique australe.

conquérants, surgis des rivages marécageux de la Baltique et des forêts immenses où avait naguère lutté et vaincu Arminius le Chérusque. Une fois encore, l'opposition séculaire entre le Nord et le Sud y perdrait de sa dangereuse acuité. On trouve toujours d'authentiques Hyperboréens des rivages de Galice aux collines de Provence. L'opposition des Gaulois et des Teutons n'a finalement pas plus de sens profond que la lutte des Germains et des Romains. Les Alains de la mer Noire et les Celtes de Bretagne sont du même sang. Ils sont authentiques fils de Thulé.

La Longue Marche des peuples de l'Europe du Nord

A la veille de ces invasions d'où devait sortir notre monde médiéval, je me plaisais à égrener les noms de chaque *Sippe*, ou tribu, et je cherchais à les localiser dans l'espace que les auteurs latins appelaient indifféremment Hyperborée ou Germanie. A l'est, les Goths, venus de la Baltique jusqu'en Ukraine, se divisent en Ostrogoths, les « Brillants », et en Wisigoths, les « Sages ». Les Gépides voisinent avec les Vandales. Les Burgondes, venus de l'île de Bornholm, cette autre Thulé, glissent de l'Oder vers le Rhin. A l'ouest, les Alamans se maintiennent sur ce fleuve, tandis que les Francs se divisent en Ripuaires et Saliens. Au nord, les Angles et les Jutes occupent la presqu'île sacrée des rivages de l'ambre. Entre les bouches de l'Elbe et de la Weser, vivent les Saxons et les Frisons, tandis que les Lombards sont installés entre l'Elbe et l'Oder. Soudain, la carte s'anime. Les tribus se mettent en marche. Le sang du Nord coule comme la lave des volcans de l'Islande, recouvrant peu à peu toutes les provinces du monde romain, agonisant sous le poison d'une foi étrangère. Divisé par Dioclétien en diocèses, l'empire va mourir. L'unité politique ne recouvre plus qu'un chaos ethnique. Que peuvent contre les lois de la vie les phrases du poète chrétien Prudence : « Du mélange des peuples, une race unique est née... La paix romaine a préparé la voie à la venue du Christ... Déjà, ô Christ, tu saisis le monde, que la Paix et Rome tiennent en un nœud serré » ?

L'épée des héritiers d'Arminius va trancher ce nœud multicolore. Eux refusent cette « fin des temps » que prêchent saint Jérôme et les prophètes de l'Apocalypse. Les Barbares croient en leur puissance et en leur force. Ils ne sont pas les prédicateurs d'un autre monde, ils sont l'éternelle jeunesse de cette terre.

—Jeunes, bougonnait mon ami. Jeunes, bien sûr. Mais avec toutes les imprudences et les naïvetés de la jeunesse. Devant les évêques, rompus à toutes les acrobaties dialectiques, ils ne vont pas faire le poids. On nous raconte que la conversion au christianisme a été spontanée, puisque la nouvelle religion venue d'Orient aurait été « supérieure » à nos vieux cultes barbares. La bonne blague ! Tu n'imagines pas les chefs barbares discutant théologie avec ces petits clercs au verbe intarissable. Les seuls qui auraient pu, peut-être, discuter au IVe siècle, c'étaient les prêtres païens, les godis. Il n'en restait plus beaucoup. Déjà les Romains avaient commencé l'anéantissement systématique de la classe sacerdotale hyperboréenne. Sur l'île de Mona, par exemple, ils avaient tué tous les druides. Cette histoire d'une conversion pour des raisons « religieuses » est stupide. Mais tout le monde semble l'admettre, car elle rejoint les idées à la mode. Sans la victoire du monothéisme, on ne pourrait ni parler de l'identité de tous les humains, ni définir l'homme par l'extra-humain. Le mythe égalitaire va naître du christianisme et sera récupéré par le marxisme. Aussi tous les bouffeurs de curé francs-maçons te parlent sans rire de la supériorité du christianisme. La réalité est tellement plus évidente. C'est tout simplement une histoire de basse politique. Les chefs barbares avaient déjà besoin de songer à leurs électeurs, ce qui mène à toutes les bêtises.

Les raisons véritables
de la conversion des « Barbares »

J'avais déjà entendu sa démonstration. Mais elle avait au moins le mérite d'être originale. Il reversa un peu d'eau tiède dans ma tasse de café, mais cette fois oublia le sucre. Il tenait trop à son explication de l'Histoire pour penser à autre chose. D'ailleurs, on commençait à n'y voir presque plus.
—Dans cette décadence de l'empire romain, il ne reste plus qu'un seul pouvoir, invisible mais réel, celui de l'appareil ecclésiastique. L'Eglise est devenue organisation, sans pour autant cesser de rester révolutionnaire. Mais elle contrôle de plus en plus de grandes masses de populations, sur toute l'étendue de l'Empire agonisant. Les chefs barbares se trouvent placés devant un problème nouveau. Ils n'ont plus tellement besoin de battre en rase campagne des armées, qui manquent d'ailleurs de toute pugnacité. Ils doivent rapidement assurer le fonctionnement à leur profit des immenses territoires qu'ils ont conquis et des villes populeuses.

Je voyais l'Eglise devenir la seule interlocutrice possible entre la grande masse conquise et les chefs conquérants. Les Barbares sont des hommes d'action. Pour contrôler leurs nouveaux sujets, citadins retors pour la plupart, ils vont faire confiance à ceux qui les connaissent bien et qui, depuis des générations et des générations, les manipulent.

—A y bien regarder, me dit mon vieil ami, le pouvoir des chefs germains semble moins grand, à long terme, que celui des évêques chrétiens, qui contrôlent les populations. Le système de coercition mentale du christianisme fonctionne souvent depuis plus d'un siècle. Il a fait ses preuves. Les Barbares sont éblouis par l'intelligence, le fanatisme et la culture de ceux qui se présentent comme leurs interlocuteurs privilégiés. Ils ne « font pas le poids » devant ce mélange de raisonnement astucieux et de malhonnêteté habile. Ils n'ont pas été, comme eux, formés à la dialectique révolutionnaire.

Je savais qu'il n'était pas difficile aux responsables du monde chrétien d'analyser et de comprendre les faiblesses des nouveaux Hyperboréens. Dans ce monde fou d'individualisme, les chefs s'épuisent en querelles personnelles. Pour se maintenir au pouvoir, contre leurs concurrents et contre leurs propres troupes, dont chaque guerrier se veut avant tout un homme libre, les candidats au pouvoir ont besoin d'appui. Leurs interlocuteurs chrétiens, rompus aux combinaisons et aux intrigues, leur offrent des arguments décisifs. Il ne m'était pas difficile de reconstituer un dialogue, qui n'était au fond qu'un monologue : « Le Dieu unique a créé le monde. L'ordre du monde ne peut être que l'ordre de Dieu. Lui désobéir sera désobéir à Dieu lui-même. Si tu te convertis avec tes hommes, ton pouvoir précaire se transformera en pouvoir divinisé. » J'avais trouvé une confirmation de cette dialectique imparable dans le fait qu'en aucun cas des guerriers barbares ne se sont convertis les premiers, en entraînant les chefs à leur suite. Ce sont, au contraire, des chefs qui ont ordonné à leurs hommes de se soumettre à la volonté des évangélisateurs chrétiens. Ils en escomptaient un bénéfice immédiat.

—Le christianisme, conclut mon ami, est aussi le triomphe du monde citadin sur le monde rural. N'oublie pas l'immense poids numérique des populations urbaines et des paysans « soviétisés » des fermes d'Etat. La masse humaine de la population européenne, à l'époque des Grandes Invasions, se trouve dans le sud et non pas dans le nord. Le rapport de forces est écrasant.

Mais il y avait encore plus grave : les chefs barbares n'avaient aucune conscience historique. Depuis bien longtemps, la classe des Godis avait disparu. Elle seule aurait pu être consciente de l'enjeu du combat qui se livrait entre Rome et Thulé.

Clovis-le-Franc
trahit la vieille foi de ses pères

Je m'étais trop vite réjoui de toutes ces flèches des invasions germaniques zébrant la carte de l'Europe. Tout n'était pas si simple. Je célébrais naïvement le beau jour de 410 où le Wisigoth Alaric s'empare de la Ville éternelle. Je croyais que Thulé triomphait par la prise de Rome. Pour moi, ce 24 août n'était pas une défaite mais une victoire. Et je me moquais de saint Augustin se consolant de la perte de la capitale de l'Empire en édifiant à Carthage une irréelle Cité de Dieu, toute livresque.

—Ce n'est pas si simple, m'interrompit mon ami. Tes chers Barbares, qui ont pris l'Urbs immortelle, ne sont plus des païens mais des chrétiens, de la variété schismatique arienne mais peu importe. Leur premier soin sera de massacrer les Romains restés païens, que leur désignent leur coreligionnaires. Ainsi périront les dernières familles patriciennes fidèles aux dieux du sang et du sol italiotes. Beau résultat !

Les Grandes Invasions continuent. Après l'Italie, la Gaule tout entière brûle comme une torche. Le Rhin est franchi. Et le Danube. Voici que déferlent les Vandales, les Suèves, les Alains, les Burgondes, les Alamans. L'Espagne est atteinte. Athaulf-le-Wisigoth rêve d'unir le nom romain et la force gothique.

Mais trop de guerres civiles opposent entre eux les plus purs des fils d'Hyperborée. Vieille maladie qui consacre l'absolue primauté de l'individu chez les Germains mais les rend incapables de se soumettre à la loi d'un seul. Ils n'ont jamais voulu d'autre maître qu'eux-mêmes.

Dans la lointaine île de Bretagne, dont Pythéas-le-Massaliote longea jadis les côtes, Celtes et Germains triomphent. Les Pictes d'Ecosse franchissent le mur d'Hadrien et les Scots d'Irlande s'installent au pays de Galles, tandis que débarquent les Angles, les Jutes et les Saxons, venus de la côte de l'ambre. Des Bretons passent la Manche et s'installent en Armorique. Du Boulonnais au Bessin, les côtes de Gaule sont franques et saxonnes. En Méditerranée, Genséric-le-Vandale occupe les Baléares, franchit le détroit de Gibraltar, s'empare de Carthage. La vieille rivale de Massalia et de Rome tombe aux mains d'un fils de Thulé !

Un autre Germain, Théodoric-le-Wisigoth a stoppé Attila aux Champs catalauniques et sauvé l'Europe des Huns, en

451. Le royaume wisigothique ira de la boucle de la Loire au détroit de Gibraltar et de l'océan Atlantique aux Alpes maritimes. En septembre 476, Romulus, le dernier empereur romain d'Occident, surnommé par dérision « Augustule » n'est plus qu'un enfant prisonnier aux mains de l'Hyperboréen Odoacre.
J'aurais voulu rêver encore longtemps et je laissais le café refroidir dans ma tasse. Mais comment arrêter le déferlement de l'Histoire ? L'heure n'était pas venue de rassembler tous les fils de Thulé. Mon ami le vieux bibliothécaire surgissait derrière une pile de livres, l'air furieux.
—Des imbéciles ! — Il employa un mot plus bref et plus fort. — Ils pouvaient tenir le monde et ils se sont déchirés comme des colporteurs sur un marché. Théodoric-l'Ostrogoth envahit l'Italie et assassine Odoacre. Clovis-le-Franc s'empare de Soissons et se bat contre les Alamans. A la fin du Ve siècle ou au début du VIe, on hésite encore entre les dates de 498 ou de 506, il se convertit au catholicisme, pour devenir « roi de droit divin » et affermir ainsi son pouvoir temporel. Il reçoit le baptême un jour du solstice d'hiver ! Ce reniement de la foi de Thulé lui assure le soutien de l'Eglise et lui permet de vaincre les Wisigoths. Les Burgondes lui donnent même un coup de main. Ne manque pas de le noter : le christianisme a déferlé du Nord vers le Midi. C'est une pré-croisade des Albigeois. Ce jeune écervelé d'Otto Rahn n'avait pas tellement tort d'identifier les Cathares aux Wisigoths. La « force historique » de Clovis et de son vieux complice l'évêque Rémi, c'est le germe de mort au sein du monde germanique.

Le massacre, ultime ressource des évangélisateurs à Verden

Désormais, je le savais, les pires ennemis de Thulé, ce seront des Hyperboréens convertis. Dès le VIIe siècle, le triomphe du christianisme apparaît total en Occident. La victoire la plus absolue a été obtenue en Irlande, où les populations gaéliques, sensibles au merveilleux, se sont montrées vite éblouies par les récits fantastiques des missionnaires. Une des terres sacrées de l'Hyperborée, une île sainte des vieux dieux celtiques, basculait ainsi dans un gigantesque éblouissement, et rejoignait le camp de Rome.

Mais commence aussi pour le christianisme la lutte la plus dure. Les ressources de la dialectique s'épuisent en avançant vers l'Est et le Nord. La nouvelle méthode, maintenant que les chefs barbares de l'Occident ont mis, par calcul politique, leur épée au service de la croix, ce ne sera plus le verbalisme mais le massacre. Les païens sont mal armés pour se défendre. Ils n'ont jamais possédé d'organisation religieuse centralisée et l'île sainte de Thulé reste bien davantage un symbole qu'une réalité. Les croyances païennes sont nombreuses, diffuses. Elles varient selon les peuples et même selon les individus. Elles ne sont même pas coercitives. Chaque homme « en prend et en laisse » avec les dieux comme avec les chefs. La foi reste affaire individuelle et intérieure.

En face, l'Eglise apparaît comme un bloc sans faille. Elle a pris la succession de la Rome antique et elle va entièrement contrôler le pouvoir qui a succédé à celui des empereurs. Le clergé va réaliser avec Charlemagne la totale alliance du trône et de l'autel. Thulé ne pourra rien contre le globe et la croix.

—Ils me font rire, éclata soudain mon ami, tous ces « Européens » qui rêvent de Charlemagne ! D'accord, c'est un beau symbole pour enterrer la petite querelle qui oppose les Gaulois et les Teutons. Est-il allemand ou est-il francais, cet empereur qui va régner à Aix-la-Chapelle ? Mais le couronnement de l'an 800 est une catastrophe. Une revanche de la Rome papale sur la Thulé païenne. Karl der Gross n'est pas l'unificateur de notre continent. C'est le fossoyeur de notre liberté. Laissons les nationalistes organiser son culte de part et d'autre du Rhin. Il a peut-être fait rêver Napoléon et Bismarck. Mais que sont nos nations, même réconciliées, si elles en viennent à renier la religion de leurs pères ? Charlemagne n'a pas relié les lambeaux de l'empire. Il a fait couler un fleuve de sang entre les fils fidèles de Thulé et les renégats qu'il menait à l'assaut des libres peuples du Nord. Sa guerre contre les Frisons et les Saxons reste un crime imprescriptible. Lui aussi, il préférait « la politique ». Alors l'alliance avec l'Eglise l'a amené à entreprendre l'inexpiable croisade. Le véritable héros de Thulé, dans cette aventure, c'est son adversaire Witukind-le-Païen. L'Eglise parle pudiquement de la conversion des Saxons. Un baptême dans le sang ! Il ne faudra jamais oublier ce qui s'est passé à Verden en 782.

Je connaissais cette petite ville de Basse-Saxe. J'y étais allé un jour de Pentecôte, par un temps d'une rare douceur qui poussait sur les routes des cohortes de jeunes Allemandes à bicyclette, les cuisses bronzées sous l'envol des robes fleuries. Nous avions eu quelque mal à trouver l'endroit maudit. Sachsenheim. C'est au nord de la ville et le poteau indicateur n'est pas facile à découvrir. Une petite route. Il faut laisser la voiture et avancer lentement à pied, par un chemin encaissé où la cime des arbres forme comme une voûte. Cette allée circulaire de plusieurs kilomètres borde une prairie gorgée d'eau. Là s'est déroulé le massacre. Quatre mille cinq cents Saxons prisonniers ont été passés au fil de l'épée par les soudards chrétiens de Charlemagne. Le chemin est bordé de grosses pierres qui atteignent parfois la taille d'un homme. On en compte autant que de païens massacrés pour leur foi. Immense temple naturel qui perpétue le souvenir de cette effroyable exécution des captifs. Mais il y a encore plus odieux que ce geste de vengeance des prêtres et des guerriers de Charlemagne. Après la dernière guerre, le clergé allemand a réussi à récupérer ce lieu, où s'élèvent désormais les bâtiments d'une école évangélique. Des versets de la Bible sont gravés sur certaines pierres et au milieu du champ des martyrs se dresse, depuis peu, le défi de leurs assassins : une immense croix.

Je n'avais pas quitté ce haut lieu ainsi « récupéré » par les ennemis de Thulé sans dégoût. Le mensonge s'ajoutait à l'horreur. On avait osé changer le camp des victimes.

Witukind-le-Saxon
vengé par les Danois et les Norvégiens

Il me plaisait quand même que Witukind eût été vengé, et vengé par les miens. On raconte que le responsable du génocide des Saxons aurait pleuré en voyant les barques normandes croiser au large des côtes de l'empire. Après l'installation des Lombards en Italie du Nord, la venue des Danois et des Norvégiens en Angleterre et en France constituait le dernier acte de l'immense *Völkerwanderung* nordique. Les Scandinaves étaient restés païens et Odin, le vieux dieu borgne, envoyait ses corbeaux pour les guider sur la route des vagues. L'épopée viking a été racontée si souvent que je ne peux que faire sonner leur nom au passage, comme cet appel rauque des « loures » de bronze qui guidait naguère les enfants de l'Hyperborée.

Les Vikings n'ont pas réussi, pourtant, à créer un empire du Nord hyperboréen et païen, alors qu'ils occupaient un prodigieux espace géopolitique, de Terre-Neuve à la Volga et de l'Islande à Byzance. Il leur manquait une volonté politique d'unité. Mais ils étaient bien trop épris de liberté pour se soumettre au moindre pouvoir. Le « centre » de leur monde oscillait sans cesse de la Norvège à l'Angleterre et du Danemark à la Normandie, au hasard des équipées royales. Après la décision prise à l'Alting islandais de l'an Mil de se convertir au christianisme, toute cette tempête se calme. Pourtant, il reste encore quelques païens irréductibles.

Ce sont ces derniers fidèles à la foi du Nord que je devais retrouver jusqu'en 1047, à la bataille du Val-ès-Dunes, au cours de laquelle les barons nordiques du Cotentin se sont révoltés contre Guillaume-le-Bâtard et ses troupes chrétiennes alliées aux Français. On entendit une dernière fois la vieille clameur païenne de *Thor aïe* retentir sur une terre d'Occident. Le dieu au marteau dut s'incliner devant le duc à la croix, mais ces révoltés de mon sang avaient donné leur vie pour garder leur fidélité. J'étais, certes, déchiré par cette victoire de l'ordre sur la liberté et de la politique sur la foi. Il nous fallait payer ce prix pour bâtir la Normandie et gagner l'Angleterre. Mais Guillaume-le-Conquérant avait

commis le péché de Charlemagne. Ses descendants en seraient maudits et nous allions plus tard payer son ambition politique par la plus féroce et la plus stupide des annexions au royaume capétien. Mes ancêtres ont, eux aussi, renié leurs dieux, oublié leur langue, perdu leur droit. Ils n'ont gardé que le nom de Normands et parfois le rouge de la honte me monte au front quand je vois se dresser sur mon pays vaincu les symboles des maîtres étrangers.
Il faisait nuit maintenant. Je ressentais jusque dans mes os le froid gris des vaincus.

LA SURVIE SECRÈTE DE THULÉ

Oui, désormais, nous étions vaincus. Nous descendions, à notre tour, dans ces catacombes que sont pour les hommes du Nord les forêts profondes. Mais le grand essartage commençait. Ils y allaient à grands coups de cognée, les bénédictins et les manants ! Nos dieux devaient fuir les clairières et les sources. Nos fées devenaient sorcières. J'entendais crépiter les flammes des bûchers. Peut-être, au secret de la vieille forêt germanique, restait-il encore quelques initiés et une poignée de fidèles ? Je me serais accroché au moindre espoir. Même le plus fou. Je voulais tant retrouver le lien de cette religion perdue. Thulé n'avait pas pu mourir.

Pourtant, dans ma quête passionnée, je continuais à me méfier de toutes les coïncidences, si vite transformées en certitudes par les naïfs chercheurs de la foi des ancêtres. Je me souvenais de cette soirée dans une petite maison nichée dans la verdure, au bord du Starnbergersee, tout près de l'endroit où s'est noyé Louis II de Bavière. Ici vivait un ménage de croyants nordiques, au milieu de livres

poussiéreux et d'une nuée d'enfants aux cheveux si blonds qu'ils évoquaient plus l'argent que le blé. Ils semblaient délavés par un océan glacial. Leurs yeux avaient la couleur des banquises. Nous avions monté un étroit escalier grinçant, encombré de petites paires de chaussures soigneusement alignées, par ordre de taille, de marche en marche. Nous étions dans une pièce aux murs de bois. Il faisait sombre. Je croyais entendre les meubles grincer dans la pénombre. Les étagères pliaient sous le poids des livres et des brochures. Nous buvions une boisson très chaude, qui n'avait sans doute rien d'une potion magique, mais dont notre hôtesse refusa pourtant de nous délivrer le secret.
—Ce sont des herbes, dit-elle seulement.
Malgré une quarantaine fortement charpentée et le poids de toute cette nuée d'enfants blonds, elle était étrangement belle. Avec un regard peut-être un peu fixe, sous l'échafaudage savant d'une tresse rigoureuse. Son mari, chemise blanche et culottes de cuir à la bavaroise, allait et venait entre le banc d'angle, sur lequel nous étions assis, derrière une table de sapin noueuse, et un cagibi mystérieux, où il empilait ses documents les plus secrets. La pièce sentait la compote de fruits et la fumée des bougies. Notre hôte glissait sans bruit sur des semelles à triple épaisseur de crêpe.

Les compagnons-bâtisseurs, héritiers des « Godi » germaniques

Je voulais demander les secrets de la survie de Thulé à cette étrange famille de « chercheurs de Dieu ».
—L'Atlantide n'est pas un lieu, mais une science,

m'annonça d'emblée celui qui me recevait avec, sans doute, le secret espoir de me convertir. Elle a été sauvée par les Germains et les Celtes. Nous avions des prêtres, les Goden ou Godi, les hommes de Dieu. Ces prêtres dépositaires de l'esprit de Thulé animaient des confréries de guerriers, les *Männerbunde*.

Je me souvenais vaguement de ces associations d'hommes libres, dont nous parle Tacite. J'avais noté en son temps une citation éloquente, dans un opuscule scolaire à couverture jaunâtre, et je n'avais pas été loin de voir dans ces petits clans l'origine de toute notre chevalerie médiévale, qui fournissait dans ma jeunesse d'inépuisables thèmes héroïques pour les grands jeux d'un scoutisme féru d'héraldisme et de tournois : « Quand un guerrier s'est distingué par son courage, les jeunes gens s'associent à lui et se font ses compagnons, ses fidèles. Chaque chef a sa troupe qu'il doit armer et nourrir, avec laquelle il marche au combat. Les fidèles sont unis par des liens intimes et il y a infamie pour le guerrier qui survit à son chef mort dans la bataille. »

Un véritable pacte du sang liait ces hommes dont les « bandes » semblaient vivre selon des rites particuliers, que l'on devinait mystérieux et sacrés. Dès la plus haute Antiquité, je voyais en eux les garants des libertés nordiques. Ils maintiendront longtemps les vertus de l'individualisme, contre toute volonté politique de centralisation et d'autorité. Un tel esprit, authentiquement hyperboréen, me semblait expliquer toute l'Histoire allemande. Mais mon hôte allait plus loin et croyait à la survie réelle de ces groupes :

—Charlemagne a cru tout noyer dans le sang, dit-il, mais on ne détruit pas ainsi une foi. Notre tradition a été gardée par des sociétés secrètes, héritières directes des *Männerbunde* et toujours tenues en mains par les *Godi*. Ces sociétés secrètes ont duré pendant tout le Moyen Age, sous couvert des confréries de bâtisseurs. Ceux qui ont construit les cathédrales restaient d'authentiques fils de Thulé. C'est l'origine de la Franc-Maçonnerie, la nôtre. La vraie. Les guildes gardaient aussi les traditions nordiques.

Il me montra des plans de la cathédrale de Chartres et m'expliqua qu'elle était « de toute évidence » un temple du Soleil. Je n'avais pas l'air très convaincu, mais il poursuivit, avec l'assurance que donne toute secte à ses fidèles incompris :

—Au début, l'Eglise n'était pas hostile à toutes ces corporations, car elle croyait les contrôler. On retrouve toujours les trois étages de l'initiation : les apprentis, les compagnons et les maîtres. Tout cela a duré jusqu'à la guerre de Trente Ans. On utilisait alors couramment les runes dans les symboles de l'héraldisme. Mais cette horrible guerre a marqué une rupture. Désormais, il manque une génération pour servir de lien. Toute notre science devient alors occulte. La Maçonnerie est retournée contre nous et l'Eglise a exercé une domination absolue. Il a fallu tout retrouver et revenir au vieux savoir.

Tout cela me paraissait encore assez cohérent. Presque logique. Mais mes hôtes se laissaient de plus en plus emporter par leur sujet et se lançaient dans des affirmations, qui me semblaient pour le moins hardies :

—On n'a pas assez lu la Bible. C'est un livre autant hyperboréen qu'hébraïque. Beaucoup de textes bibliques sont d'origine atlante. Tout est dans les nombres et les signes. Les runes permettent de capter les rayons cosmiques. Il faut

376

oublier le matérialisme pour revenir au spiritualisme. On a bien tort de se moquer de la parapsychologie.
Je voyais leurs yeux briller d'une lueur étrange. L'homme parlait de plus en plus vite. Sa femme l'approuvait en hochant la tête. Il semblait réciter une leçon qu'elle lui avait apprise. Il m'assenait maintenant des histoires de médiums, d'apparitions et de maisons hantées. Il finit par me montrer des photographies, où des nuées très floues représentaient des spectres saisis au vol.
—Ce n'est pas commode à prendre. « Ils » sont très sensibles et se méfient.
Il en vint à l'astrologie et à la forme des clochers des églises, dont il voulait démontrer la signification ésotérique. Il me parla longuement des labyrinthes et des souterrains, que l'on trouverait sous les maisons de ces mystérieux compagnons-bâtisseurs, qui nous auraient gardé, pendant des siècles d'obscurantisme, les secrets de Thulé.
—Est-il possible d'en voir ? ai-je demandé brusquement.
Il sourit tristement. Ce fut sa femme qui conclut d'une voix tranchante :
—Non, c'est impossible. Toutes ces maisons ont été systématiquement rachetées par les jésuites et les francs-maçons.

Le vrai secret de Thulé
reste la conservation du sang

Je prétextais de l'heure tardive pour les quitter. En rentrant, par un petit chemin caillouteux, bordé de barrières de bois, j'étais très triste. Je ne tenais pas ma filiation. J'entendais les roseaux frémir sur le lac de Starnberg. Mais je ne savais plus reconnaître le langage de nos dieux dans les murmures du vent. J'allais me coucher sous mon édredon sans évoquer le fantôme de Louis II, qui pourtant savait bien des choses.

Je racontais mon séjour au pays des rois fous de Bavière à mon vieil ami le bibliothécaire, qui éclata de rire avec des hennissements de cheval asthmatique.

—Ces néo-païens sont pleins d'une bonne volonté touchante ; mais, comme disait un de mes complices flamands d'avant la guerre : « L'ennui, avec eux, c'est qu'ils finissent toujours par pédaler du guidon. » On ne peut quand même pas tout expliquer par l'ésotérisme, la parapsychologie et le coup de pouce des sociétés secrètes millénaires. J'imagine assez peu, en historien réaliste, que les *Männerbunde* de la Germanie primitive aient pu survivre clandestinement pendant plusieurs siècles. On imagine des confréries d'initiés, des rites mystérieux, si ce n'est des liens homosexuels. Toujours ce goût de l'insolite et de l'anormal. Mais la réalité me semble tellement plus simple. Le caractère se transmet par l'hérédité, tout autant que la couleur des yeux. Pourquoi veux-tu que disparaisse alors cet esprit de liberté et d'individualisme qui caractérise, dès son origine, le monde des Hyperboréens. Il n'est pas besoin d'une organisation, plus ou moins clandestine. Tant que leur nature biologique ne change pas, les hommes, de génération en génération, gardent les mêmes réflexes. Sur les rivages de la mer du Nord et de la Baltique, le peuplement est demeuré tel qu'en lui-même pendant cinq millénaires. Le vrai secret de Thulé, ce n'est pas la création d'une société secrète, mais la conservation du sang, c'est-à-dire, finalement, de l'esprit.

Il resta longtemps silencieux. Je croyais qu'il ne voulait plus rien me dire, mais j'étais venu lui demander de m'aider à parcourir les siècles au grand galop et je ne voulais pas qu'il puisse ainsi me laisser en plan, quelque part dans cette forêt impénétrable, où j'avais toujours tendance à mélanger la *Teutoburgerwald* et Brocéliande, à identifier les chevaliers de la Table Ronde et les initiés des *Männerbunde*. Je m'étais naguère gorgé de romans bretons et de sagas islandaises. Galaad me semblait un frère de Sigurd. Et la geste irlandaise de la Branche rouge rejoignait l'épopée des Nibelungen. Je tenais à mon bric-à-brac et je cherchais une réponse dans les landes du Connemara tout autant que sous les futaies de Westphalie. Mon ami préféra m'emmener en Sicile, cette île naguère tant marquée de la griffe de mes léopards normands.

—Les Français restent tellement enfermés dans leur petite aventure nationale qu'ils oublient toujours ce qui s'est passé ailleurs dans notre patrie européenne. Tout le monde médiéval est dominé par le conflit du pape et de l'empereur. C'est quand même aussi important que l'agrandissement besogneux du pré carré capétien. Les Guelfes et les Gibelins poursuivent la vieille lutte de Rome contre Thulé. Mais dans un conflit sans doute plus politique que religieux. Certes, Frédéric Barberousse est un géant. Mais ses compagnons de croisade Philippe-Auguste et ton Richard-Cœur-de-Lion ne manquent pas non plus de stature. Et le grand bonhomme du Moyen Age germanique, c'est quand même Frédéric II de Hohenstaufen, empereur d'Allemagne, roi des Romains, de Sicile et de Jérusalem. Il rêve de devenir l'empereur du monde, *imperator mundi*. Cette ambition le situe finalement entre Charlemagne et Napoléon, sans le rapprocher pour autant de Thulé, qui seule nous intéresse ici. Pour tout t'avouer, je ne sais pas encore trop quoi en penser. Un bon point : il sera excommunié par le pape. Mais c'est une pratique tellement courante à l'époque. On le dit fort peu chrétien, certes. Mais quel bric-à-brac ésotérique dans ce cerveau, manifestement dérangé par le soleil de sa Sicile maternelle. Il reste, certes, la phrase fameuse : « Moïse, Jésus et Mahomet, ces trois grands imposteurs... », mais pour satisfaire ses ambitions impériales, il n'hésite pas à s'allier avec les Arabes. Il sera aussi l'inspirateur de la grande croisade contre les Borusses, ces derniers païens d'Europe.

Les Teutoniques mènent la croisade contre les derniers païens d'Europe

Je touchais un des épisodes les moins compris de l'histoire maudite des descendants de l'Hyperborée. Protecteur des Teutoniques, Frédéric II devait bénéficier de toutes les propagandes. Les catholiques le félicitent pour sa conversion des païens de Lituanie, les nationalistes allemands le revendiquent comme le précurseur du *Drang nach Osten* et les ésotéristes cherchent à en faire l'initié de quelque mystérieux pouvoir occulte. Il est vrai qu'il a protégé non seulement les Gibelins mais aussi les Cathares. Pourtant, mon ami n'était pas près de lui pardonner sa croisade sur les bords de la Baltique.

—C'était l'histoire de Charlemagne qui recommençait. Le Hohenstaufen cherche à exterminer les derniers fidèles de Thulé. Il faudra toute la propagande nationaliste allemande, obsédée par le conflit entre les Gerrnains et les Slaves, pour justifier ce brigandage. Toute cette imagerie des chevaliers au blanc manteau et à la croix noire me paraît d'autant plus néfaste que ce sont les Lituaniens et les Borusses qui conservent alors le culte de nos vrais dieux. Une fois encore, des Germains seront les artisans de la ruine du vieux monde nordique. Les chevaliers teutoniques ne sont pas seulement les soldats de l'empereur, ils sont aussi les croisés de son ennemi le pape. Ils ont massacré ceux qui adoraient encore les dieux du feu et de l'eau. Dans ces terres pauvres, où les chemins se perdent entre les forêts de bouleaux et les étangs, ils vont régner par le fer et par le feu. Certes, ils sont plus conquérants que missionnaires et l'historien et dramaturge prussien August von Kotzebue avoue dans son livre *Preussess ältere Geschichte*, qui date de 1811 : « Malgré des recherches minutieuses dans les archives de l'Ordre, je n'ai trouvé aucune preuve que les chevaliers aient jamais cherché à répandre la foi chrétienne. Ils voulaient conquérir un pays et non point un peuple ; établir leur domination et non point faire régner l'enseignement du Christ. » Il faudra l'intervention des Mongols de la Horde d'Or pour que les Teutoniques reprennent soudain un rôle européen, face à l'Asie. A leur appel, des chevaliers accourent de tout l'Occident, et la bataille s'engage à Liegnitz en 1240.

Cette bataille, si peu connue, m'avait toujours semblé exemplaire. Plus de dix mille hommes, venus de tous les pays d'Europe, de l'Andalousie à l'Ecosse et de la Sicile à la Bohême, y perdront la vie sur le champ de bataille. Nobles junkers et pauvres paysans ont tous servi dans la même armée et sous les mêmes chefs. Plus d'un siècle plus tard, en 1380, le Russe Dimitri Donskoï prendra la relève des Teutoniques et réussira à battre les Asiatiques de la Horde d'Or à Koulikovo. Désormais, face à l'Orient, ce sont les Slaves qui forment le barrage.

De l'équipée des Teutoniques, dans ce triste décor sablonneux où galopaient sans fin les chevaliers à croix noire, je ne retenais finalement qu'un fait : leur longue croisade a détruit, par le fer et par le feu, les derniers païens d'Europe. Quelques survivants irréductibles se réfugient sur les îles d'Œsel et de Rühnö. Sur les rivages baltiques, se terminait l'histoire visible de Thulé. Je pouvais presque dater le jour de cette mort. J'imaginais, en Livonie et en Courlande, la lente agonie des derniers fidèles. Les dieux ne vivaient plus que dans les marais et dans les bois. Ils se cachaient encore dans ces nuages, courant sur un ciel embrasé par tous les incendies. Pour vaincre les Teutoniques, Jagellon, le renégat polonais s'est converti au christianisme. A Vilna, capitale des derniers païens, le souverain fait éteindre le feu sacré qui brûlait depuis des siècles. Le temple est détruit et le bois divin livré aux flammes. Il me semblait que la fumée de cet incendie me prenait à la gorge. Désormais, les hommes du Nord n'avaient plus le droit d'allumer de lumière la nuit devant les sources ni de se réunir pour chanter dans les clairières. L'Eglise triomphante l'interdisait. Ainsi le paganisme avait succombé après mille années de résistance. Jagellon, en imitant Constance, avait trahi la foi de ses pères et livré l'ultime place forte où vivait encore l'esprit de Thulé.

Allemands et Suédois continuaient à se battre contre Lituaniens et Polonais. Mais cette guerre ne me concernait plus. Je n'allais pas déplorer la mort de six cents chevaliers et de quarante mille hommes d'armes teutoniques à Tannenberg, le 15 juillet 1410. C'était une défaite de l'Ordre chrétien, mais ce n'était pas une victoire de Thulé. Plus personne n'allait désormais parler au nom de notre foi.

Le protestantisme, triomphe ou défaite de l'esprit du Nord ?

J'en voulais quand même à mon ami le bibliothécaire d'avoir ainsi démystifié la légende des Teutoniques. Pourquoi le cacher, j'avais imaginé naguère un scénario assez fantastique : des initiés auraient gardé la foi de Thulé et se seraient peu à peu infiltrés dans l'Ordre pour le débarrasser de son contenu chrétien. Je suivais, sous les voûtes de la citadelle de Marienburg, la lente transformation des redoutables moines-soldats. Quand, le 25 avril 1525, Albrecht de Hohenzollern, le dernier Grand Maître, sécularise l'Ordre et devient le souverain de la Prusse, j'imaginais presque quelque revanche de Thulé. J'étais sans doute victime de tout le romantisme dont on entoure les chevaliers à la croix noire. D'avoir chargé les Teutoniques de tous les méfaits — ce qui n'est pas sans rappeler une aventure analogue survenue aux Templiers — leur donnait un poids de mystère et d'ésotérisme.

Je voyais aussi se dessiner la montée de la classe des Junkers et je les entourais d'un halo de légende. Ces seigneurs belliqueux me paraissaient tellement différents des derniers religieux de l'Ordre poursuivant une vie ascétique à Mergentheim. La création de la société secrète des Lézards, l'*Eidechsengesellschaft*, ne cessait de m'intriguer. Je cherchais toujours des renaissances plus ou moins occultes du monde spirituel des Hyperboréens.

—Bien entendu, me dit mon ami, ne crois pas que la religion païenne ait pu disparaître du jour au lendemain parce que ce polono-lituanien de Jagellon se convertit et se fait appeler Ladislas. Mais ce ne sont que des combats d'arrière-garde.

La société secrète des Lézards n'a pas d'autre but que de permettre à des petits hobereaux de campagne de supplanter les nobles chevaliers, dont l'Ordre est entré en décadence. C'est un embourgeoisement de l'idée teutonique, pas une survie de Thulé.
—Rien de nordique dans cette conspiration ?
—Si. Comme toujours, ce perpétuel besoin de liberté individuelle, ce grand élan qui pousse toujours les Hyperboréens à refuser l'ordre imposé par un pape, un empereur ou un grand-maître. Mais un complot d'initiés, ce serait du roman-feuilleton ! C'est comme ton histoire de *Männerbunde* et de francs-maçons nordiques.
A parcourir l'histoire à cette vitesse, nous en arrivions fatalement à la Réforme. Je la voyais comme un nouveau sursaut de l'esprit d'individualisme et de liberté du vieux Nord. La carte du protestantisme recouvre assez bien la carte du peuplement germanique et je me souvenais que ma Normandie avait été une des provinces les plus huguenotes du Royaume. Je n'étais pas loin d'identifier Luther et Thulé et je m'enthousiasmais pour ce nouvel épisode de la lutte contre Rome. Je revoyais les prédicateurs protestants arriver à Kœnigsberg et prêcher en terre fertile. Les Prussiens abandonnent d'un seul élan le catholicisme pour la religion réformée. La classe des prêtres se trouve brisée et chacun peut enfin retrouver Dieu au fond de lui-même ; sans aucun intermédiaire magique. Mouvement d'orgueil qui rompait avec cette obéissance cadavérique si contraire à notre foi. L'homme du Nord est fier, libre et solitaire. Le protestantisme m'apparaissait comme une revanche. Mais plus je m'enthousiasmais et moins mon vieil ami semblait me suivre.

—Il ne faut quand même pas confondre la cause et l'effet. Certes, le protestantisme a poussé sur l'esprit même de Thulé. Ce fameux « libre arbitre », nous le pratiquions depuis toujours et l'idée de faire notre salut nous-mêmes ne pouvait que nous séduire, tant elle correspondait à notre être profond. Mais les conséquences de la Réforme ont été, finalement, catastrophiques. Sans elle, le catholicisme, alors en pleine décadence, aurait été emporté facilement par le grand courant libérateur de la Renaissance. La Réforme protestante a provoqué la contre-Réforme catholique et obligé l'Eglise à reprendre une combativité qui devait longtemps assurer son triomphe temporel. De toute façon, les parpaillots ne remettaient pas en cause le christianisme dans ses fondements orientaux. Au contraire. La Bible devenait le livre saint. Alors que notre seul livre saint, c'est quand même l'Edda islandaise où sont rassemblées toutes les traditions de la mythologie scandinave. Le protestantisme charrie le meilleur et le pire. Dans son *Mythus*, Rosenberg l'a un peu idéalisé, pour des raisons sans doute plus politiques que religieuses. Il est vrai que ce néo-païen nazi arrivait aussi à justifier les Teutoniques au nom du *Drang nach Osten* ! N'oublie pas que le protestantisme devait aboutir à la Guerre des Paysans et à toutes les folies sanguinaires des illuminés comme Thomas Münzer, le hippie messianique de l'anabaptisme. Retour du christianisme à ses origines révolutionnaires communisantes. « Aiguisez vos faucilles, la révolte est sainte », dit Münzer. Cette jacquerie aboutit à une débauche de massacres et de pillages. On est loin de l'esprit de Thulé !

La cavalcade des rois guerriers et philosophes

Pour trouver le véritable esprit des Hyperboréens, au sortir du tumultueux Moyen Age, je savais qu'il me fallait toujours remonter vers le Nord. J'avais toujours été frappé par la brusque conversion des Suédois à l'appel de Gustave Vasa. Il me semblait que le paganisme restait encore bien proche, dans ce pays où abondent pierres runiques et arbres sacrés. Les Scandinaves se libèrent du catholicisme d'un seul élan. La fameuse « gerbe » de Vasa, emblème de son combat et de sa dynastie, affecte la même forme que l'arbre de vie païen, que les Scandinaves nomment Yggdrasill et les Saxons Irminsul.

On retrouve encore ce symbole dans le mystérieux sanctuaire païen des Externsteine, dans la région de Detmold. Quelques hauts rochers aux formes étranges ont sans aucun doute servi de lieu de culte solaire et provoquent la venue des touristes et le souci des érudits. Ce n'est certes pas le premier temple païen à avoir été christianisé. Mais jamais récupération n'est apparue encore si nette que dans ce sanctuaire toujours mystérieux. J'avais ressenti comme un malaise à visiter ce haut lieu, qui garde quelque chose d'artificiel et de trop pittoresque. Je préférais rechercher des symboles solaires moins évidents, comme ces roues gravées dans le bois des églises de Norvège ou sculptées dans le granit des tombes de la Hague en Cotentin. On remplirait aussi des volumes de photos où se retrouvent, aux pignons des maisons à pans de bois ou à murs de brique, des signes runiques surgis du fond des âges et parfaitement reconnaissables.

Je me souvenais de ces longues promenades à bicyclette dans le Westhoek flamand, où je découvrais d'indéniables runes d'Odal, émouvants témoignages de fidélité inscrits dans les plus humbles bourgades rurales de cette France encore thioise. Comme la bière semblait bonne à l'estaminet !

Mon vieil ami le bibliothécaire devait avoir raison : le seul lien possible entre le monde de Thulé et le nôtre se trouvait finalement dans notre propre instinct. Je n'avais pas besoin de toute une bibliothèque pour me vouloir libre. Comme les fidèles du roi Gustave Vasa, j'avais choisi le symbole de ma libération : l'Irminsul, qui est à la fois arbre de Vie (*Lebensbaum*) et arbre du Monde (*Weltbaum*). Je revenais à cette soupente encombrée de paperasses, dans ce désordre qui sentait la poussière des siècles. A quatre pattes, mon ami cherchait je ne sais quel document sous la table. Il déplaça deux ou trois piles de livres et me tendit un petit bouquin poussiéreux à la reliure noirâtre et fatiguée.

—Tiens, toi qui t'intéresses aux Suédois. Il faut lire cette *Histoire de Charles XII* de Voltaire. Ces « Carolins », que chantera plus tard le romancier suédois Werner von Heindenstam — prix Nobel, s'il te plaît — sont de rudes bonshommes. Tandis que les Teutoniques de l'ouest ont créé la Prusse, d'autres sont restés dans l'est et se sont alliés aux Suédois. Des errants, plus ou moins aventuriers, écossais, danois et français les ont rejoints. Leur guerre contre Pierre-le-Grand, c'est encore une guerre civile entre fils de Thulé. Mais quelle épopée ! Quand ils sont battus à Poltava en 1709, ils ont écrit une admirable saga de neige et de sang.

Dans ma quête passionnée de l'Atlantide, j'avais croisé le sillage de Voltaire, puisque l'astronome académicien Jean-

Sylvain Bailly l'avait choisi comme correspondant privilégié, lui révélant le grand mystère des Hyperboréens. Grâce à Voltaire, à son scepticisme, à sa lucidité, je gardais toujours quelque secrète nostalgie de la Cour de Frédéric II. Ce chef de guerre tudesque ami d'un philosophe débarrassé de toute tutelle cléricale me séduisait, avec son tricorne en bataille et son nez comme un bec d'oiseau de proie. Les Huguenots francais émigrés contribuaient d'ailleurs à maintenir dans l'air prussien un parfum européen que je me plaisais à respirer. C'était peut-être ce qu'il y avait de meilleur dans le vieil Ordre teutonique : cet appel à des chevaliers venus de tous les pays, pour constituer une puissance spirituelle et guerrière européenne. J'en oubliais presque la cause pour ne plus voir que cette rencontre insolite dans les tristes plaines de l'Est.

La Révolution, réveil du paganisme ou règne de l'utopie ?

Quand Frédéric II se rend, en 1772, en pèlerinage à Marienburg, pour marquer la filiation entre le vieil ordre teutonique et le jeune royaume prussien, il n'était pas tant, à mes yeux, le maître d'un petit Etat émergeant de la nuit, qu'un véritable *imperator mundi* hyperboréen ayant compris que la lutte était bien plus religieuse que politique. La présence du libre penseur Voltaire à Sans-Souci me rassurait. Déjà, les philosophes, les savants et les encyclopédistes faisaient de la bonne besogne pour dégager les sciences humaines de l'obscurantisme de Rome. A Berlin, la franc-maçonnerie « vieille-prussienne » gardait quelque trace de l'esprit de

Thulé. A Londres ou à Paris, un mouvement irrésistible de curiosité et d'indépendance allait peut-être ouvrir la voie. Les enseignants dits libres m'avaient trop appris à haïr Voltaire pour ne pas deviner en lui un personnage luciférien — c'est-à-dire, réellement, un porteur de lumière. Qu'il ait eu le courage de dénoncer le jésuitisme m'apparaissait enfin comme la rupture nécessaire. Et cela alors que le climat chrétien enveloppait l'époque comme aujourd'hui la mode marxiste. La Révolution m'apparaissait telle la Réforme : un sursaut du vieil esprit libre du Nord, vite gangréné par la chienlit égalitaire. Malgré sa tête osseuse de vieux Chouan surgi des halliers d'Armorique, mon vieil ami haïssait, plus que tout, la monarchie de droit divin, cette alliance du trône et de l'autel. La tempête révolutionnaire ne lui avait jamais fait peur :

—La religion a été vite balayée. Je ne vais quand même pas pleurer sur les jésuites. Toute cette tentative des poètes républicains pour revenir à la Nature ne me déplaît pas. Ni même le culte de la Raison qui vaut bien toutes les révélations et tous les mystères de l'Orient. Le calendrier de Fabre d'Eglantine m'a toujours ravi. Brumaire, Pluviose, Floréal ou Fructidor gardent une fraîche naïveté. Seulement, quand on fiche par terre une religion, il faut mettre quelque chose à la place. Tous nos bonshommes des clubs, provinciaux renégats plus attachés aux pavés que n'importe quel Parisien, étaient bien incapables de retrouver le chemin de la vraie Nature. Ils ont fabriqué un culte en carton-pâte, une religion d'opéra, une mythologie gréco-romaine de musée. Tout cela sentait le renfermé et le moisi. Mais l'Eglise catholique se trouvait ébranlée et ce grand vide spirituel laissait inassouvi l'élan religieux qui sommeille chez tous les hommes. Napoléon a récupéré cette affectivité disponible. Hitler fera pareil. Dans le champ clos des défilés et des batailles, les âmes galopent. L'empereur devient un dieu, ce qui ne fait guère l'affaire du pape. D'une certaine manière, le petit Corse venge Canossa. Seulement quel besoin de nous flanquer son césarisme à l'orientale ? Un ordre de casernes et de bureaux. On étouffe. Alors, on va se promener dans toute l'Europe pour percer le flanc aux voisins. L'anarchie révolutionnaire avait débouché sur la dictature la plus classique. Rome triomphait à nouveau de Thulé. Le choc en retour n'allait pas tarder. Le fantastique réveil de la Prusse après 1806 va plus loin qu'une simple histoire allemande. Quant au romantisme germanique, il annonce tout le renouveau hyperboréen — ou européen, c'est la même chose. Mais tu trouveras bien tout cela sans moi.

J'avais vu se lever une étrange phalange de pionniers sur les rivages baltiques. Aventure certes plus politique que religieuse. Mais dont le point de départ se trouvait dans le maître mot du Nord : Liberté. Les Français connaissent mal cette équipée, car tout ce qui se fait contre eux n'a jamais à leurs yeux de valeur historique. C'est bien dommage, car ces hommes appartiennent à l'Europe tout autant qu'à la Prusse. Ils sont du sang d'Arminius et de Witukind.

Dès 1941, dans la honte d'une défaite inoubliable, quand avait paru chez Sorlot un petit livre, d'une singulière actualité, consacré au Redressement de la Prusse après Iéna, j'avais appris par cœur un passage de Fichte : « Nous sommes des vaincus. Il dépendra de nous désormais de mériter le mépris. Il dépendra de nous de perdre, après tous nos autres malheurs, même l'honneur. Le combat avec les armes est fini. Voici que va commencer le combat des principes, des mœurs, des caractères. » Après le désastre de 1871, le grand Renan n'allait pas dire autre chose, dans sa *Réforme intellectuelle et morale*. Et en 1918, Rudolf von Sebottendorf et ses fidèles de la Société Thulé ne procéderont pas autrement, ils fonderont des sociétés de pensée, avant de se lancer dans l'aventure des corps francs. L'arme de Thulé, c'est l'esprit. Et que serait le monde que nous bâtirions si nous ne le bâtissions pas d'abord en nous-mêmes ?

Le Romantisme annonce l'éternel retour du soleil

Scharnhorst et son élève Clausewitz, le général Gneisenau ou le philosophe Treitschke, tous ces personnages restaient animés à la fois par l'esprit d'indépendance et par l'esprit de service, étroitement unis. Ils avaient enfin résolu en eux-mêmes le grand conflit germanique de l'ordre et de la liberté. « Ma devise est l'unité », disait le baron Charles de Stein. Cette naissance d'un nouvel Etat me semblait aller bien au delà du politique, car l'esprit de tels hommes n'était pas animé par notre froid classicisme, mais par le grand souffle romantique du Nord. Le retour de Thulé parmi les héritiers des Hyperboréens passe désormais par la voie royale du lyrisme.
Le Romantisme est celto-germanique, nordique en un mot. Les Français se veulent trop latins pour être romantiques. La Nature n'est pour eux qu'un décor et non un esprit. Exceptions, et ce n'est pas un hasard : le créateur du genre, le trop décrié Bernardin de Saint-Pierre, Normand, et le grand René de Chateaubriand, Breton. Victor Hugo sonne

grandiose mais faux. Malgré ses *Burgraves* et ses châteaux du Rhin, ce n'est pas lui qui va retrouver le souffle de Thulé. Alfred de Vigny reste froid comme un iceberg et Lamartine ennuyeux comme un notaire. Alfred de Musset papillonne dans les salons. Il restera quand même Gérard de Nerval, ce Franc du Valois.

Mais c'est en Germanie que va éclater le grand mouvement qui finira par rendre à notre terre la lumière du vieux Nord.

Ce mouvement littéraire salvateur va redécouvrir une grande loi oubliée : il n'existe pas de vérité universelle et abstraite, mais des expériences originales et vécues. Le grand élan qui va réveiller la jeune Europe, dès le début du XIXe siècle, rend à chacun sa diversité. De Manzoni à Byron, tous ces adolescents secouant le joug du vieux monde, expriment les mêmes refus. Ils sont contre les idées mises à la mode par les plus utopiques des révolutionnaires et ne croient ni à la raison universelle ni au progrès illimité. Ils préfèrent les réalités de leur patrie et les traditions de l'Histoire. Au delà d'un monde médiéval restauré, ils retrouvent le souffle ancestral, même s'ils confondent encore leur élan religieux avec le christianisme. A Heidelberg, Achim von Arnim et Clemens Brentano vont chercher dans la poésie populaire, c'est-à-dire dans les campagnes, une nouvelle définition de l'Etat. Ils croient qu'il a existé un peuple primitif, un *Urvolk*, ce qui rejoint singulièrement la vieille croyance des Grecs et des Romains en l'Hyperborée. Avec eux, les frères Jakob et Wilhelm Grimm travaillent à retrouver la culture populaire germanique et célèbrent les vertus conjuguées du sang et du sol. Ainsi va naître l'idée de la parenté ethnique, ou *Volkstum*. Avant de devenir une véritable science, que le mot de folklore recouvre très imparfaitement, ce sera d'abord un élan du cœur. Le romantisme cherche à créer des mythes. Son chemin doit, tôt ou tard, croiser celui du retour vers Thulé.

La redécouverte du paradis perdu hyperboréen, nous allons la devoir aux Romantiques. Car ces poètes et ces conteurs germaniques de la grande génération du début du XIXe siècle exaltent, avant toute autre valeur, celle de la fidélité. Fidélité à soi-même, fidélité à sa langue, à son peuple et à sa lignée ; fidélité aussi à la Création, qui redevient peu à peu, à travers les merveilles de la Nature, un reflet du vrai Dieu. Nul mieux que Max von Schenkendorf ne va exprimer, en 1814, ce sentiment de fidélité éternelle. Et il est singulier que son poème ait été mis en musique sur un vieil air de chasse français :

Wenn alle untreu werden
So bleiben wir doch treu.

[Quand tous deviendront infidèles
Nous, nous resterons fidèles...]

DES NORMANDS
REVIENNENT AUX SOURCES

Je quittai la soupente de mon ami bibliothécaire la tête bourdonnante de noms d'écrivains romantiques que je me promettais de lire. Tieck, Uhland, Eichendorff, tant d'autres. Il aurait fallu une bibliothèque. Les deux volumes papier bible de la Pléiade me parurent suffisants. Je marchais sous de profondes forêts, me baignais dans des torrents glacés et assistais, assis sur des rochers solitaires, à d'innombrables crépuscules et à d'indicibles aurores. Je retrouvais le soleil mais je ne tardais pas à redouter cette halte littéraire au milieu de mon enquête. Je sentais que je m'éloignais de Thulé. Je lisais, mais je n'écrivais plus rien.
Je renonçais à la Bibliothèque nationale et à mes recherches historiques pour me plonger dans le Romantisme germanique comme on se jette à l'eau. Je trouvais cette onde merveilleusement salubre. Au point de vouloir m'y noyer, en nageant vers le fond, jusqu'au bout de mes forces, comme mon cher Martin Eden. J'avais, bien entendu, quitté Paris et je me trouvais chez moi, dans cette longue maison basse à toit de schiste gris, où le vent d'ouest m'amène le bruit de la mer et un crachin salé. Le soleil revenait entre deux averses.

Je vivais à nouveau au seul rythme des marées. Installé dans les dunes, qui portent encore chez moi le nom norois de mielles, je lisais donc des poèmes, sans me soucier du vent qui parfois tournait dix pages à la fois. Mon essai sur Thulé était en panne. Totalement. J'avais peut-être besoin de cette halte. Je n'ouvrais même plus les lettres de mon éditeur. Je devinais ses messages de rappel. Non, je ne l'oubliais pas, mais j'avais sans doute besoin de la mer et des îles que je voyais, par temps clair, s'affirmer au delà du passage de la Déroute. Thulé, je le sentais bien, ce n'était pas tant une histoire à retrouver qu'une certaine manière de vivre. Les sardines grillées sur le feu de bois, le bon « bère » amertumé qui pétillait dans les moques en terre sombre de Néhou, les ajoncs aux dures épines et aux fleurs jaunes ruisselantes de pluie y avaient leur part. Je me fermais, devenais granit, imperméable. J'avais une barbe de capitaine morutier et j'avais même acheté des sabots. Je fuyais comme un bateau devant un méchant grain. Mais d'avoir ainsi galopé pour restituer, tant bien que mal, deux mille ans d'histoire m'avaient essoufflé.

C'est sans doute vers cette époque que je décidais soit d'abandonner ce livre, soit de lui donner la forme d'un journal de bord, où je raconterais ma propre découverte de Thulé.

La Normandie
me conduit à l'éternelle Hyperborée

Pour fuir cette enquête — ou pour lui donner le temps normal de s'accroître de tous les hasards et de quelques signes du destin — je venais d'écrire, avec mon ami Jean-Robert Ragache, une grosse *Histoire de la Normandie*, où je m'étais surtout efforcé de montrer la persistance d'un tempérament à travers le fracas des siècles. J'avais un peu cédé à ma manie de l'érudition et remué toutes les fiches consacrées aux écrivains normands, dont je rêvais aussi de publier un jour une sorte d'anthologie-panorama. Mes dossiers, gonflés depuis un quart de siècle de coupures et de notes, allaient soudain me ramener à Thulé avec une force que, pour la première fois de ma vie, je devrais qualifier de magique. Une des clés de mon enquête se trouvait chez moi, dans ma bibliothèque même. Il me suffisait de chercher au bon rayonnage. Revenir en Normandie allait me ramener, tout naturellement, en Hyperborée.

Je n'ai certes jamais accepté cette légende qui voudrait que les paysans de chez moi aient secrètement conservé l'usage de la langue noroise et le culte des dieux païens. Je ne croyais guère à ces histoire de sorciers qui perpétueraient, dix siècles après les Vikings, la grande tradition des godi scandinaves. Il existe pourtant un petit pamphlet épisodique et ronéotypé qui prétend de telles inepties et se réclame d'une fantomatique HHNK, *Hin Heilaga Normanniska Kirkja*, la sainte Eglise normande. Mais le seul initié que je connaisse avec certitude est un épicier en gros, qui mélange le mystères des runes, la pseudo-doctrine secrète des jésuites et les ragots antisémites. Depuis une vingtaine d'années, je le tenais bien davantage pour un mythomane que pour un provocateur, malgré ses appels à la libération nationale, avec appui de commandos palestiniens et scandinaves, qui devraient bientôt débarquer par sous-marin sur nos côtes normandes pour chasser les Français. Ce poujadisme mystique n'a jamais avancé d'un jour la cause sérieuse de notre autonomie. Cela rejoignait pour moi tout le fatras ésotérique que je devais si souvent rencontrer au cours de mon enquête. Je savais que la tradition avait été irrémédiablement coupée entre les Vikings du Xe siècle, encore fidèles à l'esprit de Thulé, et leurs descendants actuels. Bien entendu, je le regrettais, mais je ne cessais de buter sur une réalité plus dure que le granit.

Seulement, je pressentais autre chose de bien plus important. Danois, Norvégiens et Islandais ont été les derniers païens d'Europe Occidentale. Au milieu du XIe siècle, certains d'entre eux vénèrent encore Thor, Odin et Balder. Il me semblait normal que leurs héritiers jouent un rôle capital dans la redécouverte du monde des Hyperboréens. Le tempérament normand restait inchangé dans ses profondeurs, quelles que soient les annexions et les idées à la mode. Je l'avais retrouvé dans toute sa splendeur chez tous nos écrivains. Mon ami Fernand Lechanteur, le plus grand érudit normand de ce siècle et le plus «cœuru» de tous les maîtres, nommait cela le pessimisme héroïque. Et il se plaisait à en suivre les traces, depuis la Chanson de Roland jusqu'à nos plus modernes écrivains, qu'ils s'expriment en français ou en dialecte. Nous avions toujours été, en matière littéraire, des précurseurs et des solitaires. Pourquoi n'aurions-nous pas été les premiers en France et même en Europe, à renouer le lien avec le passé nordique ? Cela, me semblait-il, nous revenait de droit. Je sentais que mon orgueil, tôt ou tard, allait devenir certitude. Je me lançais soudain à corps perdu dans ce sillage.

Découverte d'un singulier écrivain, Normand et Prussien

Il faut avouer que j'avais remonté le temps à l'envers, en commençant ma carrière littéraire par un essai sur Drieu La Rochelle, qui ne cessait au fond, sans jamais en prononcer le nom, de parler du secret de Thulé. Cet Hyperboréen rêveur, égaré en notre siècle, appartenait aussi, par tous ses ancêtres paternels, à mon Cotentin. J'étais certain qu'il ne pouvait être le seul. Rapidement, je dégageais de l'oubli une demi-douzaine de noms : Arthur de Gobineau, Edelestand du Méril, les Burnouf, Anquetil-Duperron et le marquis de Boulainvilliers.

Ce fut ma rencontre avec les romantiques allemands qui allait m'apporter la preuve décisive. Cela me consolait de l'absence d'écriture runique en Normandie. Nous avions perdu la main. Pas le cœur. Nous restions éternellement semblables à nous-mêmes. Fidèles.

Soudain, tout se nouait et je comprenais pourquoi j'avais eu finalement raison de parler dans ce livre du protestantisme, de Frédéric II, de la Prusse et du Romantisme. Je recopiais pieusement — oui, pieusement — les premières lignes de la biographie de ce personnage singulier, qui venait soudain d'entrer dans ma vie avec la fulgurance de l'éclair : « Le plus entreprenant des romantiques berlinois fut sans doute le baron de La Motte-Fouqué, issu d'une ancienne famille de Normandie, qui, ayant adhéré au protestantisme, avait quitté la France après la révocation de l'Edit de Nantes et s'était réfugié en Prusse, où le grand-père du poète fut un des meilleurs généraux de Frédéric II.[25] »

J'apprenais que malgré sa petite taille et sa faible santé notre émigré normand n'en avait pas moins tenu, aux heures décisives, à prendre les armes pour sa terre d'asile. Il se battra contre la République en 1794 et contre Napoléon en 1813. Qu'il ait servi dans les rangs prussiens ne me le fera pas chasser des lettres normandes. On a dit de lui qu'il a été « le chevalier d'aventure du romantisme » et ce fut en effet un bien singulier personnage que ce baron Friedrich de La Motte-Fouqué « mystique en religion, symboliste en poésie et rétrograde en politique ». Entre 1806 et 1810, il a entrepris une grande œuvre épique et tragique *Der Held der Nordens* (le héros du Nord), dont l'inspiration est entièrement puisée dans l'*Edda* islandaise, le livre sacré de Thulé. Il a d'ailleurs appris les langues scandinaves et lu les sagas. Comme il a lu le *Nibelungenlied*; ce sujet l'enthousiasme tellement qu'il se propose d'en faire la matière d'une tragédie, qui tienne à la fois d'Eschyle et de Shakespeare. La fatalité romantique rejoint ainsi parfaitement le destin antique. Je notais d'ailleurs, au passage, que le classique Corneille n'avait pas non plus manqué de mettre en scène le dialogue du héros et de son destin, prouvant ainsi la parfaite continuité du tempérament nordique en plein siècle de Louis XIV. Quant à La Motte-Fouqué, il composera encore un roman, *Der Zauberring* (L'Anneau enchanté), dont Richard Wagner reprendra le motif dans son *Anneau des Nibelungen*. J'avais

---

[25] J. F. Angelloz : *Le Romantisme allemand*, Presses Universitaires de France, 1973.

trouvé un des maillons qui manquait à ma chaîne et ce maillon était d'origine normande. Désormais, la prescience se transformait en certitude. Nous étions restés fidèles au Nord et à l'Hyperborée.

Un défenseur du sang germanique contre l'absolutisme royal

Le baron normanno-prussien de La Motte-Fouqué ne faisait que reprendre une très ancienne tradition de son pays. Henri de Boulainvilliers, né le 21 octobre 1658, à Saint-Saire, près de Neufchâtel-en-Bray, apparaît déjà, un siècle auparavant, comme une étrange figure d'original. Il entre à vingt et un ans dans la Première Compagnie des mousquetaires, où il servira jusqu'en 1688. Il doit renoncer à l'armée pour des raisons familiales et, au lieu de se retirer sur ses terres brayonnes, préfère voyager, surtout en Allemagne et en Angleterre. Il meurt le 22 janvier 1722, après avoir acquis une très étrange réputation d'astrologue. Saint-Simon dira de ce pauvre gentilhomme normand : « Il était curieux au dernier point, et avait l'esprit tellement libre que rien n'était capable de retenir sa curiosité. » Boulainvilliers ne réussit pas à se faire imprimer de son vivant, faute d'obtenir les privilèges nécessaires. Pourtant, il avait des lumières sur tout et se voulait devin, généalogiste, philosophe et surtout historien. Dans son *Idée d'un système général de la nature*, dans son *Histoire universelle*, dans son *Apogée du Soleil*, dans sa *Lettre sur les anciens parlements de France*, dans son *Etat de la France*, dans ses *Essais sur la noblesse française*, il défend l'aristocratie contre l'absolutisme royal et contre la montée des classes populaires. Ce qui est intéressant, chez cet érudit des débuts du XVIIIe siècle, c'est la constante explication par les origines germaniques, c'est-à-dire hyperboréennes. Ce Normand se réclame sans cesse de l'antique esprit nordique de liberté, contre l'autorité et contre l'égalité. Pour lui, toute noblesse, en France, vient du Nord, et singulièrement des Francs, des Saxons, des Burgondes et des Vikings. Le roi qui règne à Versailles peut être le premier. Mais pas davantage. Chacun des seigneurs doit rester maître de ses terres comme il est maître de lui-même.

Le Normand Boulainvilliers fait ainsi la liaison entre des idées très anciennes, qui remontent à la proto-histoire, et des aspirations très modernes. Ce « féodal attardé » récuse la monarchie belliqueuse et le nationalisme naissant. Il restitue, un des premiers, le poids du sang. Il défend la noblesse d'origine nordique avec passion. Contre le roi d'abord, mais aussi contre les roturiers, contre les bourgeois, contre les ecclésiastiques. Ses connaissances en astrologie lui valent beaucoup d'ennemis et on lui reproche de prédire l'avenir par la lecture des astres, introduisant ainsi dans la vie quotidienne une notion très nordique de fatalité.

Ce mythe des origines hyperboréennes, selon un critique, « prend le sens d'une visée vers l'intégrité disparue, et comme d'une intention restitutive ». Je retrouvais, chez cet étrange compatriote, la grande nostalgie qui n'avait cessé de me hanter tout au long de cette enquête. Boulainvilliers a fort bien vu que rien ni personne ne peut transgresser les lois de l'origine : « Toute la faveur du monarque, écrit-il, ne peut communiquer que des titres et des privilèges, mais elle ne saurait faire couler un autre sang dans les veines que celui qui est naturel. » Il ne cesse de se féliciter de ce que les nobles aient été, à l'origine « un peuple du Nord... compté au nombre des Barbares ». A cette conquête germanique, il donne un caractère violent, décisif, et surtout, il en prolonge les effets pendant toute l'histoire de la France. Pour la première fois sans doute, un historien va expliquer le déroulement des événements par le choc des races — qui se double curieusement, chez Boulainvilliers, par une véritable lutte des classes. Je trouvais en lui un de ces analystes de la décadence, comme mon pays devait tant en fournir ; à mille ans de distance, nous vivons toujours dans la certitude du *Ragnarök*, le crépuscule des dieux. Pourtant, l'auteur des *Essais sur la noblesse française* refuse de considérer la situation comme désespérée. Il croit que la noblesse peut encore survivre, et même retrouver son ancienne grandeur. Il lui faut alors prendre conscience de ce qui constitue son originalité, c'est-à-dire, précisément, son origine. Cela n'ira pas sans lutte et sans violence. Mais l'ancien officier de mousquetaires Boulainvilliers sait que l'Histoire n'est faite que d'impitoyables affrontements. Il juge très durement les siècles qui ont vu se perdre les vertus austères. Il reproche aux Grecs d'avoir regardé comme le fondement de la liberté le principe de l'égalité générale. Il en veut aux Romains d'avoir inconsidérément accordé le droit de cité à tous les habitants de l'Empire.

Très en avance sur son temps, ce gentilhomme normand juge avec lucidité le rôle de l'Eglise. Il décèle derrière le christianisme le mythe égalitaire et avoue alors préférer la religion musulmane. Son dernier livre sera une *Vie de Mahomet*, dans laquelle il rend grâce à l'Islam de maintenir, au besoin par la force, l'ordre établi. Je retrouvais avec surprise des jugements étrangement semblables à ceux que devait porter Rudolf von Sebottendorf sur la franc-maçonnerie turque. A la fin de sa vie, Henri de Boulainvilliers sera véritablement hanté par le problème de la décadence et écrira : « L'augure d'une décadence encore plus grande à l'avenir n'est rendu que trop certain pour l'honneur du sang français. » De tels accents annonçaient l'apparition fulgurante d'Arthur de Gobineau — qui se voulait lui aussi normand avec une passion qui touchait au fanatisme.

L'héritage indo-européen
chez les Persans et les Indous

Avant de célébrer les prophètes et les lyriques de mon pays, je devais donner leur place, toute leur place, aux érudits. Par leurs travaux, trop souvent méconnus aujourd'hui, nous nous inscrivons dans le grand courant de retour aux origines hyperboréennes, qui a tant marqué le siècle du Romantisme.

Si Abraham-Hyacinthe Anquetil-Duperron est né à Paris, le 7 décembre 1731, son nom de famille révèle une indiscutable origine normande. Les Anquetil ne se trouvent que sur la terre colonisée autrefois par les Vikings et leur patronyme signifie superbement : Aseketill, c'est-à-dire « le chaudron du dieu ». Destiné par son père, épicier, à l'état ecclésiastique, le jeune Anquetil fera de solides études. Passionné par les langues, il apprend l'hébreu, l'arabe et le persan. Il renonce vite à la soutane et songe à devenir diplomate. En attendant, il étudie, fébrilement, à la Bibliothèque du roi. Anquetil découvre alors la religion iranienne de ce Zoroastre, que Frédéric Nietzsche devait transfigurer sous le nom de Zarathoustra. Le jeune Normand décide de placer sa vie sous le signe d'Atar, le génie du feu. Découvrant quelques pages du livre sacré des Persans, l'*Avesta*, vers le milieu du XVIIIe siècle il décide de se rendre aux Indes pour en savoir plus long sur la religion « orientale », sans savoir qu'elle venait du Septentrion et que son origine « indo-européenne » l'apparentait à tout le légendaire scandinave des Ases et des Vanes. Le jeune érudit désire alors apprendre le sanscrit. Car il veut lire les *Vedas*, les livres sacrés, dont personne n'a encore donné de traduction.

Comment un garçon entreprenant, mais sans fortune, peut-il se rendre outre-mer ? Anquetil-Duperron choisit la voie la plus rude : il s'engage comme simple soldat au service de la Compagnie des Indes. Il emporte pour tout bagage deux chemises, deux mouchoirs, deux paires de bas, un étui d'instruments de mathématiques et quelques livres. A son arrivée au port de Lorient, le directeur de la Compagnie, Godeheu d'Igoville, Normand comme lui, annule son engagement et lui accorde une pension. C'est en homme libre que le jeune homme débarque à Pondichéry. Il ne tarde pas à tomber malade, alors qu'il se trouve à Chandernagor et que la guerre a repris entre Francais et Anglais. Après un incroyable voyage de quatre cents lieues, à travers un pays hostile, il parvient à s'embarquer et à rejoindre Mahé par mer. Le 1er mai 1758, le voyageur arrive enfin à Surâte, où les prêtres parsis acceptent de lui apprendre leur langue sacrée et de lui expliquer les mystères de leur religion. Pendant le printemps 1759, le jeune érudit parvient à copier le texte du *Vendîdâd*, et à en donner la traduction en pehlvi et en francais. Mieux encore, revêtu de la tenue rituelle, le jeune Européen de vingt-huit ans participe, clandestinement, à une cérémonie au temple du feu ! Aucun homme de sa race n'était parvenu à pénétrer dans un tel sanctuaire.

Pendant trois ans, Anquetil-Duperron va séjourner à Surâte et réunir cent quatre-vingts manuscrits. Il revient en France par l'Angleterre, après huit ans d'absence. Il est plus pauvre que lorsqu'il est parti, mais se sait « riche en monuments rares et anciens »; il va passer le reste de sa vie à les étudier.

Dès 1771, il fait paraître les trois volumes du *Zend-Avesta, ouvrage de Zoroastre*, « contenant les idées théologiques, physiques et morales de ce législateur, les cérémonies du culte religieux qu'il a établi et plusieurs faits importants relatifs à l'ancienne histoire des Perses ».

Anquetil-Duperron, esprit fier s'il en fut, avait refusé honneurs, places et pensions de la monarchie. A la Révolution il ne quitte pas son austère retraite et songe seulement, au milieu des troubles du temps, à publier une traduction des livres sacrés de l'Inde, les Upanishads, d'après les versions persanes rapportées par lui de Sûrate. Dès 1801, il publie une traduction latine d'une importance primordiale. Il a passé cinquante ans de sa vie à restituer de tels textes montrant, sans même qu'il s'en doute, l'étroite parenté entre les grands rameaux de la «famille » indo-européenne après la grande dispersion de l'Age du Bronze. Il ne se soucie de son siècle que pour vilipender les folies de tous les partis et les imprudences d'un jeune général corse ambitieux. Volontairement pauvre, Anquetil-Duperron refuse tous les honneurs officiels. Il a jeté naguère dans son escalier un sac de trois mille livres que lui faisait parvenir le roi Louis XVI ; il refuse maintenant de prêter l'obligatoire serment de fidélité à Napoléon 1er et démissionne avec éclat de l'Institut. Il ne rêve que de devenir un sage. Un homme totalement libre. Il meurt dans une demi-misère, le 17 janvier 1805. Il a ouvert la voie de toutes les études sanscrites. Les « orientalistes » qui vont travailler après lui ne vont pas tarder à s'apercevoir que leurs études tendent toutes à prouver l'indéniable parenté de tous les peuples issus du vieux monde nordique. C'est par l'Inde que va renaître l'univers spirituel des Hyperboréens. Anquetil-Duperron a dédié son livre « à la Vérité ». Il reste un des esprits les plus savants et les plus libres de son temps.

Valognes,
cœur de l'érudition normande et nordique

Dans ce retour vers Thulé, où se trouve la justification finale du détour par l'Orient perse et indou, les Normands joueront donc un rôle essentiel. La dynastie des Burnouf va mener désormais sa barque dans le sillage laissé par le grand Anquetil-Duperron. Fils d'un tisserand de village, Jean-Louis Burnouf, est né à Urville, près de Valognes le 14 septembre 1775. Latiniste et helléniste, il rédigera diverses méthodes pour apprendre les langues anciennes. Il formera à ses méthodes son fils Eugène né le 8 avril 1801, qui deviendra professeur de sanscrit au collège de France. La famille Burnouf, au vieux nom scandinave, va jouer un rôle capital à l'aube des études de linguistique indo-européenne. Emile-Louis, le cousin germain du précédent, né le 25 août 1821 à Valognes, deviendra directeur de l'Ecole d'Athènes. Il sera un des plus grands érudits de son époque et publiera notamment une *Méthode pour étudier la langue sanscrite*, dès 1859, un *Essai sur le Veda* et le premier *Dictionnaire sanscrit-*

français en 1863. Esprit curieux et orientaliste distingué, on lui doit, outre ses études sur l'Inde aryenne, une curieuse Mythologie des Japonais.
La vie et l'œuvre des Burnouf me confortaient dans ma certitude. Mes compatriotes avaient largement participé au grand mouvement de restauration de l'idée hyperboréenne.
L'un d'entre eux, le plus méritant et le plus méconnu, devait devenir le pionnier des études nordiques et se montrer tout au long de sa vie le plus fidèle des héritiers de l'éternelle Thulé. Edelestand du Méril est né à Valognes le 5 Germinal An IX (26 mars 1801). Fils d'un médecin, qui passe pour « matérialiste », et d'une demoiselle Louise Ango, sœur de la mère de l'écrivain Jules Barbey d'Aurevilly, il veut d'abord être avocat, mais se passionne aussi pour l'archéologie, la botanique et la littérature. Edelestand fonde, avec son cousin germain, la *Revue de Caen*, qui n'aura qu'un seul numéro, et part à Paris. Ce jeune Normand rêve de créer et de diriger, à lui seul, une revue d'un type nouveau, mi-scientifique et mi-littéraire. La critique des livres doit y alterner avec des communications de linguistique et d'étymologie. Projet singulier, où la rigueur scientifique devrait faire bon ménage avec la flamme romantique. Le premier numéro de la *Revue critique de la philosophie, des sciences et de la littérature* paraît le 1er février 1834, et le cousin Jules se moquera un peu de cette « revue critico-germanico-impossible, qui devait révolutionner la pensée et régénérer la littérature ».
Edelestand du Méril échoue dans sa grande ambition de créer une nouvelle école de pensée. Alors, il se lance dans l'érudition. Il sera un des premiers à s'intéresser aux origines hyperboréennes de son pays normand. Dès 1839, il fait paraître chez Franck, à Paris, une *Histoire de la poésie*

scandinave, qui conjugue son goût pour les belles-lettres et son amour du sol ancestral. En 1844, il publie un *Essai sur l'origine des runes*, qui s'inscrit dans le grand courant de retour aux sources nordiques. Un tel travail me paraissait bien dépassé et même erroné, mais j'y découvrais un mélange d'érudition et d'imagination qui reste bien la marque des archéologues lyriques du siècle dernier. Passionné de linguistique et grand connaisseur en patois normand, Edelestand du Méril s'intéresse aussi à l'histoire, à l'architecture, à la sociologie. Il s'enthousiasme pour le théâtre et écrit des comédies. Ce Normand reste, avant tout, un passionné du retour aux origines nordiques. Il vit dans la nostalgie de la vieille unité hyperboréenne et sait quels sont les héritiers de Thulé. Il écrit, le 3 août 1839, dans le *Journal de l'arrondissement de Valognes*, — à cette époque, les plus modestes gazettes de province s'ouvraient encore aux érudits : « Tous les peuples qui ont renversé l'empire romain et ont renouvelé la face de l'Europe, Francs, Gots, Burgondes, Lombards, Angles, Saxons, Scandinaves ou Normands, appartenaient à la même race, c'étaient les enfants d'une même famille venus depuis un temps immémorial de l'Asie centrale dans les régions du Nord. Ce fait est établi par la conformité de leurs langues, de leurs mœurs et de leurs usages. Mais parmi tous ces peuples de souche germanique, le rameau scandinave ou normand est sans contredit le plus beau et le plus fécond. Partout où il a été transplanté, il a produit des fruits riches et abondants. »
Je me réjouissais de ce jugement sur mes ancêtres, mais je retrouvais, hélas, chez ce pauvre Edelestand, tous les partis pris de son époque en faveur de l'origine « asiatique » des

Hyperboréens. Il ignore que le véritable berceau se situe entre la presqu'île du Jutland et le golfe de Finlande.

Edelestand du Méril mourra à Paris pendant la semaine sanglante de la Commune, le 24 mai 1871. Son cousin Barbey dira de lui : « C'est une Méduse d'érudition » et constatera qu'il est plus connu en Allemagne qu'en France. Cela sera aussi le sort d'Arthur de Gobineau.

Gobineau conjugue superbement le pessimisme et la prophétie

Aucun de mes compatriotes ne devait sans doute susciter tant d'admiration ou tant de mépris. Tandis que certains le célébraient comme un prophète et voyaient dans le gobinisme une géniale antithèse du marxisme, d'autres le jugeaient comme un dangereux illuminé et tenaient son œuvre bien davantage pour de la conversation que pour de la littérature. Il faut dire que le comte de Gobineau est toujours allé son chemin sans se soucier des critiques et encore moins des lecteurs. Il a tranquillement affirmé ce qu'il croyait être la vérité, constatant que la morale et les idées à la mode ne pouvaient rien contre l'impitoyable enchaînement des faits. Il se voulait simplement un médecin lucide au chevet d'un moribond. Que tout soit en décadence depuis la dilution des fils de l'antique Hyperborée dans le tourbillon des peuples étrangers provoque en lui un pessimisme absolu. La disparition de l'espèce blanche lui semble fatale et c'est bien à tort qu'on aura voulu en faire un écrivain de combat. Il ne voit pas d'autre avenir que le néant et sa philosophie de l'Histoire se trouve finalement en contradiction formelle avec la vieille foi nordique dans l'éternel retour, que magnifera Nietzsche. Chez Gobineau, la nostalgie de Thulé se transfigure en un cauchemar désespéré. Son *fameux Essai sur l'inégalité des races humaines* devient le récit d'une Longue Marche vers le néant. « La prévision attristante, conclut-il ce n'est pas la mort, c'est la certitude de n'y arriver que dégradés ; et peut-être même cette honte réservée à nos descendants nous pourrait-elle laisser insensibles, si nous n'éprouvions, par une secrète horreur, que les mains rapaces de la destinée sont déjà posées sur nous. »

Longtemps méconnu et souvent calomnié, Arthur de Gobineau n'en est pas moins parvenu à surmonter l'épreuve du temps. D'abord parce qu'il est, indéniablement, un grand écrivain. Ensuite, parce que tout son système des races, malgré tant d'erreurs — à commencer par sa croyance en l'origine asiatique des Aryens — ne peut être négligé totalement. Certes, la race n'explique pas tout. Mais sans elle, l'Histoire n'est plus qu'un chaos incompréhensible.

Bien que né à Ville d'Avray, le 14 juillet 1816, dans une famille aux attaches aristocratiques bordelaises, Arthur de Gobineau se voudra normand, avec une constance qui touche au fanatisme. Il situe son terroir en pays de Bray — le pays de Boulainvilliers — dans la région de Gournay, dont il fera dériver son nom par une suite d'approximations étymologiques, du style Gauvain, Gauvinot, Gaubineau. Il ira même jusqu'à s'inventer une fort séduisante galerie d'ancêtres hyperboréens dans un essai, plus romanesque qu'historique : *Histoire d'Ottar Jarl, pirate norvégien et de sa descendance*, paru en 1879, quelques années avant sa mort, survenue lors d'un séjour à Turin, le 13 octobre 1882. Auteur de plus de trente volumes, il aura réussi, grâce à

l'amitié vigilante de son compatriote normand Alexis de Tocqueville, à émerger de la misère pour trouver, dans la carrière diplomatique, les loisirs nécessaires à la poursuite de son œuvre : plus de trente volumes de nouvelles, de romans, de contes, d'essais, de récits de voyage. En poste en Suisse, en Allemagne, en Perse, en Grèce, au Brésil ou en Suède, il a beaucoup observé, avec une amère lucidité qui ne fera que le conforter dans tous ses jugements désespérés. Ce qui n'empêche pas les idées chevaleresques. Je trouvais chez lui un aspect don Quichotte qui apparentait ce Brayon au Cotentinais Barbey d'Aurevilly. Mais, s'il se bat, c'est sans espoir. Son regard sur le monde reste libre de toute illusion. « Notre pauvre pays en est à la décadence romaine ; là où il n'y a plus d'aristocratie digne d'elle-même, un pays meurt. Nos nobles sont des sots, des lâches et des vaniteux. Je ne crois plus à rien et n'ai plus d'opinions ; de Louis-Philippe, nous irons au premier sauteur qui nous prendra pour nous léguer à un autre ; car nous sommes sans force et sans énergie morale. L'or a tout tué... », écrit-il, alors qu'il n'a encore que vingt-trois ans. Dans un de ses premiers poèmes, il affirme aussi :
Quand un peuple est déchu, rien ne le régénère[26].

---

[26] Il écrira ainsi dans l'Essai : « Je pense que le mot dégénéré s'appliquant à un peuple, doit signifier et signifie que ce peuple n'a plus la valeur intrinsèque qu'autrefois il possédait, parce qu'il n'a plus dans ses veines le même sang dont les alliages successifs ont graduellement modifié la valeur ; autrement dit, qu'avec le même nom il n'a pas conservé la même race que ses fondateurs ; enfin que l'homme de la décadence, celui qu'on appelle l'homme dégénéré est un produit différent, au point de vue ethniques du héros des grandes époques. »

Aussi, ne croit-il pas à l'avenir des peuples modernes, Anglais, Français, Italiens ou Allemands. Il se veut seulement comme il l'écrit, « Germain », c'est-à-dire Barbare et Hyperboréen. Ce qu'il retient de l'héritage de Thulé, c'est avant tout un système de valeurs, dont le sens de l'honneur reste la clef de voûte. Il y ajoute le goût passionné pour l'indépendance et enfin le sens du sacré.

Insolite retour au vieux paganisme scandinave

C'est parce que Gobineau est un esprit religieux qu'il n'est plus chrétien. Malgré quelques concessions de pure forme destinées à rassurer, si faire se peut, son ami Tocqueville, il ne faut pas s'y tromper. Lorsqu'il rejoint son poste en Suède, ce Normand retrouve, avec la patrie de ses ancêtres scandinaves, leur esprit et leur foi. Après les tragiques événements de 1870 et 1871, il semble soudain reprendre espoir — pour la première et unique fois de sa vie — en découvrant, dans le Nord, « les plus grands peuples du monde ». Danois, Norvégiens et Suédois sont pour lui les héritiers directs de l'antique Thulé. Gobineau se réjouit fort de voir que « le paganisme du Nord est resté vivant ». Et il écrit à sa sœur Caroline : « Ce pays, pendant toute la période catholique et malgré la canonisation de sainte Brigitte, a été peu zélé pour la foi depuis le luthérianisme, il l'a été peu pour l'hérésie ; aujourd'hui, on n'y voit guère de religiosité ; mais par exemple, toutes les classes considèrent avec amour les trois tumulus d'Upsala. »
Par un été brûlant qui desséchait en triste paillasson de crin l'herbe rase poussant sur ces trois gigantesques levées de terre, j'avais fait, moi aussi, le pélerinage à Gamla Upsala, le

vieil Upsala, à quelques kilomètres de la vieille ville universitaire. Ce haut lieu m'attirait comme, exactement un siècle auparavant, il avait attiré mon compatriote Gobineau. Je retrouvais, sans même connaître alors sa correspondance, les mêmes émotions : « C'est l'emplacement de la capitale des Suédois à l'époque antique et païenne : une plaine immense où se réunissaient les tribus, au milieu une église sur l'emplacement de l'ancien temple. Une grande pierre runique dans le mur ; à côté, trois tumulus énormes, de plus de soixante pieds de hauteur, ce sont les tombeaux des dieux Odin, Thor et Frey. Je suis monté dessus et, comme tu peux penser, avec tout le respect possible pour la majesté du lieu. » Puis Gobineau raconte comme il s'est rendu à la ferme voisine, où l'hôtesse lui a offert à boire : « Elle a versé l'hydromel écumant dans la corne. Nous avons bu avec dévotion. C'est un rite, et la chose est excellente. »
Je revoyais les murs de bois sombres, ornés de massacres de sangliers et de cerfs. Des épieus et des haches luisaient dans la pénombre. Le parquet craquait sous les pas de la servante, en costume suédois du siècle dernier, qui apportait avec grâce la boisson des dieux. Peu m'importait que l'hydromel se débite aujourd'hui en bouteilles capsulées et que des verres de série remplacent les cornes à boire. Le rite demeurait inchangé. Nous avons porté le « skol » rituel, en l'honneur de ce qui ne meurt pas. Souvent, nous devions revenir à Gamla Upsala au cours de ce mois aux nuits claires. Toujours, j'y retrouvais la même émotion, quand l'aurore s'enchaînait si vite au crépuscule, sans laisser l'ombre me voler mon royaume de rêve, où les vieux rois enterrés sous ces immenses levées de terre avaient été transformés en dieux par la ferveur populaire. Dans cette

nuit si courte et si belle, il me semblait que rien n'avait changé depuis l'âge du bronze et de la jeunesse. « Le fond de la vérité, écrit Gobineau, est que les Scandinaves n'ont jamais été ni catholiques ni protestants qu'administrativement : le fond des idées est resté païen... C'est une chose merveilleuse comme cette nation d'ailleurs si sage, si tranquille, si paisible, a l'aversion profonde du catholicisme. On dirait que les vieux éléments païens n'ont jamais cessé d'y réclamer contre leur suppression et que la Réforme n'a été qu'une revanche de l'Odinisme. »

Le véritable visage de l'héritier d'Ottar Jarl

Soudain, je découvrais un Gobineau très différent de l'image qu'en donnent ses biographes. Même les plus favorables n'échappent pas aux clichés : un grand seigneur sceptique, au front dégarni, avec sa moustache sombre et sa barbiche à l'impériale ; nonchalamment appuyé sur une table recouverte d'un tapis sombre, il cause inlassablement, maniant le paradoxe et exhalant l'amertume. Tous ont célébré le voyageur, l'historien, le diplomate, l'homme du monde en un mot. Peu ont perçu la réalité profonde de Arthur de Gobineau, son grand mouvement de fidélité à un héritage spirituel ancestral. Le 13 février 1874, il écrit : « Au fond, je reviens à la religion de nos pères. » Maurice Lange sera un des rares à comprendre cet aspect essentiel et méconnu de Gobineau : « C'est par l'effet d'une fidélité instinctive aux traditions et aux croyances de sa race antique, et c'est parce que le christianisme n'est venu que tard se superposer, dans les pays scandinaves, à la religion

des Arians Germains, c'est pour cela que Gobineau, à ce moment décisif où le Viking se réveille en lui, rejette la foi chrétienne — et ce faisant, bien loin de quitter la religion de ses « pères », il y retourne.[27] »
Plus important que le fameux Essai avec toutes ses erreurs, ses hantises et ses gouffres, m'apparaissaient des réflexions éparses au hasard de son œuvre, mais qui toutes restaient dans la ligne d'un système plus cohérent qu'il n'y paraît : « Le Dieu est dans l'homme. L'homme le porte, lui sert d'instrument, et ne le voit pas et ne le sent pas ; il n'en n'est pas moins beau de renfermer le Dieu en soi. » Ce qu'il exprime aussi en vers :

Mon âme !
Nous marcherons, nous combattrons !
Tentons le feu ! Risquons la flamme !

Je découvrais chez Gobineau un aspect indéniablement « luciférien », qui le plaçait au premier rang des grands révoltés. Mais des révoltés qui sont aussi des fondateurs — quoi qu'il en eût pensé. Malgré son pessimisme et son désespoir, il n'en propose pas moins une explication de l'Histoire. Il discerne fort bien le fait essentiel, c'est-à-dire la connaissance des origines, et l'oppose à l'irréel érigé en dogme. Trois ans avant sa mort, Arthur de Gobineau dénonce ainsi les véritables entraves à toute vérité historique : « Les théories métaphysiques et les suppositions

---

[27] *Le comte Arthur de Gobineau, étude biographique et critique.* Publications de la Faculté des lettres de l'Université de Strasbourg, 1924.

patriotiques. » Refusant le conformisme catholique et le conformisme français, Gobineau apparaît finalement aux yeux de ses contemporains comme un anarchiste.
Nul plus que lui n'a exalté les vertus hyperboréennes de liberté et d'individualisme. Un roman comme *Les Pléiades* ou un essai comme *De la vie individuelle* restent en ce sens exemplaires. Il s'y exalte le culte irremplaçable et irréductible de chaque individu. Mais il s'y exprime aussi la profonde communauté qui unit, à travers une Europe sans frontières, tous les véritables « fils de rois ».

AVEC RICHARD WAGNER
RENAÎT THULÉ

Je tenais une certitude qui valait pour moi toutes les explications ésotériques. Les Normands avaient joué un rôle capital dans le retour vers l'esprit de Thulé. Pas plus que la Manche, le Rhin n'allait être une frontière pour les idées. Le XIXe siècle sera désormais dominé en Allemagne par un prodigieux mouvement de recherche sur les origines non seulement de la Germanie mais aussi du monde indo-européen, c'est-à-dire de l'Hyperborée.

Arthur de Gobineau, un des premiers et peut-être même le premier, a exprimé cette idée à la fois très ancienne et très nouvelle d'une réalité commune ancestrale. Il se soucie fort peu, dans cette perspective, des « accidents » historiques, finalement superficiels, que sont le christianisme et le nationalisme. Cela était, certes, trop insolite pour son siècle et son pays. Tocqueville prédit donc que son œuvre reviendra en France par l'Allemagne et Renan invoque la compréhension de ce pays pour le problème des origines et l'attachement des Germains à leurs « racines primordiales ».

La vérité historique me forçait pourtant de constater que l'impulsion première était venue de France, et plus singulièrement de Normandie.

Seulement, chez nous, Paris avait, comme autrefois Versailles, tout gâché. Différence essentielle qui remontait peut-être à la trahison du roi franc Clovis s'installant dans sa capitale avec la complicité de l'évêque Rémi. Gœthe l'a fort bien dit, dès 1828, en découvrant les méfaits de la centralisation parisienne : « Cela serait-il arrivé si la belle France, au lieu d'un grand centre unique, en avait dix d'où émanent la lumière et la vie ? Par quoi l'Allemagne est-elle grande, sinon par cette culture du peuple, bien digne d'être admirée, qui a également imprégné toutes les parties de l'empire. »

Centralisation parisienne et provincialisme allemand

En France, la vie littéraire exprime les idées à la mode dans les salons parisiens. Il faut briller pour faire carrière, amuser les hommes et séduire les femmes. Ce qui est sérieux est qualifié de pesant. On accepte à la limite les causeurs, mais on ne lit pas leurs œuvres. Barbey d'Aurevilly le saura mieux que personne. La province ne fait que refléter Paris. Il ne peut rien s'y créer. Les « beaux esprits » méprisent le peuple. A Paris, on tremble devant les ouvriers et en province, on brocarde les paysans. On rirait de ces frères Grimm qui ont eu l'idée d'aller recueillir les contes de Bécassine. Les vrais savants, ces érudits locaux qui ont sauvé au siècle dernier le patrimoine national, à commencer par Arcisse de Caumont, sont tenus à l'écart, ignorés, pris pour des fous. Les Parisiens qui font la mode ironisent sur tout ce qui est « populaire ». La Normandie ne dépasse pas les planches de Deauville. Les indigènes restent invisibles. Facilement méprisants pour qui n'est pas citadin, les Français de Louis-Philippe ou de Napoléon III sont les plus conservateurs des hommes. Ils maintiennent quelques soupapes de sûreté pour se donner l'air d'être libéraux et tolèrent les excentricités vestimentaires romantiques comme le fameux gilet rouge de Théophile Gautier. Mais ils haïssent les novateurs, les originaux, les pionniers. On peut sourire de tout. Mais il est dangereux d'attaquer les idoles. Soyez anticléricaux, mais respectez le Christ. Soyez pacifistes, mais saluez le drapeau tricolore. Soyez d'origine provinciale, mais habitez Paris. Plus encore que dans les exils de sa carrière diplomatique, un homme comme Gobineau a vécu dans les exils de la société mondaine. Son ami Tocqueville a fort bien résumé l'attitude de l'immense majorité des Français : « Ce que vous dites est peut-être vrai, mais ce serait trop affreux et contraire à la religion chrétienne. » Il fallait, pour accueillir des idées à la fois si anciennes et si nouvelles, une singulière liberté d'esprit. Gobineau la trouvera à la cour de Hanovre.

En ce sens, l'Allemagne du XIXe siècle apparaît radicalement différente de la France. Elle a fini par prendre au sérieux — comme elle prend tout au sérieux — les idées libertaires du siècle précédent. Le libre examen recoupe le tempérament protestant et nordique. L'érudition n'est pas un handicap mais une nécessité. La minutie reste une règle absolue, jusqu'à la pesanteur. L'Allemagne demeure un pays de petites principautés. Les cours royales se piquent d'intellectualisme. Il existe une bonne trentaine d'universités provinciales, établies de préférence dans des petites villes vouées à l'étude comme Iéna, Göttingen ou Heidelberg. On y travaille à l'écart des bruits du monde.

Le Herr Doktor Professor est un personnage à peu près inconcevable en France, où il ferait la joie des caricaturistes, toujours prompts à se gausser des Cosinus et autres Nimbus. Autant la pensée française reste soucieuse d'arriver à la conclusion, le plus rapidement et le plus clairement possible et en soignant le bel effet de style, autant la pensée allemande apparaît réflexive et interrogative. Ce n'est point un hasard si la philosophie européenne s'identifie presque totalement avec la philosophie allemande. Le Français brille et l'Allemand bûche. Dans le calme des petites villes universitaires, aux intérieurs paisibles et aux cafés silencieux, les professeurs, entourés d'étudiants respectueux et attentifs, ont le loisir de se livrer à leurs recherches. On trouve peu, parmi eux, de ces aristocrates ou de ces grands bourgeois, toujours prêts à suivre les modes fugitives. Ce sont des gens simples, besogneux, têtus, souvent fils de pasteurs ou même de paysans. Dans la fumée des pipes et la chaleur des poêles de faïence, ils écrivent beaucoup. Ils lisent peut-être encore davantage.

Des Indo-Européens à l'Aryanisme historique

L'apparition d'un essai comme celui de Gobineau produit un effet considérable outre-Rhin. En France, ce n'est qu'une fantaisie brillante qui fait plus sourire que frémir. En Allemagne, c'est un livre fondamental. Il apporte la première exposition logique d'une intuition capitale : l'élément biologique donne l'explication centrale des déroulements historiques. Une libre recherche, débarrassée de tous les tabous sociaux, politiques ou religieux triomphe, indéniablement, avec l'œuvre de ce

diplomate français d'origine normande. Il va faire école. Désormais, les études linguistiques, biologiques, archéologiques, historiques vont connaître en Allemagne un essor, avec lequel ne peut rivaliser aucun autre pays d'Europe.
Dès 1808, Frédéric Schlegel avait suivi la voie splendidement inaugurée par Anquetil-Duperron, plus de vingt ans auparavant. L'Allemagne découvre la littérature et la pensée indiennes : elles soutiennent la comparaison avec la pensée et la littérature grecques. Le moment n'est pas encore venu, en ces premières années du XIXe siècle, d'en montrer la parenté profonde et la commune origine « nordique ». Mais Schlegel n'en exalte pas moins le panthéisme des Ancêtres. Il estime qu'une même « *Allergötterei* » unit Inde et Grèce et il va jusqu'à célébrer « la déification des grands hommes et des saints personnages ». Ce singulier historien de la littérature ouvrait une voie royale qui devait, à travers le romantisme et l'érudition, retrouver le chemin de Thulé.
Désormais, les savants allemands, à l'image de Gobineau, vont associer les termes d'Indo-Européen et d'Arya, ce qui, dans le vocabulaire védique, signifie noble. La linguistique conduit à la reconstitution d'un monde disparu. Cela ne va pas sans erreur et sans excès. Mais la démarche générale restitue à sa vraie place l'antiquité nordique et démontre la lutte millénaire du Septentrion et de l'Orient. Le fanatisme n'est pas loin dans cette recherche du peuple primitif, qui préoccupait déjà si fort ce pauvre Bailly dans sa correspondance avec Voltaire. Les Allemands de ce XIXe siècle orgueilleux s'identifient avec l'origine même de la vie et de la foi. « Nous seuls sommes le peuple vivant, écrit Fichte. Nous sommes le peuple primitif (*Das Urvolk*), le vrai

peuple de Dieu. » Hegel ne fera que conforter ce discours. Désormais, linguistique et mythologie concourent à la renaissance de Thulé.

La rencontre de l'écrivain normand
et du dramaturge saxon

Si Arthur de Gobineau devait avoir une indéniable influence sur tant de savants allemands, après la fondation de la *Gobineau-Vereinigung* en 1894, par le Pr Ludwig Schemann, il reste pourtant le créateur d'un mythe bien davantage que le bâtisseur d'un système. La science, en cette renaissance de l'esprit de Thulé, compte moins que l'art, malgré l'obstination minutieuse de tant d'érudits, désormais attachés aux origines hyperboréennes. Le plus illustre « disciple » de Gobineau sera finalement Richard Wagner.

Les deux hommes se sont rencontrés pour la première fois en 1876. Gobineau a soixante ans et Wagner est seulement de trois ans son aîné. Peu après, l'auteur de *l'Histoire d'Ottar Jarl* assiste à une représentation à Berlin de *L'Anneau des Niebelungen* et se montre enthousiasmé. Il séjourne à Wahnfried, peu avant sa mort, et ne reprochera au maître de Bayreuth que son « christianisme latent » (qui avait déjà provoqué la rupture Wagner-Nietzsche). Cela reste pourtant une ombre légère dans cette amitié, tout entière dominée par des communes hantises nordiques. Le musicien offrira un de ses livres à l'historien, avec une dédicace éloquente :

Das wäre ein Bund
Normann und Sachse,

Was da noch gesund,
Dass das blühe und wachse[28] !

Je trouvais dans ces quatre vers de l'auteur du *Niebelungenring* la confirmation de tout ce que je pensais sur le rôle de mes compatriotes normands dans la découverte et l'exaltation du mythe de Thulé.
Richard Wagner apporte à la renaissance du rêve hyperboréen le poids colossal d'un génie indiscutable et fulgurant. Grâce à lui, nous sommes plongés dans un drame total, où le théâtre et la réalité ne tardent pas à se confondre dans une même exaltation. Le Festspielhaus n'est pas tant une salle de spectacle qu'une véritable église, temple d'un culte insolite où les fidèles célèbrent à la fois la mémoire du musicien le plus admiré comme le plus haï de tous les temps, et aussi la nostalgie d'une foi ancestrale. Chaque année, le festival de Bayreuth demeure un événement religieux, même si les célébrants versent de plus en plus souvent dans l'hérésie. Le monde de Wagner n'est chimérique que pour les renégats. Pour les fidèles de Thulé, il parvient à restituer intégralement une émotion disparue partout ailleurs que dans ce haut lieu privilégié. En ce sens, Bayreuth apparaît comme une véritable île, une Thulé continentale. Thomas Mann a dit assez justement que la salle du festival était « un théâtre de Lourdes, une grotte miraculeuse au cœur de l'Europe ».
Cinquante mille ouvrages, assurent les spécialistes, ont été consacrés à Wagner qui demeure un des plus prodigieux

---

[28] Qu'une ligue se forme entre Normand et Saxon. Qu'elle atteigne sa pleine vigueur. Qu'elle fleurisse et s'épanouisse.

géants de tous les temps. A la fois prophète et grand-prêtre, il célèbre sans fin son propre personnage et un germanisme idéalisé. Le monde wagnérien reste un monde mythique, c'est-à-dire, finalement, plus vrai que l'Histoire. Il se situe hors du temps, précisément dans l'univers toujours présent de l'éternel retour.

Le héros wagnérien, Rienzi, Tannhauser, Tristan, Siegfried, Lohengrin ou Parsifal, devient alors plus vrai que n'importe quel personnage historique. Il n'appartient pas au passé, mais s'élance vers le futur, par l'identification exemplaire à laquelle peut se livrer chaque wagnérien. La musique, dans cet opéra total, exalte, c'est-à-dire crée un élan qui va bien au delà de l'émotion artistique. Ainsi l'art de Richard Wagner apparaît, à qui sait le déchiffrer, comme très fidèle à la jeunesse révolutionnaire de l'auteur du *Niebelungenring*.

Le plus lointain passé inspire l'art de l'avenir

Né le 13 mai 1813, à Leipzig, celui qui devait, avec splendeur et orgueil, restituer dans toute sa puissance émotionnelle, le mythe de Thulé, apparaît fort hésitant dans sa jeunesse. Non qu'il doute de son génie. Mais il ne sait encore comment l'exprimer. Peinture ? Poésie ? Musique ? Finalement, il rêve d'une fantastique synthèse de tous les arts et fera de l'opéra une célébration tout autant qu'un spectacle.

Pendant trente années, Wagner va mener la vie nomade d'un Viking impécunieux, courant de ville en ville et de pays en pays, pour fuir ses créanciers et imposer ses idées. On le verra à Wurtzburg, à Magdeburg, à Riga, à Paris. Un naufrage sur les côtes de Norvège lui a inspiré le *Vaisseau fantôme*. Déjà, apparaissent les grands thèmes wagnériens de la nostalgie et de la rédemption. Dresde recueille pendant quelques mois cet Allemand exilé qui s'affirme saxon et ne vit plus désormais que pour exalter la sensibilité germanique, hyperboréenne, dans un mélange barbare et magnifique de paganisme et de christianisme. Les événements de 1849 feront de ce mystique un émeutier, bien vite réduit à l'exil. Il rompt avec la société, avec le siècle, avec la bourgeoisie. Il se retrouve seul. C'est-à-dire souverain. Sa volonté de puissance ne connaît plus de limites. Il va créer le « drame musical ». Le wagnérisme est né. Ce sera la « musique de l'avenir ». Avenir qui restitue le passé, avenir qui efface les siècles pour revenir à une pureté primitive — qui n'est plus imaginaire, puisque l'opéra la concrétise et la sacralise.

Aventure singulière qui transforme la légende en réalité et le théâtre en haut lieu. L'échec de *Tannhäuser* à Paris, en 1861 creuse un fossé qui ne sera jamais réellement comblé. Les wagnériens, en France, resteront toujours suspects. Sur les bords du Rhin ou dans les rues de Vienne, l'auteur de *Tristan* rêve d'une nouvelle aventure : les *Maîtres Chanteurs*. Il veut restituer l'Allemagne des confréries, celle qui a sauvegardé, à travers tout le Moyen Age, l'esprit même de Thulé. Louis II, le « roi fou » de Bavière rendra possible une nouvelle transmission de l'antique héritage. La fosse d'orchestre délivre une sorte de message chiffré, « gothique », semblable à celui que les initiés découvrent dans certaine crypte de cathédrale. La tétralogie, le célèbre *Niebelungenring*, va soudain rendre vie aux émotions et aux légendes enfouies au plus secret de la terre germanique. Pour la première fois, peut-être, un artiste génial va retrouver le message caché. Enfin, Thulé revit. Quand Richard Wagner meurt à Venise, le 13 février 1883, après avoir terminé Parsifal, l'art wagnérien reste, dans tous les sens du terme, magique.

Je terminais ce livre quand parut un assez insolite article d'un jeune étudiant germano-italien, Pierluigi Locchi, dans lequel je trouvais enfin une explication cohérente de ce qui restait quand même pour moi « le mystère Wagner ». J'y trouvais une lucide analyse de la conversion des païens germaniques, francs ou saxons, et de ses conséquences secrètes : « L'Eglise étendant et durcissant son empire, tous les éléments opposés au christianisme se réfugièrent dans l'inconscient collectif. Cet inconscient qui était païen et relevait avant tout du paganisme germanique trouva précisément dans la musique son lieu de rassemblement. Celle-ci devint alors le véhicule et le masque de mythes inexprimables au grand jour. »

Ce mythe — qui se confond parfaitement avec le mythe même de Thulé — va revenir après plus de huit siècles d'occultisme à l'expression ouverte et à la lucide conscience. C'est le sens même de l'art wagnérien, qui exprime avant tout une idée du monde, une *Weltanschauung*. Il faut exalter le peuple, pour lui rendre conscience de son identité : la musique, avec Wagner, devient une découverte de soi-même. Elle apparaît à la fois individualiste et communautaire ; elle révèle et elle relie. Elle devient exaltation et doctrine. Ce qu'on va appeler le cercle de Bayreuth, le *Bayreuther Kreis*, répand cette idée essentielle de la renaissance de l'Histoire par la découverte des origines communes — et donc des solidarités obligatoires. Parsifal devient ainsi la célébration du Sang et de la Vie. Richard Wagner y retrouve la vieille identification médiévale du Graal et de Thulé. La fusion de la poésie et de la musique permet une nouvelle vision du devenir historique. Ainsi, à Bayreuth, va naître — ou renaître — un mythe[29].

Un Britannique découvre l'unité des Celtes, des Germains et des Slaves

Dans ce retour vers Thulé, vers le Grand Midi de Thulé, j'avais décidé de laisser dans l'ombre le visage tourmenté et magnifique de Frédéric Nietzsche. Pourtant il ne cessait de me hanter. Les énormes sourcils sous la haute falaise crayeuse du front, les yeux de braise, cette moustache qui dissimule à jamais le sourire invisible. Le solitaire de Sils Maria savait tout sur Thulé. Mais je ne voulais pas l'interroger. Pas dans ce livre, qui ne

---

[29] La situation du mythe s'écarte du discours idéologique ou « scientifique » au sens marxiste. Son ambiguïté le rend même très dissemblable de l'expression logique : il ne vise pas à convaincre (à l'image du langage conceptuel), ni à persuader par séduction intellectuelle (comme le langage idéologique) ; il ne se fonde sur aucune réflexion préexistante, et ne s'appuie sur aucune logique externe comme le discours critique. Au delà de tout cela, le mythe est un discours créatif qui crée la vie avec toutes ses contradictions, et en dépit d'elles ; c'est une invitation, dont la fonction est d'exalter et de fasciner, à participer à la création — à la re-création — du monde et à l'unification d'un univers vivant. S'il donne une « réponse », le discours mythique présente aussi la négation de cette réponse, sans que cette contradiction lui soit autrement funeste » écrit Pierluigi Locchi dans *La musique, le mythe, Wagner et moi.* (Revue *Etudes et Recherches* N° 3, 1976.)

cherche que la lumière crue d'une grande démystification historique. C'est seul à seul que je voulais décoder le visage de Nietzsche. Il ne m'intéressait qu'à travers Wagner. Je refermais *Ainsi parlait Zarathoustra.* Et pourtant comme Zoroastre gardait la nostalgie de la lointaine Hyperborée ! J'imaginais, avec la précision de la ferveur, le comte de Gobineau interrogeant le vieux philosophe aryen dans les déserts de l'Iran. Je comprenais la commune réserve de l'auteur d'*Ottar Jarl* et de l'auteur d'*Ecce homo* à l'égard du personnage wagnérien de Parsifal. Le siècle de fer qui allait commencer exigeait d'autres héros. A commencer par Prométhée.

Je laissais Nietzsche à sa solitude et à ses fantômes. Je retournais à Bayreuth. C'est dans sa maison baroque de Wahnfried, dans le luxe un peu agressif de sa tardive et fragile réussite, que je voulais poursuivre mon enquête. Un homme devait entrer dans la famille du grand musicien et s'affirmer comme son héritier spirituel. Plus qu'aucun autre sans doute en son siècle, il va restituer l'héritage de Thulé. Au delà de l'analyse de Gobineau et au delà de l'exaltation de Wagner, il retrouve, inscrits dans les dures lois de l'Histoire, les pas mêmes des Hyperboréens.

Cet homme, singulier entre tous, se nomme Houston Stewart Chamberlain. D'origine britannique, puis de nationalité allemande, il n'a au fond d'autre patrie que cette Thulé hyperboréenne, dont je poursuivais inlassablement la Quête et dont il devait retrouver les fondements dans un livre essentiel intitulé justement *Die Grundlagen des Neunzehnten Jahrhunderts* paru en 1899 à Munich et traduit en français dès 1913, à la veille même de la Première Guerre mondiale, sous le titre *La Genèse du XIXe siècle.*

Né le 9 septembre 1855, à Southsea près de Portsmouth, ce fils d'un amiral de Sa Majesté — dont la famille serait passée de Normandie en Angleterre, au XVIIe siècle, lors de la révocation de l'Edit de Nantes — mène d'abord une vie studieuse mais errante, qui le conduira jusqu'à Bayreuth. En épousant Eva, une des filles de Richard Wagner, Houston Stewart Chamberlain devient à jamais le serviteur de l'œuvre de son illustre beau-père. Mais ce qu'il va défendre ce n'est pas tant l'idée du drame musical que la foi profonde dont il se réclame. Chamberlain va devenir une sorte de Gobineau germanique. Ce n'est pas la moindre singularité du retour vers Thulé que de constater ainsi le rôle capital d'un Français, puis d'un Anglais — que j'aurais assez tendance à nommer l'un Normand continental et l'autre Normand insulaire — dans la création d'un Mythe nordique que les Allemands recevront, quoi qu'ils en disent, de l'Occident. Faire de Houston Stewart Chamberlain un « pangermaniste » serait finalement aussi malhonnête que de faire de Gobineau un « raciste ». Mais il est certes plus facile de les défigurer que d'étudier des livres, qui d'ailleurs restent ardus et marqués par leur époque.

Face à l'universalisme autoritaire et égalitaire, qui nie toute différence entre les hommes, la protestation d'un Gobineau ou d'un Chamberlain m'apparaissait comme un ultime sursaut de l'individualisme. Défendre l'intégrité et l'autonomie des personnalités ethniques, quelles qu'elles soient, c'est refuser la forme la plus dangereuse et la plus sournoise du génocide. Les Hyperboréens ont, eux aussi, le droit de vivre et même de revivre ? Les procès posthumes ne changent rien à ce qui fut, en leur temps, le cri de la vérité scientifique et de la liberté ancestrale.

Le grand combat du cosmopolitisme et de l'individualisme

Chamberlain — comme Gobineau — reste un défenseur acharné, comme le dira le préfacier de l'édition française de son principal essai, de l'individualisme sous tous ses modes, même collectif. S'il oppose parfois le nationalisme au cosmopolitisme, il refuse pourtant les vieilles nations comme l'Angleterre et même l'Allemagne. Il se veut uniquement européen, et dans un sens tout à fait « hyperboréen » c'est-à-dire nordique. Il exalte, par-dessus des frontières sans signification profonde, une même communauté qu'il nomme, puisqu'il faut bien la nommer : « celto-slavo-teutonne ». Le terme importe peu. Ce qui compte, c'est la réalite. Elle recoupe parfaitement l'Hyperborée de l'Antiquité et l'Aryanisme de son siècle. Chamberlain, pas plus que Gobineau, ne se limite à l'empire allemand de son temps quand il évoque le Règne — ou *Reich* — des Germains. Les philologues savent quel est le domaine des langues indo-européennes et les anthropologues connaissent l'aire de la race dolichoblonde. Quand ces réalités se recoupent, le gendre de Richard Wagner parle de monde germanique. Mais, dans son esprit, il ne sépare jamais les Celtes et les Slaves des Germains. Il ne pourra donc pas être « récupéré » par le chauvinisme allemand sans être défiguré et trahi. Les *Grundlagen* ne prétendent pas diviser les Européens, mais au contraire les unir. L'opposition entre l'Est et l'Ouest compte moins que celle entre le Nord et le Sud, c'est-à-dire, finalement, entre Thulé et Rome.

Chamberlain croit, sans aucun doute, à l'unité primitive du monde hyperboréen. Il ne cesse pourtant d'analyser le lent processus de différenciation, qui aboutit à des querelles fratricides. Ces Barbares, divisés contre eux-mêmes, parviennent alors, instinctivement pourrait-on dire, à repousser les poisons de l'Imperium romain de la décadence : césarisme, absolutisme, universalisme. Ils n'ont qu'une réponse, même si elle signifie aussi leur faiblesse collective : l'individualisme. Désormais, dès le Haut Moyen Age, une lutte à mort s'engage entre le germanisme et le « romanisme », mais l'opposition reste plus spirituelle que « raciale » ou géographique. L'Eglise a pris la succession de l'Empire. La réaction « barbare » du Nord contre le Sud demeure, à travers toutes les péripéties historiques. Chamberlain se range dans le camp des Gaulois vaincus à Alésia, des Germains vainqueurs dans la Teutoburgerwald et des Slaves écrasés en Lituanie par les croisés de l'Ordre teutonique. Il exprime toute la protestation libertaire de l'éternelle Thulé. Aussi, pour les nationalistes français va-t-il apparaître à la fois· comme un « Prussien » et comme un anarchiste.

Je me plaisais à opposer Chamberlain et Maurras. Contre l'homme de Bayreuth, l'homme de Martigues ne peut avoir que sarcasme : aux yeux de la « clarté latine » le gendre de Wagner incarne ces affreuses « brumes nordiques » qui sont on le sait, pour les fidèles de *l'Action française*, autant britanniques que teutonnes. La passion de la liberté et de la Nature devient confusion pour qui se réclame de l'ordre et de la ville. Gobineau n'avait pas échappé à ce mépris. Pour Chamberlain, son cas semble pire : car lui n'est pas un désespéré. Il ne croit pas que l'aventure de la race hyperboréenne soit dans le passé — qui l'intéresse finalement assez peu — mais dans l'avenir — qui ne cesse de le hanter. Le royaume magique de Thulé reste à construire. Vision certes plus wagnérienne que gobiniste. Vision très «idéaliste» qui conjugue les rêveries des Bretons de la Table ronde et les épopées des Bylines russes. Vision qui se veut bien au delà du romantisme et du scientisme dont se sont nourris les Allemands de son siècle. Vision plus religieuse que politique. Vision où la volonté triomphe finalement du destin. L'œuvre de Chamberlain, comme celle de son génial beau-père, s'ouvre à une idée de « rédemption », ce qui la différencie totalement du désespoir gobinien.

Désormais, tout redevient possible. En cette aube du XXe siècle, la lutte est ouverte. Wagner a rendu à Thulé le glaive et les éclairs d'une éternelle tragédie.

RENAISSANCE
DE LA RELIGION HYPERBORÉENNE

Désormais, je voyais naître en Allemagne un prodigieux courant de retour vers Thulé. Apparaissait alors ce mot intraduisible, que j'avais jusqu'alors évité d'employer dans ce livre : l'adjectif *völkisch*. Rassembler en un seul vocable, chargé d'une fulgurante puissance affective, les trois idées de race, de nation et de peuple, reste un tour de force dont seuls semblent capables les grammairiens et les mythologues teutons.

Pas plus que l'éphémère Société Thulé, le mouvement *völkisch* ne saurait se confondre avec le parti national-socialiste et l'aventure hitlérienne. Des écrivains et des groupuscules de cette tendance ont existé bien avant 1914 et ont survécu bien après 1945. Le combat *völkisch*, contrairement à ce que voulait Adolf Hitler, se situe dans une perspective plus culturelle que politique. Il n'est pas lié à un homme ni à une époque. Il se veut éternel. C'est là même sa volonté constante d'éternel retour — à laquelle Nietzsche, fort peu *völkisch* par ailleurs n'est certes pas étranger.

Richard Wagner reste le grand prophète de ce renouveau de l'esprit européen. Dans son sillage, apparaissent trois hommes très différents, et qui ouvrent à leur tour des portes nouvelles : d'abord son gendre Houston Stewart Chamberlain (1855-1927), qui va faire la liaison entre les deux générations. Ensuite, Théodor Fritsch (1852-1933), un ingénieur constructeur de moulins, fondateur de la Ligue du marteau de Thor : *Hammerbund*, qui se révélera finalement antisémite bien davantage que pro-nordique, laissant ainsi de lui une image assez négative. Enfin, le plus curieux des trois peut-être, Ludwig Woltmann (1871-1907), politicien socialiste affilié au SPD, à l'époque la plus réactionnaire du régime wilhelminien, tout autant qu'archéologue passionné par les anciens Germains et l'anthropologie raciale, dans la ligne inaugurée avant lui par le Français Georges Vacher de Lapouge.

Le courant *völkisch* — dont la Société Thulé reste comme la partie visible d'un colossal iceberg — devait influencer le national-socialisme sans réussir à le coloniser. Les plus intransigeants de ses publicistes seront réduits au silence sous le IIIe Reich, car rien ne devra troubler l'idéologie officielle. Alfred Rosenberg essayera de prêcher une synthèse de l'esprit *völkisch* et de la dévotion hitlérienne. Son échec était fatal.

Découverte du cercle viennois des Ariosophes

J'en revenais sans cesse à ce mouvement völkisch ; à cet enracinement de la foi religieuse et politique, à cette « paganisation » de la vie moderne, dont seul le courant régionaliste en France pouvait comprendre la réalité.

J'essayais d'imaginer tous ces Mistral nordiques ayant enfin rompu avec Rome. Dans ce foisonnement des individus et des sectes, il ne pouvait manquer de personnages curieux, d'illuminés, de fanatiques ; on avait écrit sur eux beaucoup de sottises. Mais la réalite restait encore fantastique. L'Autriche, située aux marches méridionales du germanisme, voyait naître les personnalités les plus étranges. Ma recherche de Thulé m'amenait fatalement à la découverte du cercle, typiquement viennois, des Ariosophes, qui devaient unir l'esprit völkisch et la recherche ésotérique.

Ma route devait fatalement croiser celle des deux plus célèbres prophètes du renouveau de Thulé. Ils me semblaient perpétuellement osciller entre la révélation et la fumisterie. Grands spécialistes des affirmations sans preuves, ces deux Autrichiens restent mal connus en France, malgré tant de légendes colportées sur leur vie et leur œuvre. Aucun de leurs textes essentiels n'a été traduit et pourtant ils ont écrit énormément. Les critiques se contentent d'exagérer le côté mystérieux des personnages, ce qui les dispense de réfuter leurs arguments.

Je savais que je devais obligatoirement les évoquer dans mon enquête, mais je restais assez sceptique sur leur pouvoir de transmission du mythe de Thulé. De toute façon, ils se situaient au delà des règles normales de l'analyse historique, s'ingéniant à brouiller les pistes et bénéficiant de la haine vigilante des services de sécurité idéologique du IIIe Reich fort peu soucieux de voir répandues de telles illuminations.

Guido von List était de beaucoup l'aîné, puisqu'il naquit à Vienne en 1848 et devait mourir septuagénaire, au cours d'un voyage à Berlin en mai 1919, au moment même où la Société Thulé reprenait ses activités en Bavière, après la prise de Munich par les corps francs. Il reste de lui d'assez prodigieuses photographies. Sous un chapeau mou à large bord, ou un grand béret de velours, comme en portaient autrefois les artistes peintres, List roule des yeux furibonds derrière de grosses lunettes cerclées de métal. L'intensité de ce regard sombre se trouve encore accentuée par une énorme barbe de patriarche, d'un blanc de neige, qui se divise en deux pointes ressemblant à des cornes inversées. Ce visage m'apparaissait comme celui d'un bûcheur impénitent enfermé dans ses grimoires. Mais il reflétait indéniablement la démence, au moins le délire maniaque.

A quatorze ans, cet Autrichien s'est promis de construire un jour un temple à Wotan et il se considère désormais comme le successeur en son siècle des « *Armanen* ». Le terme est de lui et semble ne reposer sur aucune réalité archéologique. Guido von List désigne ainsi une sorte de caste occulte de prêtres de l'ancienne Germanie. Ce clergé, qui s'apparente à celui des druides celtiques ou des Godi scandinaves, aurait transmis des traditions religieuses millénaires ; leur esprit vivrait toujours chez quelques initiés, grâce à une filiation aussi mystérieuse qu'acrobatique.

Dans cette restitution du passé, le souvenir intuitif compte autant que la science exacte. Il existerait chez chacun un sentiment héréditaire, une nostalgie inoubliable, une connaissance intérieure d'une antique « Sagesse », qu'il convient de retrouver. Les vieux dieux de Thulé ne seraient donc pas de simples projections de l'antique spiritualité germanique mais d'authentiques réalités transcendantales. Pour List, les Dieux existent et il les a rencontrés ! Ce sont eux qui ont créé la Nature, par une opération étrange, qu'il nomme « la densification de l'esprit ». Cette démarche, essentiellement religieuse, se veut en rupture avec tout l'esprit scientifique du XIXe siecle.

Guido von List est un croyant plutôt qu'un savant, un prophète bien davantage qu'un érudit, un réformateur religieux et non pas un agitateur raciste. Ce qui l'intéresse avant tout, c'est ce qu'il nomme la « Germanité intérieure », et que les chrétiens appellent du nom de conscience. Il croit que les Allemands de son temps doivent retrouver la démarche de leurs aïeux, pour qui Dieu était « à la fois proche et naturel ». Il propose donc un système-clé, qui se veut d'ampleur cosmique. Une progression ésotérique permet au croyant d'approcher par degrés de la révélation du grand tout. Mais l'ancienne religion des Hyperboréens, autrefois naturelle, est devenue intellectuelle. Au contraire de cet intellectualisme, le spiritualisme doit retrouver les forces créatrices de la Nature et du peuple, et, à travers elles, les sources de toute vie.

Guido von List
« invente » la religion éternelle des Ario-Germains

La mythologie, à en croire Guido von List, devient donc véritable religion. Elle se veut le savoir suprême sur l'univers, la nature et l'homme. Le vieux prophète autrichien croit a un véritable enseignement divin, transmis depuis la plus haute Antiquité, et où il voit les abîmes et les sommets de la Sagesse. Tel fut, selon lui, l'enseignement de ces fameux Armanen, qu'Agrippa von Nettesheim nommait naguère « les vieux Sages ».

.Toute cette philosophie aboutit à quelques truismes sur l'équilibre du corps et de l'esprit, du matériel et du spirituel, du bonheur et du devoir. Mais une telle hantise s'abrite derrière une prodigieuse — et discutable — érudition. Guido von List se veut le Pic de La Mirandole de la Germanité. Sa démarche n'est pas inintéressante : selon lui, le véritable Hyperboréen ne peut croire que ce qu'il a reconnu d'instinct comme vrai. Alors, ce qu'il croit, il le vit. Sa religion, *Die Wihinei*, est totalitaire, c'est-à-dire qu'elle exige d'y conformer toute son existence. On ne « triche » pas avec le divin. Ceci est vrai pour les hommes comme pour les peuples. Toutes les actions sont donc soumises à une même loi, à une règle, dont la sauvegarde et la transmission restent la principale activité de ces fameux *Armanen*.

A l'appui de sa théorie, Guido von List écrira une dizaine de volumes : *Das Geheimnis der Runen* (Le secret des runes) ou l'ancienne écriture devient en elle-même philosophie ; *Die Armanenschaft der Ariogermanen* (La « classe sacerdotale » des Ario-Germains), qui prétend expliquer comment était enseignée la loi religieuse de l'Antiquité ; *Die Rita der Ariogermanen* (Les rites des Ario-Germains), où le droit primitif s'oppose avec violence au droit romain ; *Die Namen der Völkerstämme Germaniens und deren Deutung* (Les noms des rameaux des peuples germaniques et leur signification), que dominent des considérations linguistiques où l'élément latin est systématiquement minimisé ; *Bilderschrift der Ariogermanen* (L'écriture par signes des Ario-Germains), qui est consacré à la transmission des signes primitifs à travers les armoiries, les hiéroglyphes, les symboles et les chiffres du monde médiéval dans lequel ordres de chevalerie et corporations de maîtres-chanteurs occupent une grande place ; *Die Ursprache der Arioger-manen und ihre Mysteriensprache* (La langue originelle des

Ario-Germains et leur langue de mystère), où apparaît une curieuse linguistique avec un système à trois niveaux : le naître, l'être et le disparaître pour un nouveau renaître, *Die Religion der Ariogermanen in ihrer esoterik und exoterik* (La religion des Ario-Germains dans leur ésotérique, qui explique au delà de la profondeur et de la sagesse antiques, la religion intérieure de chaque fidèle par sa religion extérieure, le Wotanisme ; *Der Ubergang von Wuotanismus zum Christentum* (Le passage du wotanisme au Christianisme) qui décrit surtout le rôle d'une mystérieuse fraternité dite des « Kalands », utilisant le calendrier chrétien pour transmettre les noms et les légendes du paganisme, *Deutsch Mythologische Landschaftsbilder* (Paysages mythologiques allemands) qui se veut une sorte de géographie des hauts lieux du culte antique et des nouveaux temples possibles.

Guido von List devait aussi écrire des romans, des pièces de théâtre et des contes. Tous se rapportent aux premiers temps germaniques et exaltent l'antique Hyperborée. L'inventeur des *Armanen* considère son œuvre comme un véritable « trésor des Nibelungen », mais il va souffrir des outrances de ses disciples. Ceux-ci auront toujours tendance à en faire le Mahomet d'un Allah-Wotan, assez incompréhensible à ceux qui ne possèdent pas « d'instinct » les sentiments de la secte et n'ont pas réussi à faire surgir, après un ou deux millénaires d'occultation, cet « être permanent », dont le vieux maître appelle la renaissance. Les fidèles de Guido von List se voudront toujours plus spiritualistes que politiciens et vont souvent apparaître à la fois comme des intolérants et des persécutés[30].

Fondation de l'Ordre du Nouveau Temple et de la revue « Ostara »

Adolf Lanz, plus connu sous le nom de Jörg Lanz von Liebenfels, était d'un quart de siècle le cadet de Guido von List et il lui survivra longtemps, puisqu'il mourra seulement en avril 1955, octogénaire. Il se faisait toujours photographier revêtu d'une blanche robe de bure ornée d'une croix potencée. Le regard fulgure derrière les lunettes rondes cerclées de métal. Ce fils de petit instituteur autrichien commence par être moine de l'ordre cistercien. Mais il ne tardera pas à quitter l'abbaye de Sainte-Croix à Wiener Wald en 1899 et à se proclamer baron et docteur de l'Université. Il abandonne la religion catholique, apostolique et romaine pour se jeter corps et âme dans des fantasmagories mystiques où étincellent parfois d'étranges presciences de verités historiques. C'est à Vienne qu'il fonde, en la première année de notre siècle une association qui prétend tenir de la chevalerie et du monachisme et auquel il donne le nom d'Ordre du Nouveau Temple. Je retrouvais bien ce méli-mélo, cher aux Allemands, où le christianisme et le paganisme font souvent bon ménage, dans un syncrétisme étonnant et détonnant. Les Germains

---

[30] Il existe encore aujourd'hui des fidèles du vieux prophète des Ario-Germains, qui constituent une Guido-von-List-Gesellschaft, et publient, quatre fois par an, un bulletin ésotérique du nom d'Irminsul, en souvenir de l'Arbre de Vie des anciens Saxons.

semblent finalement aussi fascinés par les Templiers que par les Teutoniques. Ils n'ont cessé de rêver de moines-soldats et s'efforcent ainsi de retrouver la lointaine tradition des *Männerbunde*, dont me parlait naguère ce ménage de croyants nordiques au bord d'un lac de Bavière.

Bien entendu Adolf Lanz, qui a anobli son nom en Von Liebenfels, se proclame de lui-même grand-maître de l'Ordre qu'il vient de fonder. Dès 1905, il va publier la revue *Ostara* par allusion à la déesse des Pâques païennes. L'introuvable collection de cette revue fera rêver quelques générations d'occultistes et de pamphlétaires.

Pour étayer ses théories et servir de Bible à ses disciples, Lanz publie, dès 1905, un volumineux ouvrage de 3 500 pages placé sous le signe de la « science » qu'il vient d'inventer : la *Théozoologie*. Le livre qui comprendra une quinzaine de livraisons se prétend une « introduction à la philosophie la plus ancienne et la plus récente » et une « justification de la hiérarchie et de la noblesse ». Lanz affirme ainsi dévoiler le secret des singes de Sodome et de l'Electron des dieux ! Dans cet étrange bestiaire métaphysique, deux races se disputent le monde : les « sombres », qui descendent des singes, et les « clairs », qui remontent à l'Hyperborée. Ces ancêtres mythiques sont de véritables « chefs-d'œuvre à l'image des dieux » et ils possèdent même des « organes électriques », sorte de postes émetteurs-récepteurs qui leur permettent toutes les manifestations. Ces hommes supérieurs sont « omniscients, souverainement sages et tout-puissants comme à l'origine, au temps des dieux ». Il faut donc réveiller ces dieux qui sommeillent encore chez les descendants des Hyperboreens enfermés « dans le cercueil charnel ». Je retrouvais l'idée des mystérieux supérieurs inconnus, inévitablement associée à ce mythe de Thulé dont je poursuivais la Quête fiévreuse.

Une fois encore, l'occultisme venait obscurcir ce qui était pourtant d'une absolue clarté historique. Il n'était pas besoin du livre d'Enoch et des singes de la Bible pour restituer la véritable légende des siècles — et même des millénaires — de notre peuple hyperboréen. Il m'importait assez peu que Lanz se donnât tant de mal pour nous prouver que le premier homme était un authentique Germain. Adam n'est pas plus allemand que Dieu n'est français ! Et je ne situais certes pas, comme lui, Asgard, la ville sainte des dieux scandinaves, dans le Caucase. Mais je trouvais une étrange parenté entre la méthode qu'annonçait, dès les premières années du siècle, la revue *Ostara* et celle que devait choisir Rudolf von Sebottendorf, à Munich, en 1918 et 1919 : Jörg von Liebenfels avait compris que le premier combat reste celui des idées et qu'on ne peut savoir comment se battre que si l'on sait d'abord pour quoi se battre.

Jorg Lanz von Liebenfels
publie une Bible secrète des Initiés

Malgré ses outrances polémiques et ses prophéties hasardeuses, la revue *Ostara* reste une étape capitale dans la redécouverte de l'esprit de Thulé. Rien n'est moins ésotérique finalement que les buts que se propose cet organe : « *Ostara* est le premier et l'unique périodique consacré à l'étude de la race héroïque et virile, qui se propose de transposer dans les faits les enseignements de la science raciste en vue de préserver la race noble dans la voie de la culture systématique de la pureté du sang et de la

virilité, contre les menaces de destruction par les révolutionnaires socialistes et efféminés.[31]»
Brusquement, je découvrais un langage qui n'appartenait plus au monde de l'hallucination mais à celui de la propagande et du combat.
Je notais une autre coïncidence pour le moins significative : Lanz était, comme Rudolf von Sebottendorf, un passionné d'astrologie et il a écrit un volumineux *Praktisch-empirisches Handbuch der ariosophischen Astrologie*, qui parut à Berlin en 1933 et ne tarda pas à être saisi par le nouveau régime. Adolf Hitler ne savait aucun gré à ce défroqué au persistant délire hallucinatoire d'avoir naguère

---

[31] Ceux que le sujet intéresse doivent lire les très curieuses pages que Jean Michel Angebert consacre dans les Mystiques du Soleil aux prophéties de Lanz, analysées selon une séduisante science traditionnelle des nombres et appliquées à Adolf Hitler. La démonstration est incontestablement troublante Mais il ne faut pas croire pour autant, comme l'affirme le publiciste allemand Wilfried Daim, dans un livre, édité à Munich en 1958, *Der Mann, der Hitler die Ideen gab* que Jörg Lanz von Liebenfels fut réellement « L'homme qui fournit ses idées à Hitler ». Il n'est même pas prouvé que le futur Führer du IIIe Reich fut, comme l'affirment la plupart de ses biographes, « un lecteur fanatique d'*Ostara* dont il ne manquait pas un seul numéro ». Il semble encore bien moins certain qu'Adolf Hitler rendit visite à Vienne à l'ancien cistercien défroqué. Un des spécialistes de la préhistoire du national-socialisme comme Werner Maser ne croit guère à cette légende tenace. En tout cas, dès l'Anschluss de 1938, les publications de Lanz furent interdites en Autriche, comme elles l'étaient déjà en Allemagne depuis 1933, sans que leur auteur soit personnellement inquiété. En 1945, l'ancien moine cistercien fut immédiatement « dénazifié » et passa sans entraves la dizaine d'années qui lui restaient encore à vivre.

planté, en 1907, un drapeau à croix gammée sur les ruines du château de Charlemagne, à Erwerbung, sur un piton rocheux qui domine le Danube, dans le Strudengau près de la frontière de Bohême.

A force de comparer les Sémites et les singes de la Bible, l'ancien moine cistercien et ses quelques disciples animés d'une même hantise maniaque devaient être victimes à leur tour des haines qu'ils avaient semées : leurs ennemis prétendront que Lanz aurait été d'origine juive, tout comme son élève préféré Herbert Reichstein, éditeur de l'hebdomadaire raciste *Arische Rundschau*.

En tout cas, les fidèles de ce pseudo Ordre du Nouveau Temple tomberont à jamais dans les oubliettes d'où ne les tireront que quelques publicistes en mal de sensationnel.

Finalement, ce Jörg Lanz von Liebenfels m'apparaissait comme bien différent de son vieux maître. Certes, Guido von List était un illuminé. Mais c'était un sincère et un érudit à sa manière, malgré son incapacité à prouver scientifiquement toutes ses intuitions. Le fondateur d'*Ostara* me semblait, au contraire, un charlatan, qui n'avait quitté le christianisme que pour inventer une nouvelle révélation fantasmagorique. Dévoré par une galopante folie des grandeurs, il prétendait avoir inspiré non seulement Hitler mais Lénine !

Les hallucinations de Lanz n'empêchaient pourtant pas sa revue de publier parfois des articles d'un réel intérêt historique, rigoureusement à contre-courant des tabous conformistes de son temps. Parmi ses lecteurs comme parmi les fidèles de l'Ordre du Nouveau Temple on comptait d'indéniables chercheurs de vérité et des hommes de valeur, comme lord Kitchener, si l'on doit en croire les spécialistes

des sociétés secrètes de cette époque, le général Blaisus von Schemua, l'astrologue Frédéric Schwickert, le romancier Oskar Schmitz ou le Pr Karl Penka, qui avait été un des premiers à prétendre, avec une belle rigueur scientifique, que l'Europe du Nord était bien le berceau des Hyperboréens.
Toutes les folies des prophètes du retour à Thulé ne m'empêchaient pas de discerner la réalité derrière l'hallucination. Ils ressemblaient à des hommes qui tâtonnent dans un long couloir humide et glacial à la recherche de la lumière. Mais je savais, comme eux, que la lumière ne pouvait venir que du Nord et j'essayais, avec passion de les comprendre et de savoir comment avait pu, finalement, se transmettre le message.

Retour à la foi païenne ancestrale

Ceux que l'on devait nommer les Ariosophes ne regroupent finalement qu'une poignée de fidèles. Mais ils sont les plus remuants et les plus fanatiques. Philipp Stauff, né en 1876 en Franconie et qui se suicidera en 1923, reste le grand spécialiste de la découverte des signes runiques sur les maisons à pans de bois. Rudolf John Gorsleben, né à Metz en 1883 et mort en 1930, fonde la Société *Edda* et édite le périodique *Arische Freiheit* où il mélange, comme Rudolf von Sebottendorf, les évocations de la mythologie scandinave et les consignes pour le combat politique. Arthur Dinter, né à Mulhouse et mort en 1948, a séjourné à Constantinople, comme le maître de la Société Thulé, et participe aux débuts du mouvement national-socialiste ; mais il se sépare d'Adolf Hitler, pour des raisons religieuses, et fonde la *Deutsche Volkskirche* ; il publie une trilogie romanesque et des pièces de théâtre d'inspiration païenne. Wilhelm Hauer, né en 1881 dans le Wurtemberg et mort en 1962 à Tübingen, ancien ouvrier maçon, a vécu longtemps aux Indes, il se passionne pour le bouddhisme et l'hindouisme avant de fonder, lui aussi, une secte néo-païenne, la *Deutsche Glaubensbewegung*.

Je savais que le livre sur le renouveau de la religion nordique en Allemagne restait à écrire et je voulais limiter mes recherches à quelques noms dispersés, me promettant de revenir un jour sur cette étrange aventure spirituelle. Je découvrais le peintre Ludwig Fahrenkrog, né en 1867 et mort en 1952, dont toute l'œuvre reste inspirée par des thèmes *völkisch*. Il fonde, dès 1908, une secte qui va connaître un développement certain : la GGG ou *Germanische Glaubens Gemeinschaft*. Il sert l'idée hyperboréenne par la plume autant que par le pinceau et publie d'innombrables poèmes et pièces de theâtre.

L'auteur le plus représentatif de ce courant païen en Allemagne, dès avant la Première Guerre mondiale reste sans doute le Frison de l'Est, Otto Sigfrid Reuter (1876-1949) ancien directeur des services télégraphiques de la ville de Brême. Il a publié, dès 1909, un ouvrage capital qui fait de lui un précurseur *: Sigfrid oder Christus ?* Reuter pose, sans ambiguïté, le dilemme essentiel. « L'essence du monde, écrit-il, s'incarne dans le domaine de la nostalgie. Nous devons honorer avec notre instinct ce que nous ne pouvons découvrir avec notre savoir. Les forces de la Nature sont les vivants symboles de la force créatrice impénétrable. Mais ce ne sont pas pour autant des réalités divines. » Reuter croit que la religion ne peut jaillir que de l'enracinement. Chaque homme, selon lui, doit prendre confiance en sa propre force

et réaliser ce qu'il porte en lui. Le grand adage de ce néopaganisme reste donc la parole célèbre de Nietzsche : « Deviens ce que tu es. »
Selon Reuter, la foi religieuse ne saurait être révélée une fois pour toutes, comme cela se passe dans le christianisme. Chaque matin, un nouveau dieu peut apparaître sur les hauteurs bleues des montagnes ou les flots gris de l'océan du Nord. L'essence de la religion est donc ce qu'il nomme le « Sehnsucht » et qui peut se traduire par nostalgie. Selon le fondateur de cette religion païenne, la foi (*Glaube*) est la fin de Dieu, tandis que l'âme (*Gemüt*) en est le début. Il n'y a pas, pour lui, prédestination de la morale, mais obéissance à un instinct biologique ancestral. La vie reste, avant tout, un combat entre l'obscurité et la lumière, entre le reniement et la fidélité, entre la vie et la mort. Otto Sigfrid Reuter s'écrie, en s'adressant au héros hyperboréen, quasi divinisé :
—Eveille-nous tous, Siegfried, nous qui sommes de ton origine. Eveille-nous tous, toi, l'éclatant fils de la lumière[32] !

---

[32] Pour tout ce qui concerne le Mouvement völkisch, le livre de référence indispensable reste celui d'Armin Mohler : *Die konservative Revolution in Deutschland 1918-1932,* publié à Darmstadt en 1972.

FONDATION DE L'ORDRE DES GERMAINS

Erudits solitaires et prophètes illuminés devaient fatalement se rencontrer. Plus d'un pensait, dans les premières années du XXe siècle, à créer une sorte d'œcuménisme germanique des sectes paganisantes. Mais les rancunes de personnes et les rivalités de chapelles rendaient bien difficile cette longue marche vers l'unité. L'Allemagne wilhelmienne pesait sur les structures de la société de tout le poids de son conformisme. Grands aristocrates et petits-bourgeois se méfiaient de tous ces appels aux vieux dieux du Nord, qui leur semblaient singulièrement inactuels, dans un empire dominé par les aciéries, les firmes commerciales et les casernes. Les gens « sérieux » pensaient : politique d'abord, économie d'abord, armement d'abord.

Les Eglises installées et la mégalomanie du Kaiser s'accordaient pour ne pas bouleverser le statu quo spirituel d'une Allemagne en pleine expansion. Préparer la guerre semblait plus sérieux. Seule l'association pangermaniste, *Alldeutscher Verband*, pouvait servir de charnière. Créée vers 1890 par le jeune ingénieur Alfred Hugenberg, elle devait connaître un développement notable sous la direction de l'avocat Heinrich Class, qui devait plus tard accorder sa « bénédiction » imprudente à Adolf Hitler, dès 1920, alors que l'ancien caporal n'était encore qu'un inconnu. Mais l'association se tenait sur un terrain plus politique que religieux, se méfiant des illuminés qui commençaient à vouloir remplacer la dévotion à Jésus par le culte de Wotan et faire des *Eddas* la véritable Bible des Nordiques. Pourtant, l'*Alldeutscher Verband* verra certains de ses membres les plus notoires participer aux rencontres qui devaient finalement aboutir à la création du *Germanenorden*, l'Ordre germanique ou Ordre des Germains.

Le cerveau de l'opération apparaît vite. C'est Hermann Pohl, un contrôleur des poids et mesures en retraite, originaire de Magdeburg. Obsédé des sociétés secrètes, il rêve d'une franc-maçonnerie « inversée », c'est-à-dire, selon lui, revenant à ses pures origines « gothiques ». On sait peu de chose de ce précurseur, si ce n'est son goût du mystère, et la facilité avec laquelle il se brouillait avec tous ses disciples. Grand adversaire de tout engagement dans le siècle, il ne rêve que de créer une secte. Pour gagner la bonne société wilhelmienne, il a besoin d'un paravent de quelque notoriété et il le trouvera dans Théodor Fritsch et son *Hammerbund*.

Les deux hommes recrutent en Allemagne et aussi en Autriche, ou Guido von List et son disciple Jörg Lanz von Liebenfels ont préparé la voie du retour vers Thulé.

Le « Germanenorden » réunit son premier congrès à Thalé

Je parvenais à situer la création du *Germanenorden* vers 1912. Le but me semblait évident, à défaut d'être toujours clair : fédérer toutes les sociétés de pensée se réclamant de l'héritage nordique et du mythe de Thulé. J'étais en plein dans mon sujet. Et ce nom même de Thulé obsède ces chercheurs à un point tel que le premier congrès de l'Ordre va se tenir dans une localité dont le nom évoque curieusement celui de l'île sainte du vieux Nord païen : Thalé, dans le Harz. Les organisations fidèles à l'esprit *völkisch* sont convoquées pour une grande réunion qui doit avoir lieu en 1914, le dimanche de la Pentecôte.
Curieusement, les organisateurs de cette insolite assemblée ont choisi comme date de leur rencontre celle de la fête chrétienne de l'illumination : l'esprit s'incarne dans le feu et descend en chacun des disciples. L'origine païenne, solaire, d'un tel symbole paraît évidente.
Je n'étais pas parvenu à trouver un seul témoin de cette réunion et je ne parvenais même pas à savoir combien elle avait réuni de participants. Sans doute guère plus de quelques douzaines. Mais un spécialiste allemand de l'histoire des idées et des sectes a bien voulu m'ouvrir ses dossiers. Grâce à lui, je découvrais peu à peu l'esprit qui présidait à cette assemblée. Dans son appartement de Göttingen aux lourds rideaux, où les boiseries des bibliothèques demeurent dans une semi-pénombre, il évoquait la rencontre de Thalé, tandis que sa femme découpait un gâteau somptueux, orgueil de la maison.
—Il faut bien que vous compreniez que chaque groupuscule *völkisch* n'a envoyé de délégués à Thalé que dans le but, bien vite évident, de recruter de nouveaux membres parmi les associations représentées à ce singulier rassemblement.

Dès le début, il règne une atmosphère de débauche, dans le vrai sens du terme, car la plupart de ces gens sont des petits-bourgeois bien tranquilles qui ne sont certes pas réunis pour mener joyeuse vie... Dans la fumée des pipes et le choc des verres de bière, chaque dirigeant compte ses troupes et aspire en secret à devenir le *Führer*, le Guide qui va rassembler le troupeau encore épars des fidèles. Ces gens des sectes sont, tout naturellement, sectaires et chacun considère un peu les fidèles d'une autre obédience comme des sortes d'hérétiques.

Malgré la présence du vieux Théodor Fritsch, ce concile manque d'un pape et tous ces apprentis cardinaux païens sont prêts à se déchirer. On peut faire confiance aux disciples de Guido von List et de Jörg Lanz von Liebenfels pour présenter les projets les plus fous. Il faudrait un livre entier pour dénombrer tous les prophètes et toutes les sectes qui fleurissaient alors dans cette Allemagne de l'immédiat avant-guerre. Le congrès de Thalé apparaît vite comme une stérile cacophonie, où chaque fidèle entreprend d'excommunier ses voisins, au nom d'une tradition qui reste encore à définir ou à retrouver.

J'avais assisté naguère à tant de réunions destinées à créer quelque utopique union à partir d'éléments disparates pour imaginer sans mal l'atmosphère de cette rencontre. Chacun ne parle que pour s'entendre. Je laissais mon café refroidir dans ma tasse, sous son iceberg de crème fouettée, tandis que mon informateur poursuivait :

—Les plus sérieux des congressistes de Thalé — car il y avait, au milieu des illuminés, des gens sérieux — comprennent vite la nécessité d'un « appareil clandestin » pour organiser et contrôler ce qui apparaît, par essence, comme une manifestation collective d'individualisme. Pas tellement infidèle en cela au véritable esprit de Thulé. Je vous ai dit à quel point Hermann Pohl était un véritable maniaque du secret. Sa prudence touchait parfois à la pusillanimité, alors que le père Fritsch était un bagarreur, un peu dans le genre d'un Drumont en France. Aussi va naître, au sein même du *Germanenorden,* qui est déjà créé depuis un an ou deux, le *Geheimbund,* une association clandestine, dont le but sera de retrouver la véritable tradition nordique et d'imposer un but commun à tous ces groupuscules qui se déchirent.

Le véritable but :
la construction du « Halgadom »

En apparence, le congrès de Thalé peut apparaître comme un échec. En réalité, c'est à cette Pentecôte de 1914 que tout commence vraiment.
Je savais que cette manifestation était passée à peu près inaperçue en Allemagne et encore plus en Europe. Qui pourrait se soucier de ces professeurs, de ces visionnaires, de ces folkloristes réunis pour discuter de la si lointaine et irréelle Hyperborée, alors que le monde entier commence à écouter ce martèlement de bottes qui précède la Première Guerre mondiale. Comme les propos de tous ces paisibles petits-bourgeois allemands pouvaient apparaître dérisoires et inactuels.
Avec le recul que donne le temps, j'aurais voulu m'arrêter longuement sur ce congrès. Il montre bien que les choses durables ne se préparent pas forcément aux endroits où sont braqués les projecteurs de la mode. Les hommes dont on

parlera demain ne sont pas ceux qui apparaissent aujourd'hui sur la scène publique. D'où la nécessité de ne jamais s'essouffler à courir après une actualité fugitive. La véritable prise du pouvoir n'est pas un « coup » à la sud-américaine mais un long cheminement. L'essentiel reste de bien savoir où l'on va.

L'historien qui voulait bien me renseigner sur ce congrès de Thalé en avait perçu l'importance. Il remuait assez de fiches dans son laborieux appartement de Göttingen, pour savoir que les ressorts cachés des aventures humaines sont souvent invisibles. Il ne croyait guère dans l'ésotérisme, mais connaissait les puissances du secret et les concordances du destin :

—Un homme avait bien compris cela. Et c'est justement votre fameux Sebottendorf. Il y a une phrase de lui qui me semble particulièrement significative. C'est un jugement qui se trouve dans *Bevor Hitler kam* et qui va bien plus loin qu'il ne paraît.

Et il me cita la phrase suivante, que je recopiais aussitôt intégralement, sans en comprendre très bien le sens réel :

—L'Allemand ne voit jamais le but. Il ne voit que le chemin. Le *Germanenorden* et surtout le *Geheimbund* doivent définir ce but. Ce sera la construction du « *Halgadom* ».

Je ne comprenais pas du tout le sens de ce terme, mais je savais les Allemands prompts à créer ainsi de tels néologismes, qui obligent ensuite de savants professeurs à rédiger des thèses pesantes pour les expliquer.

— Le Baron dévoile ainsi l'essentiel de sa pensée. *Halgadom*, cela veut dire mot à mot : la cathédrale sacrée. Ne trouvez-vous pas que le nom évoque un peu celui de l'île sacrée de Héligoland, tout comme Thalé rappelle Thulé.

Tous ces gens-là vivaient en pleine époque symboliste. Un critique comme le Normand Rémy de Gourmont ou un poète comme l'Italien d'Annunzio auraient certes mieux compris que nous. Tenez, moi qui aime tant la peinture de cette époque, j'imagine très bien votre Gustave Moreau peignant une grande toile représentant le *Halgadom*.

J'avais oublié qu'il connaissait mieux que personne la civilisation francaise, même s'il s'amusait parfois à faire enrager ses amis parisiens en la comparant avec la culture allemande. Au fond, Gustave Moreau n'était pas tellement déplacé dans toute cette histoire, tellement marquée à ses débuts par une certaine époque. Mais qu'était donc cette fameuse cathédrale, encore plus indéchiffrable pour moi que Chartres la mystérieuse ?

—Ce temple du Halgadom est à la fois spirituel et matériel. Il appartient à la terre et au ciel, au passé et à l'avenir. C'est le correspondant hyperboréen de l'Arche d'alliance du peuple israélite. C'est le royaume terrestre où va renaître l'esprit de Thulé. Le *Halgadom*, dans l'esprit de Sebottendorf, dépasse de beaucoup ce IIe Reich qu'incarne, depuis 1871, l'Allemagne wilhelmienne. C'est l'empire de tous les Germains. Ceux qui vivent entre le Rhin et la Vistule, entre la Baltique et les Alpes, ne forment que le cœur d'un immense territoire où se trouvent d'autres héritiers de l'antique Thulé. A cet *Halgadom* appartiennent non seulement les Allemands, mais aussi bien d'autres Européens : les Scandinaves fidèles à leurs origines nordiques, les Néerlandais, bien plus germains encore que les Allemands, les Britanniques partagés entre Celtes et Saxons, les Français héritiers des Francs et régénérés par les Normands ou les Burgondes, les italiens qui charrient dans leurs veines le sang des Lombards, les Espagnols qui portent encore tant d'empreintes des Wisigoths. Et aussi les Russes, dont la patrie fut fondée par les Varègues suédois, ces Vikings des fleuves et des steppes.

La règle d'un ordre initiatique fidèle au Nord

Je reconnaissais la puissance irrésistible de l'Histoire et me retrouvais plongé au temps du grand *Völkerwanderung*, dont mon ami le vieux bibliothécaire m'avait naguère montré qu'il avait formé la base inchangée de l'Europe d'aujourd'hui. Il n'y avait aucun hiatus de peuplement entre l'époque des dernières invasions et ce début du XXe siècle. Les dieux pouvaient renaître avec les peuples, quand ils reprenaient enfin conscience d'eux-mêmes. La lecture de Rudolf von Sebottendorf m'avait bien éclairé là-dessus : « Le *Halgadom* n'est pas une notion géographique, c'est une idée religieuse qui doit un jour trouver sa forme politique. Le *Halgadom,* avant de devenir un état, doit d'abord être pensé et vécu comme une *Weltanschauung*, une conception du monde. » Je trouvais ce mot qui devait tant être repris par la suite, mais n'appartient à aucun parti. Personne ne saurait vivre sans une conception du monde. Les chrétiens en ont une et les marxistes une autre, qui lui ressemble d'ailleurs sur plus d'un point.
—Alors, me dit mon informateur, les fidèles du *Germanenorden* réunis à Thalé, décident, selon la loi immuable de tout Ordre, de se donner une règle.
Cela me paraissait évident et logique et n'avait rien à voir avec les rituels de la sorcellerie ou de la franc-maçonnerie. Il faut expérimenter ce que l'on veut imposer. Aussi cette

philosophie m'apparaissait bien davantage comme un sentiment que comme une théorie. C'était plus encore une façon de vivre qu'une manière de penser.

J'avais hâte de connaître cette Règle, qui concernait d'ailleurs plus spécialement ceux qui avaient accepté de se réunir au sein du secret *Geheimbund*. Plus que comme des croyants, au sens chrétien du terme, ils allaient m'apparaître comme des créants, des fondateurs. Mon ami m'apprit alors les trois lois essentielles.

1e Seul peut devenir membre du *Germanenorden* celui qui peut prouver la pureté de son sang jusqu'à la troisième génération ;

2e La Rassenkunde[33] sera la science fondamentale dont se réclameront les membres du *Germanenorden* et qu'ils mettront en pratique dans leur vie familiale et sociale ;

3e Le but politique et spirituel du *Germanenorden* est la réunion de tous les peuples de sang germanique au sein d'un même empire.

Ce que sera cet empire ne fut certes pas précisé lors du premier congrès de ceux qui se réclamaient en 1914 de l'esprit *völkisch*. Pour certains, il ne s'agissait que d'une extension du nationalisme allemand, sous la forme d'un impérialisme à la mode romaine ou bonapartiste. Ces pangermanistes choisissaient, sans le savoir, le camp même des ennemis de Thulé. Ils faisaient de l'Etat un absolu. Ils

---

[33] Le terme français de « connaissance des races » traduit assez mal l'aspect totalitaire de la *Rassenkunde*, qui fait appel à des notions d'anthropologie et d'histoire, de folklore et de biologie. Son domaine reste celui des sciences « naturelles » contre les pseudo-sciences surnaturelles comme la métaphysique ou le spiritisme.

divinisaient finalement non pas la race mais la nation. Pour d'autres, foncièrement attachés à l'esprit libertaire des vieux Germains, il ne pouvait s'agir que d'une fédération, sur le modèle helvétique par exemple. Chaque peuple germanique devant conserver son autonomie et apporter à l'ensemble la richesse originale de sa personnalité.

Dès le congrès de Thalé, sans que cela apparaisse bien clairement au milieu de la confusion des joutes oratoires et le lyrisme des positions de principe, je retrouvais les deux courants qui n'allaient cesser, désormais, pendant plus d'un quart de siècle de se conjuguer ou de s'opposer, et dont l'antagonisme devait constituer la véritable histoire secrète du IIIe Reich.

Une conception du monde enracinée dans les terroirs germaniques

Comme il est plus facile de s'unir pour détruire que pour construire, conclut mon informateur, les congressistes, avant de quitter Thalé, vont se mettre seulement d'accord pour dénoncer les ennemis communs de tous les groupuscules et de toutes les sectes représentés à ce premier rassemblement — qui sera aussi le dernier, puisque la guerre éclatera dans quelques semaines. L'esprit *völkisch* se veut avant tout enracinement. Les hommes de Thalé ne peuvent que déclarer la guerre à toutes les internationales qui rêvent d'universalisme égalitaire.

Je me souvenais d'avoir lu, dans les *Mémoires* de Sebottendorf, une déclaration qui éclairait singulièrement l'esprit animant alors les fidèles du *Germanenorden* :

« Nous ne connaissons pas de fraternité internationale mais la seule fraternité du sang. Nous ne connaissons pas de liberté abstraite, mais la seule liberté pour chaque peuple d'être lui-même. Nous ne connaissons pas d'égalité universelle, mais un combat incessant. Chaque homme, chaque peuple, chaque race ne vit qu'en affrontant le danger. La vie reste un combat et l'égalité ne se trouve que dans la mort »

Je connaissais la fin de cette histoire : avant de se séparer, les congressistes de Thalé vont prendre quand même quelques décisions pratiques. Le siège du *Germanenorden* est établi à Berlin. Mais des « loges » de l'Ordre sont créées dans tout l'empire allemand. Quelques villes importantes, et même parfois certaines bourgades, vont ainsi voir se constituer une association plus ou moins occulte de cette nouvelle franc-maçonnerie, tout entière dominée par le mythe de Thulé. Bien vite, on comptera plus de cent loges, regroupant des milliers de fidèles.

Hermann Pohl décide de regrouper ces loges en « provinces ». Elles recevront plus tard des désignations symboliques, qui ont parfois fait croire à l'existence de plusieurs associations concurrentes. En réalité, il ne s'agit que des branches d'un même arbre. J'avais réussi à retrouver quelques-uns de ces noms, qui n'ont, à ma connaissance, jamais encore été publiés. Dans le centre de l'Allemagne, ce sont les *Goden*, par allusion aux prêtres païens. Dans le nord, les *Geusen*, ou Gueux, en souvenir des révoltés qui prenaient naguère la mer pour défier tout pouvoir étranger et qu'on appelait, en Flandre comme en Frise, les Gueux de la mer. Dans l'ouest, ce sont les *Wälsungen*, les Sages, et dans l'est, les *Scaldes*, du nom des poètes de l'ancienne

Scandinavie païenne. En Bavière, la province du *Germanenorden* n'a pas encore de nom...

La guerre provoque une crise de recrutement et de propagande, qui menace l'existence même du *Germanenorden*. L'Ordre se trouve, par surcroît, affaibli par l'éternelle maladie des sectes : la scission. En 1916, Hermann Pohl se sépare de ses compagnons de lutte pour créer un ordre rival, auquel il donne le nom de *Walvater*. Il constitue, à l'image du *Geheimbund*, un noyau initiatique secret, qui prend le nom de *Graal*.

L'année suivante, Rudolf von Sebottendorf adhère au *Germanenorden* et donne à la province de Bavière une place prépondérante. Dès le 1er janvier 1918, cette « loge » germanique prendra le nom de *Thulé Gesellschaft*.

Avec le nom même de Thulé, devait renaître l'esprit de l'éternelle Hyperborée. J'avais fermé le cercle. J'avais compris que ce qui naissait alors à Munich n'était pas une association politique, mais un mouvement religieux. L'Histoire allait le broyer et la haine le défigurer. Mais un tel sursaut de retour vers la foi primitive n'appartenait ni à un pays ni à une époque. Ma passion d'historien se trouvait satisfaite. Ma curiosité et ma ferveur restaient intactes. Tout restait possible.

EN ATTENDANT
LE RETOUR DU SOLEIL

Cette fois, j'en avais fini. Ce long retour en arrière à travers les siècles m'avait conduit à la fondation de la société Thulé. Je laissais Rudolf von Sebottendorf et ses compagnons s'enfoncer dans une nuit dont je connaissais la tragique aurore. Je me trouvais à nouveau seul. Maintenant, l'été se trouvait bien fini. L'automne était venu tout d'un coup. De brusques tempêtes avaient succédé à la sécheresse d'une saison brûlante. Le pays se gorgeait d'eau. Les premières feuilles mortes reposaient sur un lit funèbre d'un vert intense, avant d'être dispersées par ces brusques rafales de vent d'ouest qui gémissaient dans les branches des pommiers. De gros nuages gris couraient dans le ciel, en une cavalcade haletante qui assombrissait tout l'horizon.

Parfois, je croyais voir passer, au-dessus des haies et des clos de mon pays, cette chasse sauvage dont parlent les légendes. Avec la Mesnie Hellequin, je retrouvais le nom même d'Odin, avec son cortège de corbeaux et de loups. J'entendais les sabots du cheval à huit pattes dont le galop battait sans cesse à mes tempes comme les pulsations d'une fièvre fantastique. Légende que cette vision surgie de l'Edda.

Mais pas plus invraissemblable que la baleine de Jonas dont on avait voulu bercer mon enfance. La mythologie venue du Nord n'est certes pas plus incroyable que celle importée de l'Orient. Qui se moque des Walkyries croit aux anges gardiens et qui sourit au Crépuscule des dieux espère dans la résurrection de la chair ! Tragique méprise qui range les fables étrangères sous la bannière de la Tradition. En découvrant Thulé, j'avais au moins retrouvé le sens même de notre origine spirituelle. Ce voyage pouvait prendre le nom de retour.

Le mythe que je restituais, au cours de cette longue enquête, avait au moins le mérite de la cohérence générale. Il éclairait une histoire vieille d'une demi-douzaine de millénaires et replaçait l'aventure d'un petit groupe d'hommes, perdus dans les brumes sanglantes du Munich de 1919, dans un destin aux perspectives infinies. Thulé devenait le symbole même de notre foi ancestrale. Nous retrouvions, sur cette île sacrée, nos raisons de croire, c'est-à-dire de lutter. Désormais, le mythe devenait certitude plus encore que symbole. Thulé n'était pas une image, mais une réalité, aussi vraie que la pluie, le vent ou le soleil.

Pour « réaliser » le mythe ancestral

Au terme de cette lente découverte de nos origines, de nos malheurs et de nos espérances, j'avais enfin trouvé ce que je pressentais au seul nom de Thulé. Je ne pouvais sauver le mythe primordial qu'à force de le « réaliser ». Je n'écrivais plus que pour rendre réel et vivant ce qui constituait notre grande Légende des Siècles. En remontant les âges, l'Histoire redevenait religion, puisque l'épopée rejoignait le divin. Le souvenir des héros me ramenait au culte des dieux.

Le passé que j'avais ainsi découvert éclairait l'avenir. Thulé n'était pas une fable, mais l'image même de la cité harmonieuse. J'avais découvert la parenté des rameaux aujourd'hui dispersés d'un même peuple et je savais que le salut ne pouvait surgir que de leur unité revécue. Thulé dominait nos mesquines guerres civiles, nos pauvres querelles de voisins jaloux, où s'entre-déchirent les hommes d'un même sang.

Le ciel s'assombrit encore. Voici les mois noirs et le temps des loups. Dans le jour qui meurt s'affirme la certitude inéluctable du *Ragnarök*. Pire encore que le crépuscule des dieux s'annonce le déclin des valeurs qui ont fait notre force et notre orgueil. Dans un monde où tout se trouve remis en question, il semble ne plus subsister qu'une certitude : celle de la décadence. Mais dans ce désespoir et ce chaos, le mythe du soleil retrouvé n'en apparaît que plus nécessaire. Que serait la lumière sans la nuit ?

Les ennemis de Thulé ont remplacé notre foi ancestrale par un rite étranger. Aujourd'hui, leur triomphe semble absolu. Les laïcs et les clercs parlent le même langage et célèbrent le même culte ; celui de la foule contre l'individu, celui de l'idéologie contre l'instinct, celui de l'égalité contre la lutte. On discute même la vie et l'on préfère le suicide au combat. S'affirmer soi-même, vouloir conserver son héritage et préserver sa culture est devenu le péché absolu. Ceux qui ne veulent pas du monde indifférencié sont marqués du sceau infamant des hérétiques.

Il faut accepter de n'être pas « comme les autres », si cela nous perrnet enfin d'être nous-mêmes. Vouloir vivre n'a pas besoin de justification mais de volonté. Il faut alors retrouver le mythe qui corresponde à notre Histoire, à notre tempérament, à notre équilibre. Nous n'avons que faire du péché originel, de la rédemption et de l'humilité. Le monde n'est pas impur, la vie ne commence pas après la mort, l'homme n'est pas indigne. Contre ceux qui nous promettent le salut dans le ciel, affirmons la joie sur la terre. Contre l'ombre de la croix, célébrons la lumière du soleil. Contre les ténèbres, allumons les bûchers du solstice.

Désormais, il nous faut revenir au mythe vital par excellence, au mythe du soleil, au mythe de Thulé. Ce qui va renaître n'est pas un souvenir historique mais la foi de l'éternelle Hyperborée. Nous retrouverons, dans la certitude et la fidélité, les gestes de nos ancêtres. Nous annoncerons à tous la bonne nouvelle du retour du soleil. Nous allumerons les flammes à nos foyers et dresserons les bûchers sur les collines. Quand le destin de nos peuples se caricature dans la société mercantile et dans la foi égalitaire, nous refuserons la religion de la pleurnicherie et du reniement, pour retrouver la conscience de notre aventure et de notre unité.

Dieu, la Nature, la Terre et le Sang

Nous avons perdu notre âme parce que nous avons perdu le sens des valeurs communes qui formaient l'antique « sagesse » de nos peuples. Il nous faut faire revivre l'âme des Hyperboréens et « redéfinir » Dieu. Car le sacré ne se trouve pas hors de nous, mais en nous. Car Dieu n'est pas du Ciel, mais de la Terre. Car il ne nous attend pas après la mort, mais nous offre la création de la

vie. Dieu n'est pas surnaturel et il n'est pas transcendant. Il est au contraire la Nature et la Vie. Dieu reste présent dans les mystères de sa création. Il est dans le soleil et dans les étoiles, dans le jour et dans la nuit, dans les arbres et dans les flots. Dieu naît avec les fleurs et meurt avec les feuilles. Dieu respire avec le vent et nous parle dans le silence de la nuit. Il est l'aurore et le crépuscule. Et la brume. Et l'orage. Dieu s'incarne dans la Nature. La Nature s'épanouit sur la Terre. La Terre se perpétue dans le Sang.
Nous savons, depuis Héraclite, que la vie est un combat et que la paix n'est que la mort. Notre religion se veut d'abord culte des héros, des guerriers et des athlètes. Nous célébrons, depuis les Grecs, les hommes différents et inégaux. Notre monde est celui du combat et du choix, non celui de l'égalite. L'univers n'est pas une fin, mais un ordre. La Nature diversifie, sépare, hiérarchise. L'individu, libre et volontaire devient le centre du monde. Sa plus grande vertu reste l'orgueil — péché suprême pour la religion étrangère. Dans notre conception tragique de la vie, la lutte devient la loi suprême. Est un homme véritable celui qui s'attaque à des entreprises démesurées. Une même ligne de crêtes unit Prométhée à Siegfried.
Ce que j'avais découvert dans ma longue Quête de Thulé, c'était la nécessité absolue de retrouver une nouvelle âme qui nous permette d'appréhender les réalités et les mystères qui constituaient l'essentiel de la foi de nos ancêtres. Je savais que les forces spirituelles pouvaient avoir autant d'importance que les forces politiques. L'esprit des Hyperboréens survivait, inchangé, à travers les siècles, triomphant de tous les accidents historiques. Tant que nos peuples restaient semblables, la renaissance de notre religion

restait possible. Elle m'apparaissait même certaine. Nous possédions toujours la même nostalgie de l'infini et la même certitude dans l'éternité des générations. Les paysages qui avaient vu naître notre foi n'avaient pas changé. Ni les visages des hommes, ni le rythme des saisons, ni la puissance des légendes et des feux.

Il fallait, à toute force, retrouver l'antique sagesse, l'antique équilibre, l'antique courage. Il fallait que l'homme aujourd'hui reconnaisse la Nature éternelle et y découvre à nouveau les lois de la vie. L'homme n'est pas une créature du ciel égarée sur la terre. Il est une créature de la terre. Il appartient au monde de la raison et il répond au défi du destin. Il existe parce qu'il se bat.

Demain, doit renaître une religion qui retrouve la voie sacrée des Hyperboréens. Elle mobilisera la nostalgie et la volonté. Elle seule nous donnera la force d'affronter les temps terribles qui se préparent, derrière les illusions du progrès et les mirages du confort. Mais la religion secrète que je pressentais ne sera pas révélée par quelque prophète étranger. Elle existe déjà au cœur de chacun de nous. Ce qui importe désormais, c'est de faire assez de silence pour entendre la voix de notre conscience ancestrale.

Une seule certitude :
le retour du soleil

Je suis lentement descendu le long de la route mal entretenue qui, à travers les champs puis les dunes, conduit de ma maison à la mer. Le jour tombait. Un jour gris et froid de novembre. Vrai temps de Toussaint. Le vent chassait des rafales de vent glacé. Il tombait de brusques ondées qui soudain obscurcissaient tout le ciel. Les bêtes essayaient de s'abriter derrière les murs de pierres sèches et se tassaient sous la pluie, museau contre pelage. Je n'avais pas vu le soleil de la journée. Tout le ciel prenait une teinte métallique, d'un gris plombé, à peine plus claire à l'horizon au-dessus de Jersey que je n'arrivais pas à distinguer dans toute cette humidité brumeuse. Encore quelques pas et j'allais arriver sur la plage déserte. Je rapporterais quelques planches d'épaves pour brûler dans ma cheminée. Je pestais contre tous ces bidons en plastique qui faisaient des taches blanches, insolites sur le sable gris de cette immense grève déserte. J'en avais donc fini avec ce livre. Cette longue enquête sur le mythe de Thulé avait rendu l'héritage le plus précieux de la nuit des temps : la conscience historique.

J'avais vu naître notre monde. Je l'avais vu détruit. Mais je l'avais vu aussi revivre. Après tant d'épreuves et de défaites nous étions encore vivants. Après le grand massacre des Saxons à Verden, quelques rescapés devaient ainsi se réunir au creux des forêts. Thulé se crispait encore sur ses armes et ses dieux.

Dans ce jour qui tombait, je n'étais pas seul. j'avais rencontré tant de compagnons au cours de cette longue marche de l'Islande à la Bavière et de la Baltique à la Manche. Les vagues roulaient avec un bruit qui s'amplifiait et couvrait peu à peu les gémissements du vent. Toute la mer vivait à l'image de notre monde. D'âge en âge. De vague en vague. Tout recommencait. Des oiseaux volaient au ras de l'eau suivant leur route, cherchant leur vie, poussant leur cri. Il n'y avait plus qu'un halo clair dans le ciel. Je croyais distinguer l'île, d'un gris sombre au dessus des vagues. Mais je n'en étais même pas certain. Je me trouvais soudain très bas sur cette plage. Totalement dominé par cette mer qui semblait maintenant escalader le ciel. Les vagues montaient vers les nuages. Très haut, avant de déferler et de mordre le sable avec de grands jaillissements d'écume. Une nouvelle rafale de pluie me cacha les dunes, comme si ma retraite se trouvait coupée. Je levais les bras vers le soleil. Je savais exactement où il se trouvait. A l'ouest de notre monde. Giflé par le vent et la pluie, je saluais l'astre invisible, mais tellement présent tout au long de cette histoire. Je connaissais le sens même de notre combat : le soleil retrouvé des Hyperboréens restait le soleil invaincu.

NOTES

Il est d'usage de terminer de tels essais par une abondante bibliographie. Celui-ci, pourtant, n'en comportera point. Ayant, en effet, choisi d'évoquer le mythe de Thulé sous la forme d'une véritable « Quête », personnelle et passionnée, j'ai cité, tout au long de cet ouvrage, les principaux livres et articles de référence, au fur et à mesure qu'ils me servaient à approfondir ma propre découverte. Que ceux que le sujet intéresse fassent donc comme moi et qu'ils partent, à leur tour, à la recherche de l'île sacrée des Anciens. Ils auront, sans nul doute, la chance par la merveilleuse conjonction du travail et du hasard, de voir peu à peu des certitudes surgir de la nuit de l'Histoire. Et ce n'est pas dans les bibliothèques que nous pourrons retrouver Thulé, mais d'abord au plus profond de notre instinct — et par un véritable pèlerinage vers les hauts lieux de notre monde, qui n'ont cessé, depuis le voyage de Pythéas-le-Massaliote, d'attirer ceux qui situaient au Nord de l'univers le pays-source des Hyperboréens.

J. M.
Automne 1977

LIVRES DE JEAN MABIRE

1963

Drieu parmi nous, essai (La Table Ronde).

1964

Drieu La Rochelle : Socialismo, Fascismo, Europa (A cura di Jean Mabire) (Volpe, Roma), choix de textes politiques. Inédit en français.

1965

Histoire d'un Français, Tixier-Vignancour, essai (L'Esprit nouveau).

1966

L'écrivain, la politique et l'espérance, chroniques politiques (Europe).

1967

La marée noire du « Torre-Canyon », récit maritime (Albin Michel). Dans le cadre du BPL (Bureau de Production Littéraire) en collaboration anonyme avec plusieurs auteurs...

1968

Les Hors-La-Loi, récit (Robert Laffont).

1969

Rewriting du livre du colonel SCHRAMME *Le bataillon Léopard* (Robert Laffont) Publié en collection "J'ai Lu" en 1971.

1970

Evasions fantastiques, récits maritimes (Editions maritimes d'Outre-Mer). Dans le cadre du B.P.L.

L'idole a disparu, roman (Filipacchi, Collection « Age Tendre »). Sous le pseudonyme de Didier BRUMENT. Edition italienne en 1971, sous le titre : *Il cantate e' scompardso* (Mondadori).

Les grandes énigmes de l'occupation, récits (Editions de Crémille) [en collaboration] :
- *Les cagoulards dans l'organisation de la Résistance.*
- *Les Waffen SS francais, derniers défenseurs du Bunker de Hitler.*
- *La très curieuse occupation des îles anglo-normandes.*

Les erreurs judiciaires, récits (Europe-Diffusion).
Ce manuscrit ne semble pas avoir été publié.

1971

Histoire de la Gestapo, récits (Editions de Crémille). [En collaboration] :
- *Gestapo contre Wehrmacht.*
- *La Gestapo s'installe à Paris.*
- *La police française face à la Gestapo.*
- *Gestapo contre agents alliés.*

Histoire de l'Afrique, récits (François Beauval) [En collaboration] :
- *La traite des Noirs.*
- *L'Egypte de 1517 à 1882.*
- *L'Egypte et le Soudan de 1882 à 1937.*
- *La guerre d'Algérie.*
- *L'Egypte et le Soudan de 1937 à 1951.*
- *L'Afrique du Sud de 1945 à nos jours.*
- *La Rhodésie de 1945 à nos jours.*

Les Samouraï, récit historique (André Balland) avec Yves BREHERET.
Nombreuses rééditions :
- Reliée verte - « Club » - France-Loisirs en 1978.
- Livre de Poche en 1974.
- Presses-Pocket en 1987.
Traductions portugaise, italienne, espagnole, anglaise, japonaise (?).

1972

La Waffen SS, récit historique (André Balland). Sous le pseudonyme de Henri LANDEMER.
Nombreuses éditions :
- Reliée verte - « Club » - France-Loisirs en 1980.
- Livre de Poche en 1974.
- Traductions portugaise et italienne.
- Espagnole (livre de poche en 1980).
- Edition en deux volumes reliés en 1984 (Crémille et Famot).

1973

Le monde de l'aviation, (Cercle Européen du Livre).

Le massacre des Janissaires, récit historique (Editions de Crémille).

La brigade "Frankreich", récit historique (Arthème Fayard), Edition en Livre de Poche en 1978.

Ungern, le Baron fou, récit historique romancé (André Balland).
Edition en Livre de Poche en 1977.

Les Princes du sang (signé par Marion et Thibaut d'Orléan), en collaboration dans le cadre du BPL.
I - *Un château en Bavière* (André Balland, 1973).
II - *Le temps des aventuriers* (André Balland, 1973).
III - *L'ombre de la guerre* (André Balland, 1974).
IV - *Le sort des armes* (André Balland, 1974) sera aussi publié en huit volumes par Presses-Pocket.

1974

La division "Charlemaqne", récit historique (Arthème Fayard).
Edition en Presses-Pocket en 1987.

1975

Mourir à Berlin, récit historique (Arthème Fayard)
Edition en Livre de Poche en 1977.
Traduction allemande sous le titre : *Berlin im Todeskampf 1945* (Schutz Verlag) en 1977.

Histoire des troupes d'élite [en collaboration] (Famot) :
- *La Leibstandarte SS.*
- *Les Kamikazes.*
- *Les paras* (sous le pseudonyme de Henri LANDEMER).

Les survivants de l'aventure hitlérienne, essai historique (Famot) [en collaboration] :
- *Ante Pavelitch.*

Les solstices, Histoire et Actualité, essai, (G.R.E.C.E.) avec Pierre VIAL.
Rééditions par Le Flambeau en 1991 et 1993.

Traduction portugaise : *Os Solsticios* par Hugin en 1995.
Pêcheurs du Cotentin, reportages maritimes (Heimdal).

1976

Histoire de la Normandie (Hachette), avec Jean-Robert RAGACHE.
Réédition par France-Empire en 1986 et 1992.

Commando de chasse, récit romancé (Presses de la Cité).
Réédition revue et corrigée des Hors-La-Loi (Laffont, 1968).
Nombreuses rééditions :
- Presses-Pocket (deux éditions différentes en 1978).
- Edition France-Loisirs en 1979.
- Traduction portugaise : *Commando de Cabca*.

Les jeunes fauves du Führer, récit historique (Arthème Fayard).
Réédition en Livre de Poche en 1972 et Presses-Pocket en 1986.

1977

Thulé, le soleil retrouvé des Hyperboréens, essai (Robert Laffont).
Reprint par les Editions du Trident en 1986.

1978

L'été rouge de Pékin, récit historique (Arthème Fayard). Edition en Livre de Poche en 1980. Traduction allemande chez NEFF : *Blutiger Sommer in Peking*.

Les seigneurs de la guerre [en collaboration] (François Beauval) :
- *Guynemer, l'archange.*
- *Wrangel, le chef des cavaliers blancs.*
- *Togo, le Samouraï de la mer.*

Les Vikings, rois des tempêtes, récit historique (Versoix).
Réédité par L'Ancre de Marine en 1992 sous le titre : Les Vikings à travers le monde.

Les dieux maudits, récits de mythologie nordique (Copernic).
Réédité en 1995 par L'Ancre de Marine sous le titre : *Légendes de la Mythologie nordique*.

Les panzers de la Garde Noire, récit historique (Presses de la Cité).
Deux rééditions par Presses-Pocket en 1980.
Traduction portugaise.

1979

La bataille de l'Yser, récit historique (Arthème Fayard).

Vikings en Normandie [en collaboration], album (Copernic) :
- Le mythe viking en Normandie.

1980

Les conquérants des mers polaires, récit historique (Vernoy).

La Saga de Godefroy Le Boiteux, récit historique romancé (Copernic).

La division « Wiking », récit historique (Arthème Fayard).
Edition en Livre de Poche en 1983.

1981

Les paras du matin rouge, récit historique (Presses de la Cité).
Edition Presses-Pocket et France-Loisirs en 1983.

La Panzerdivision « Wiking », récit historique (Arthème Fayard).
Traduction allemande chez Schutz-Verlag en 1983 : *Die SS Panzerdivision Wiking*.

1982

Les grands aventuriers de l'Histoire, Les éveilleurs de peuples : Jahn, Mazzini, Mickiewicz, Pétöfi et Grundtvig, essais (Arthème Fayard).

« Mor Bihan » autour du monde, reportage maritime (Arthème Fayard et Editions Maritimes et d'Outre-mer).

La Crête, tombeau des paras allemands, récit historique (Presses de la Cité).
Edition France-Loisirs en 1983 et Presses-Pocket en 1985.

La division « Nordland », récit historique (Arthème Fayard)

1983

Röhm, l'homme qui inventa Hitler, récit historique (Arthème Fayard).

Découvreurs et Conquérants, Volume 8, Album (Editions Atlas).

1984

Chasseurs alpins, des Vosges aux Djebels, récit historique (Presses de la Cité).
Réédition France-Loisirs en 1985.

Histoire secrète de la Normandie, essai (Albin Michel) avec la collaboration de Marie-Claire Bernage, Claire Meheust et Nicole Villeroux.

Les SS au Poing-de-Fer, récit historique (Arthème Fayard).

1985

Le Pôle rêvé, récit de voyages arctiques (Lavauzelle) NON PUBLIE.
Edité par l'Ancre de Marine en 1994, sous le titre : *Ils ont rêvé du Pôle*.

La L.V.F. 1941, récit historique (Arthème Fayard) avec Eric LEFEVRE.

La Marne et Verdun, album de bandes dessinées (Larousse) Avec Yves BORDES et Marcel UDERZO.

1986

La bataille des Alpes 1944-1945, tome I : *Maurienne*, récit historique (Presses de la Cité).
Réédition France-Loisirs en 1987.

Panzers SS dans l'enfer normand, les divisions « Hohenstaufen » et « Frundsberg », récit historique (Arthème Fayard).

1987

Les paras perdus, roman (Presses de la Cité).
Edition reliée avec un cahier iconographique et une présentation par Philippe DUSSAULE chez Ogmios en 1987.
Edition France-Loisirs, 1987.

Les ducs de Normandie, récit historique (Lavauzelle).

Ungern, le dieu de la guerre, récit historique romancé (Art et Histoire d'Europe).
Réédition corrigée de *Ungern, le Baron fou* paru chez Balland en 1973.

Les généraux du Diable, récit historique sur les chefs de la Waffen SS en Normandie (Co-édition Arthème Fayard et Jacques Grancher).

Guillaume le Conquérant, album (Art et Histoire d'Europe).

Légion Wallonie, 1941-1944, récit historique (Presses de la Cité).
Edition reliée par Art et Histoire d'Europe.

1988

SS en France, mai-juin 1940, récit historique (Jacques Grancher).

Léon Degrelle et la Légion « Wallonie », album (Art et Histoire d'Europe). Avec Eric LEFEVRE.

1989

Division "Wallonie", 1944-1945, récit historique (Presses de la Cité).

La Mâove, 1786-1804, roman historique (Presses de la Cité).
Edition France-Loisirs en 1990.

1990

Skorzeny, l'homme le plus dangereux d'Europe, récit historique (Jacques Grancher).

La bataille des Alpes, 1944-1945, tome II : *Tarentaise*, récit historique (Presses de la Cité).

Les paras du Jour J, album (Presses de la Cité).

La saga de Narvik, récit historique (Presses de la Cité).

1991

Panzermarsch ! Sepp Dietrich, le dernier lansquenet, récit historique (Jacques Grancher).

Les Diables verts de Cassino, récit historique (Presses de la Cité).

1992

La Panzerdivision « Hermann Göring », récit historique (Jacques Grancher).

La nuit des paras, juin 1944, récit historique (Les Presses de la Cité). Réédition France-Loisirs en 1993.

Les Vikings à travers le monde, récit historique (L'Ancre de Marine). Réédition de *Vikings, rois des tempêtes*, paru chez Versoix en 1978.

1993

Les Paras de l'Afrikakorps, récit historique (Jacques Grancher).

Stalingrad, la bataille décisive de la Seconde Guerre mondiale, récit historique (Jacques Grancher).

Grands marins normands, par J.M. et divers auteurs, récits historiques (L'Ancre de Marine).

1994

La torche et le glaive, essais (Libres Opinions)
Réédition, <u>augmentée d'une douzaine de textes</u>, de *L'écrivain, la politique et l'espérance*, publié aux Editions Europe en 1966.

Que lire ? Portraits d'écrivains, essais Tome I (Editions National-Hebdo).

Ils ont rêvé du pôle, essai (L'ancre de marine).
Réédition de *Le pôle rêvé*, (non) publié par Lavauzelle en 1985.

Bérets Rouges en Normandie, récit historique (Presses de la Cité).

1995

Les paras de l'enfer blanc, récit historique (Presses de la Cité).

La Légion perdue, avec Eric Lefèvre, récit historique (Jacques Grancher). Tome 2 de la L.V.F. :1942.

Que Lire ? Portraits d'écrivains, essais, Tome II (Editions National-Hebdo).

Brigade d'assaut Wallonie, récit historique (Jacques Grancher).
Réédition partielle de *Légion Wallonie*, paru aux Presses de la Cité en 1987.

Mourir à Berlin, récit historique (Jacques Grancher).
Réédition partielle de *Mourir à Berlin* paru chez Fayard en 1975.

Röhm, l'homme qui inventa Hitler, récit historique.
Réédition revue et corrigée, avec un index des noms, de *Röhm l'homme qui inventa Hitler*, paru chez Fayard en 1983.

Mourir pour Dantzig, récit historique (L'Æncre).
Réédition partielle de *Mourir à Berlin* publié chez Fayard en 1975, avec en plus deux tiers d'inédits sur les combats de Kolberg et de Dantzig.

1996

La brigade « Frankreich », récit historique (Jacques Grancher).

Réédition partielle de *La brigade « Frankreich »* publié chez Fayard en 1973.

Les SS au Poing-de-Fer, récit historique (Jacques Grancher)
Réédition partielle de Les SS au Poinq-de-Fer paru chez Fayard en 1983

Béring, Kamtchatka-Alaska 1725-1741, récit historique (Glénat).

Que lire ? Portraits d'écrivains, essais, tome III Editions National-Hebdo).

Opération Minotaure, roman (Presses de la Cité).

Division d'assaut « Wallonie », récit historique (Jacques Grancher).
Réédition partielle de *Division Wallonie* paru aux Presses de la Cité en 1989.

Les paras du Reich, fer de lance de la Blitzkrieg, récit historique (Jacques Grancher)
Réédition partielle des *Paras du matin rouge* paru aux Presses de la Cité en 1981.

1997

Contes et légendes traditionnelles de Normandie, choisis et préfacés par Jean MABIRE, avec une bibliographie commentée (L'Ancre de Marine).

Objectif :Crète, récit historique (Jacques Grancher). Réédition intégrale de *La Crète, tombeau des paras allemands*, publié aux Presses de la Cité en 1982.

La division « Nordland », récit historique (Jacques Grancher)
Réédition partielle de *La division « Nordland »* paru chez Fayard en 1982.

Que lire ? Portraits d'écrivains, essais, Tome IV (Editions National-Hebdo).

La 6ᵉ Airborne, des Ardennes à la Baltique, récit historique (Presses de la Cité).

Ungern, L'héritier blanc de Gengis Khan, récit historique, (Les Editions du veilleur de proue, Rouen).

1998

Les Diables Rouges attaquent la nuit, récit historique (Jacques Grancher).

Roald Amundsen, le plus grand des explorateurs polaires, une vie... (Glénat).

La division « Charlemagne », récit historique (Jacques Grancher). Réédition partielle de *La division « Charlemagne »*, publié chez Fayard en 1974.

Patrick Pearse, une vie pour l'Irlande, récit historique (Terre et peuple).

Que lire ? Portraits d'écrivains, essais, tome V (Editions National-Hebdo).

Jean Mabire et le Mouvement normand, chroniques, Tome I (Editions de l'Esnèque, Ecaquelon).

ACHEVÉ D'IMPRIMER
SUR LES PRESSES DE
L'IMPRIMERIE FARESO
MADRID (ESPAGNE)
DEPÔT LÉGAL : À PARUTION